RUDOLF TREICHLER

Die Entwicklung der Seele
im Lebenslauf

Rudolf Treichler

Die Entwicklung der Seele im Lebenslauf

Stufen, Störungen und Erkrankungen des Seelenlebens

Mit einem Nachwort von
Wolfgang Rißmann

Verlag Freies Geistesleben

Neuausgabe 2012
Die Originalausgabe erschien 1981
im Verlag Freies Geistesleben

ISBN 978-3-7725-2610-7

Verlag Freies Geistesleben
Landhausstraße 82
70190 Stuttgart
Internet: www.geistesleben.com

© 1981 Verlag Freies Geistesleben
& Urachhaus GmbH, Stuttgart
Einband: Thomas Neuerer unter Verwendung eines Fotos
von Charlotte Fischer
Druck: C. H. Beck, Nördlingen
Printed in Germany

Inhalt

Vorwort 9
   Vorbemerkung zur 3. Auflage 11
   Vorbemerkung zur 5. Auflage 12

I. Grundlegendes zum menschlichen Lebenslauf 13
   *Lebenslauf und Rhythmus 17 / Siebenjahresrhythmus
und Entwicklung 19 / Rhythmus und Entwicklungspsychologie 22*

II. Entwicklungsstufen des Seelenlebens 25
   Das Jahrsiebt von 0 bis 7 29
   Das Jahrsiebt von 7 bis 14 33
      *Metamorphose von Wachstumskräften in Denkkräfte 34 /
Das Gefühlsleben 36 / Autorität und Ich 39*
   Das Jahrsiebt von 14 bis 21 43
      *Die zwei Geschlechter 45 / Emotionales Seelenleben 48 /
Fantasie und Liebe 53 / Empfinden und Urteilen 55 /
Der Empfindungsleib 60*
   Das Jahrsiebt von 21 bis 28 64
      *Die Ich-Geburt und ihre Vorbereitung 69 / Ich-Geburt
und Seelenentwicklung 71 / Die Empfindungsseele 76*
   Das Jahrsiebt von 28 bis 35 81
      *Die Verstandes- oder Gemütsseele 84 / Die Beziehung
zum physischen Leib 86*

Das Jahrsiebt von 35 bis 42 89
*Die Bewusstseinsseele 92 / Bewusstseinsseele und
Lebensmitte 95 / Die Beziehung zum physischen
Leib 98 / Zusammenfassendes Bild 104*

III. Entwicklungsstörungen des Seelenlebens 107
Entwicklungsstörungen des Empfindungsleibes 109
*Vegetative Störungen 112 / Die Störungen der seelischen
Grundkräfte 114 / Sucht als Entwicklungsstörung 116 /
Drogensucht 120 / Sehnsucht und Sucht 123 / Übersinnliche Erlebnisse durch Drogen? 125 / Zur Entstehung
von Entwicklungsstörungen und Sucht 127 / Emotionale
und organische Revolte 133 / Zur Therapie 181*
Entwicklungsstörungen der Empfindungsseele 141
*Der neurotische Mensch und die Angst 143 / Vom
Seelenleben des neurotischen Menschen 146 / Die innere
Leere des neurotischen Menschen 150 / Zur Therapie 152*
Entwicklungsstörungen der Verstandes-Gemüts-Seele .161
*Stillstand der Entwicklung um das 28. Jahr? 164 /
Vergreisung und Verjüngung 167 / Vom menschheitlichen Hintergrund 169 / Körperliche Aspekte 174 /
Herzneurose 177 / Zur Therapie 181*
Entwicklungsstörungen der Bewusstseinsseele 187
*Krise der Lebensmitte 189 / Friedrich Hölderlin –
Krankheit und Dichtung 192 / Das Ich zwischen Leib
und Geist 200 / Psychiatrische Krankheiten und
Nervenkrankheiten des Alters 202 / Zur Therapie 206*

IV. Neurose und Psychose als Entwicklungsgeschehen ..213
*Körperliche Krankheit aus der Seele 216 / Seelisches
Erkranken aus dem Körper 220 / Beziehungen zwischen
körperlichen und seelischen Erkrankungen 224 /*

Krankheit als Entwicklungsstörung und Entwicklungshilfe 228 / Zusammenfassung 231 / Ätherleib und Metamorphose 235 / Geist – Krankheit und Heilung 238 / Dreigliederung der Therapie 240

V. **Psychiatrische Krankheitsbilder im Lebenslauf** 249
   Zwangskrankheit 252
   Krankheitsbild 252 / Der Krankheitsprozess 254 / Zum organischen Aspekt 258 / Die Krankheit im Lebenslauf 261 / Zur Therapie 265
   Hysterie 269
   Krankheitsbild 269 / Der Krankheitsprozess 271 / Zum organischen Aspekt 273 / Die Krankheit im Lebenslauf 278 / Zur Therapie 283 / Zur Pubertätsmagersucht 287
   Epilepsie 291
   Krankheitsbild 291 / Der Krankheitsprozess 293 / Zum organischen Aspekt 298 / Die Krankheit im Lebenslauf 301 / Zur Therapie 305
   Schizophrenie 308
   Krankheitsbild 308 / Der Krankheitsprozess 311 / Zum organischen Aspekt 318 / Die Krankheit im Lebenslauf 325 / Exkarnation und Rückentwicklung 331 / Schizophrenie und übersinnliche Welt 335 / Zur Therapie 341
   Depression und Manie 346
   Krankheitsbild 346 / Der Krankheitsprozess 349 / Die Manie 354 / Zum organischen Aspekt 356 / Die Krankheit im Lebenslauf 362 / Formen und Sinn der Depression 367 / Zur Therapie 370 / Zusammenfassung 375

VI. Künstlerische Therapie und Wesensglieder 379
*Die einzelnen Künste 385 / Zur Verordnung
künstlerischer Therapie 405 / Rückblick und
Ausblick 406*

VII. Seelische Entwicklung und geistige Schulung 411
*Empfindungsseele und geistige Schulung 415 /
Verstandes-Gemüts-Seele und geistige Schulung 418 /
Bewusstseinsseele und geistige Schulung 422 /
Verwandlung der Bewusstseinsseele 427 /
Verwandlung der Verstandes-Gemüts-Seele 430 /
Verwandlung der Empfindungsseele 433 /
Vom Lebenslauf der geistigen Schulung 435*

Nachwort zur Neuausgabe
von Wolfgang Rißmann................................. 440

Literaturhinweise und Anmerkungen 443

Register 468

Über den Autor 480

Vorwort

Der *Lebenslauf* und die Entwicklung des Menschen beschäftigt in zunehmendem Maße die Menschheit unserer Zeit. Man erkennt oder fühlt, dass die Krisen und Probleme des menschlichen Lebens besser verstanden und gemeistert werden können, wenn man sie in ihrem Werden erfasst, wenn man sich fragt, wann und wie sie entstanden sind. Man kann auch besser planen und Entschlüsse fassen, wenn man erst zum Ursprung zurückschaut, um dann den Bogen aus der Vergangenheit über die verwirrende Gegenwart hinweg zur Zukunft zu schlagen.

Beschäftigt man sich mit dem Lebenslauf des Menschen, so erkennt man Entwicklung darin. Hier soll auf den Zusammenhang des Lebenslaufes mit der *seelischen Entwicklung* eingegangen werden. Man stellt bestimmte Gesetzmäßigkeiten in dieser Entwicklung fest, die man kennen muss, um mit ihren Krisen und Störungen besser fertig zu werden. Man beobachtet, dass die Störungen – unter Mitwirkung anderer Faktoren – das Ausmaß *seelischer Erkrankungen* annehmen können. Das große Gebiet der Psychiatrie tut sich auf, für das in dieser Schrift gleichfalls die Ansätze zu einem erweiterten Verständnis gezeigt werden sollen.

Das ist auch aus praktischen Gründen notwendig, da seelische Entwicklungsstörungen und Erkrankungen heute weit verbreitet sind. Wie Untersuchungen in verschiedenen Ländern zeigen, leiden 14 bis 17 % der Bevölkerung an «psychischen Störungen». «Etwa ein Drittel aller Patienten, die in der BRD ... einen Allgemeinpraktiker aufsuchen, leiden an einer behandlungsbedürftigen psychischen Störung.»[1] Denkt man außerdem an die vielen Menschen mit leichteren seelischen Störungen, die nicht zum Arzt oder zum Psychotherapeuten gehen, so ist heute eigentlich jeder mitfühlende Nebenmensch in seinem Rahmen als Helfer aufgerufen. Wirklich helfen aber kann man nur, wenn man etwas vom Wesen der betreffenden Entwicklungsstörung oder Erkrankung erfasst hat. Ein Eindruck von diesem Wesen soll hier vermittelt werden. Dabei wird von der Darstellung einer *Entwicklungspsychologie* ausgegangen, deren Grundlage das Wesen des Menschen bildet.

Die vorliegende Schrift wendet sich an Ärzte, Heilpädagogen, Pädagogen, Seelsorger und Psychologen, letzten Endes jedoch an alle, denen die seelische Entwicklung des Menschen am Herzen liegt und die – bei sich oder bei anderen – mit den Störungen dieser Entwicklung zu tun haben. Das Verständnis für das hier Dargestellte vertieft sich bei den Lesern, die über Grundkenntnisse in der anthroposophischen Menschenkunde verfügen. Für diejenigen, bei denen das nicht zutrifft, werden zum Erwerb dieser Grundlagen eine größere Anzahl von Quellen vor allem aus dem Werk RUDOLF STEINERS angeführt, aus denen auch der Verfasser geschöpft hat. Die Verarbeitung und Beurteilung der hier geschilderten Zusammenhänge wird umso fruchtbarer, je mehr jene menschenkundlichen Grundlagen mit einbezogen werden. Systematische psychologische oder psychiatrische Kenntnisse werden nicht vorausgesetzt, doch wird auch in dieser Hinsicht zum weiteren Verständnis und zur Ergänzung des Vorgebrachten im Text auf entsprechende Werke verwiesen.

Darüber hinaus knüpfen die folgenden Darstellungen an andere Autoren an, denen sie Hinweise, Ergänzungen oder Bestätigungen verdanken. Hineingearbeitet wurden außerdem Gedanken und Erfahrungen mancher Kollegen und

Kursteilnehmer, mit denen der Verfasser, teilweise jahrzehntelang, in der Friedrich Husemann-Klinik, im Rahmen der Psychiatrischen Hochschulwochen am Goetheanum sowie verschiedener Ärztetagungen, Seminare und Gruppen zusammengearbeitet hat. In besonderer Dankbarkeit fühlt sich der Verfasser FRIEDRICH HUSEMANN verbunden, dem ersten anthroposophischen Psychiater, Gründer und Leiter der später nach ihm benannten Friedrich Husemann-Klinik. Ihren Impuls erhielt die Schrift durch die Not der seelisch Kranken und Entwicklungsgestörten, denen der Verfasser zu helfen versuchte und die in seinen Dank mit eingeschlossen seien. Der tiefste Dank gilt RUDOLF STEINER, dem Schöpfer der Anthroposophie, welche dem hier vorgelegten Beitrag zu einer erweiterten Psychologie und Psychiatrie zugrunde liegt.

Dem Verlag, insbesondere Herrn D. Rapp, möchte ich danken für alle Mühe und Sorgfalt, die er dem Erscheinen des Buches angedeihen ließ.

Vorbemerkung zur 3. Auflage

Nachdem die Taschenbuchausgabe des Fischer-Verlages mit dem 14. Tausend ausgelaufen und die 2. Auflage der Buchausgabe vergriffen ist, macht die weiter bestehende Nachfrage eine 3. Auflage dieses Buches notwendig. Bei ihrer Vorbereitung wurden – entsprechend neu gewonnener Erfahrungen und Erkenntnissen – an manchen Stellen andere Formulierungen, an zahlreichen anderen Stellen kleinere oder größere Ergänzungen vorgenommen. Ferner wurde im Text und im

Literaturverzeichnis eine Auswahl der einschlägigen Literatur berücksichtigt, die seit 1981, dem Jahr der 1. Auflage, erschienen ist.

Dr. R. Treichler

Vorbemerkung zur 5. Auflage

Für die vorliegende Auflage wurden Ergänzungen hinsichtlich aktuell gewordener Probleme vorgenommen. Ferner wurden die Schilderungen zu den Organmenschen (Lungen-, Nieren-, Leber-, Herzmensch), soweit in diesem Rahmen möglich, vervollständigt. Nicht zuletzt wurde auf inzwischen erschienene neue Literatur hingewiesen.

Dr. R. Treichler

I.
Grundlegendes zum menschlichen Lebenslauf

Der Lebenslauf des Menschen ist nicht ein Geschehen, das bloß abläuft. Durch die Erinnerung beschworen, kann der eigene Lebenslauf zunächst als ein zeitliches Gebilde wahrgenommen werden, als ein gewachsener und gegliederter Organismus, der eine Entwicklung hat. Dieselbe Entdeckung einer Zeitgestalt kann man bei anderen Lebensläufen machen. Aus jedem Lebenslauf tritt uns ein Mensch entgegen mit einem lebenslangen Werden. Beschreiben wir für uns, für die Welt einen solchen Lebenslauf, so wird eine Biografie daraus. Bevor jedoch eine Biografie geschrieben werden kann, «schreibt» sie der Mensch selbst durch sein Leben in die Welt ein, der Biograf schreibt eigentlich nur diese «Urschrift» ab.[2]

Leben hat auch die Pflanze, hat auch das Tier, doch wird hier die Biografie nicht von der einzelnen Pflanze, vom einzelnen Tier «geschrieben». Das Leben der *Pflanze* wird ganz vom Kosmos bestimmt. Insbesondere ist es die Sonne, nach der sich die Pflanze orientiert; ihr Licht bewirkt – durch den Vorgang der Assimilation –, dass sich die Pflanzengestalt aus der Luft verdichtet.

Das *Tier* emanzipiert sich bis zu einem gewissen Grad von der Außenwelt, indem es in seinem sich abschließenden Organismus das Leben des Kosmos verinnerlicht. Dadurch wird es möglich, dass das Tier von innen auf die Welt reagiert, dass eine *Seele* durch seinen Leib empfinden und agieren kann. In der Seele des Tieres, das nicht mehr wie die Pflanze dem Licht der Sonne offen steht, leuchtet das Licht des Bewusstseins auf.

Doch ist das einzelne Tier dabei immer noch in seine Gattung eingebunden, als deren Glied es erscheint. Der einzelne Löwe reagiert als Gattungswesen und nicht als Einzelwesen. Die seelischen Regungen des einzelnen Tieres gehen nicht von einem Mittelpunkt in ihm selber aus, sondern fluten von der Gattung her durch das Tier hindurch, erfüllen sein seelisches Leben, impulsieren und lenken unwiderstehlich sein Dasein.

Erst der *Mensch* lässt die Veranlagung eines Mittelpunktes erkennen, von dem aus ein individuelles Leben möglich wird. Zum Bewusstsein der Seele tritt das Selbstbewusstsein des *Ich*, des Kerns der Seele, zu dem alle ihre Erlebnisse in Beziehung treten, von dem alle ihre Handlungen ausgehen. Während das ichlose Tier vom «Gruppen-Ich» seiner Gattung bestimmt wird, hat jeder Mensch sein eigenes Ich.[3] Damit hat das Licht des Bewusstseins ein Zentrum bekommen, ein Zentrum, das zunächst wie ein Funke in der Seele aufleuchtet. Das «Gottesfünklein» des MEISTER ECKHART, das in jeder Menschenseele glüht, wird zur inneren Sonne. GOETHE stellt (in dem Gedicht «Vermächtnis») fest:

> Denn das selbstständige Gewissen
> Ist Sonne deinem Sittentag.

Die Bezeichnung «Gottesfünklein» deutet schon darauf hin, dass sich durch das Ich des Menschen Göttliches verkörpern kann, dass er, wenn er aus seiner inneren Sonne heraus lebt, im Einklang mit der göttlich-geistigen Welt sein Leben gestaltet. Aber auch seine innere Sonne ist wieder nur ein Funke des göttlichen Lichtes. «Das Ich nimmt in sich die Strahlen des Lichtes auf, das als ewiges Licht in dem Menschen aufleuchtet.»[4] In individueller Form lebt durch das Ich der Geist in der Seele des Menschen.

Hinter jedem Lebenslauf wird das Wesen des Menschen sichtbar. Während die Pflanze lebendiger Leib ist, lässt das Tier einen beseelten lebendigen Leib erkennen. Beim Menschen tritt das Ich hinzu, durch das sich Geist manifestiert. Nur ein Wesen, das sich aus Leib, Seele und Geist aufbaut, ist imstande, mit seinem Ich einen individuellen Lebenslauf im beseelten Erdenleib zu gestalten und seine Biografie in die Welt einzuschreiben.

Lebenslauf und Rhythmus

Die Gliederung des zeitlichen Gebildes «Lebenslauf» erfolgt – wie überall, wo etwas wächst – durch verschiedene Rhythmen. Der wichtigste Rhythmus des menschlichen Lebens ist der *Siebenjahresrhythmus*.

Ungefähr alle sieben Jahre bemerkt der Mensch, dass sich im Leben grundlegend etwas ändert. Beim beginnenden Zahnwechsel gegen das siebte, bei der Pubertät gegen das vierzehnte Jahr fällt das am meisten auf; doch kann, wenn man aufmerksam ist, dieselbe Beobachtung das ganze Leben hindurch gemacht werden. Die Formulierung «ungefähr alle sieben Jahre» bedeutet dabei nicht eine wissenschaftliche Ungenauigkeit, sie hängt vielmehr mit dem Wesen des Rhythmus zusammen. Während nach L. KLAGES der *Takt* zu einer Wiederholung von *gleichen* Zeitabschnitten führt, ist der *Rhythmus* durch die Wiederholung von *ähnlichen* Zeitabschnitten charakterisiert.[5] Schwankungen gehören also auch zum Siebenjahresrhythmus des menschlichen Lebens dazu. Am wichtigsten sind die Verfrühungen und Verspätungen, die durch die Entwicklung der Menschheit und durch die Individualität des Menschen hervorgerufen werden. So ist die Vorverlegung des Zahnwechsels und der Pubertät ein menschheitliches Phänomen, während die zeitlichen Variationen der Entwicklungsperioden im späteren Leben mehr mit Wesen und Schicksal der einzelnen Individualität zusammenhängen.

In einem seiner grundlegenden Vorträge zur seelischen Entwicklung, die unter dem Titel *Metamorphosen des Seelenlebens* erschienen sind, bemerkt STEINER, dass es sich bei den Angaben zu den Jahrsiebten um «Durchschnittszahlen» handle.[6] Auch wenn man dies berücksichtigt, so ist es doch richtig und fruchtbar, wenn man stets den Siebenjahresrhythmus als den Urrhythmus des menschlichen Lebens im Auge hat. Nach den umfassenden Ausführungen von W. HOERNER spielt die Zahl 7 im gesamten Kosmos eine dominierende Rolle. Sie führt im Rahmen der Siebentagewoche zu einem «Rhythmus der Seele», bei dem jeder Tag der Woche einem der sieben Planeten, die mit der Seele in Beziehung stehen, zugeordnet ist.[7] Die Zahl 7 ist jedoch nicht nur für die Planeten und für das Seelenleben von Bedeutung, sie gliedert auch eine Reihe von biologischen Rhythmen.[8] Anderseits bildet das Jahr mit seinen zwölf Monaten den Rhythmus des physischen Leibes,[9] dessen Geburtstag jedes Jahr wiederkehrt. Indem sich der Siebenerrhythmus des Lebens und der Seele mit dem Jahresrhythmus des physischen Leibes vereinigt, entsteht der Siebenjahresrhythmus, der Wesen und Erscheinung des Menschen in der physischen Welt miteinander verbindet.

Siebenjahresrhythmus und Entwicklung

Das Wesen des Menschen ist also nicht mit einem Mal da, es tritt durch das Element der Zeit erst allmählich in Erscheinung; dies macht seine Entwicklung aus. Dabei ist jedoch nicht an ein «Auswickeln» von schon Vorhandenem zu denken. Indem sich das Menschenwesen mit der Welt der Erscheinungen auseinandersetzt, kommt es zu einer Weiterbildung, im Sinne GOETHES zu einer «Steigerung», die aus dem Erlebnis und aus der Verarbeitung von gegensätzlichen Elementen, von Polaritäten, hervorgeht. Keine Entwicklung jedoch verläuft kontinuierlich. Der die menschliche Entwicklung gliedernde Siebenjahresrhythmus führt zu Stufen im Lebenslauf, die neue Möglichkeiten mit sich bringen und durch Verwandlung von Altem Neues entstehen lassen.[10] Mit Recht betont daher W. BÜHLER, dass es sich beim Rhythmus nicht so sehr um eine Wiederholung von Ähnlichem in ähnlichen Zeitabschnitten, sondern mehr um ein «lebendiges Wiedererstehen des Ähnlichen» handelt.[11] Das Wiedererstehen bringt die Möglichkeit der Steigerung mit sich, bei der zugleich das Wesen vollkommener als zuvor in Erscheinung tritt. Indem durch den rhythmischen Wechsel der Polaritäten diese zum Ausgleich kommen, entsteht immer neu der «Raum» für das stufenweise Erscheinen des Wesens.

Man kann die Perioden im Lebenslauf nach biologischen Gesichtspunkten betrachten. Man entdeckt dann, «dass die fundamentalsten Lebensvorgänge nach den Erkenntnissen der modernen Biologie periodisch verlaufen». Alle sieben Jahre «staut sich» beim Menschen «die Welle des individuellen Lebens».[12] Sie staut sich vor *Knotenpunkten* der Entwicklung, die zu Krisenpunkten werden können. Man muss sie kennen, um einen Lebenslauf beurteilen und um sich und anderen in

Krisenzeiten weiterhelfen zu können. Meist erst nach der Krise kann man dann feststellen, dass aus dem Knotenpunkt des Lebenslaufes, ähnlich wie aus dem Knotenpunkt einer Pflanze, Neues hervorgegangen ist

Zu diesem biologischen Aspekt fügt STEINER den geisteswissenschaftlichen hinzu, indem er das, was sich alle sieben Jahre vollzieht, als «Geburt» bezeichnet.[13] Erst durch dieses Bild wird die Entwicklung des menschlichen Wesens ganz erfasst. Wie bei der physischen Geburt, so wird auch bei den weiteren, alle sieben Jahre sich vollziehenden Geburten nicht nur von einem Schoß eine neue Frucht hervorgebracht. Es tritt ein neues Wesen in Erscheinung, das nicht allein aus dem Schoß des Alten erklärt werden kann. Für eine geisteswissenschaftliche Betrachtungsweise ist das Kind nicht nur ein Produkt seiner Eltern, es kommt nicht nur aus dem Schoß der Mutter heraus, es kommt auch an. Es steigt herab aus dem Schoß einer geistigen Welt, in der es vor der Geburt als eigenes Wesen geweilt hat, und verkörpert sich in der irdischen Leibesfrucht des mütterlichen Schoßes.

Auch bei den folgenden Geburten verkörpert sich Wesen sowohl im Leib als auch im Leben des sich entwickelnden Menschen. Man erlebt: Es kommt nicht nur Neues aus Vergangenem heraus, es kommt Neues in das Leben herein. Man spricht mit Recht von einem neuen «Einschlag» der Entwicklung, durch den sich etwas im eigenen Dasein, in der Welt verwirklichen kann, was je nach der Dimension dieses Daseins für einen kleineren oder größeren Teil der Welt von Bedeutung, ja notwendig ist.

Dieses Neue ist jedoch nichts Fremdes, von außen Übernommenes, es hat sich ganz mit dem eigenen Wesen verbunden. Indem sich das menschliche Wesen stufenweise im Lebenslauf verkörpert, trägt es den neuen Einschlag als einen

Bestandteil seines eigenen Seins in die Erscheinungswelt. Bei großen Persönlichkeiten kann sich die «Selbstverwirklichung» im Lebenslauf mit der Verwirklichung von Tendenzen und Zielen der Menschheitsentwicklung verbinden und durchdringen.

Auch der Siebenjahresrhythmus wird nicht von außen übernommen, dieser Rhythmus entspricht vielmehr der Gliederung des Menschenwesens selbst. So werden wir Jahrsiebte einer vorwiegend leiblichen, einer vorwiegend seelischen und einer vorwiegend geistigen Entwicklung kennen lernen. Aber auch jedes einzelne Jahrsiebt innerhalb dieser Dreigliederung hängt mit einer weiteren Gliederung des menschlichen Wesens zusammen. STEINER prägt in diesem Zusammenhang den Ausdruck «Wesensglieder».[14] Dieses Bild deutet darauf hin, dass es sich hier nicht um Teilung oder Einteilung des Wesens handelt, sondern eben um eine Gliederung, bei der die einzelnen Teile nicht isoliert nebeneinander bestehen. Wie bei der Dreigliederung in Leib, Seele und Geist, so durchdringen sich auch bei den weiteren Untergliederungen die Kräfte der einzelnen Wesensglieder, die jeweils in einem Wesensglied ihr Zentrum haben. Und so wie durch die Gliedmaßen unseres Leibes, so wird auch durch jedes Wesensglied in besonderer Weise Welt ergriffen und gestaltet.

Das Geburtsgeschehen im menschlichen Leben wird konkret und zugleich wesenhaft in dem Sinne, dass sich bei jeder Geburt ein Wesensglied des Menschen verkörpert. Und so, wie schon während des embryonalen Daseins das Ich den wachsenden physischen Leib mitgestaltet, so ist auch bei den folgenden Geburten an der Entwicklung der neuen «Frucht» stets auch das Ich beteiligt. Im Rahmen der seelischen Entwicklung wird dieser Tatsache eine besondere Bedeutung zukommen.

Rhythmus und Entwicklungspsychologie

Am Rhythmus scheiden sich die Geister. Einige Zeit nach R. STEINER ist R. GUARDINI besonders auf das Wesen der rhythmischen Lebensphasen eingegangen. Nach ihm sind diese Phasen «Lebensgestalten, die man nicht voneinander ableiten kann».[15] Phasenhaft verkörpert sich Neues im Lebensorganismus, weshalb nicht eine Phase aus der anderen zu erklären ist.

Zahlreiche Forscher, die eine rhythmische Gliederung im Lebenslauf wahrnahmen, sind auf den *Siebenjahresrhythmus* gestoßen. Schon die Griechen kannten ihn: Das menschliche Leben wurde in Heptomaden, in zehn Phasen von je sieben Jahren, eingeteilt.[16] Nach J. BOEHME und PARACELSUS begann man sich Anfang des zwanzigsten Jahrhunderts im Rahmen der modernen Wissenschaft für den Siebenjahresrhythmus zu interessieren (SWOBODA 1904, später KLAGES und HELLPACH).[17] M. MOERS beschreibt sechs Lebensphasen, die im Prinzip dem Siebenjahresrhythmus folgen.[18] H. KÜNKEL charakterisierte vierzehnjährige Perioden im menschlichen Leben.[19] In neuerer Zeit hat GAIL SHEEHY in ihrem Bestseller aufgrund vieler lebendiger Beobachtungen und eines gesunden Gefühls festgestellt, dass «unser inneres Lebenssystem» «beharrlich einen eigenen Rhythmus ent-wickelt».[20] Sie fragt sich, ob man der Volksweisheit trauen dürfe, «dass uns Erwachsene alle sieben Jahre ‹das Jucken und Kribbeln› überkommt».[21] Sie schreibt sogar von «vielfachen statistischen Erkenntnissen zum Siebenjahresrhythmus»,[22] geht jedoch dann in ihren zahlreichen Darstellungen nicht auf diesen Rhythmus ein.

Während andere Forscher zwar keinen Siebenjahresrhythmus, aber doch, wie C. BÜHLER[23], bestimmte Phasen im Lebenslauf feststellen, ist für R. OERTER Entwicklung ein «komplexes Geflecht von Ursache-Wirkungs-Zusammenhängen», die keiner bestimmten Altersstufe zuzuordnen sind.[24] OERTER schildert dabei «nur Tatbestände, die experimentell oder quantitativ (d.h. statistisch) belegt werden können».[25] Ihm folgen andere Autoren, die wie er das *Verhalten* des Menschen psychologisch untersuchen – und dabei stehen bleiben («Verhaltenspsychologie»). Man hat den Eindruck, dass jener Forschungsrichtung vor lauter Einzelheiten der Blick für das Ganze des Lebenslaufes und seiner Rhythmen verloren gegangen ist. (Eine ausführlichere Schilderung und Einordnung der verschiedenen Richtungen in der Lebenslaufforschung gibt B. LIEVEGOED in seinem grundlegenden Buch *Lebenskrisen – Lebenschancen.*[26])

Da die Zahl 7 im Lebenslauf nur zu Richtwerten, nicht zu Fixpunkten der Entwicklung führt und der Siebenjahresrhythmus die verschiedensten Schwankungen erkennen lässt, erhebt sich die Frage, ob ein solcher Rhythmus überhaupt durch die Zahlenmethodik der Statistik zu erfassen ist. Da es sich jedoch bei den Siebenjahresperioden um Richtwerte einer geistigen Ordnung handelt, kann der Siebenjahresrhythmus auf jeden Fall als Grundprinzip des menschlichen Lebens erkannt und gehandhabt werden. Dieses Leben kommt ja selbst – das wurde schon angedeutet – aus dem Geist, verkörpert Geist und erhebt sich wieder zum Geist, was im Folgenden darzustellen sein wird. Eine geistige Ordnung des Lebenslaufes wird vom Leben selbst gefordert. Für eine Biografik, welche diese Ordnung mit dem Leben verbindet, wird der Lebenslauf zum *Kunstwerk*.[27] (Im Umgang mit der eigenen Biografie, der zur Vorbeugung der später zu besprechenden Entwicklungsstörungen beitragen kann, vgl. G. BURKHARD: *Das Leben in die Hand nehmen.*[28])

II.
Entwicklungsstufen des Seelenlebens

Das Leben der Seele im irdischen Dasein beginnt mit dem ersten Atemzug. Nun ist die Seele in das Leben des selbstständig gewordenen Leibes eingezogen, an dessen Werden sie – zusammen mit dem Ich – zuvor schon gearbeitet hatte. Und in diesem Leben beginnt sie sich jetzt zu regen, ihm dient ihr eigenes Dasein. Damit hängt es zusammen, dass die Seele selbst vorerst nicht in dem Maße wie später zur Erscheinung kommt, dass die Entwicklung eines selbstständigen Seelenlebens noch nicht einsetzen kann.

Wir erleben kleine Kinder wie von Seele umwoben und durchdrungen. Der kleine Leib inmitten ist wie ein Samenkorn, aus dem einmal die Seele aufblühen wird. Noch ist sie vorwiegend am und im Leib tätig und kann daher auch in der Sphäre des Leibes erlebt werden; sie selbst empfindet man als noch verhüllt. Wie der Leib im embryonalen Dasein vom Mutterleib umhüllt war, so ist die zunächst im Leib tätige Seele, von STEINER als «Astralleib» bezeichnet, vor ihrer «Geburt» von einer «Astralhülle» umgeben, aus der sie dann mit der Pubertät in ein freieres Dasein entlassen wird.[29] Und nicht nur Schutz genießt der Astralleib durch diese Mutterhülle. So wie früher der hüllende Leib der Mutter, so vermittelt nun die astralische Hülle zwischen dem Kosmos, der Umwelt und der Tätigkeit der Seele im Leib, aus der uns diese Seele entgegenschimmert, manchmal auch entgegenblitzt oder entgegenleuchtet.

Die ersten zwei Jahrsiebte des Lebenslaufes sind somit als *Vorstadien der Seelenentwicklung* zu bezeichnen. Sie können als solche hier kürzer behandelt werden, umso mehr, als sie in pädagogischen Zusammenhängen schon vielfach dargestellt worden sind. (Vgl. besonders STEFAN LEBER: *Die Menschenkunde der Waldorfpädagogik*. Dort auch weitere Aspekte zu den Wesensgliedern und den später hier dargestellten Seelengliedern.[30])

Das Jahrsiebt von 0 bis 7

Das erste Jahrsiebt ist das Entwicklungsjahrsiebt des *physischen Leibes*, der ja mit seiner Geburt noch lange nicht «fertig» ist. Erst nach der Geburt werden wesentliche Strukturen und Organe gebildet bzw. weitergebildet. So entsteht die weiße Substanz des Gehirns, die eigentliche körperliche Grundlage für das Denken, im Wesentlichen erst nach der Geburt («Markreifung»). Erst im achten Lebensjahr ist die Reifung des Gehirns «so weit vollendet, dass keine signifikanten anatomischen Unterschiede gegenüber dem Nervensystem des Erwachsenen mehr bestehen».[31] Erst gegen das siebte Jahr sind die Anlagen der zweiten Zähne im Wesentlichen fertig gebildet und können von nun an im Zahnwechsel allmählich aus dem Kiefer heraustreten.

Damit sind die letzten Organe des physischen Leibes geschaffen; eine schöpferische Tätigkeit im eigenen Leib ist abgeschlossen, die sich in dieser Art nie mehr vollziehen wird. Jeder weitere Aufbau in den Organen, durch den ihr ständiger Abbau ausgeglichen werden muss, wird ein Nachschaffen, nicht mehr ein Neuschaffen sein. Und nun erst hat das Kind einen eigenen Leib gebildet: aus dem «Modellleib», den es von der Vererbung geliefert bekam und bis jetzt wie ein Modell benützt hat. Gegen das siebte Jahr treten zum Abschluss dieses Geschehens «die eigenen Zähne des Menschen» «an die Stelle der vererbten».[32]

Der biografische Sinn von *Kinderkrankheiten* wird sichtbar: Eine Kinderkrankheit kann dem Kind helfen, den vererbten Leib mit seinen eigenen Kräften zu durchdringen.[33] Das Gesicht, der Blick eines von Masern genesenden Kindes bringt mehr von seiner den Leib gestaltenden individuellen Seele zum Ausdruck, als dies vor der Krankheit zu beobachten war. Das Kind blickt wacher und zugleich persönlicher in die Welt. Das ist jedoch nur der Anfang einer weiteren Durchseelung (und Durchichung) des physischen Leibes, die sich, wie wir sehen werden, bis zum Erwachsenenalter fortsetzt. Ebenso wenig ist die Auseinandersetzung mit der *Vererbung* jetzt zu Ende. Das vererbte Modell hat auch für das spätere Leben seine Bedeutung. Eine schwache Individualität wird sich auch nach dem ersten Jahrsiebt nach ihm richten, eine starke wird dies weniger tun. Wie RUDOLF STEINER ausführte, wirkt die Vererbung vom physischen Leib bis auf den im physischen Leib tätigen Astralleib, d.h. bis auf die Gestaltung «seelischer Eigenschaften».[34] Von da aus kann die Mitwirkung vererbter Anlagen bei der Entstehung seelischer Erkrankungen im Erwachsenenalter verstanden werden (vgl. das Kapitel «Psychiatrische Krankheitsbilder im Lebenslauf», S. 249 ff.).

Das Jahrsiebt des physischen Leibes ist auch für die Entwicklung der selbstständig gewordenen *Seele* von grundlegender Bedeutung. In diesem Leib wird die Seele später ein *Instrument* haben, das ihrem Leben dient.[35] Für Form und Struktur dieses Instrumentes ist das erste Jahrsiebt entscheidend. Auch später wird Wachstum des Leibes stattfinden, «aber dieses Wachstum geschieht in aller Folgezeit aufgrund der Formen, die sich bis zu der angegebenen Zeit herausgebildet haben».[36] Je nachdem, wie diese Formen gebildet werden, hat es die Seele später leichter oder schwerer, ihr eigenes Leben zu gestalten.

Für die Bildung des Leibes ist jedoch nicht nur das Wesen

des Kindes verantwortlich, sondern auch die *Umwelt*. Die Verantwortung der Welt ist sogar am größten im ersten Jahrsiebt, wo das Kind, aus dem Schoß des Kosmos, der Mutter herausgetreten, sich der irdischen Welt anvertraut hat. Wenn auch die geistige Welt weiter das Kind geleitet, so ist dieses doch bei seiner irdisch-schöpferischen Tätigkeit jetzt mehr als jemals später auf seine irdische Umgebung angewiesen, von der ja sein physischer Leib ein Teil ist.

Indem die aufbauenden (oder abbauenden) Einflüsse der Welt auf den Leib des Kindes einwirken, verbinden sie sich mit der im Leib tätigen Seele, die zwischen Leib und Welt vermittelt. Die Seele nimmt diese Einflüsse durch die Sinne wahr, und was sie so wahrnimmt, das wirkt unmittelbar gestaltend in den Leib hinein. Schon von hier aus kann verstanden werden, dass das Kind mit seiner Seele vor allem im Kopf lebt, wo die Sinne zentriert sind, von wo aber auch die «Gestaltbildung des Menschen» ausgeht.[37] Letzterer Prozess wird durch das gleichfalls im Kopf zentrierte Nervensystem ermöglicht, das, die Eindrücke aus den Sinnen nach innen vermittelnd, einerseits der Entstehung des bewussten Vorstellungsbildes, andererseits der unbewusst bleibenden Gestaltbildung dient. Beim Kind liegt der Akzent zunächst auf der bildenden Tätigkeit des Nervensystems; dessen abläbmende und abbildende Tätigkeit, die zur Vorstellung führt, wird erst später allmählich in den Vordergrund treten.

Im ersten Jahrsiebt ist das Kind, wie vielfach zu beobachten ist, ein «nachahmendes Wesen».[38] Auch diese *Nachahmung* vollzieht sich selten bewusst. Und nicht nur seelische und körperliche Regungen ahmt das Kind unterbewusst nach; der Sinneseindruck, der ihnen zugrunde liegt, führt zu einer Art organischer Nachahmung in der Gestaltung seines Leibes. Mit allem, was in seiner Umgebung geschieht, schwingt die Seele des Kindes durch die Sinne mit und lässt dieses Mitschwingen, kaum vom Bewusstsein kontrolliert, in den Leib einmünden. Der Kopf des Kindes, von dem aus «die Gestalt durchseelt, die Gestalt durchgeistigt wird»[39], ist – anders als beim Erwachsenen – ein vorwiegend lebendiger Kopf, von dem aus sich die Seele mit dem Leben des Leibes verbindet, von dem aus sie sich in Leib und Welt vortastet.

Die eben zitierte Durchgeistigung des Leibes vom Kopf aus deutet auf das *Ich* des Kindes hin, das in und mit der Seele zusammenwirkt. Dieses Ich, ebenfalls vom Kopf aus tätig, hatte zunächst zur Aufrichtung, zum aufrechten Gang des Kindes geführt, der im ersten Jahrsiebt, ähnlich wie bei einer Marionette, vom Kopf aus gehalten und gesteuert wird.[40] Um das dritte Jahr, wenn das Kind beginnt, «ich» zu sich zu sagen, glänzt ein erstes Ichbewusstsein im Kopf auf. Was das Kind von nun an durch seine Sinne aufnimmt, wird zugleich von diesem Ichbewusstsein aufgenommen und kann daher auch vom Ich wieder innerlich wahrgenommen, d.h. erinnert werden. Von nun an prägt das langsam immer bewusster werdende Ich alle seelischen Äußerungen des Kindes.

Das Jahrsiebt von 7 bis 14

Mit dem Ende des ersten Jahrsiebts geht die organschaffende Tätigkeit im physischen Leib zu Ende, schöpferisch bildende Kräfte werden nunmehr frei. Sie gehören dem Organismus der Bildekräfte an, der die gestaltenden Impulse von Seele und Ich über das Nervensystem dem physischen Leib vermittelt hat. Die übergeordnete Ganzheit, die «Entelechie», von der DRIESCH annahm, dass sie hinter den einzelnen Formen des physischen Leibes stehe und sie zum Organismus integriere,[41] wird konkret in dem von STEINER beschriebenen Wesensglied, das er *Lebensleib* oder *Ätherleib* nennt. «Leib» bedeutet dabei, dass die Bildekräfte – beim Astralleib die seelischen Kräfte – eine sinnlich nicht wahrnehmbare «Gestalt» angenommen haben,[42] dass sie einen Organismus bilden. Die Bezeichnung «Äther» weist auf den Ursprung der Bildekräfte hin: auf den Erdenumkreis, auf den «Äther», so wie die Bezeichnung «Astralleib» auf die übersinnliche, durch die Sterne sich andeutende Welt, aus der die Seele mit der Geburt zur Erde steigt und in die sie sich mit dem Tod wieder erhebt.

Das Freiwerden von Bildekräften aus physischer Tätigkeit deutet auf ein Freiwerden des Bildekräfteorganismus vom physischen Leib, deutet auf die zweite Geburt im Lebenslauf hin. Um das siebte Jahr wird der *Ätherleib* geboren, das Jahrsiebt des Ätherleibes ist eingeleitet. Im Kopfbereich führt diese Geburt am weitesten aus dem Leib heraus. Dort sind inzwischen die Anlagen der zweiten Zähne fertig geworden, dort wird nunmehr das Gehirn vollends «reif», dort zieht sich von nun an entschiedener das Leben vor dem Bewusstsein zurück. Das wacher gewordene Kind ist lernfähig geworden und kann die Schule besuchen.

Mit der zwischen Seele und Leib vermittelnden Tätigkeit des Ätherleibes hängt es zusammen, dass nun Bildekräfte des physischen Leibes der Seele zugänglich werden. «Gestaltungs- und Wachstumskräfte» verwandeln sich in «Denkkräfte». STEINER drückt es sogar so aus, dass die «Denkkräfte des Menschen die verfeinerten Gestaltungs- und Wachstumskräfte sind».[43]

Metamorphose von Wachstumskräften in Denkkräfte

Der physische Leib baut sich aus *Zellen* auf, deren «eigensinniges Leben» jedoch bis zu einem gewissen Grad überwunden werden muss, damit die Gestalt des Organismus und seiner Organe entstehen kann.[44] Diese Überwindung durch den «Menschenbildeprozess» vermittelt der Ätherleib, der jedoch andererseits die Zellen wachsen lässt, die er braucht, um vom physischen Leib «aufgenommen» zu werden. «Kein Wesen ... kann ohne Zellen einen Ätherleib haben.»[45] Im fließenden Geschehen der leiblichen Bildung sind die Zellen selbst immer «Endzustände»[46], auf die sich der Ätherleib stützt und die er zugleich in die Bildung physischer Organe integriert.

Auch im fließenden Leben der Seele gibt es Endprodukte, die sich zu seelischen Organen zusammenfügen können: Es sind die *Vorstellungen*, in denen sich das Urteilen der Seele «zuspitzt». Aus dem Urteil «Die Rose ist rot» wird die Vorstellung «die rote Rose».[47] Das *Urteilen*, das vor der fertigen Vorstellung aus der erlebenden Seele aufsteigt, hat mehr Seinscharakter als die bewusstere Vorstellung, die sich von ihm ablöst, als Bild in der Seele weiterlebt und in der Erinnerung neu vorgestellt werden kann. Wie der Leib aus Zellen, so baut sich das Seelenleben aus Vorstellungen auf, die gleich den Zellen ein gewisses «Eigenleben» besitzen und zugleich dem Verstehen des Neuen dienen. In diesem Zusammenhang spricht STEINER von früher gebildeten «Vorstellungsmassen, die dieses Verstehen möglich machen».[48] Im Unterschied zu den räumlichen Zellgebilden sind die Vorstellungen jedoch nicht ständig da, sondern tauchen immer neu in der Erinnerung auf. Mit dieser Einschränkung bilden sie die geformteste Substanz des Seelenlebens, vergleichbar dem, was die Zellen im leiblichen Dasein darstellen. Und so, wie die Zellen zu Organen zusammengefügt werden, die – durch Ernährung und Atmung – Inhalte aus der körperlichen Außenwelt verarbeiten, so fügen sich die Vorstellungen in der Seele zu Organen, mit denen seelisch-geistige Weltinhalte verarbeitet werden können.

Durch die Zusammenfügung von einzelnen Vorstellungen kommt es zunächst zu «Vorstellungskomplexen». Was man gelernt hat, was man zu einem Vorstellungskomplex hat werden lassen, das «schläft» beim Vergessen ein, um dann im Erinnern wieder «aufzuwachen».[49] Solche Vorstellungskomplexe werden beim Lernen dann zu den Organen, durch die wir Weltinhalte nicht nur wiedererkennen, sondern verarbeiten, d.h. verstehen lernen.

Im *Erinnern* kann mehr zum Vorschein kommen, als was wir vergessen haben; wir können durch die Erinnerung mehr vom Gegenstand erfassen als durch die Wahrnehmung. Zum Beispiel haben wir einzelne Vorstellungen von der Gestalt, dem Wachstum der Pflanze gewonnen. Ein Organ, aus den einzelnen Vorstellungen gebildet, ist in uns entstanden, durch das wir erinnernd die Pflanze als Ganzes verstehen lernen. Nach dem Vergessen können wir sogar feststellen, dass der wieder aufgetauchte Vorstellungskomplex, das alte Organ, sich verwandelt hat. Ein neues, weiterentwickeltes Organ ist entstanden, durch das wir Neues vom Wesen des Gegenstandes erfassen können. Im Unterschied zu den Organen des physischen Leibes sind diese Organe, deren wir uns beim Denken bedienen, viel lebendiger und beweglicher, wie dies dem Wesen des Ätherischen entspricht; sie werden eigentlich immer neu. In diesem Sinne kann man das GOETHE-Wort verstehen: «Jeder neue Gegenstand, wohl beschaut, schließt ein neues Organ in uns auf.»[50]

Zusammenfassend ergibt sich: Es sind dem Ursprung nach dieselben Bildekräfte, die vorher Zellen wachsen ließen und sie in körperliche Organe integrierten, die nach ihrer Verwandlung Vorstellungen wachsen und in die Bildung von seelisch-geistigen Organen einmünden lassen. Durch die Metamorphose der Bildekräfte hat der Ätherleib zwischen dem körperlichen und dem seelischen Bereich vermittelt. Die mit dem siebten Jahr erreichte Entwicklungsstufe kann man nach FUCKE die «*Vorstellungsreife*» nennen.[51]

Das Gefühlsleben

Während sich der Ätherleib im Kopfgebiet am weitesten aus dem physischen Leib löst, bleibt er im mittleren und unteren Bereich des Organismus mehr mit dem physischen Leib verbunden. Das erkennt man daran, dass diese zwei Bereiche mehr körperliches Leben behalten als der Kopf und dass die seelischen Äußerungen, die von hier aus durch die partielle Geburt des Ätherleibes entstehen, weniger bewusst sind; sie vollziehen sich mehr in einem traumhaften oder schlafenden Bewusstsein, wie es im Gefühls- und Willensleben des mittleren und unteren Organismus waltet. Damit im Zusammenhang kommt es im zweiten Jahrsiebt zur «Entwicklung», zur «Umbildung» von übernommenen Neigungen, Gewohnheiten, Temperamenten.[52]

GRUHLE zitierend, führt KÖNIG an, dass wir uns beim *Temperament* im «Zwischenreich zwischen Körper und Seele», d.h. im Bereich des Ätherleibes, befinden. «In frühesten Kindheitsjahren» wird «das eigentliche Temperament» von einer anderen (vererbten) «Temperamentsfarbe» verdeckt, die allmählich vergeht. «Ende des zweiten Jahrzehnts enthüllt sich ganz deutlich das bleibende Temperament»,[53] das zu seiner endgültigen Ausgestaltung offenbar noch der selbstständig werdenden Seele des Jahrsiebts von 14 bis 21 bedarf. Schon «in den unteren Schulklassen spielen die Temperamente der Kinder eine oft ausschlaggebende Rolle».[54] Sie werden zur Grundlage des Seelenlebens. Einerseits prägen sie die Konstitution des Körpers, andererseits das Leben der Seele, ihr Tempo, das «Wie» ihrer Prozesse.

Im zweiten Jahrsiebt begründen sie vor allem das *Gefühlsleben*, das jetzt nach dem Wahrnehmungsleben des ersten Jahrsiebts seelisch zu dominieren beginnt. Das Kind ist jetzt «ganz seinem seelischen Erleben hingegeben». Es schwankt zwischen «Sympathie und Antipathie, Freude und Leid, Angst und Mut».[55] Manche Kinder werden überempfindlich, STEINER charakterisiert bei ihnen ein ständiges «seelisches Wundsein».[56] Andere werden mehr unempfindlich, unter Umständen stumpf-apathisch.[57]

Während des zweiten Jahrsiebts erleben wir Seele und Ich

im mittleren Bereich des Organismus, im *rhythmischen System*, in das diese Wesensglieder aus dem Kopf hinabgestiegen sind. Das Kind lebt jetzt stärker in seinen rhythmischen Vorgängen. Während es «vorher plastisch tätig war (individuelle Leibesgestaltung) an seinem eigenen Leibe, fängt es jetzt an, ein Musiker zu werden, ein unbewusster, der nach dem Innern hinein arbeitet».[58] In diesem körperlich-seelischen Musizieren wird die sich verinnerlichende Seele tätig. Der Ätherleib hebt sich, obgleich er im rhythmischen Menschen stärker als im Kopf organisch gebunden ist, vom siebten Jahr an der Seele entgegen und vermittelt ihr die Beziehung zum körperlichen Atemgeschehen. Es kommt zur «Atemreife», ein Begriff STEINERS, den H. MÜLLER-WIEDEMANN in seinem grundlegenden Buch zum zweiten Jahrsiebt, *Mitte der Kindheit,* näher verfolgt hat. Die Atmung wird nun von innen ergriffen, wird Ausdruck und Instrument seelischen Lebens.[59]

Vor allem wird nun die *Lunge* zum Instrument der fühlenden Seele. Bei jeder Einatmung verbindet sich der Astralleib, der primär im Luftelement lebt, tiefer mit dem physischen Leib, in dem der bildende Ätherleib tätig ist. Bei jeder Ausatmung löst er sich wieder mehr von ihm los und gibt sich der Umwelt hin. So schwingt in der Atmung die fühlende Seele zwischen Leib und Welt, zwischen Lunge und Welt hin und her, wobei ihr die Gefühlserlebnisse an der Welt durch den Leib bewusst werden. Bei jeder Entstehung eines Gefühls geht «eine Modifikation des Atmungsrhythmus» vor sich, «durch die in der Seele ein Gefühl auflebt».[60] Auf diese Weise kommt es zu den vielen, von Sympathie oder Antipathie getönten Gefühlen und Gefühlsnuancen, die bei der Begegnung mit der Welt entstehen. In seiner Vereinseitigung führt das Lungen-Seelenleben zu einer betonten Sensibilität der Welt gegenüber, wie sie bis zu einem gewissen Grad für einen Teil der Kinder im zweiten

Jahrsiebt normal ist.[61] Der erwachsene *Lungenmensch*, bei dem die Lunge seelisch dominiert, hat dann einen ausgesprochen sensitiven Charakter.

Auch dieses Seelenleben präsentiert sich im Jahrsiebt von 7 bis 14 noch nicht in der freien Form wie später. Immer noch erlebt man eine Hülle, die über dem Seelenleben liegt, wenn sie auch gegenüber dem ersten Jahrsiebt dünner geworden ist. Es handelt sich um die schon erwähnte Mutterhülle, die, außer mit dem physischen Leib, in einem innigen Zusammenhang mit dem Ätherleib steht. In ein ätherisches Weben taucht – bei der Atmung rhythmisch – der Astralleib immer wieder ein und nimmt in sein freieres Dasein etwas davon mit. Deshalb handelt es sich statt der bewussteren Sensitivität des Erwachsenen hier noch mehr um unterbewusste Neigungen und Gewohnheiten. Das kommt auch in der leibnäheren Bezeichnung «seelisches Wundsein» zum Ausdruck, die STEINER für die übermäßige Sensitivität des Kindes gebrauchte.[62]

Autorität und Ich

Indem die Seele in das Innere des Leibes einzusteigen beginnt, erfährt sie selbst Verinnerlichung. Nicht mehr das unmittelbare Mitschwingen der Nachahmung ist nun Prinzip der Entwicklung und der Erziehung. Aus dem Mitschwingen wird von innen her ein Nachstreben, das vom Gefühl entbunden wird. Nachgestrebt wird der liebevollen *Autorität*, deren Einflüsse sich auch körperlich auf die Mitte des Organismus richten und dem Kind bei deren Durchseelung helfen. Durch das Nachstreben antwortet das im Inneren des Kindes erwachte

Gefühl der *Liebe*, das von der Lunge zum Herzen, dem Organ der Liebeskraft, hinweist. Damit wird zugleich vom Zentrum des Leibes und vom keimhaften Zentrum der Seele, vom fühlenden Ich aus, ein erstes Gleichgewicht gesucht zwischen der einseitigen Hingabe bei der Sympathie und dem einseitigen Sich-Verschließen bei der Antipathie.

RUDOLF STEINER war das Erziehungsprinzip der liebevollen Autorität so wichtig, dass er, wie manchmal schon berichtet, bei jedem Besuch in der Stuttgarter Waldorfschule an die versammelten Schüler die Frage richtete, ob sie ihre Lehrer lieb hätten. Der als Schüler mitanwesende Verfasser empfand im Rückerleben einen Unterschied zwischen dem gemeinsamen Ja der Unter- und Mittelstufenklassen und dem Ja der Oberstufenklassen jenseits des vierzehnten Jahres. Während die Schüler des zweiten Jahrsiebtes rückhaltlos auf die Frage antworteten, blieb bei einigen älteren, kritisch gewordenen Schülern die Frage dem einen oder anderen Lehrer gegenüber bestehen. Sie konnte auch als Aufforderung erlebt werden, eine neue positive Beziehung zum einen oder anderen Lehrer zu knüpfen – als Aufforderung auch, sich ein Urteil zu bilden über die pädagogische Bedeutung jener Frage RUDOLF STEINERS.

Wie im dritten Jahr des ersten Jahrsiebts das *Ich* der Entwicklung einen besonderen Akzent gab, so meldet sich auch im zweiten Jahrsiebt das Ich als eigenes Wesensglied. Während das Ich des dritten Lebensjahres im Leben des Kopfes aufglänzte, während es am Anfang des zweiten Jahrsiebts noch ganz in das rhythmische System, in das Gefühlsleben eingebettet ist, verbindet es sich im *neunten, zehnten Jahr* entschieden mit dem unteren Pol, dem Stoffwechselpol des Organismus.[63] Das ist an einer Reihe von Vorgängen im physischen Leib abzulesen. Die Aufrichtekraft des Ich, die früher vom Kopf aus zur Wirksamkeit kam, wirkt nun von unten nach oben: Das Kind richtet sich von unten nach oben auf. Die Erwärmung des Organismus, in der gleichfalls das Wirken des Ich zum Ausdruck kommt, vollzieht sich nun vom Stoffwechsel aus.[64] Ein stärkeres Wirken des Ich vom Stoffwechsel, vor allem von der Leber, aus zeigt auch das Verhalten des Blutzuckers, der, das im Leibe lebende Ich tragend, vom neunten Jahr an neu anzusteigen beginnt.[65]

Seelisch beobachtet man, dass das Kind sich mehr aus der Welt herausgelöst erlebt, dass es sich ihr mehr gegenüberstellt als vorher, wobei Kritik und oppositionelle Willensregungen sich melden können. Doch kann dieser Vorgang auch in dumpfer Apathie untergehen, die für das zweite Jahrsiebt, wenn sie auftritt, hier ihre physiologische Wurzel hat. Im Ganzen ist das Erlebnis von Vereinsamung charakteristisch – ein Erlebnis, das sich mit Trauer zu verbinden pflegt. Umso wichtiger ist nun die liebevolle Autorität des Erziehers, der Eltern, die sich an das *Herz* des Kindes wendet, wenn das Kind in den Tiefen seines Organismus zu versinken droht. Vom Herzen aus wird die Verbindung zur Welt neu geknüpft und dem Ich ein neuer Halt angeboten, der allerdings von innen her ergriffen werden muss.

Im Hinblick auf die neue Einschaltung des Ich ist noch auf einen weiteren Unterschied zum Erscheinen des Ich im dritten Jahr hinzuweisen. Während das Ich vom dritten Jahr aus in die Zukunft leuchtet, nimmt es im neunten Jahr die Zukunft vorweg. Es bereitet dem tiefer sich verkörpernden Astralleib den Weg, dessen Ziel im unteren Menschen, die Pubertät, erst am Ende des zweiten Jahrsiebts erreicht werden wird.

Während das Ich hier schon anfängt, willenshaft Zukunft zu ergreifen und damit auch das Willensleben des Jahrsiebts von 14 bis 21 vorbereitet, kommt es zu einer Rückwirkung dieses Ich-Schrittes im Gefühlsleben. Es ist ein neues, dichteres *Ichgefühl*, das im Kind erwacht: Das Einsamkeitserlebnis, mit dem Gefühl der Trauer sich verbindend, spielt sich vor allem im Fühlen ab und wird durch das Gefühl der Liebe überwunden. Als ein äußeres Zeichen des Gefühlslebens im zweiten Jahrsiebt und seiner Zentrierung im Herzen kann die Tatsache gesehen werden, dass in der Zeit des neunten, zehnten Jahres das Herz «eine sprunghafte Steigerung seiner Leistung und seiner Größe erfährt».[66] In dieser Zeit entdeckt nun auch körperlich das Kind sein Herz, das ihm «wehtun kann».[67]

Das Jahrsiebt von 14 bis 21

Die Jahrsiebte von 0 bis 7 und von 7 bis 14 waren als Vorstadien der Seelenentwicklung zu bezeichnen, das Jahrsiebt von 14 bis 21 werden wir als *Einleitung*, als Ouvertüre dieser Entwicklung erleben. So, wie wir in mancher Ouvertüre die Hauptmotive der nachfolgenden Oper entdecken, so begegnen wir im dritten Jahrsiebt den hauptsächlichen seelischen Elementen, die in den folgenden Jahrsiebten eine Rolle spielen werden.

Das dritte Jahrsiebt ist das Jahrsiebt des *Astralleibes*, der mit der Pubertät geboren wird. Ein neues, persönlicher wirkendes Seelenleben tritt aus seiner Hülle hervor, das jedoch noch nicht eine Persönlichkeit, ein Ich als Kern hat. Das Ich geht noch in der Seele auf, aber es durchdringt sie nun in neuer Art. Aus den ersten willenshaften Regungen im neunten, zehnten Jahr wird ein willenshaftes Ringen des Ich, ein Ringen mit den erwachenden Kräften des neuen Seelenlebens, an dessen Ende das Eingreifen des mündig gewordenen Menschen in die Welt stehen wird.

Zunächst erlebt das Ich die problematisch und dramatisch werdenden *Polaritäten des Astralleibes*, die nach seiner Geburt in Erscheinung treten. Schon gegen das zwölfte Jahr – mit dem Beginn des neuen Längenwachstums beim so genannten zweiten Gestaltwandel – stößt das Kind zum begrifflich-abstrakten Denken vor.[68] Der lebendige Kopf hat nun viel von seinem Leben verloren und stellt sich dem unteren Pol des Organismus gegenüber, wo zugleich ein neues Leben beginnt. Der Pubertierende neigt einerseits dazu, sich kritisch der Welt gegenüberzustellen, indem er sich in Abstraktionen ergeht. Andererseits reagiert er von seinem unteren Wesenspol her emotional, leidenschaftlich, unter Umständen auch triebhaft auf die Welt. Während er sich einerseits kühl, schlaff, apathisch verhalten kann und dabei kein Glied mehr rühren mag, gibt er sich andererseits starken Bewegungsimpulsen hin, die bis zu Bewegungsstürmen führen können. Einmal zieht er sich von der Welt in seine Stube zurück, er führt das Einsamkeitserlebnis seines neunten Jahres willentlich herbei, ein anderes Mal stürmt er in die Welt hinaus und frönt einem ausgesprochenen Wandertrieb.

Die innerlich gefühlshafte Weltbeziehung, die Schwankungen brachte, aber doch die Beziehung zur Welt auf die Dauer aufrechterhielt, ist einer rationalen oder emotionalen Einstellung zur Welt gewichen, wobei auch Kombinationen beider Elemente zu beobachten sind. Das angeführte Schwanken zwischen Sympathie und Antipathie im zweiten Jahrsiebt ist zu einer elementaren Akzentuierung des unteren oder oberen Wesenspoles geworden, die sich in triebhafter Lust oder Unlust, in emotionaler Auflösung oder rationaler Erstarrung ausdrücken kann. C. G. JUNG schildert im Zusammenhang mit der Pubertät eine ausgesprochene «Entzweiung mit sich selbst», eine «dualistische Phase».[69] Er gebraucht hier sogar den Begriff einer «seelischen Geburt», ohne ihn jedoch in Verbindung mit den körperlichen Vorgängen zu sehen, wie sich dies aus der anthroposophischen Menschenkunde ergibt.

Eine äußere Ergänzung findet diese innere Entzweiung in der jetzt erfolgenden Loslösung von den Eltern, die sich Hand in Hand mit der Loslösung des Astralleibes von seiner Mutterhülle und vom physischen Leib vollzieht. Bei vielen Pubertierenden ist es ein normales Übergangsstadium, dass sie sich mit ihren Eltern «entzweien», und man braucht, wenn es sich nur um ein solches Übergangsstadium handelt, nichts Besonderes dagegen zu tun.

Die zwei Geschlechter

Die verschiedene Entwicklung der *zwei Geschlechter*, wie sie mit der Pubertät beginnt, bringt eine neue Polarität. Während der Junge die Extreme stärker ausbildet und erlebt, bewahrt das Mädchen mehr von seinem mittleren System und dessen Gefühlsleben. Mit der Betonung der Mitte, auch anatomisch von der Pubertät an am weiblichen Organismus ablesbar, mit der Gefühlsbetontheit der Seele verbindet sich beim Mädchen die Tendenz, aus inneren Bildern heraus zu leben und zu urteilen.[70] Das Mädchen neigt mehr zum Tagträumen als der Junge,[71] wie dies gleichfalls für das zweite Jahrsiebt charakteristisch ist. Wenn der Junge sich nach einem Mädchen sehnt, so sehnt er sich zugleich nach einem Teil seines eigenen Wesens, den er verloren hat, nach seiner eigenen Mitte, aus der er sich nach oben und nach unten herausbewegt.

Auf den *Mann* wirkt stärker die Erde, auf die *Frau*, die sich weniger tief im Leib und auf der Erde verkörpert, wirkt – durch ihre Mitte – stärker der Himmel ein.[72] Im weiblichen Wesen kann der Mann deshalb einen Nachklang der verloren gegangenen kosmischen Verbundenheit erleben, wie sie in der Kindheit des Menschen und der Menschheit vorlag. Diese Tatsache kommt auch in manchen Märchen, Sagen und Dichtungen zum Ausdruck, z.B. in der Brünhildengestalt der Siegfriedsage, im Gretchen der Faustdichtung. (Auf das Problem der weiblichen Eigenschaften beim Mann, der männlichen bei der Frau, das im Bereich der Wesensglieder eine Klärung erfährt, kann hier nur noch hingewiesen werden. (Vgl. dazu, wie auch zu anderen Problemen der zwei Geschlechter, S. LEBER, W. SCHAD, A. SUCHANTKE: *Die Geschlechtlichkeit des Menschen;* und M. TREICHLER: *Sprechstunde Psychotherapie,* Kapitel «Sexualität».[73])

Die Pubertät bringt die *«Erdenreife»*[74], die bei beiden Geschlechtern, beim Jungen jedoch stärker, eintritt und ein neues Verhältnis zur Erde entstehen lässt. Einen Teil der Erdenreife bildet die Geschlechtsreife, die beim Jungen und beim Mädchen die Fähigkeit erzeugt, durch ihre körperliche Vereinigung ihresgleichen irdisch hervorzubringen. Die schöpferischen Kräfte, die bis zum siebten Jahr im eigenen Leib tätig waren, können nun für die Zeugung eines anderen Leibes schöpferisch werden. Dabei aber wirkt jetzt nicht nur der Leben vermittelnde Ätherleib, sondern der vom Begehren erfüllte Astralleib, der dem Ich in die Stoffwechselregion gefolgt ist.

Beim männlichen Organismus ist der Astralleib ganz in diese Region eingetaucht, ja hindurchgetaucht. Das zeigt sich an der Lage der jetzt reif gewordenen männlichen Keimdrüsen, die sich außerhalb der Bauchhöhle befinden und deren Samenzellen mit der Pubertät den Körper verlassen; seelisch drückt es sich in der Art des Begehrens aus, das aktiv zum Partner hinstrebt. Beim weiblichen Organismus bleibt der Astralleib mehr innerhalb der Stoffwechselregion wirksam, aus der er zugleich eine intensive Verbindung zum rhythmischen System aufrechterhält. Das erwähnte, auf dieses System sich stützende, mehr empfangende Seelenleben verbindet sich mit einer rhythmischen Gliederung der Fortpflanzungsprozesse (Eisprung und Regelblutung). Im Bereich der Sprache steigt als Zeichen einer tieferen Verkörperung die Stimme beim

Jungen um eine ganze Oktave tiefer, während sie beim Mädchen nur um etwa einen Ton tiefer wird.[75]

Durch seine ausgleichende Tätigkeit zwischen oben und unten, zwischen innen und außen kann das rhythmische System dem Menschen am meisten Gesundheit vermitteln. Damit dürfte es zusammenhängen, dass die Frau, mehr als der Mann von der Mitte aus lebend, im Allgemeinen widerstandsfähiger und gesünder ist als der Mann. Indem die Frau weniger als der Mann aus ihrer Mitte in die Welt hinaustritt, wird sie seelisch-geistig aber auch weniger in der Welt schöpferisch. Andererseits vollzieht sie von der Mitte aus ihre Entwicklungsschritte in kürzerer Zeit als der Mann: Besonders in Kindheit und Jugend kann sie ihm um Jahre voraus sein.[76] (Ein anderer Aspekt zum Verständnis der Geschlechter ergibt sich aus der Menschheitsentwicklung. Nach ihm entsteht das weibliche Geschlecht vom Vorstellungspol, das männliche vom Willenspol des Organismus aus.[77] Erst später kommt es beim weiblichen Geschlecht zur geschilderten Betonung der Mitte, beim männlichen zum Dominieren der Pole.)

Nach der Durchseelung und Durchichung der Mitte sind Ich und Astralleib schon vor der Pubertät vom Stoffwechsel in die Gliedmaßen vorgedrungen. Das Muskelsystem durchdringend, sind sie mit dem zwölften Jahr – beim Mädchen etwas früher – am Knochensystem angelangt. Die Begegnung mit ihm führt dazu, dass nun auch das Denken «Knochen» bekommt, dass ein begrifflich und abstrakt werdendes Denken möglich wird. In den Gliedern wirkt jedoch auch das fließende Blut, das die Willensimpulse aus dem Stoffwechsel in sich trägt. Dadurch hat die Eroberung der Glieder zugleich eine willenshafte Komponente. Der Jugendliche bekommt auf willenshafte Weise einen neuen Anschluss an die Außenwelt.[78]

Das tiefere Eindringen von Ich und Astralleib in den

Stoffwechsel führt dagegen in die Region der Geschlechtsorgane, deren absondernde Tätigkeit als ein Zeichen abgeschlossener Reife beim männlichen Geschlecht vom dreizehnten bis fünfzehnten Jahr, beim weiblichen vom zwölften bis vierzehnten Jahr einsetzt.[79] Zugleich beobachtet man, vermittelt von der inneren Sekretion der Keimdrüsen, ein «Aufblühen» des ganzen Organismus, dessen Gestalt sich nun in männlicher oder weiblicher Form weiterentwickelt. Im Bereich der Fortpflanzungsorgane kann von da an aus diesem Blühen ein Fruchten werden.

Nachdem der Astralleib so zur Erdenreife geführt hat, schließt sein schöpferisches Entwicklungspensum im Leibe ab, er kann sich zu einem Teil aus ihm erheben. Dieses Mal wird vom Stoffwechsel her der neue Zugang zur Welt gewonnen, der einerseits durch das Begehren des Astralleibes bestimmt wird, andererseits durch die in den Gliedern tätigen Willenskräfte. Bei Letzteren wirkt das Ich mit, das, wiederum vorgreifend, schon vom zwölften Jahr an zwischen den bald überschießenden, bald sich verkrampfenden Bewegungen eine Mitte sucht, selbst jedoch noch nicht geboren wird.

Emotionales Seelenleben

Der mit dem siebten Jahr frei gewordene Ätherleib durchdrang einerseits den physischen Leib und ließ ihn wachsen und reifen, andererseits wendete er sich der Seele zu und bildete ihre Grundlagen aus. Dementsprechend ist es nun der frei gewordene Astralleib, der den physischen Leib durchdringt, indem er sein weiteres Wachstum durchseelt und seine Funktionen impulsiert, z.B. die Absonderung der Geschlechtszellen, die Ausscheidung und die Einscheidung im *Nierensystem*; Letztere kommt u.a. in der Rückresorption eines großen Teiles des schon gebildeten Urins innerhalb der Niere zum Ausdruck.[80] Zugleich trägt und hegt der Astralleib in sich das reifende Ich, das beim Knaben mehr auf sich zurückgezogen, beim Mädchen mehr im fühlenden Astralleib gelöst ist.[81] Auch in dieser freieren Daseinsform ist also der Astralleib noch eng dem physischen Leib verbunden, den er nicht nur durch Erlebnisse von der Welt her anregt, sondern von dem er auch Kräfte empfängt. Von nun an wirken die Kräfte der Organe differenzierter auf ihn ein.

Aus dieser Situation geht ein ganz neues Seelenleben hervor. An seinem Ursprung steht die Tatsache, dass der Astralleib nicht nur etwas gewinnt – den neuen Anschluss an die Welt, die neuen Kräfte –, sondern dass er auch etwas verloren hat: den Schutz durch den physischen Leib, aus dem er teilweise herausgetreten ist. Dieser Schutz wirkte sich über die geschilderte seelische Mutterhülle aus, die zwischen Astralleib einerseits und Leib und Welt andererseits vermittelte. Vor der Pubertät «bewahrte die umschließende Astralhülle den Einklang» (der Seele),[82] danach setzten sich die Polaritäten des Seelenlebens durch. Wie wir sahen, hängen diese Polaritäten mit dem unteren und dem oberen Pol des Menschen zusammen; der Beginn dieser Entwicklung jedoch liegt im unteren Bereich des Organismus, von wo aus die Geburt des Astralleibes eingeleitet wird und ihren Akzent erhält.

Indem sich der frei werdende Astralleib aus diesem Bereich erhebt, nimmt er zunächst von dort Kräfte in sein freieres Dasein mit. Die im Stoffwechselsystem wurzelnde Kraft des Begehrens – eine Urkraft der menschlichen Seele, die sich auch negativ äußern kann[83] – verbindet sich im Seelenleben mehr als früher mit lust- oder unlustvollen Emotionen. Unwillkürliche triebhafte oder leidenschaftliche Seelenbewegungen wie Gier, Zorn, Hass, Furcht, Scham, elementare Zuneigung und Freude, mit innerer oder äußerer Erregung einhergehend, entstehen oder verstärken sich.[84] Dabei muss zwischen der aus dem Stoffwechsel aufsteigenden Emotion und dem bewussteren, im rhythmischen System lebenden Gefühl unterschieden werden. Eine Emotion kann sich jedoch in ein Gefühl verwandeln, die elementare Emotion der Furcht z.B. in das beherrschbarere Furchtgefühl. (Über die Beziehung der Emotion zum Stoffwechselsystem vgl. R. Steiner: *Das Verhältnis der verschiedenen naturwissenschaftlichen Gebiete zur Astronomie*, GA 323, Dornach 1997, 2. Vortrag; insbesondere zur Niere Anm. 353.)

In der Vorstellungsbildung kam, wie geschildert, seelisches Leben zur Ruhe. Es offenbarte sich darin das Prinzip des oberen Menschen, des Kopfes, in dem körperlich alles zur Ruhe kommt. Mit dem Zurücktreten des Lebens im Nervensystem verband sich eine Reduktion von Bewegung. Beim Gehirn geht sie so weit, dass dieses Organ von Bewegungsimpulsen weitgehend bewahrt wird, indem es zum größten Teil in der Gehirnflüssigkeit schwimmt. Wird es dennoch von Bewegung erfasst, so ergibt sich das Krankheitsbild der *Gehirnerschütterung*, bei der Bewusstlosigkeit auftritt.

Neben den im Spiel sich auslebenden Bewegungstendenzen des rhythmischen Systems beginnt auch im Leben des Kindes vom siebten Jahr an ein rhythmisch gegliederter Ruheimpuls sich durchzusetzen: Das Kind muss während bestimmter Stunden das Stillsitzen im Schulzimmer lernen, das sich mit der Konzentration des Lernens verbindet. Alle diese Phänomene hängen damit zusammen, dass die Geburt, die das zweite Jahrsiebt einleitet, vom Kopf aus ihren Ausgang nimmt.

Im Gegensatz dazu ist der Beginn des dritten Jahrsiebts, des Jahrsiebts der Polaritäten, zeitlich dadurch gekennzeichnet, dass nun zugleich auch eine Polarität zum bisherigen Geschehen auftritt. Gegenüber dem zum Bewusstsein führenden Prinzip des Kopfes, das sich inzwischen verstärkt hat, meldet sich das entgegengesetzte Lebensprinzip des Stoffwechsel-Gliedmaßen-Systems, das von nun an immer stärker wird. Dieses Prinzip heißt «Bewegung». Was im Kopf Voraussetzung zur Gesundheit ist, die Ruhe, das führt im Stoffwechsel zur Krankheit. Die Darmwindungen sind in ständiger Bewegung; liegen sie still wie die Gehirnwindungen, so diagnostiziert man das Krankheitsbild der *Darmlähmung*. Zum Leben der Geschlechtszellen gehört es, dass sie wandern: die Eizelle innerhalb des Organismus, die Samenzelle sogar aus dem Organismus heraus.

Im seelischen Bereich entspricht diesem Bewegungsgeschehen die elementare Seelenbewegung der *Emotion*, die ja auch sprachlich das Element der Bewegung in sich trägt. Von ihr aus ist der seelische Bewegungsdrang, der Wandertrieb des Jugendlichen, zu verstehen – Regungen, die keine Unarten, sondern physiologische Begleiterscheinungen seelischer Geburtsvorgänge darstellen. Im Unterschied zu dem spielerisch rhythmischen Bewegungsgeschehen des zweiten Jahrsiebts haben die Bewegungen, die mit oder vor der Pubertät einsetzen, mehr einen dranghaften, emotionalen Charakter.

Allen solchen Bewegungen liegt das Begehren des Astralleibes zugrunde. Schon die Triebe des Körpers, die seinem Leben dienen und im Ätherleib leben, z.B. der Nahrungstrieb, werden vom organisch tätigen Astralleib durchdrungen und impulsiert. Dessen «Hunger» nach Nahrungsstoffen und nach Sauerstoff führt im Stoffwechsel zu den Bewegungen der Stoffe und der Säfte, zum Stoff-Wechsel im Sinne des Wortes.[85] In der Seele kann das jeweilige leibliche Begehren bewusst werden, das am deutlichsten in Form des sexuellen Begehrens eine enge Verbindung mit körperlichen Vorgängen erkennen lässt. Bei jedem solchen Bewusstwerden ist schon eine Verwandlung möglich, die eine Vermenschlichung der animalischen Kräfte mit sich bringt.

Die Geschlechtsorgane sind nur ein Teil des *Urogenitalsystems*, das, wie schon der Name sagt, Genital- und Nierensystem in sich vereinigt. Mit dem Nierensystem hängen alle Emotionen zusammen.[86] Dass jede emotionale Erregung sich mit einer Absonderung des Nebennierenmarkes verbindet, ist schon länger bekannt. Nebenniere und Niere bilden jedoch – anatomisch und prozessual – wieder eine Einheit. In der Pubertät beginnt eine neue Tätigkeit des Astralleibes im Urogenitalsystem, in dem der Astralleib dominiert; sie kommt auch in einer neuen Nebennierentätigkeit zum Ausdruck.[87] Vom Urogenitalsystem wird zunächst das Seelenleben nach der Pubertät geprägt. Wird die Seele dabei von ihrer Grundlage aus leicht erregbar und beweglich, so handelt es sich um ein *sanguinisches Temperament*, das im Zusammenhang mit der Niere und dem *Luftorganismus* des Leibes entsteht. Durch das sanguinische Temperament wird der Mensch zum «Luftikus».[88] Beim *Nierenmenschen*, bei dem das ganze Leben hindurch das Nierensystem im Vordergrund steht, kann sich dieses Temperament zum emotionalen Charakter steigern.

Fantasie und Liebe

Nach der Pubertät findet nicht nur eine Verwandlung von organisch-seelischen Kräften in bewusstere Kräfte des Seelenlebens statt, die auf der untersten Stufe der Befriedigung leiblicher Bedürfnisse dienen. Auch Bildekräfte verwandeln sich, dieses Mal jedoch nicht in Denkkräfte, sondern in Kräfte der *Fantasie*. Auch die Fantasie entsteht durch Verwandlung von Wachstumskräften,[89] doch handelt es sich jetzt um die bildenden Wachstumskräfte des unteren Körperbereiches, insbesondere der Fortpflanzungsorgane. Fantasie gliedert sich von der Urkraft der Sympathie ab, die vom unteren Pol des Organismus kommt. Als blutvoll bildende Kraft steigt sie in die Seele auf und mündet belebend in die Vorstellungsbildung ein.[90] Dabei ist die Fantasie – wie der in ihr wirkende Wille – auf die Zukunft gerichtet: «90 Prozent der Zwölf- bis Fünfzehnjährigen sind der Zukunft zugewandt.»[91] Wunschvorstellungen, von der Fantasie erzeugt, spielen hierbei die Hauptrolle. Schon das Kind hat natürlich Fantasie, doch wird diese mehr noch vom Ätherleib, von den Bildekräften der Natur, bestimmt als nun, wo der selbstständig gewordene Astralleib sie ergreift. «Die eigentliche Fantasie wird im Grunde erst mit der Geschlechtsreife aus dem Menschen heraus geboren.»[92]

Die Steigerung und Verwandlung des Sympathiegefühls ist eine Quelle der *Liebe*, die, mit der bildenden Fantasie sich verbindend, zum anderen Menschen (nicht nur zum Geschlechtspartner) hinführt. «Aufhebung der Vereinzelung ist aber der Urimpuls des in der Fantasie schaffenden Eros, der ... zur zwischenmenschlichen Intimität nach der Pubertät heranreifen kann.»[93] In der Seele wird die Kraft der Zeugung zur schöpferisch werdenden Fantasie, die auf einer ersten Stufe in Verbindung mit dem sexuellen Begehren des Astralleibes entsprechende Vorstellungen erzeugt und durch ihre weitere Verwandlung künstlerische Fantasie werden kann. Und so, wie durch die von der Fantasie getragene körperliche Liebe zwischen Mann und Frau ein neuer Menschenleib gezeugt wird, so kann etwas wesenhaft Neues, ein «Geschöpf», auf seelisch-geistigem Gebiet entstehen, wenn sich Mann und Frau, wenn sich zwei Menschen in schöpferischer, von Fantasie beschwingter Liebe miteinander vereinigen.

Das bedeutet jedoch nicht, dass Fantasie und Liebe durch direkte Verwandlung sexueller Begierde, durch Sublimierung sexueller Triebenergie entstehen, wie es die Freudsche Psychoanalyse sieht.[94] Der Verwandlungsprozess reicht tiefer, er greift auf die Bildekräfte der Fortpflanzungsorgane zurück, die nun für ein Gebilde außerhalb des eigenen Leibes schöpferisch tätig werden. Er greift zurück auf die seelische Kraft der kindlichen Liebe, die noch nichts mit Sexualität zu tun hat und nun mit der Geschlechtsreife für eine neue Entwicklung frei wird. (Näheres S. 280 f.) – Die jetzt entstehende geschlechtliche Liebe stellt jedoch nur eine Komponente der neuen Liebeskraft dar, die sich auf die ganze Welt richtet.[95] Bei der Frau klingt durch diese Kraft die bewahrte Mitte stärker und in neuer Form an, beim Mann wird durch sie die Mitte mehr oder weniger neu gewonnen. Aus der Mitte, die beide Geschlechter miteinander verbindet, entwickelt sich, was über beide hinausgeht: das Wesen «Mensch» (vgl. die nächsten Kapitel).

Eine Vorbedingung für die Freiwerdung der Liebeskraft ist ihre Bildung im zweiten Jahrsiebt. Durch das Erleben der liebevollen Autorität, der nachgestrebt wird, erwacht die eigene Liebe, die sich während des zweiten Jahrsiebts noch wie in einem «Puppenzustand» befindet.[96] Einen Übergang von diesem Stadium zur Liebe nach der Pubertät bildet das gefühlvolle *Schwärmen* einer übersteigerten Sympathie. Auch hierbei kann sich eine Polarität einstellen: Neben diesem Schwärmen überfällt – beim Jungen stärker als beim Mädchen – den Pubertierenden der Geschlechtstrieb, beides kann er erst später in der Liebe vereinigt finden.

Damit sind wir aus dem unteren Bereich des Organismus und der Seele wieder in die Mitte aufgestiegen, wo wir schon einmal die Kraft der Liebe entdeckten. Was für ein Seelenleben entfaltet sich von diesem Bereich aus, das in der Liebe dann seine letzte Steigerung, seine Erfüllung findet?

Empfinden und Urteilen

Empfinden und Urteilen sind die beiden Tätigkeiten, nach deren Entfaltung das Seelenleben des dritten Jahrsiebts strebt. Indem der Mensch sich aus seinem persönlich geborenen Seelenleben neu der Welt zuwendet, erlebt er zunächst Vereinzelung und Gefährdung. Der Schutz, den seine Seele durch den physischen Leib erfuhr, betraf ja nicht nur ihr inneres Leben, sondern auch ihre Beziehung zur Welt. Das Urerlebnis des Existenzialismus, das «Geworfensein» in die Welt (HEIDEGGER, SARTRE), wird jetzt erstmalig leidvolle Erfahrung im Lebenslauf. Das Paradieserlebnis der eigenen Nacktheit wiederholt sich in seelischer Form: Der Jugendliche fühlt sich wie «nackt» gegenüber seiner Umwelt, eine neue Überempfindlichkeit, eine oft verborgene Scham, tritt bei ihm auf. Dagegen hilft ihm letzten Endes nur, wenn er die bedrängende Welt lieben lernt.

Aber bis dahin ist ein weiter Weg. Zunächst steht der Jugendliche überempfindlich der Welt gegenüber und zieht sich in die Unempfindlichkeit vor ihr zurück, was ihm vom kühl beobachtenden Kopf aus ermöglicht wird. Zwischen beiden Polaritäten des Empfindungslebens entfaltet sich das lebendig atmende Empfinden.

Das *Empfinden* ist kein primäres Element der Seele. Empfindung entsteht erst, indem sich das Begehren auf die Welt richtet, aus der ihm die in der Seelenperipherie entstehende Wahrnehmung aus der Welt entgegenkommt. Nach der Vereinigung beider «sind aus Wahrnehmungen Empfindungen geworden».[97] Von der intensiven Wahrnehmung eines Baumes behalte ich eine bestimmte Empfindung in mir zurück, die der neu wahrgenommenen Erinnerung an den Baum etwas von ihrem Leben mitteilt. Mit dieser inneren Wahrnehmung, der Erinnerung, entsteht jedoch auch die mit ihr verbundene Empfindung neu, wobei sie einen anderen Charakter annehmen kann.

An anderer Stelle hebt STEINER besonders das Fühlen und Wollen im Empfinden hervor, er spricht vom Empfinden als von einem «wollenden Fühlen» – im Gegensatz zur heutigen Psychologie, welche die Empfindung als Folge eines äußeren Reizes und dessen physiologischer Verarbeitung auffasst.[98] Die willenshafte Komponente der Empfindung ist dann besonders zu erleben, wenn diese zu einer Willenshandlung führt. Das tritt bei vielen starken Empfindungen ein, die sich aus Sympathie- oder Antipathieerlebnissen gebildet haben. Ich empfinde z.B. so starke Sympathie einem Menschen gegenüber, dass es mich drängt, ihn aufzusuchen. – Der Zusammenhang des Empfindens mit dem Fühlen leuchtet unmittelbar ein. Der Unterschied zwischen beiden ist, dass sich das Empfinden der Welt oder dem eigenen Innern zuwendet, während das Fühlen mehr im Innern lebt. Man könnte deshalb das Empfinden auch ein empfangendes Fühlen nennen.[99]

Am Anfang jedoch steht das *Begehren*, das zum Antrieb des

Willens wird. Aus der selbstständig gewordenen Seele, die im dritten Jahrsiebt eine neue Verbindung mit der Welt sucht, kommt es durch das Begehren zu der oben gekennzeichneten, vom Willen herbeigeführten Weltbegegnung. In der aus ihr entstandenen Empfindung lebt diese Begegnung fort. Die Wahrnehmung ist dabei seelisch verinnerlicht worden, ist zu eigen geworden, das gestillte Begehren hat sich in Sympathie oder in Antipathie mit einem Inhalt der Welt verbunden. Seele und Welt sind zu einer neuen Vereinigung in der Seele gelangt. Aber schon ist neues Begehren, das zu neuem Wollen drängt, an der Empfindung des Erlebten erwacht und strebt zu einer neuen Weltbegegnung.

Aus solchen Erlebnissen, Begegnungen lebt die Seele des jugendlichen Menschen, wird sie leben bis gegen das Ende der zwanziger Jahre. Wie ein Meer wogen die an der sinnlichen Welt entstehenden, versinkenden und mit den Erinnerungen wieder auftauchenden Empfindungen im Seelenleben auf und ab.[100] Man kann sie mit dem Meer des Blutes vergleichen, das den Organismus erfüllt und ihm sein Leben vermittelt; die Empfindungen sind das Lebensblut der Seele. Gespeist wird das Meer der Empfindungen von den Quellen des Begehrens, die, in die Welt hinausfließend, Welt in sich aufnehmen.

Von Anfang an verbindet sich mit dem Begehren das *Urteilen*. Das kann sich in mehreren Stadien vollziehen. Ein dunkel aus der Seele aufsteigendes Begehren z.B. wird durch das aufhellende Urteilen der Seele als Begehren nach Schönheit erkannt. Dieses wird durch das aus früheren Erfahrungen schöpfende Urteil «In der Natur finde ich Schönheit» in eine bestimmte Richtung gelenkt. Aufgrund einer ersten Wahrnehmung in der Natur, etwa der Wahrnehmung eines fernen Blütenbaumes, mit der sich das Begehren verbunden hat, bilde ich mir das neue Urteil, von einer ersten diffusen Empfindung begleitet:

«Dieser Blütenbaum ist schön.» Das Begehren, wieder vom Urteil geleitet, drängt den Willen: Das möchte ich mir näher anschauen! Nach dem näheren Anschauen hat das Ich aus der Wahrnehmung nicht nur eine differenzierte *Empfindung*, sondern auch eine bestimmte *Vorstellung* von diesem schönen Blütenbaum gewonnen, die von der Empfindung getragen wird.

Hinter der Vorstellung aber steht der *Begriff* des Blütenbaumes, durch den man überhaupt erst erkennen konnte, dass es sich um einen Blütenbaum und nicht nur um irgendetwas Schönes handelte. Der Begriff wirkte also von Anfang an mit der Wahrnehmung zusammen, wird aber erst später bewusst. Wird der Begriff (vom Baum) lebendig und umfassend, so entsteht die *Idee* (des Baumes).[101] Vorstellung und Begriff leben keimhaft schon im Urteilen, das halbbewusst oder bewusst vom Ich gebildet wird.

Das Urteilen ist jedoch von Anfang an auch mit *Gefühlen* verbunden. ZEYLMANS VAN EMMICHOVEN nennt das Urteilen direkt «die andere, nach außen gerichtete Seite des Fühlens».[102] Ganz allgemein begleitet das Gefühl der Überzeugung jedes Urteilen.[103] In die Vorstellungsbildung mündet deshalb nicht nur das Urteilen, sondern auch das Fühlen ein, das, zusammen mit den neu entstandenen Empfindungen, den Vorstellungsbildern Leben verleiht. Das steigert sich, wenn man bestrebt ist, seine Vorstellungen mit *Liebe* zu durchdringen.[104] In der Tätigkeit des Urteilens aber lebt der *Wille*, der sich auf das Ziel des Urteilens richtet.

Beim Vergessen vermitteln die Vorstellungen der Seele und dem Leib etwas von ihrem Leben, das beim *Erinnern* eine Verdichtung zum Wesenhaften erfahren kann. Die Vorbedingung für dieses Leben ist ein lebendiges und aktives, von Gefühl und Wille erfülltes Urteilen, aus dem sich die

Vorstellungen und Begriffe abgliedern. Nur aus dem ganzen Menschen entsteht das eigene Urteil, das im dritten Jahrsiebt angestrebt wird, angeregt werden sollte und das zur eigenen Vorstellungsbildung, zum eigenen Denken führt.

Zugleich aber kann der junge Mensch damit beginnen, im Urteilen aus seiner Subjektivität herauszuwachsen. Von der fühlenden Weltverbindung hebt sich, ungeachtet aller Gemeinsamkeit, die urteilende ab. Hinter jedem lebendigen Fühlen lebt das Begehren nach der Welt, jedes wahre Urteilen strebt durch Vorstellungen, Begriffe und Ideen zur *Erkenntnis* der Welt. Nach der Charakterisierung von C. LINDENBERG fragt die Urteilskraft nicht wie das Begehren: «Was möchte ich?» Sie fragt auch nicht wie das Vorstellen: «Was weiß ich?» Sie fragt vielmehr: «Was ist wahr?», «Was ist gut?», «Was ist schön?»[105] Dabei spricht in der menschlichen Seele der Geist mit.[106] Der Geist aber spricht durch das Ich. So erhält das Begehren der Seele, das sich auf die Welt richtet, im Urteilen einen Begleiter, durch dessen Tätigkeit das denkende Ich die Seele zu führen lernt. Dabei verwandelt sich das zunächst dunkel drängende Begehren des Jugendlichen in gelenktes und waches Interesse, das aktiv den Gegenstand wahrnimmt und zur Verarbeitung der Eindrücke überleitet.

Das Wecken der Interessen für die Welt, dessen entscheidende Bedeutung im dritten Jahrsiebt STEINER hervorhebt, setzt an der «Urteilsfähigkeit» an und wirkt der Fixierung des frei gewordenen Astralleibes an den Leib und an die Sexualität entgegen.[107] Das Ziel des jugendlichen Urteilens mag noch fern sein, wird aber doch mehr oder weniger bewusst schon angesteuert: Gesucht wird letzten Endes beim eigenen Urteilen nach dem Wesen des Gegenstandes, nach dem *«Ur-Teil»*, dem Kern seines Seins, aus dem er entstanden ist, aus dem er im Denken wieder erstehen kann.[108]

Das Boot eigenen Urteils schwimmt auf dem Strom des Begehrens, treibend auf ihm lernt der Jugendliche das Steuern. Immer wieder steuert er Buchten an, wo er Vorstellungen von der Welt gespiegelt bekommt, wo Empfindungen erwachen und den Strom seines Begehrens ruhiger und klarer fließen lassen. Als Mündig-Gewordener hat er das freie Meer gewonnen, dessen Strömungen vom Begehren, dessen Fluten nun von den Empfindungen gebildet werden. Im Licht seines Denkens sucht er weiter nach neuen Ufern, nach neuen Vorstellungen, die sich zu Begriffen verdichten, zu Ideen ausweiten. Und je lebensvoller das Meer seiner Empfindungen flutet, je heller das Licht seines Denkens leuchtet, desto mehr kann er neue Ufer gewinnen. Er kann auf ihnen landen, sicheren Fuß fassen, sich ein Herz fassen und den Weg zum Berg seiner Erkenntnis einschlagen. Er kann aber auch an ihnen stranden: wenn der Sturm ihn verschlägt, wenn er im Dunkel das Ziel verloren hat oder wenn das Meer, das ihn tragen sollte, zu flach wurde. Auf dem Weg zu ihnen kann er untergehen, wenn sein Boot nicht sicher genug gebaut ist.

Der Empfindungsleib

STEINER hat dem Astralleib oder Seelenleib, der um das vierzehnte Jahr geboren wird, außerdem noch den Namen «*Empfindungsleib*» gegeben.[109] Wie schon geschildert wurde, steht dieser Empfindungsleib, durch den wir unmittelbar die Sinneseindrücke empfangen, in enger Beziehung zum physischen Leib.[110] Im Zusammenhang mit dem Wirken der Künste führt Steiner sogar aus, dass ein Teil des Astralleibes, der mit dem Ätherleib verbunden ist, während des Schlafes im physischen Leib verbleibt und dann natürlich in anderer Art tätig wird als im Wachzustand; er dient dann vorwiegend dem Aufbau des Leibes. Der übrige Astralleib – hier wie manchmal auch anderswo im Sinn von «Seele» gemeint – trennt sich im Schlaf vom physischen Leib. (Siehe das Kapitel «Künstlerische Therapie und Wesensglieder», S. 382 und 391.)

Was also um das vierzehnte Jahr geboren wird, ist der Astralleib im engeren Sinne, ist der Empfindungsleib, den in anderer Form auch das Tier hat. Besonders wichtig für unsere psychologischen Untersuchungen ist dabei die Bezeichnung «Empfindung». Da STEINER jenes Seelenglied, das Anfang der zwanziger Jahre zur Entwicklung kommt, ebenfalls durch das Wort «Empfindung» charakterisiert, wird damit auch durch die Namengebung die Bedeutung dieses in der Seele entstehenden Elementes unterstrichen. Empfindung ist natürlich gleichfalls schon früher vorhanden, sie erwacht jedoch erst von der Pubertät an aus dem Innern des frei gewordenen Astralleibes zu einem selbstständigeren Leben. Dadurch kann allmählich die emotionale Bewegung in lebensvolle Ruhe einmünden, das statische Element der Wahrnehmung sich mit seelischer Bewegung durchdringen. Durch das an der Welt erwachte Empfindungsleben entsteht die Voraussetzung dafür, dass sich in der immer neu zu erobernden Mitte die «innere Empfindung», das in sich kreisende «Gefühl» bildet.[111]

Das beginnt schon im Empfindungsleib, in dessen Bereich das Ich die nächste Stufe vorbereitet. Aus der spontanen Empfindung der Sympathie einem Menschen gegenüber wird das innerlich gehegte Sympathiegefühl. Aus ihm wiederum kann durch weitere Verbindung mit dem Zentrum der Seele, mit dem Ich, die Kraft der *Liebe* werden. Als neuer Aspekt ergibt sich nun, dass diese Kraft – auf höherer Stufe als die Empfindung – alle Seelenkräfte in sich vereinigt. «Aus all dem, was das Ich in sich entfalten kann, soll Liebe werden.»[112] Mit dem Begehren von unten, das zum Willen hinführt, mit dem Sympathiegefühl der Mitte verbindet sich in der Liebe das Urteilen, verbindet sich die Erkenntnis (nicht mehr nur die Wahrnehmung), die vom oberen Menschen kommt. Keine Liebe zu einem Gegenstand, zu einem anderen Menschen ohne Wahrnehmung und Erkenntnis. Begehren, Sympathie sind noch nicht Liebe, können aber Stationen auf dem Weg zu ihr werden. In einer ersten Form wird das Ziel erreicht, wenn mehr oder weniger bewusst etwas vom wahren Wesen des geliebten Gegenstandes erkannt wird und sich damit der Willensimpuls verbindet, diesem Wesen zur Erscheinung zu verhelfen – zur Erscheinung in der Erkenntnis oder im irdischen Leben.

Wird im eigenen Wesen eine Vorstellung, eine Idee von der Kraft der Liebe erfasst, so wird ein *Ideal* daraus, für das das Herz des Jugendlichen erglüht. Das ist von großer Bedeutung für die Vorbereitung des nächsten Seelengliedes.[113] Aus dessen Mitte, seinem «Herzen», wird das Ich geboren, das in der vorhergehenden Periode an der Bildung dieser Mitte gearbeitet hat.

Das Organ für die Liebeskraft ist, wie schon erwähnt, das *Herz*, das schon im Zusammenhang mit dem Gefühlsleben des zweiten Jahrsiebts als Organ des Gleichgewichtes charakterisiert wurde. Das Streben nach Gleichgewicht, bereits in der Lunge zwischen Ein- und Ausatmung tätig, konzentriert sich im Herzen. In seiner Zusammenziehung (Systole) und Ausdehnung (Diastole) klingen die beiden Pole des Organismus an. In der Systole, in der das Herz vom lebenvermittelnden Blut weitgehend verlassen wird, herrscht der abbauende Kopfpol vor. In der Diastole, in der das Herz sich neu mit Blut und Leben füllt, meldet sich der aufbauende Stoffwechselpol. In den Pausen zwischen Systole und Diastole, durch die sich rhythmisch Ruhe mit Bewegung verbindet, greift das Ich ein und führt den Ausgleich zwischen beiden extremen Tendenzen herbei. Durch dieses Schwingen um eine Mitte wird die Grundlage dafür geschaffen, dass das Ich auch in der Seele danach zu streben vermag, Gleichgewicht und Mitte zu erzeugen, damit Neues sich darin verkörpern kann.

Schon der aus dem unteren Organismus sich erhebende Empfindungsleib sucht im Herzen seine Mitte. Auf dem Weg dorthin schließt sich – in der Sphäre der Lunge – das begehrende, emotionale Leben des Astralleibes über das Wahrnehmen zu empfindendem Erleben auf. Aus diesem Erleben kann die Liebe des Herzens werden. Zunächst herrscht jedoch im dritten Jahrsiebt neben dem emotionalen Reagieren das Empfinden vor, das im Nierensystem seine Grundlage hat und im Seelenleben der Lunge an der Welt sich entfaltet.

Das Jahrsiebt von 21 bis 28

Um das 21. Jahr sehen wir den jungen Menschen als mündig gewordene Persönlichkeit vor uns. Bisher hat die Welt durch das Medium des Elternhauses, der Schule, der Lehrlingszeit erziehend auf ihn eingewirkt. Jetzt steht er «als selbstständige, freie Wesenheit der Welt gegenüber»,[114] deren Einwirkungen er unmittelbar zu empfinden beginnt. Und er erfährt, wie er in der Auseinandersetzung mit ihr zu sich selber findet. Die Epoche der Erziehung ist damit zu Ende gegangen, und die – früher schon vorbereitete – Epoche der *Selbsterziehung* kann beginnen, in dem Sinne, dass sich das «Ich in freiem Wechselspiel mit der Welt den Charakter erarbeiten will».[115] Nun erzieht die Umwelt nicht mehr direkt, dafür regt sie die Selbsterziehung an. Und nur eine Persönlichkeit, die anfängt, sich selbst zu erziehen, vermag dann auch selbstständig in die Welt hinauszuwirken und ist erst dann als mündig zu bezeichnen. Charakteristisch für den Schritt von der Jugendzeit zum jugendlichen frühen Erwachsenenalter um das zwanzigste Jahr wird «der Versuch zu selbstständiger Entscheidung, bei der, wenn sie praktisch ist, Verantwortung erstmalig übernommen wird».[116]

Man kann an diesen und anderen Phänomenen ablesen, dass nun ein neues Wesensglied dem Menschen zur Verfügung steht, das nicht unwillkürlich auf die Welt reagiert wie der selbstständig agierende Astralleib, sondern das sich der Welt erkennend gegenüberstellen und aus der Erkenntnis heraus willentlich handeln kann. Das vermag nur das *Ich*, das eigentlich menschliche Wesensglied, das mit dem 21. Jahr geboren wird.

Wie das organische Entwicklungspensum des Astralleibes um das vierzehnte Jahr, so kommt nun das organische Entwicklungspensum des Ich zum Abschluss. Begonnen hatte dieses Pensum damit, dass der Leib sich aufrichtete, d.h. vom Ich aufgerichtet wurde. Dann wuchs der Leib in seine letztlich vom Ich geprägten Formen. Und nun – Anfang der zwanziger Jahre – geht das Wachstum des Leibes seinem Ende zu: Das Gesicht, in dem das Ich seinen sichtbarsten Ausdruck findet, schließt mit seinem Wachstum ab.[117] Man darf sich vorstellen, dass es die ganze individuelle Gestalt ist, aus der das Ich – entsprechend seiner umfassenden Tätigkeit im Leib – nunmehr zu sich findet.

Im Gegensatz zu einer solchen realistischen Auffassung vom Ich sehen manche Psychologen in ihm lediglich einen «imaginären Punkt hinter allem Erlebten».[118] Konkreter wird die Lebenslaufforscherin C. BÜHLER, wenn sie feststellt, «dass es im Flusse des sich verändernden Geschehens und aller Wandlungen, durch die ein Mensch hindurchgehen mag, einen allem zugrunde liegenden Kerngehalt gibt». Diesen Kerngehalt nennt sie das *Selbst*, jede Entwicklung im Lebenslauf gehe von ihm aus.[119] Bei C. G. JUNG umfasst das Selbst außer dem bewussten Ich noch den unbewussten Seelenbereich, in dem auch Unpersönliches lebt, z.B. die Archetypen – Grundlagen für die Urbilder von Mensch und Welt. Der Ich-Begriff erweitert sich, die Entwicklung der Seele strebt in der «Individuation» dem Selbst zu.[120]

Nach STEINER ist, wie schon angedeutet wurde, das Ich ebenfalls Zentrum der Seele. Es wirkt jedoch außerdem einerseits über das unterbewusste Seelenleben bis in den Leib hinab und öffnet sich andererseits dem Licht des Geistes. Es ist nicht nur ein Glied menschlichen Wesens, sondern auch ein Glied der Welt, letztlich der geistigen Welt, das als höheres Ich in dieser Welt bleibt und aus ihr ständig in das menschliche Sein einstrahlt. Wahrgenommen wird zunächst nur die «Rückstrahlung»: unser niederes Ich, unser Erden-Ich.[121]

Alle menschliche Entwicklung beruht darauf, dass sich die Persönlichkeit immer mehr für die Einstrahlung des höheren Ich öffnet, dass mehr und mehr vom höheren Ich in die Ausstrahlung des Erden-Ich eingeht. Das leibliche Organ, das der Vereinigung von höherem und niederem Ich dient und von dem aus dann das höhere Ich in das Leben einstrahlt, ist das *Herz*.[122] Die Liebe des Herzens, die in ihrer höchsten Steigerung dieses Geschehen verwirklicht, geht also letzten Endes vom höheren Ich aus. Das wahre Wesen des anderen Menschen, mit dem sich das höhere Ich in der Liebe verbinden will, ist dessen höheres Ich selbst.

Mit dieser Charakterisierung kommen wir wieder zu einer Polarität. Das Ich wird im Innern erlebt; bei seiner Entwicklung strebt der Mensch dahin, dass es immer mehr Zentrum seiner Seele werde. Andererseits steht das Ich als Leitstern über der seelischen Entwicklung. In der Antike sprach man vom *Genius*, der über dem Menschen schwebe und ihn leite.[123] Indem der Mensch beim Ergreifen einer Aufgabe «über sich hinauswächst», hebt er sich zugleich seinem Genius, seinem höheren Ich entgegen. Während des Schlafes kann sich das vom Leib gelöste niedere Ich mit dem in der geistigen Welt weilenden höheren Ich vereinigen. Am Morgen kann das niedere Ich in Form einer neuen Einsicht, einer neuen Kraft etwas von dieser Begegnung empfinden und mit sich nehmen.[124]

Am Tag fühlt sich der Mensch dann zunächst wieder von seinem höheren Ich getrennt. Er erkennt, dass auch am Tag Mitte und Umkreis zum Leben des Ich gehören, dass sich dieses Leben zwischen Selbstbehauptung und Hingabe entfaltet.[125] Als Urbild ergibt sich: Aus dem Umkreis, letztlich aus der geistigen Welt strahlt das Ich in die Abgeschlossenheit des menschlichen Innern ein und strahlt aus dessen Mitte wieder in die Welt, letzten Endes in die geistige Welt zurück. Dabei kann durch das Ich zwischen den Polen immer wieder ein Ausgleich, ein Mittleres entstehen. In die Hingabe kann das Zentrum des eigenen Wesens, in die Selbstbehauptung der Umkreis, das andere Wesen mit hineingenommen werden. Erst dadurch entsteht die *Liebe* des Ich, bei der sich die Individualität in der Hingabe nicht aufgibt, sondern sich in Freiheit mit der anderen Individualität verbindet und erfüllt.[126]

Am zentralsten kommt die «Atmung» des Ich zwischen Punkt und Sphäre im Leben und Erleben des *Herzens* zum Ausdruck. Nicht nur zwischen oben und unten, auch zwischen innen und außen vermitteln Systole und Diastole des Herzens, was körperlich dadurch eine Grundlage erhält, dass das Herzinnere durch das in die Lunge fließende und aus der Lunge kommende Blut mit der Außenwelt verbunden ist. Und auch körperlich wird ein Ineinander vor Augen geführt: Die Zusammenziehung des Herzens verbindet sich mit der Ausdehnung des Blutes, welches das Herz verlässt, die Ausdehnung des Herzens wird begleitet von der Zusammenziehung des Blutes, das in das Herz zurückströmt.

Die verschieden warmen Blutströme von unten, von oben und aus der Mitte versammeln sich im Herzen und strahlen von ihm wieder in die Peripherie aus. Das Herz ist daher, schon von hier aus gesehen, das Zentrum des Wärmeorganismus, dessen seelische Ausstrahlung die Kraft der Liebe trägt. Der *Herzmensch* hat einen warmherzigen Charakter, von seinem Herzen aus entfaltet sich das im Gallensystem wurzelnde *cholerische Temperament*.

Sein Gefühlsleben hat mehr Zentrum als das der Welt hingegebene Gefühlsleben des Lungenmenschen. Man erlebt in ihm am meisten das Ich, das bei jedem Menschen im Herzen sein Organ hat.

Je kraftvoller und umfassender die seelische, auf die körperlichen Vorgänge sich stützende «Atmung» des Herzens wird, desto kräftiger und reicher wird die Liebe des Ich, durch die Mitte und Umkreis in der oben charakterisierten Art ineinanderklingen.

Durch die Liebe verbindet sich das Ich mit *anderen Ichen*, die in seinen Horizont eintreten. Dies mag durch folgende Zeichnung angedeutet werden.

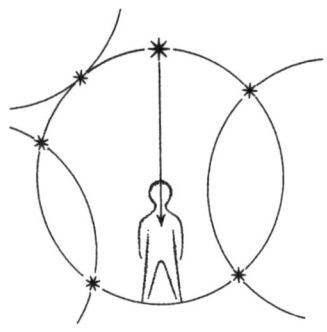

Erläuterung: Nach der Einstrahlung des höheren Ich in den Menschen (senkrechter Pfeil) ergibt sich die vom Menschen ausgehende (hier nicht gezeichnete) Ausstrahlung des Erden-Ich während des Erdenlebens, die zum Ich-Kreis, zum (gezeichneten) Horizont des Ich, wird. Mit dieser Ausstrahlung verbinden sich andere Ich-Kreise, die für eine kürzere oder längere Zeit in den Horizont des Erden-Ich eintreten, manchmal aber auch nur einmal an dessen Horizont aufleuchten. (Letztere Situation gibt der linke obere Berührungspunkt wieder.) Immer ist die Möglichkeit gegeben, dass die Berührungspunkte oder die Schnittpunkte der Ich-Kreise selbst wieder zu Sternen werden, indem das höhere Ich der Partner in sie einstrahlt. Bei solchen Begegnungen spricht man dann mit Recht von «Sternstunden» im menschlichen Leben. In der Zeichnung oben sind sie für die länger dauernden Begegnungen durch den Stern der ersten und letzten Begegnung angedeutet; aus diesen Schnittpunkten kann das höhere Ich des anderen und das eigene höhere Ich besonders hervorleuchten.

Das Zusammenklingen von Biografien, das sich so ergibt, pflegt im menschlichen Leben einzusetzen, nachdem um das 21. Jahr das Ich geboren ist.

Die Ich-Geburt und ihre Vorbereitung

Vor der Ich-Geburt muss das Ich zu sich finden. Es ist einleuchtend, dass bei diesem Akt die zur Mitte strebende Ichtätigkeit betont wird und dass diese sich nur allmählich in der Liebe für den anderen Menschen aufschließen kann.

Wie beim Kind ist eine vorwiegend egozentrische Einstellung im Jahrsiebt von 14 bis 21 zunächst normal. Der Pubertierende braucht das reifende Ich vorerst als Halt in dem Chaos seines Pubertätserlebens, das jeder Mensch bei seiner Entwicklung stärker oder schwächer durchzumachen hat. Der heute viel gebrauchte Begriff der *Identität* taucht auf, das Mit-sich-selbst-identisch-Werden wird erstrebt, d.h. «ein dauerndes inneres Sich-selbst-gleich-Sein». Während man sich früher mit anderen Persönlichkeiten identifiziert hat, erwacht nun tastend das «Gefühl der Ich-Identität».[127] Das Ich hat sich auf den Weg begeben, der zum Zentrum der Seele führt, zum ruhenden Pol im bewegten Seelenleben.

So wie sich die Geburt des Astralleibes schon um das zwölfte Jahr ankündigt, so kündigt sich die Geburt des Ich bereits um das *achtzehnte Jahr* an. Die ersten seelischen Stürme haben sich gelegt, die Berufswahl, schon vorher getroffen oder aufgenötigt, wirkt sich aus. Man ist in die *Adoleszenz* eingetreten, die LIEVEGOED vom 16./17. bis zum 21./24. Lebensjahr ansetzt und als Übergangsphase charakterisiert. Das «zentrale Problem» dieser Phase ist: «Wer bin ich?», «Was will ich?», «Was kann ich?» – Ich-Fragen, in denen das Ich zur Geburt drängt.[128]

Besonders GLAS und LAUENSTEIN haben darauf hingewiesen, dass hier ein anderer als der Siebenjahresrhythmus in den Lebenslauf hineinwirkt: der Rhythmus der so genannten *Mondknoten*, d.h. der wandernden Schnittpunkte zwischen Sonnenbahn und Mondbahn.[129] Jeweils «nach 18,6 Lebensjahren sind für den Menschen die Mondknoten wieder am gleichen Himmelsort wie zur Zeit der Geburt». Eine neue Geburtssituation stellt sich jeweils nach 18 Jahren, sieben Monaten und neun Tagen im menschlichen Leben ein, bei welcher der Mensch nicht nur aus seinem alten Zustand heraustritt, sondern das nahende Hereinwirken von Neuem in seinem Leben empfindet.[130] Während der Siebenjahresrhythmus – durch die Entstehung des Jahres mit der Sonne zusammenhängend – dem stufenweisen Freiwerden der Wesensglieder dient, lässt der Mondknotenrhythmus die Verkörperung der Wesensglieder im Leib, wie sie sich bei der ersten Geburt vollzogen hatte, neu anklingen. Wie einst auf die Geborgenheit des mütterlichen Schoßes, so muss der Mensch nun wieder auf einen bisherigen Zustand verzichten, um in eine neue Situation in der physischen Welt einzutreten.

Das Geburtsgeschehen, das sich alle sieben Jahre vollzieht, bekommt also alle 18 bis 19 Jahre noch einen besonderen Akzent. Mit 18 Jahren wird der Abschluss der Jahrsiebte leiblicher Entwicklung und die Geburt des Ich eingeleitet. Im 38. Jahr, der nächsten Mondknotenzeit, wird, wie die spätere Darstellung ergibt, die Lebensmitte durchschritten und das Geburtsgeschehen der geistigen Entwicklung Anfang 40 vorbereitet. Mit 56 Jahren, mit dem dritten Mondknoten, beginnt das letzte, besonders schicksalsträchtige Jahrsiebt der neun Lebenslauf-Jahrsiebte. Im 75. Jahr, der Zeit des vierten und meist letzten Mondknotens im menschlichen Leben, ist das biblische Alter von 72 überschritten, der Mensch ist in das Greisenalter eingetreten, und ein neues Tor zum Weiterschreiten in der irdischen Welt oder in die geistige Welt hinein tut sich für ihn auf.

STEINER sprach vom «Tor des Mondes», durch das bei der Geburt der zunächst von der Vergangenheit bestimmte Mensch die Erde betritt. Er kann nun auf der Erde mit dem Weg seiner Freiheit beginnen: Er kann den Weg zum «Tor der Sonne» einschlagen, das ihn zuletzt in die geistige Welt entlässt.[131] Auch um das achtzehnte Jahr, der Zeit des ersten Mondknotens, schreitet der Mensch, so darf man es wohl sehen, durch ein Mondentor von kleineren Ausmaßen. Das Tor zu den nächsten drei Jahrsiebten, die im Zeichen der Sonne stehen, tut sich für ihn auf.

Ich-Geburt und Seelenentwicklung

Mit der Geburt des Astralleibes um das vierzehnte Jahr ist die Entwicklung der Seele eingeleitet worden. Diese Einleitung vollzog sich jedoch noch im Schatten der Entwicklung des

Leibes, den der frei gewordene Astralleib zu durchdringen hatte und mit dem er sich auseinandersetzen musste. Darauf deutet auch die geschilderte enge Beziehung hin, die der Astralleib oder Empfindungsleib allgemein zum physischen Leib hat, ebenso die Bezeichnung «Leib» selbst, die auf das Gestalthafte im Bereich der leiblichen Entwicklung hinweist. Das dritte Jahrsiebt gehört daher noch zu dieser Entwicklungsphase. Erst nach den drei Jahrsiebten dieser Phase kann das erste Jahrsiebt der *seelischen Entwicklung* beginnen.

Nach der Morgendämmerung des Seelenlebens, die um das vierzehnte Jahr eingesetzt hat, geht um das 21. Jahr die Sonne des Ich für die Seele auf; sie wird über der ganzen Seelenentwicklung stehen. Es gehört zum Wesen der Seele, dass sie sich nicht durch sich selbst, sondern durch das Ich entwickelt. Wie der Ätherleib ist auch die Seele ein mittleres Wesensglied, das sich zwischen Leib und Geist entfaltet. Nachdem sie mit dem vierzehnten Jahr freier vom Leib geworden ist, kann sie mehr und mehr den Geist empfinden und erkennen, zu dem sich ihre Entwicklung erheben will. Da aber der Geist durch das Ich in ihr lebt, geht der Impuls zu ihrer Entwicklung vom Ich aus. Beim *Tier*, das nur einen Astralleib, aber kein Ich hat, ist mit der Pubertät, von der an beim Menschen die Geburt des Ich vorbereitet wird, die Entwicklung zu Ende. Nach der Erlangung der Fortpflanzungsfähigkeit und ihren leiblichen Auswirkungen ereignet sich in seinem Leben nichts wesentlich Neues mehr. Die «Seele» des Tieres bleibt als Astralleib eng mit dem physischen Leib verbunden. Beim Menschen fängt sie mit der Pubertät an, sich von ihm zu lösen. Nach Erlangung der Erdenreife beginnt auf der Erde – zunächst noch im Bereich des Leibes – die Entwicklung der Seele.

Auch die Geburt des Ich um das 21. Jahr ist nicht nur ein Hervorgehen aus einem alten Zustand, aus dem früheren diffusen Leben des Ich in der Seele. Schon in den drei Jahren zuvor drängte Neues durch das Ich in das Leben herein, was sich mit dem Erlebnis des Berufszieles und den ersten Schritten in seine Richtung verband. Aber auch in der Begegnung mit dem anderen Geschlecht wird jetzt schon mehr ein Drittes empfunden, das sich zu den beiden Partnern körperlich oder seelisch dazugesellen will; Verantwortung gegenüber dem ungeborenen Kind, den gemeinsamen Zielen kann sich entwickeln, was dann, bewusst oder unbewusst gewollt, zu manchen Frühehen führt. Aus dem Eros entsteht Liebe,[132] bei welcher der Partner nicht nur begehrt, durch Lust und Sympathie genossen, sondern in seinem Wesen geahnt wird. Mit dem Beschreiten des Weges vom «Ich» zum «Du» kann begonnen werden.

In größerem Rahmen ist es die *Gruppe,* die schon im dritten Jahrsiebt eine Rolle spielt, nun aber bewusster gesucht wird. Sie vertritt jenen Teil der menschlichen Umwelt, mit der man sich in Sympathie, aber auch in gemeinsamem Streben verbunden fühlt. Man erlebt die Welt durch das Medium der Gruppe, möglichst in der Gemeinschaft von Gleichaltrigen, Gleichberechtigten. Die «Einpassung in die Gesellschaft seiner eigenen Generation» wird für den Menschen unserer Zeit in den zwanziger Jahren das Ziel.[133]

GLAS gibt eine Reihe von *Beispielen,*[134] welche die Einleitung der Ich-Geburt um das achtzehnte Jahr und diese selbst charakterisieren. Aus ihnen geht unter anderem hervor, wie wichtig es ist, dass der im eigenen Urteilen erwachende und sich klärende Wille die Möglichkeit bekommt, sich in der Welt und an der Welt zu entfalten. Das Ich, dessen Wille sich zunächst, vom Begehren impulsiert, als Drang auslebt, kann jedoch auch Widerstände nötig haben, um an ihnen aufzuwachen und zu erstarken.

Das Leben SCHILLERS ist dafür wie auch für andere eben

dargestellte Zusammenhänge ein gutes Beispiel. In seinem achtzehnten Lebensjahr beginnt der Schüler der Karlsschule sich mit dem Stoff zu seinem ersten Drama *Die Räuber* zu beschäftigen. In dieser Zeit ändert sich zugleich sein Wesen, er wird «selbstbewusster, kühner». Aber erst im 21. Jahr schreibt er dann sein Drama, sein eben geborenes Ich gestaltet ein Ideal seines Lebens: den Kampf um die Freiheit gegen die Tyrannei. Sein eigenes, in der Karlsschule unterdrücktes Streben weckt in ihm den Impuls zu einer allgemein gültigen Gestaltung, der Horizont des Ich hat sich mit dessen Geburt erweitert. Die Gestaltung aber reifte zunächst in der Gruppe aus. Das entstehende Drama vom Räuberhauptmann in den Wäldern wurde den Freunden im Wald oberhalb Stuttgarts vorgelesen. Ein zweites Ideal von SCHILLERS Leben und Dichten taucht auf und wird vom Ich erlebt und gestaltet: das Ideal der Freundschaft.[135]

Auch im Hinblick auf das weitere Leben SCHILLERS wird ein biografisches Grundgesetz deutlich. Die Widerstände und ihre Überwindung gehören zu einem menschlichen Lebenslauf ebenso dazu wie die Geschenke und die Verzichte, die das Leben GOETHES charakterisieren. Was wäre aus SCHILLER, aus seinem Werk geworden ohne den Widerstand seines Herzogs, ohne das Hindernis «Karlsschule»? Wäre SCHILLER Regimentsarzt geblieben, hätte er dann den Auftrag seines Lebens erfüllen, den Impuls seines Ich verwirklichen können? Was wäre GOETHE ohne die Geschenke, die das Leben ihm darbot, die er zu ergreifen hatte oder auf die er verzichten sollte? Für GOETHE galt es, entschlossen den Reisewagen zu besteigen, den ihm der Herzog Carl August zur Übersiedlung nach Weimar schickte. SCHILLER dagegen musste hinter dem Rücken und gegen den Willen seines Herzogs Carl Eugen die Reise antreten, mit der er das Hindernis auf dem Schicksalsweg seiner Jugend überwand und die Freiheit für das Wirken seines Ich gewann.

Im Leib, der die Anlagen von der Vererbung, von den Eltern her vermittelt, tritt das Ich sein Schicksal an. Aus dem Erlebnis der Unvollkommenheiten und Fehler eines früheren Erdenlebens hat es – wie STEINER mehrfach ausführte – dieses Schicksal im Leib selbst gesucht, um eine weitere Entwicklung auf der Erde beginnen zu können. Auch das Schicksal, das ihm vermeintlich die Umwelt bereitet, ist vor der Geburt gewählt, entworfen, wie die Motive eines Dramas, die dann in der Auseinandersetzung mit dem Stoff, mit dem irdischen Leben, ihre Ausgestaltung erfahren. In die Umwelt, zu der das Ich der zwanziger Jahre in eine direkte erlebende und handelnde Beziehung tritt, wird das Ich schon durch die physische Geburt hineingeboren wie in einen erweiterten Leib. Dieser Leib, sein *«Sozialleib»*, gehört zu ihm wie der physische Leib, aus dem sich das Ich mit seiner Geburt um das 21. Jahr zu erheben beginnt, um sich als frei gewordenes Wesensglied neu in seinem «Sozialleib» zu verkörpern.

Im Unterschied zum Tier handelt es sich also beim Menschen nicht um «Anpassung» an die Welt, sondern um Entwicklung *in* der Welt. Der Mensch ist nicht wie das Tier der Umgebung ausgeliefert, die durch den im physischen Leib verbleibenden Astralleib im Verein mit dem Gruppen-Ich sein Leben gestaltet. Der Sinn der langen, relativ beschirmten Jugendzeit des Menschen besteht gerade darin, dass der Mensch in dieser Zeit die Möglichkeit hat, zu sich zu kommen, um sich dann selbstständig mit der Welt auseinanderzusetzen. Die Jugendzeit dient der Bildung eines *Freiheitsraumes*, den der erwachsene Mensch mit seinem Leben erfüllen kann.[136]

Die Empfindungsseele

Das schöpferische Wesen des Ich drückt sich schon darin aus, dass das Ich zusammen mit einer Frucht seiner bisherigen Tätigkeit geboren wird. Das 21. Jahr ist auch dadurch ein besonderer Einschnitt im Lebenslauf, dass sich zu diesem Zeitpunkt zwei Geburten ereignen: Außer dem Ich, aber zugleich durch das Ich, wird das erste Wesensglied der Seelenentwicklung, das erste *Seelenglied* geboren: die *Empfindungsseele*.

Zu der Bezeichnung «*Geburt*» im Rahmen der Seelenentwicklung sei hier vermerkt, dass STEINER, auf den dieser Aspekt zurückgeht, in den bisher genannten Veröffentlichungen nur für die Wesensglieder physischer Leib, Ätherleib, Astralleib und Ich den Ausdruck «Geburt» gebraucht hat. In den Jahrsiebten nach dem 21. Jahr wird nach seiner Schilderung, wie in den Jahrsiebten zuvor, jeweils ein Wesensglied «vorzugsweise» ausgebildet.[137] An anderer Stelle wird auch im Zusammenhang mit den Seelengliedern der Ausdruck «Geburt» von STEINER gebraucht,[138] ein Bild, das schon die Geburtswehen der kommenden Jahrsiebte rechtfertigen und das auch hier weiter angewendet werden wird.

Im Hinblick auf die vorbereitende Tätigkeit des Ich, die um das 21. Jahr zur Geburt der Empfindungsseele führt, stellt STEINER allgemein fest, dass diese Tätigkeit sich nicht in einem schematischen Hintereinander vollzieht, d.h. so, dass nur im vorhergehenden Jahrsiebt am Wesensglied des nächsten gearbeitet wird. Die Vorbereitung vollzieht sich vielmehr «vom Aufblitzen des Ich an». Hier beginnen auch schon die «Umbildungen» von bereits Gebildetem, die zur Grundlage des Neuen werden.[139] Das Ich arbeitet also bereits in den drei Jahrsiebten des Leibes an den Vorbedingungen der Seelenentwicklung. Das ist verständlich, denn jede seelische und geistige Entwicklung gründet sich auf bestimmte Voraussetzungen im physischen Leib, in dem von Anfang an das Ich tätig ist. Eine spezielle Vorbereitung der Empfindungsseele jedoch findet im Jahrsiebt von 14 bis 21 statt. Durch die Umbildung eines Teils des Empfindungsleibes entsteht in der Menschheitsentwicklung sowie im Leben des individuellen Menschen das erste Seelenglied.[140] Das Ringen des Ich mit den Polaritäten, dem seelischen Chaos der Pubertät, trägt Frucht, die Empfindungsseele wird geboren und kommt im Jahrsiebt von 21 bis 28 zur Entwicklung.

Noch einmal prägt die *Empfindung* ein Lebensjahrsiebt. Wie schon geschildert, entsteht sie, indem sich Begehren und Urteilen mit der Wahrnehmung verbinden. Nun jedoch wirkt stärker als zuvor das Ich mit; das nach wie vor empfindungsbewegte Seelenleben des jungen Menschen bekommt dadurch mehr *Zentrum*. Man hat den Eindruck von einem Sturm und Drang, dem sich das Ich willentlich hingibt oder durch den es hindurchsteuert. Im «Boot» seines Urteilens, das mit der Pubertät seine Fahrt angetreten und sich freigeschwommen hat, sitzt nun ganz das Ich am Steuer. Im Jahrsiebt von 14 bis 21 wurde das Steuer zeitweise noch anderen Persönlichkeiten überlassen, zu denen die Seele sich hingezogen fühlte und an denen ihr eigenes Urteil erwachte; sie strebte ihnen nicht nach in der Art wie im Jahrsiebt der Autorität (von 7 bis 14), sie ließ mehr das eigene Urteil durch sie anregen und bestätigen. Jetzt, im Jahrsiebt von 21 bis 28, vereinigt das Ich seinen Kurs mit dem Kurs von Gleichgesinnten, die sich ähnliche Urteile wie es selber gebildet haben.

Ein grundlegender psychologischer Unterschied zum Empfinden des Empfindungsleibes ergibt sich durch den Vorgang des *Erinnerns*, der schon während der Vorbereitungszeit der Empfindungsseele einen stärkeren Akzent erhält. Während der Empfindungsleib, den der Mensch mit dem Tier gemein hat, auf die unmittelbare Wahrnehmung reagiert, bildet die Empfindungsseele durch die Tätigkeit des Ich Erinnerungen, die im Hintergrund alles Erlebens und Handelns stehen.[141] Die Richtung des Empfindungsleibes geht daher von außen nach innen, die der Empfindungsseele von innen nach außen.[142] Während das Tier bei seinem passiven Sehen den Empfindungsleib für das öffnet, was in ihn einströmt, sendet die Empfindungsseele den aktiven Blick aus dem Innern nach außen. Vom Empfindungsleib aus öffnete sich zu Anfang des dritten Jahrsiebts das Auge des Jugendlichen für den neuen Anblick der Welt, was bis zu einem passiven Starren werden kann. Aus der keimenden Empfindungsseele wird im Verlauf des dritten Jahrsiebts der Blick des ringenden Ich in die Welt hinausgesandt.

Die Empfindungen, die vom Ich der Empfindungsseele ausgehen, betonen wieder stärker das Gefühlsleben der Mitte. Im Unterschied zu dem umhüllten Gefühlsleben des zweiten Jahrsiebts wird jedoch das Ich durch die Gefühle und Empfindungen direkt mit der Welt verbunden. «Jetzt aber wird das Gefühl zum Schicksal.»[143] Durch das Ich kann das Gefühl der Liebe schöpferisch werden, die Empfindungen werden bewusster, das Urteilen trägt mehr als bisher zur erkenntnisvermittelnden Vorstellung hin, die der Wille des Ich ansteuert. Die Vorstellungen, die Ideen, vorher schon zu *Idealen* geworden, werden nun vom Ich in die Welt hineingetragen. Durch die *Erfahrungen* an der Welt können sie sich umbilden und in die Gesetzmäßigkeit der Welt einordnen. Grundlage hierfür ist wieder der Vorgang des Erinnerns.

Andererseits ist zu betonen, dass die Empfindung das dominierende Element des vierten Jahrsiebts bleibt. Und dieses Element muss sich immer neu bilden, das Meer der

Empfindungen muss immer neuen Zustrom von den Flüssen des Begehrens, von den Bildern der Welt erhalten. Das geht nicht ohne Strudel und Sturm. In der Empfindungsseele lebt alles, was «erlebt wird an Lust und Leid, an Freude und Schmerz, Trieben, Begierden und Leidenschaften», kurz alles, «was unter unmittelbarer Anregung der Wahrnehmungswelt erwacht in der Seele. Da ist das Ich noch nicht zum vollen Dasein erwacht.»[144] Im wogenden Meer der Empfindungen stillen sich die Stürme der Emotion, aber diese Stürme bewegen immer neu das Meer und halten es lebendig.

Auch die Empfindungsseele stützt sich noch auf das Urogenitalsystem. Aber entschiedener als bisher erhebt sich jetzt das «empfindungsgemäße Erleben» dieses Organsystems des Astralleibes[145] aus dem emotionalen Leben des unteren Organismus zur Mitte des neuen Fühlens, zur Lunge und zum Herzen. Das Urogenitalsystem wird zu einem Instrument der Seelenentwicklung, nachdem sich in der Pubertät der Astralleib teilweise aus ihm herausgelöst hatte und nun auch noch das Ich in eine freiere Beziehung zu ihm treten kann. Aber auch in diesem Rahmen sind Sympathie und Antipathie weiterhin die bestimmenden polaren Seelenkräfte, die in dumpferer Form als Lust und Unlust in der Einscheidung und Ausscheidung des Nierensystems eine organische Grundlage haben und als entsprechende Empfindungen oder Gefühle im Seelenleben der Lunge sich gestalten.[146]

Auch in der Gebärdensprache drückt sich der Zusammenhang mit dem unteren Bereich des Organismus aus. Man klopft sich gern auf den Bauch, wenn man ganz in der Empfindungsseele lebt.[147] Die mit Vorliebe in den Hosentaschen steckenden Hände weisen gleichfalls darauf hin, besonders wenn die Taschen über dem Bauch angebracht sind.

Das Ich der Empfindungsseele sitzt also wohl am Steuer, hat jedoch das Steuer noch nicht fest in der Hand. Es bedeutet deshalb noch nicht eine krankhafte Störung, wenn es vorübergehend das Steuer aus der Hand verliert. Hinblickend auf das ganze Seelenleben, kann man das Ich schon im Zentrum erleben, aber der Funke glimmt erst schwach und unterbrochen. Das Licht des Ich ist den Wogen der Seele, das Ich ist der Peripherie des Seelenlebens hingegeben, wo es von innen erlebend der Welt begegnen kann. – Die *Lebensfrage der Empfindungsseele*, die zur Schicksalsfrage des vierten Jahrsiebts wird, lautet: «Wie erlebe ich die Welt und an der Welt mich selbst?»

Das Jahrsiebt von 28 bis 35

Gegen das Ende der zwanziger Jahre, um das 28. Jahr, pflegt sich der Charakter des Seelenlebens abermals zu ändern. Das Stürmen und Drängen hat sich gelegt, der Mensch erscheint einerseits in sich gekehrter, andererseits handelt er überlegter und aktiver als bisher. Er macht sich mehr Gedanken über Erlebnisse und Verhältnisse, die er bisher unmittelbarer hinnahm. Er bewegt die Empfindungen mehr in sich und lässt sie zu Gefühlen reifen.

Die neue seelische Situation bringt auch eine neue Einstellung zum Leben in der Welt mit sich. «Fast jeder möchte sein Leben ändern», fasst SHEEHY ihre Beobachtungen zu dieser Phase zusammen.[148] Nicht selten wird der aus Neigung oder Nötigung gewählte Beruf gewechselt, oder er wird in neuem Licht gesehen. Oft erfolgt erst jetzt «die letzte und endgültige Berufswahl». Aber auch die Beziehungen zum anderen Menschen ändern sich – innerlich oder äußerlich. In den USA gingen die bis dahin geschlossenen Ehen am häufigsten dann auseinander, wenn die Männer 30 und die Frauen 28 Jahre alt waren.[149] In Europa ist es nicht viel anders. In den Gemeinschaften, denen sich der junge Mensch angeschlossen hat, wird darüber geklagt, dass der Dreißigjährige kein Interesse mehr am gemeinschaftlichen Leben hat und sich aus ihm zurückzieht.

LIEVEGOED nennt das fünfte Jahrsiebt «die organisatorische Phase». «Die Jugend ist vorbei, jetzt beginnt der Ernst des Lebens.»[150] Der Mann visiert Ziele im praktischen Leben an, für deren Verwirklichung der *Verstand* die Wege organisiert. Auch von der verheirateten Frau werden größere organisatorische Leistungen verlangt. Die Kinder aus jung geschlossenen Ehen gehen in die Schule, der Haushalt muss mehr als früher organisiert, der Unterricht will oder muss von den Eltern zu Hause mitgemacht werden. Die erst Ende 20 geschlossenen Ehen werden anders gestaltet, mehr vom Verstand als bisher. Das gilt auch für die Versorgung der Kinder aus diesen Ehen.

Zugleich jedoch wird in der Ehe wie überhaupt in den zwischenmenschlichen Beziehungen jene Verinnerlichung angestrebt, die oben erwähnt wurde. Man strebt nicht nur zum andern hin, man möchte ihn auch in sich, in sein *Gemüt* aufnehmen. Man ahnt nicht nur, wenn man Liebe entwickelt, das Wesen des andern, man versucht, es in sich zu hegen und zu pflegen wie die Erlebnisse an der Welt, die man denkend und fühlend in sich bewegen will.

Das Ich löst sich – das geht schon aus dieser Schilderung hervor – aus seiner betonten Weltzugewandtheit und damit aus der Seelenperipherie los und beginnt Ende der zwanziger Jahre einen Weg nach innen. Dabei kann der Zustand des «inneren Gleichgewichtes»,[151] den die ichhafte Verinnerlichung mit sich bringt, auch gegenüber der Welt erreicht werden. Der Mensch im fünften Jahrsiebt, der innerlich ruhigsten Lebensphase, kann zu einem atmenden Austausch mit der Welt gelangen, bei dem er sich ebenfalls im Gleichgewicht erlebt. Bald greift er organisierend von seinem Verstand aus in die Welt ein, bald zieht er sich sinnend, im Gemüt die Welt bewegend, von ihr zurück. Aber das Gemüt strahlt seine Wärme auch nach außen, und der Verstand leuchtet nach innen, wo die «Verständigung des menschlichen Bewusstseins mit sich selbst», die erste *methodische Selbsterkenntnis* (und Selbsterziehung) einsetzen kann.[152]

Im dichterischen Schaffen S<small>CHILLERS</small> spiegelt sich auch diese Lebenswende. Er schrieb in dieser Zeit sein Ideendrama *Don Carlos*, in dem ein Übergang von der leidenschaftlich bewegten Empfindungsseele, die den Infanten Carlos erfüllt, zu dem neuen Seelenleben geschildert wird, wie es sich im Marquis Posa verkörpert. «Sire, geben Sie Gedankenfreiheit!» – dieses Wort des Marquis charakterisiert das neue, mit Gemütswärme gelebte und vorgetragene Denken, das klarer als bisher den Menschen zur Freiheit führt. Auch die Form dieses ersten Versdramas von SCHILLER lässt das stärkere Walten des später von ihm beschriebenen Formtriebes erkennen, der vom Denkpol des Menschen kommt.

Im Lebensgang GOETHES leuchtet der Übergang vom vierten zum fünften Jahrsiebt besonders überzeugend auf. 26 Jahre alt, folgt er dem Ruf des Herzogs Carl August nach Weimar, wo er zunächst noch den Stil seiner Sturm- und Drangzeit zusammen mit dem jungen Herzog fortführt. Dann erfolgt allmählich die Umstellung. GOETHE tritt kurz vor seinem 27. Geburtstag in den Staatsdienst ein und beginnt sich für den Bergbau zu interessieren, für die geologische und mineralische, später für die botanische Wissenschaft. Aber auch die gemüthafte Verinnerlichung setzt ein, die in der Liebe zu Frau von STEIN eine schicksalshafte Erfüllung findet. Der ordnende, klärende Einfluss dieser Frau wird eine wesentliche Hilfe für die Entwicklung der nächsten zehn Jahre.[153]

Das Losungswort dieser Entwicklung heißt «Ordnung» im umfassendsten Sinn, den ja auch das Wort «Kosmos» beinhaltet. Von der Einordnung in einen immer weiter sich entfaltenden, natur- und geistumfassenden Kosmos bis zur Ordnung im täglichen Leben reicht der Impuls der neuen Epoche bei GOETHE. Als Beispiel für den Gegensatz zwischen viertem und fünftem Jahrsiebt seien zwei Briefstellen angeführt.[154]

Die erste Briefstelle rührt von dem 23-jährigen GOETHE her:

«Gestern nachts geschwärmt, heute früh von Projekten aus dem Bett gepeitscht. Oh, es sieht in meinem Kopf aus wie in meiner Stube, ich kann nicht einmal ein Stückchen Papier finden als dieses blaue. Doch alles Papier ist gut, Ihnen zu sagen, dass ich Sie liebe.»

Der zweite Brief wird neun Jahre später von GOETHE geschrieben. Eine Stelle aus ihm lautet: «Halte künftig meine Briefe in Ordnung und lass' sie lieber heften, wie ich mit den Deinigen auch tun werde, denn die Zeit vergeht, und das wenige, was uns übrig bleibt, wollen wir durch Ordnung, Bestimmtheit und Gewissheit in sich selber vermehren.»

Auch wenn der Sturm und Drang sich heute anders äußert und nicht in so viele Empfindungen gefasst wird, so ist doch die Situation heute im Kern dieselbe wie damals. Das gilt ebenso für die in der zweiten Briefstelle zutage tretende seelische Situation des fünften Jahrsiebts.

Das neue Seelenleben ist auch dieses Mal so grundlegend anders als das bisherige, dass schon von hier aus die «Geburt» eines neuen Seelengliedes verständlich werden kann. Steiner nannte das neue Seelenglied die «Verstandes- oder Gemütsseele».

Die Verstandes- oder Gemütsseele

Die Formulierung deutet schon darauf hin, dass dieses Seelenglied nicht aus zwei Teilen besteht, sondern als Ganzes Verstand sowie Gemüt entwickelt. Dieselbe Situation liegt der ebenfalls gebrauchten Bezeichnung «Verstandes- und Gemütsseele» oder «Verstandes-Gemüts-Seele» zugrunde. Dabei kann sich der Akzent natürlich vom einen zum andern Aspekt dieses Seelengliedes verlagern, immer jedoch wirkt beim Denken das Gemüt und beim Gemüt das Denken mit. Der Verstand dieses Seelengliedes braucht die Wärme des Gemütes, um die Verbindung zum Leben zu bekommen. Schon bei der Entwicklung des Gemütes ist das Denken beteiligt, das im Besinnen zur Beruhigung und Klärung der bewegten Empfindungen, der Begierden und Leidenschaften aus der Empfindungsseele führt.

Während sich das urteilende Denken der Empfindungsseele auch bei seiner Wahrheitssuche noch von Sympathie und Antipathie leiten lässt, strebt das neue Seelenglied über die subjektive Einstellung hinaus zur objektiven *Wahrheit*. Diese wird noch nicht in ihrer geistigen Wirklichkeit erfasst, Sympathien und Antipathien sind auch noch in der Verstandesseele wirksam, aber die Wahrheit zieht doch schon die Seele an. Sie wird zur Erzieherin der Verstandes-Gemüts-Seele, die nun erst voll das eigene Denken des Erwachsenenseins zur Erscheinung bringt.[155]

Das Sich-Besinnen auf das, was wahr ist in einer Begegnung, einem Erlebnis, kann nur erfolgen, wenn der Mensch «in seinem Innern ... die äußere Anregung fortsetzt». Wenn wir die Wahrnehmungen nicht nur «in unserer Empfindungsseele wieder aufleben lassen, sondern wenn wir nachdenken darüber, wenn wir uns ihnen hingeben, wenn wir Weiteres erleben, dann bauen sie sich auf, dann gestalten sie sich uns zu Gedanken, zu Urteilen, zum ganzen Inhalt unseres Gemütes».[156]

Das Ich ist, wie schon bemerkt, in diesem Seelenleben aktiver, kräftiger geworden, dem «Ernst des Lebens» wird die stärkere Arbeit des Ich gerecht. Und diese Arbeit hat überhaupt erst das neue Seelenglied entstehen lassen.

Die *Entstehung* der Verstandes-Gemüts-Seele, wieder eine Folge der umbildenden Ich-Tätigkeit, vollzieht sich in einer tieferen Schicht als die Entstehung der Empfindungsseele. Denken und Gemüt des neuen Wesensgliedes haben nicht nur seelischen Charakter. Sie wirken dauerhafter als die rascher sich bildenden und sich wandelnden Empfindungen. Es handelt sich nicht nur um seelische Kräfte, sondern um Fähigkeiten, die, wie erwähnt, im Ätherleib gründen. Es ist die Fähigkeit zum eigenen Denken, die Fähigkeit zur gemüthaften Verinnerlichung, die Ende der zwanziger Jahre errungen werden kann. Von hier aus ist die Schilderung STEINERS zu verstehen, dass die Verstandes-Gemüts-Seele aus der Arbeit des Ich am Ätherleib entsteht.[157]

Es ergibt sich damit eine Beziehung zum zweiten Jahrsiebt, in dem der Ätherleib sich entwickelt hat. In jener Zeit, in der die Wahrheit noch nicht selbstständig erkannt werden kann, ist es von Bedeutung, dass die liebevolle Autorität als Wahrheitsträger erlebt wird.[158] Es wird so die Grundlage im Ätherleib dafür gelegt, dass die Verwandlung der Bildekräfte in Denkkräfte später jene Steigerung erfährt, die ein Organ für das Erfassen der Wahrheit entstehen lässt. Aber auch die gemüthafte Verinnerlichung des fünften Jahrsiebts hat eine Beziehung zum zweiten Jahrsiebt, in dessen Mitte sich um das neunte, zehnte Jahr durch die Vereinsamung der Keim einer noch verhüllten, gemüthaften Verinnerlichung bilden kann.

Die Beziehung zum physischen Leib

Wie zur Welt, so tritt das Ich nun auch zum Leib in ein anderes Verhältnis. Indem sich das Ich von der Welt in das Seeleninnere zurückzuziehen beginnt, verliert es auch die unmittelbare Beziehung zum Leib, durch den es mit der Welt verbunden ist. Das Ende der Jugend wird auch am Leib erlebt, der für das seelische Leben nicht mehr dasselbe hergibt wie früher. Wie wir sehen werden, flacht sich die aufsteigende Kurve seiner Vitalität nunmehr ab, der Leib konsolidiert sich. Damit verlieren sich die elementaren Kräfte, die das Ich der Empfindungsseele aus der Vitalität des Leibes schöpfte. Die Konsolidierung des Leibes wird Grundlage für die Verstandes-Gemüts-Seele. Diese Seele beginnt ihren eigenen Weg zu gehen, der nicht mehr dem Weg des physischen Leibes entspricht.[159] Konsolidierung ist nicht Verinnerlichung, doch kann sich diese auf Konsolidierung stützen.

Organisch stützt sich die Verstandes-Gemüts-Seele nicht mehr auf das Urogenitalsystem, dessen intensive Verbindung zur Welt erwähnt wurde, sondern auf das *Leber-Galle-System*, das im Innern des Körpers tätig wird.[160] In der Leber, dem Zentralorgan des in sich kreisenden Wasserorganismus, dominiert nicht mehr der Astralleib, sondern der *Ätherleib*, der aus dem wässrigen Element heraus plastiziert, nun aber mehr als bisher dem Leben der Seele dient. (Während der Jugendzeit wurde das wässrige Element schon Grundlage für das entstehende *phlegmatische Temperament*.) In die Lebenstätigkeit der Leber strahlt durch das die Leber durchsetzende Gallensystem das Ich ein, wodurch die Willenskraft des Ich entsteht. (Das *cholerische Temperament*, das im Gallenprozess wurzelt, ist ein Willenstemperament, das mit dem zum *Feuer* gesteigerten Element der *Wärme* zusammenhängt.[161])

Der *Leber-Mensch* hat im Unterschied zum sanguinischen oder emotionalen *Nieren-Menschen* ein gemüthaftes phlegmatisches Temperament, mit einem stärkeren willenshaften Einschlag. Bei ihm ist jedoch nur besonders ausgeprägt, was bei jedem Menschen jetzt eintritt: Das Leber-Galle-System wird zur organischen Grundlage für die Entwicklung der Verstandes-Gemüts-Seele, die auf der Arbeit des Ich am Ätherleib beruht. Durch das Gallensystem strahlt ja das Ich nicht nur in die Leber, sondern auch in den Ätherleib ein, für den die Leber das hauptsächliche Organ bildet. Das Gallensystem wird Grundlage für die stärkere Willenstätigkeit des Ich, das In-sich-Kreisen des Wasserorganismus der Leber wird durch das Ich zum In-sich-Bewegen des Gemütes.

Allerdings erstreckt sich die Entwicklung der Verstandes-Gemüts-Seele noch in ein anderes Organgebiet. So, wie sich die Empfindungsseele auf das Urogenitalsystem stützt, aber im weltzugewandten Empfindungsleben der Mitte, insbesondere der Lunge, sich entfaltet, so stützt sich die Verstandes-Gemüts-Seele auf das Leber-Galle-System und mündet im Bereich der Mitte in das nunmehr stärker anklingende Leben des *Herzens* ein.

An das Herz schlägt man sich, wenn das Leben der Empfindungs-Seele in die Verstandes-Gemüts-Seele hinaufwirkt. Auch der «Brustton der Überzeugung» kann damit im Zusammenhang stehen.[162] Bei der Verinnerlichung spielt das Herz die zentrale Rolle. Was bisher vom Kopf aufgenommen worden war und zur Bildung von Empfindungen geführt hatte, das soll nun «Herzenswissen» werden.[163]

Die höchste Form des seelischen In-sich-Bewegens erreicht der Mensch, wenn er etwas in seinem Herzen bewegt. «Maria aber behütete und bewegte diese Worte in ihrem Herzen», heißt es im Lukas-Evangelium.[164] Das ist reinste Gemütsseelenhaftigkeit, die sich dem Göttlichen geöffnet hat.

Die *Lebensfrage der Verstandes-Gemüts-Seele* können wir folgendermaßen formulieren: «Wie ordnet sich mir die Welt und in der Welt das eigene Leben?»

Das Jahrsiebt von 35 bis 42

Bezogen auf ein Leben von 70 Jahren, ist es das 35., bezogen auf ein Leben von 72 Jahren, ist es das 36. Jahr, das die Lebensmitte bildet. In einem erweiterten Umfang kann man die Lebensmitte auch vom 35. Jahr bis Anfang oder Mitte 40 rechnen. Damit wird das Jahrsiebt von 35 bis 42 zum Jahrsiebt der Lebensmitte.

Nach ausgedehnten Untersuchungen ergibt sich beim Menschen ein Leistungsgipfel zwischen 30 und 40 mit einer Spitze um Mitte 30 herum.[165] Der Mensch der dreißiger Jahre ist, wenn alles gut gegangen ist, tüchtig geworden. Was er Ende 20 begonnen hat, wurde durchgeführt, er hat sich seine Stellung in der Welt errungen und wird sich jetzt dessen bewusst. Das gesteigerte Selbstbewusstsein verbindet sich mit dem Erlebnis des eigenen Willens, der das alles geschaffen hat und der zunächst das Gefühl vermittelt, dass das alles so weitergeht.[166]

Wenn man einen Berggipfel erstiegen hat, stellen sich bei vielen Menschen zunächst solche Hochgefühle ein. Man hat es geschafft. Dann aber blickt man um sich, meist wohl erst zurück. Man versucht, den Weg zum Gipfel zu verfolgen. Gewiss, man hat den Gipfel erreicht, aber wie war der Weg? Hätte man einen anderen, besseren wählen können? Warum hat man diese Wanderung gemacht? Was hat man sich von diesem Gipfel versprochen, welche Aussicht tut sich nun auf? War das Ganze überhaupt der Mühe wert?

Die Frage nach dem Wert des Erreichten stellt sich, wenn

man vom Gipfel der Lebensmitte zurückblickt. Sie wird im sechsten Jahrsiebt zur Forderung, die man an sich selber richtet: «Man will nicht nur das Richtige tun und getan haben, sondern es soll auch etwas Wertvolles dabei herauskommen.»[167] Damit ist die Frage nach dem Sinn des Lebens, die sich schon dem Jugendlichen stellte, zur Frage nach seinem konkreten *Wert* geworden. Wenn sich der Jugendliche fragte, welchen Sinn das Leben hat, so fragt sich nun der Erwachsene: Welchen Wert hat mein Leben bisher gehabt?

Dann blickt man vom Gipfel nach vorne, wo neue Ziele im Dunst der Ferne liegen. Lohnt es sich, und hat man noch die Kraft, sie zu erreichen? Und dann trifft der Blick auf den Horizont, wo alle Wege zu Ende sind. Der Mensch in der Lebensmitte begegnet seinem eigenen Tod. «Kein junger Mensch glaubt wirklich daran, dass auch er einmal sterben wird.» Erst in der Lebensmitte erlebt man im Allgemeinen die Gewissheit seines Todes.[168] Die Krisen und Störungen, die aus diesem Erlebnis hervorgehen, sollen später untersucht werden. Zunächst sei auf seine weiterführende Bedeutung hingewiesen.

Die weitere Frage entsteht: Wie weit ist dieser Horizont, den ich da vor mir sehe, noch entfernt? Wie viele Jahre habe ich wohl noch zu leben? Diese Frage aber kann zur Aufforderung werden, nach dem besten Weg zu suchen, der vom Gipfel der Lebensmitte zum Ziel vor dem Horizont hinführt. Der Weg wird durch die Frage bestimmt: Was für einen Wert kann mein Leben für die Welt noch haben? Und dann kann die Frage nach dem Wert zur Frage nach der *Aufgabe* werden, die man nun vom Gipfel deutlicher als früher oder überhaupt erst vor sich sieht. Und plötzlich fühlt man: Da kommt etwas auf mich zu, mehr, als ich bisher vor mir sah, oder etwas ganz Neues.

Man entdeckt, dass der Gipfel nicht nur ein Höhepunkt ist, sondern dass er in eine neue Welt emporgetragen hat. Der Blick nach hinten und nach vorne verbindet sich mit dem Blick nach oben. Und man erlebt: Das Neue, das in mein Leben kommen will, die Aufgabe, die ich bisher als Drang oder als konventionelles oder auch als ideales Ziel oder gar nicht vor Augen hatte, sie kommt nicht aus mir und liegt in ihrem Ursprung auch nicht vor mir. Sie kommt «von oben» und verbindet sich mit allem, was ihr aus meinem Leben entgegenwuchs, was ich jetzt als den wahren Gipfel erkenne. Das abschließende Gipfelerlebnis wird zum Erlebnis einer neuen Geburt, für die sich die Seele auf dem Gipfel geöffnet hat. Man kann, über sich hinauswachsend, etwas Höheres erleben, dem man sich hingibt, mit dem man sich durch seine Aufgabe vereinigt. Dieses Höhere ist letzten Endes ein Strahl des eigenen höheren Ich, durch das sich etwas Neues aus der geistigen Welt im individuellen Leben verwirklichen will. (Bei der Erörterung des «Genius» wurde schon auf diesen Aspekt hingewiesen.)

Der Gipfel der Lebensmitte ist auch für das Ich Endpunkt einer Wanderung. Wie wir sahen, begann diese Wanderung um das 28. Jahr und führte in das Seeleninnere, von seinem immer wirksameren Zentrum aus wurde der Mensch tüchtig in der Welt. Für den Zusammenklang von innen und außen erscheint es bedeutsam, dass in der Lebensmitte das Ich die Seelenmitte erreicht hat – oder erreicht haben sollte. Und nun ist wieder ein Pensum abgeschlossen. Wie früher aus dem Leib, so kann sich das Ich nun aus der Seele erheben, die es durchwandert hat. Das seelische Gipfelerlebnis des Ich führt dazu, dass sich das Ich unmittelbarer dem Geist gegenübergestellt findet, aus dem das höhere Ich ihm entgegenstrahlt.

Mit dieser Steigerung des Bewusstseins vom Geist, vom eigenen geistigen Wesen verbindet sich eine Steigerung des Bewusstseins vom Leben in der Welt und von der Welt selbst. Der Mensch in der Lebensmitte, dessen Ich aus der

Umhüllung der Seele heraustritt, wird wacher und entwickelt nach allen Seiten mehr Bewusstsein, erst dadurch tritt er von der Lebensmitte an in seine Reifezeit ein. Denn «die innere Reife kann sich nur bei solchen Menschen einstellen, die bewusst leben».[169] Auch von dieser Situation aus kann man verstehen, dass STEINER dem neuen Seelenglied den Namen *«Bewusstseinsseele»* gab.

Die Bewusstseinsseele

Die Bewusstseinsseele, in der Lebensmitte geboren, entwickelt sich im Jahrsiebt von 35 bis 42. Zu seinem neuen taghellen Bewusstsein erwacht der Mensch in der Lebensmitte zunächst durch seine Sinne, durch die das Ich die sinnliche Welt neu in sich aufnimmt. Der Mensch beginnt «wieder herauszugehen aus sich».[170] Nach der atmenden Verinnerlichung durch die Verstandes-Gemüts-Seele ergibt sich wieder eine intensivere Weltbeziehung, wie sie schon früher die Empfindungsseele mit sich brachte. Im Unterschied zur Weltverbundenheit der Empfindungsseele beobachtet jedoch der Mensch jetzt genauer. Bleibt er dann nicht an der Oberfläche der Sinneswelt, so beginnt das oben gekennzeichnete Fragen und Suchen nach den Werten.

Anfang der dreißiger Jahre hatte man sich nachdenkend innerhalb eines bestimmten, von der Welt gelieferten Wertsystems bewegt. Das konnten materielle oder höhere Werte wie Wahrhaftigkeit, Gerechtigkeit, Schönheit sein. Aus seinem Charakter und seiner Stellung in der Welt hat man den einen oder anderen Wert bevorzugt. «Werte sind

Bevorzugungen»[171] – diese Definition von C. BÜHLER kann bis zur Lebensmitte berechtigt sein. Dann fragt man sich: Warum bevorzuge ich diesen oder jenen Wert? Was steckt dahinter? War Geltungssucht die Triebfeder? Was hat Schönheit, die mir das Leben wertvoll machte, überhaupt für einen Wert? Was ist überhaupt «Schönheit»?

Werte erhalten jetzt jenseits ihrer Bevorzugung einen weiteren Hintergrund. Damit wird die Wertfrage zur Wesensfrage. Ein Fragen nach dem *Wesen* der Welt verbindet sich mit der Frage nach dem eigenen Wesen. Das Ur-Teil des Gegenstandes, sein innerstes Wesen, sein Geist-Anteil, früher empfindend, denkend, nachdenkend in der Seele gesucht, in der Seele bewegt, leuchtet im Zentrum der Seele, im Ich auf. Denn nur das Ich als geistiges Wesensglied ist imstande, die Frage nach dem Wesen, nach dem geistigen Kern zu beantworten.

Von ihrem Zentrum aus lebt die Bewusstseinsseele, indem «das Ewige» in ihr «aufleuchtet».[172] Das tritt bei jeder Wesenserkenntnis ein, bei der sich das höhere Ich, in die Bewusstseinsseele einstrahlend, inniger mit dem niederen Ich vereinigt und ihm das Wesen eines Gegenstandes aufschließt. Jede Wesenserkenntnis ist die Frucht eines neuen Denkens. Aus dem *Nachdenken* der Verstandes-Gemüts-Seele führt das *Vor-denken* heraus, das von innen, vom Wesen des Gegenstandes her, diesen noch einmal entstehen lässt.[173] Bei einem solchen schöpferischen Vor-denken, von GOETHE als Vernunft-Denken gegenüber dem Verstandes-Denken charakterisiert, verbindet sich der Mensch mit der «schöpferischen Weisheit der Welt»; der in die Zukunft greifende Wille wirkt in das Denken hinein. Und dieser Wille ist es, der am stärksten die Bewusstseinsseele impulsiert.[174]

In der Empfindungsseele stand das weltzugewandte *Fühlen*

im Vordergrund. In der Verstandes- und Gemüts-Seele machte sich stärker das *Denken* geltend, was im Fühlen zur Verinnerlichung, zur Gemütsbildung führte. In der Bewusstseinsseele wird nun auch das bisher mit Denken und Gemüt vereinigte Wollen selbstständig und richtet sich auf das Denken der Verstandesseele. Aus dem Nachdenken wird dadurch das Vordenken, während das Wollen zugleich der Verwirklichung geistig erkannter Ziele zu dienen beginnt. Und während das Denken in der Bewusstseinsseele zu einem neuen Leben erwacht und dabei seine Wachheit noch steigert, läutert sich das Wollen im Licht des Bewusstseins und gewinnt dabei neue Kraft. Im Fühlen, aus der Beschlossenheit des Gemütes heraustretend, wird die Liebe zum Wesen bewusst, die sich mit dem Erlebnis einer neuen, geistigen Freiheit verbindet.

Im Zentrum der Bewusstseinsseele wird die Welt erkannt, das eigene Bewusstsein erwacht am Wesen der Welt und findet so zur Selbsterkenntnis. Nicht indem das Ich wieder in die Seelenperipherie eintaucht, wird die neue Weltbeziehung geknüpft, sondern indem es, aus dem Zentrum der Seele dem höheren Ich folgend, zu einer neuen geistigen Weltverbindung durchstößt. Eine Art Umstülpung vollzieht sich, die im letzten Kapitel weiter verfolgt werden soll. Damit ist das Gemeinsame, worin Welt- und Selbsterkenntnis sich finden, offenbar: Es ist die Welt des Geistes, die in der irdischen Welt wie im Menschen lebt. Der Mensch kann sich selbst nun als bewusstes Glied dieser geistigen Welt erkennen und dadurch zugleich die neue Welterkenntnis gewinnen.

Bewusstseinsseele und Lebensmitte

Die Tatsache, dass der Mensch der Lebensmitte etwas in sich entdeckt, was größer ist als er selbst, hat der Schauspieler Josef Kainz, 35 Jahre alt geworden, in folgenden Worten ausgedrückt: «Ich habe etwas in mir gefunden, das nicht von mir ein Teil ist, nein, von dem ich Teil bin; das will ich pflegen und entwickeln, dem will ich ähnlich werden. In dem will ich aufgehen.»[175]

Goethe erlebt im sechsten Jahrsiebt die beiden Seiten der Erkenntnis. «In Rom habe ich mich selbst zuerst gefunden», sagt er rückblickend 1788.[176] Hinzu tritt die aus dem Erleben der antiken Kunstwerke geschöpfte Aussage: «Da ist Notwendigkeit, da ist Gott!»[177] Beide Aussagen verbinden sich durch die dritte: «Ich möchte … meinem Geist die Ewigkeit verschaffen.»[178]

In den Jahren vor der italienischen Reise, die er, 37 Jahre alt geworden, im September 1786 antritt, hatte Goethe sich intensiv mit Botanik beschäftigt. Er tat dies im Stil des fünften Jahrsiebts. Linné nach-denkend, studierte er die Ordnungsprinzipien der Pflanzenwelt, deren Systematik er in sich aufnahm. Während seiner italienischen Reise jedoch dringt er vor-denkend zum Ur-Wesen der Pflanze vor, er entdeckt nach langem vorhergegangenem Ringen die «Ur-Pflanze» und kann nun, wie er schreibt, von ihr aus «noch Pflanzen ins Unendliche erfinden, die konsequent sein müssen».[179] Die Entdeckung der Urpflanze erfolgt durch eine Wesenserkenntnis, die zugleich Schau ist. Damit eröffnet sich eine neue Dimension für die Bewusstseinsseele, auf die im letzten Kapitel eingegangen werden soll.

Schiller, der Ende der zwanziger Jahre mit dem Studium der Philosophie und der Geschichte begonnen hat, vollendet in seinem 35. Jahr als Frucht dieses Bemühens seine *Briefe über die ästhetische Erziehung des Menschen*. Das philosophische Ringen SCHILLERS mündet in Wesenserkenntnis ein. Zugleich steigt seine Lebensaufgabe in das Licht seines Bewusstseins; man spürt, er identifiziert sich ganz mit seiner Entdeckung, die zugleich allgemeine Gültigkeit gewinnt.

Für unser weiteres Verständnis der Bewusstseinsseele ist dabei besonders die Rolle bedeutsam, welche die Mitte bei SCHILLER spielt. Der vom unteren Pol her kommende «Stofftrieb», der zur «Materie» strebt, erzeugt «Veränderung», Bewegung, «Empfindung». Der vom oberen Pol her stammende «Formtrieb», der die Gestaltung anstrebt, trägt aus dem «Reich der Erscheinungen» zur «Ideeneinheit» empor. Hier entsteht das Denken, dort die Affektivität. Beide Triebe vereinen sich in der Mitte zum «Spieltrieb», der tote Form und empfindendes Leben miteinander verbindet, der zur «lebenden Gestalt», zur Schönheit führt. «Durch die Schönheit wird der sinnliche Mensch zur Form und zum Denken geleitet; durch die Schönheit wird der geistige Mensch zur Materie zurückgeführt und der Sinneswelt wiedergegeben.»[180] Von dieser immer neu zu bildenden Mitte aus wird der Mensch Künstler in einem umfassendsten Sinn, von hier aus kann er ein freier Mensch werden.

Zahlreiche bedeutende Persönlichkeiten schufen wie SCHILLER ihre Hauptwerke oder die Voraussetzungen zu ihnen in der Lebensmitte. DANTE erlebte seine Wanderung durch die jenseitige Welt, den Inhalt seiner *Göttlichen Komödie*, in der Mitte seiner dreißiger Jahre. LUTHER schlug seine Thesen, welche die Reformation auslösten, mit 34 Jahren an die Tür der Wittenberger Schlosskirche. BEETHOVEN komponierte in seinem 33., 35. und 37. Jahr die Eroica, den Fidelio und die 5. Sinfonie – Werke, in denen sich der Kern seines künstlerischen Schaffens enthüllte. WAGNER konzipierte in seinem 35. Jahr seine Nibelungendichtung, die zu seinem größten Werk werden sollte. NAPOLEON bestieg im 35. Jahr den Kaiserthron.[181]

Für das Jahrsiebt der Lebensmitte und die Jahrsiebte danach drängt es sich auf, *Genies* als Beispiele für manches zu nehmen, was sich bei den meisten anderen Menschen verborgener und anfänglicher vollzieht. Es hängt das mit der menschheitlichen Tatsache zusammen, dass sich die Bewusstseinsseele erst am Anfang ihrer Entwicklung befindet. Manches von dem, was sich in der Bewusstseinsseele vollzieht, lassen daher nur die herausragenden Persönlichkeiten erkennen, die in ihrem Schaffen etwas von der Zukunft vorwegnehmen.

Die Epoche der Bewusstseinsseele hat mit der Neuzeit begonnen, als für die ganze Menschheit ein neuer Aufbruch begann, als die Menschheit, zunächst durch die Sinne das neue Bewusstsein entwickelnd, in das schöpferische Zeitalter der Entdeckungen und Erfindungen eintrat. Erst von da an war es möglich, dass sich allmählich auch beim einzelnen Menschen die Bewusstseinsseele von der Lebensmitte an entwickeln konnte, wobei sie sich, wie in der Menschheit, erst auf die Außenseite der Welt richtete.[182]

Damit ist es aber auch für jeden Menschen möglich geworden, von seiner Lebensmitte an bewusster als bisher nach dem Wesentlichen zu suchen, wesentlicher zu leben. Man kann versuchen, *Geistesgegenwart* im tiefsten Sinn des Wortes zu entwickeln, indem man, so oft dies möglich ist, die Gegenwart des Geistes auch im Alltag sucht. In diesem Sinn kann jeder Mensch von seiner Lebensmitte an schöpferisch werden. Wenn es ihm auch nicht beschieden ist, in größerem Maßstab in die Welt hinauszuwirken, wenn er auch kein großer Künstler werden kann, ein *Lebenskünstler* im Sinn einer erweiterten

Ästhetik nach S CHILLER und G OETHE kann jeder in seiner Lebensmitte werden. Jeder kann danach trachten, die «Idee», das Besondere seiner Aufgabe, im «Stoff» seines Lebens zu erkennen und durch ihn zur Erscheinung zu bringen, einem Bildhauer gleich, der die in einem Marmorblock geschaute Gestalt mit seinem Meißel herausholt.

Der Einwand, der einzelne Mensch werde bei diesem Vergleich zu wichtig genommen, jeder Mensch sei schließlich ersetzbar, trifft nicht das Wesen des individuell verkörperten Ich. Richtig ist, dass eigentlich kein Mensch ersetzbar ist.[183] Jeder Mensch hat eine spezielle Aufgabe, und sei sie noch so klein, an dem Platz, an dem er steht: in seinem Beruf, in seiner Familie. Und mag das «Was» seiner Arbeit, seines sozialen Wirkens auch ein anderer tun können, das «Wie» dieses Tuns vermag in dieser seiner Art nur er selbst zu leisten. Die Menschheit ist wie ein großes Gemälde, in dem, wenn es ein wirkliches Kunstwerk ist, keine Farbnuance, kein einziger kleiner Pinselstrich fehlen darf.

So ergibt sich für jeden Menschen im Jahrsiebt von 35 bis 42 die *Lebensfrage der Bewusstseinsseele:* «Wie finde ich zum Wesen der Welt und zum eigenen Wesen, und wie kann ich in der Welt mein Wesen verwirklichen?»

Die Beziehung zum physischen Leib

Schon die *Entstehung* der Bewusstseinsseele hängt mit dieser Beziehung zusammen. Wieder muss das Ich bei seiner umbildenden Tätigkeit tiefer greifen als zuvor. Dieses Mal sind es Kräfte des physischen Leibes, die das Ich zur

Bewusstseinsseele umbildet.[184] Innerhalb des am meisten verfestigten Wesensgliedes, wie es der physische Leib ist, muss das Ich am härtesten arbeiten, wird es am aktivsten. Das kann man sich als eine Voraussetzung für die gesteigerte Aktivität des Ich in der Bewusstseinsseele vorstellen. In der Auseinandersetzung mit den ganz in die Form gegangenen physischen Kräften erringt sich das Ich ferner jene Wachheit, die sich zunächst auf die irdische Welt richtet, die Welt, von welcher der physische Leib ein Teil ist. Es ergibt sich damit eine Beziehung des sechsten Jahrsiebts zum ersten Jahrsiebt, was bei den entsprechenden Störungen deutlich werden wird.

Die Beziehung der Bewusstseinsseele zu dem Wesensglied, in dem seine Entstehung wurzelt, besteht, wie bei den anderen Seelengliedern, das ganze Leben weiter. Auch in dieser Hinsicht kommt der Lebensmitte eine besondere Bedeutung zu, wobei der *Abbau* des physischen Leibes die Hauptrolle spielt. Die Lebensmitte ist die Zeit, in der sich der Abbau des physischen Leibes gegenüber seinem Aufbau durchzusetzen beginnt. Vom ersten Atemzug an vorhanden, wurde der Abbau bis zur Lebensmitte vom überwiegenden Aufbau ausgeglichen; jetzt fängt der Aufbau an zurückzutreten, und der Abbau überwiegt. In der Seele wird diese Tatsache zur Grundlage dafür, dass nun der eigene Tod erlebt werden kann.

An manchen physischen Phänomenen ist diese Tatsache abzulesen. Die Vitalkapazität der Lunge zum Beispiel, d.h. ihre Fähigkeit, den belebenden Sauerstoff einzuatmen, hat im 35. Jahr ihren Gipfel.[185] Nach neueren Untersuchungen setzt der Rückgang schon früher ein, aber erst Anfang 40 fällt die Kurve der Vitalkapazität relativ steil ab. Die Leber als «Zentralorgan des Aufbaustoffwechsels» hat das Maximum ihres Gewichtes in der Zeit von 30 bis 40 Jahren, in der zweiten Lebenshälfte verliert sie etwa die Hälfte an Gewicht.[186] Von

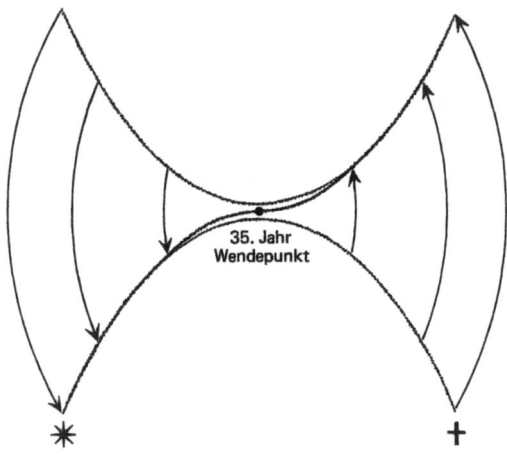

der Lebensmitte an wird der Mensch messbar kleiner, nach neueren Forschungen ist schon in den Jahren von 28 bis 30 das erste leichte Absinken der Körpergröße festzustellen. Später beugt sich – durch Abflachung der Zwischenwirbelscheiben – dazu noch der Rücken. Der Mensch neigt sich wieder der Erde zu, von der aus sein physischer Leib sich aufgerichtet hatte.[187]

Die *biologische Entwicklungskurve* des Menschen, die sich aus solchen Tatsachen ergibt, beginnt mit der Geburt und hat ihren Scheitelpunkt in der Lebensmitte. Schon mit Ende 20 flacht sie sich ab, um das 35. Jahr als Richtwert beginnt sie wieder abzusteigen, zuletzt endigt sie mit dem Tod. Wie obige Zeichnung zeigt, kommt ihr von oben eine andere Kurve entgegen. Es ist die *seelisch-geistige Wesenskurve*, deren tiefster Punkt zum Scheitelpunkt der biologischen Kurve in engste Beziehung tritt.

Erläuterung: Der Mensch ist in der Lebensmitte am meisten zu sich gekommen, sein seelisch-geistiges Wesen hat sich durch die Bewusstseinsseele in selbstständiger Form am tiefsten im irdischen Bereich verkörpert. Vorher verband sich dieses Wesen mit dem aufsteigenden Leben des physischen Leibes (und durch ihn mit Natur und Kosmos), darauf sollen die Pfeile links hindeuten. Die Richtung dieser Pfeile also bedeutet Aufbau, Inkarnation, die in der ersten Lebenshälfte vorherrschen. Das Abnehmen des Aufbaus von der Geburt an kommt in der zunehmenden Verkürzung der linken Pfeile zum Ausdruck. (Durch diese und die entsprechenden Pfeile der rechten Hälfte ergibt sich eine Metamorphose der Kurvenskizze von W. HOLTZAPFEL.[188] Das Durchorganisieren des Leibes durch das Seelisch-Geistige wird hier durch die Pfeile herausgehoben.) Die höheren Geburtsvorgänge, die Abbau und beginnende Exkarnation schon in der ersten Lebenshälfte anklingen lassen, sind nicht gezeichnet.

In der Lebensmitte, wo Abbau und Exkarnation zu überwiegen beginnen, wird die Bewusstseinsseele geboren. Kein Bewusstsein entsteht ohne Abbau, das zeigen die dominierenden Abbauvorgänge des Gehirns, des Nervensystems, die bei jedem Bewusstseinsakt, bei jeder Wahrnehmung schon Zerfallsvorgänge erkennen lassen. Für das gesteigerte Bewusstsein der Bewusstseinsseele ist es von ausschlaggebender Bedeutung, dass es mit einem Überwiegen des Abbaus einsetzt. Vor der neuen Bewusstseinshelligkeit zieht sich der physische Leib zurück, sein Abbau gibt sie frei. Seine verwandelten Kräfte jedoch erheben sich mit der Bewusstseinsseele zum geistigen Bereich.

In der Lebensmitte sieht sich das Ich zwischen Geist und Leib gestellt. Einerseits ruft der Geist es zu sich empor, der Mensch blickt von seinem Gipfel nach oben. Andererseits zieht ihn stärker als zuvor die Erde an, auf der er Fuß gefasst hat und die ihn durch die wach gewordenen Sinne festhält.[189] Folgt er der Richtung zum Geist, so wird der Scheitelpunkt der biologischen Kurve zum Wendepunkt für seine seelisch-geistige Entwicklung, die bis Ende der zwanziger Jahre innerhalb der biologischen Entwicklungskurve verlief. Jene Entwicklung mündet jetzt allmählich in die Kurve seines seelisch-geistigen Wesens ein, die sich nach der tiefsten Verkörperung, nach dem Gipfel irdischer Kraftentfaltung in der Lebensmitte wieder zum Reich des Geistes erhebt.

Schon um das 28. Jahr trennte sich die seelisch-geistige Entwicklungskurve von der biologischen Kurve, behielt jedoch noch ihre aufsteigende Richtung bei. Die Verinnerlichung der Seele vollzog sich auf der Grundlage leiblicher Konsolidierung, von der sie sich zugleich abzuheben begann. Erst in der Lebensmitte gabelt sich die Richtung beider Kurven. Während die biologische Kurve nach unten weist, während es leiblich von da an bei allen Menschen mehr oder weniger, langsamer oder schneller bergab geht, geht die seelisch-geistige Entwicklungskurve durch ihren Wendepunkt: Im Leben des Menschen kann es jetzt geistig mit neuem Schwung bergauf gehen. Wird jedoch diese Wendung zum Geist nicht oder nur teilweise geleistet, so folgt die seelisch-geistige Kurve auch weiterhin mehr oder weniger der leiblichen. Die Kurve des seelisch-geistigen Wesens entfernt sich von der Kurve der seelisch-geistigen Entwicklung: Das Wesen des Menschen wird daran gehindert, in der weiteren Entwicklung zur Erscheinung zu kommen. Das Seelenleben wird dabei in den zunehmenden Abbau des Leibes hineingezogen, was zu den später dargestellten seelischen Störungen oder Erkrankungen der zweiten Lebenshälfte führt.

In der Lebensmitte entscheidet sich nach HAMPE der Mensch dafür, «ob der Rest Welken oder Reifen ist».[190] Das ist zwar ein erstmaliger, nicht jedoch ein einmaliger Vorgang.

Dieser Vorgang wiederholt sich während der ganzen zweiten Lebenshälfte immer wieder oder sollte sich wiederholen. Die Pfeile rechts mögen deshalb andeuten, dass auch nach erfolgter Wendung in der Lebensmitte immer neue Aufschwünge nötig sind, um sich von der niederziehenden Tendenz des Leibes zu lösen. Ist die Wendung nicht oder nur teilweise erfolgt – Letzteres dürfte bei den meisten Menschen der Fall sein –, so kann sie durch die Aufschwünge nachgeholt werden. Außerdem sollen die Pfeile, gegen das Lebensende immer länger werdend, auf die fortschreitende Exkarnation der zweiten Lebenshälfte hinweisen, bei der sich immer mehr seelisch-geistige Kräfte aus dem Abbau des Leibes lösen. So wie der längste Pfeil links die Geburt, so zeigt der längste Pfeil rechts zuletzt den Tod an.

Hinsichtlich des physischen Leibes erhebt sich die weitere Frage, welches Organsystem der Bewusstseinsseele als Grundlage dient. Der Zusammenhang von Bewusstsein und Nervensystem weist auf das *Gehirn* hin, die Ausdruckgebärden der Bewusstseinsseele bevorzugen den Kopf. STEINER erwähnt hier die Gewohnheit, den Finger an die Nase zu legen.[191] Auch die Geste der Hand, die beim Denken den Kopf stützt, dürfte hierher gehören.

Vom Kopf aus erhebt sich die Bewusstseinsseele zu ihrem geistigen Leben, zum erkennenden Denken. Wie wir sahen, muss dieses Denken mit Willens- und Gefühlskräften erfüllt werden, um ein lebendiges Denken zu sein. STEINER bezeichnete die *Andacht* als Erzieherin der Bewusstseinsseele.[192] In der Andacht gibt sich der Wille an das Höhere hin und durchdringt sich mit der Liebe zu ihm. Aber die Andacht verbindet sich auch mit Gedanken und mit der Konzentration des Denkens. Sprachlich wird durch die Silbe «dacht» auf diese Komponente hingewiesen. So wirken wie in der Liebe bei der Andacht die

Seelenkräfte von unten, von der Mitte und von oben zusammen. Diesem Zusammenwirken dient, wie wir sahen, das *Herz*, dessen Zusammenhang mit der Andacht unmittelbar zu empfinden ist.

Mit dem Herzen befinden wir uns wieder im «Mittelpunkt unserer Seele, der zum eigentlichen Selbst führen kann».[193] Im Herzen vollzieht sich jene Begegnung zwischen dem niederen und dem höheren Ich, wie sie am unmittelbarsten die Bewusstseinsseele charakterisiert. Vom Kopf aus lebt die Bewusstseinsseele, ihr Leben jedoch schöpft sie aus dem Herzen. Das Denken des Kopfes muss ersterben, wenn es nicht vom Herzen gespeist wird. Das Licht des Denkens wird zum kalten Licht des Intellektes, der nur die Oberfläche der Welt beleuchtet, wenn es nicht die tiefer dringende Wärme des Herzens in sich aufnimmt, die ihm Wille und Liebe, die ihm Erleuchtung vermittelt. Ohne den bewegenden Willen und die Liebe zum Gegenstand vollzieht sich kein Gedankengang, durch den Erkenntnis angestrebt wird. Vereinigen sich Wille und Liebe in der Andacht, so wird das Denken der Bewusstseinsseele für das höhere Leben aufgeschlossen.[194]

Zusammenfassendes Bild

Zusammenfassend kann sich folgendes Bild für die Entwicklung der Seelenglieder ergeben, das uns zugleich weiterführt. Die Empfindungsseele kann mit dem Blattstadium einer Pflanze verglichen werden. Wie die Pflanze durch ihre Blätter, so öffnet sich das Seelenleben durch die Empfindungsseele für die Welt und baut sich wie die Pflanze aus ihr auf. Die sich verinnerlichende Verstandes-Gemüts-Seele entspricht im Leben der Pflanze der Blütenknospen- und Kelchbildung. Die Bewusstseinsseele, die sich dem Geist unmittelbar öffnet und von der aus Geist in die Welt hinauswirkt, kann mit der lichten Pflanzenblüte verglichen werden, die das Licht der Sonne zurückstrahlt. In der zweiten Lebenshälfte will dieses Erblühen der Bewusstseinsseele zum Fruchten werden, durch das der Mensch der Welt etwas von dem zurückgeben kann, was er in der ersten Lebenshälfte von ihr empfangen hat.

Noch in anderer Richtung kann dieses Bild weiterführen, und zwar im Hinblick auf die Frage, was denn mit den beiden anderen Seelengliedern geschieht, wenn die Bewusstseinsseele zum «Blühen» gekommen ist. Besonders die Empfindungsseele, so kann man manchmal hören, werde dann doch nicht mehr gebraucht. Das bedeutet jedoch dasselbe, wie wenn man sagen würde: Die Pflanze hat doch nun ihre Blüte, die Blätter braucht sie deshalb nicht mehr. Würde man sie ihr, von dieser Überzeugung geleitet, wegnehmen, so würde man erleben, dass die Pflanze verdorrt. Etwas Ähnliches kann mit dem Seelenleben geschehen, wenn es nicht immer wieder aus den Kräften der Empfindungsseele neues Leben schöpft. Besonders die Empfindungsseele – entsprechend die Verstandes-Gemüts-Seele – kann zum Quell der Erneuerung werden, der ein ganzes Leben lang Kraft spendet. Bei der Darstellung von Entwicklungsstörungen der Bewusstseinsseele und im letzten Kapitel wird darauf eingegangen.

Damit diese Belebung in gesundem Sinn eintreten kann, muss die Empfindungsseele, müssen die Seelenglieder in eine Form verwandelt werden, wie sie der jeweiligen Entwicklungsstufe entspricht. Man muss hier unterscheiden zwischen jenen Menschen, deren sich wandelnde Seelenglieder ihrer fortschreitenden Entwicklung dienen, und jenen anderen, die an einem Seelenglied in der ursprünglichen Form festhalten möchten. Weder das Verharren auf einer Lebensstufe noch das Überspringen einer solchen fördert die Seelenentwicklung, die ihre eigene, sich wandelnde Zeitgestalt hat.

Um das 42. Jahr klingen die drei Jahrsiebte der Seelenentwicklung aus, und die geistige Entwicklung des Menschen setzt sich im Lebenslauf durch – oder sollte sich durchsetzen.[195] Da sich diese Schrift mit der seelischen Entwicklung befasst, schließt hier die Schilderung des Lebenslaufes ab. (Zu weiteren Aspekten zum Lebenslauf, insbesondere in kosmischer und spiritueller Hinsicht, vgl. George und Gisela O'NEIL: *Der Lebenslauf*.[196] Zur zweiten Lebenshälfte vgl. außer diesem Buch vor allem B. LIEVEGOED: *Lebenskrisen – Lebenschancen*[197], kürzer: R. TREICHLER: *Metamorphosen im Lebenslauf*[198].)

III.
Entwicklungsstörungen des Seelenlebens

Wie sich zeigen wird, entstehen die wesentlichen Störungen der seelischen Entwicklung und die aus ihnen hervorgehenden seelischen Erkrankungen aus den Problemen der sechs Jahrsiebte bis Anfang der vierziger Jahre. Was sich danach vollzieht, sind altersbedingte Metamorphosen der Grundstörung, auf die im Rahmen dieser Darstellungen noch hingewiesen werden wird.

Entwicklungsstörungen des Empfindungsleibes

Die Entwicklungsstörungen des Empfindungsleibes kann man, wie diesen selbst, durch eine Polarität gekennzeichnet sehen. Entweder ist der Empfindungsleib schwach, unterentwickelt, oder er entfaltet ein zu starkes, ausuferndes Leben.

Die *Unterentwicklung* des Empfindungsleibes führt zu dem Eindruck einer mehr oder weniger ausgesprochenen *Infantilität*, die in dieser Form von der Pubertät an zu beobachten ist. Der Jugendliche macht einen kindlichen Eindruck, der ins zweite oder auch bis ins erste Jahrsiebt zurückweist.[199] Er richtet sich gern nach seiner Umgebung, entweder im nachahmenden Sinn des ersten Jahrsiebts oder indem er sich, unter Umständen das ganze Leben hindurch, an eine Autorität anlehnt, ja, sich an ihr festklammert. Die Loslösung von den Eltern in der Pubertät unterbleibt oder vollzieht sich nur teilweise. Im Hinblick auf das Seelenleben hat man auch weiterhin jenen Eindruck des «Verhülltseins», wie er für das Kind vor der Pubertät charakteristisch ist.

Das kann das ganze Seelenleben betreffen: Der Jugendliche ist dann auch in der Entwicklung seiner Intelligenz zurückgeblieben. Es ergibt sich das Bild eines leichteren oder schwereren *Schwachsinns* mit Intelligenzdefekten, der mit oder ohne feststellbaren Hirnschaden vorkommt. Häufiger ist jedoch nur das Gefühlsleben, das emotionale Leben und das Willensleben betroffen, bei «altersgemäß entwickelter Intellektualität».[200] Die Gefühle wirken kindlich, die Emotionen schwächlich, unter Umständen reaktiv aufbegehrend, der eigene Wille bleibt schwach bei einer Neigung zum kindlichen Trotzen. Es kann aber auch eine kindliche Unbekümmertheit ohne solche Reaktionen vorliegen. Um die Geborgenheit der Kindheit festzuhalten, flieht der infantil bleibende Jugendliche das ganze Leben hindurch immer wieder in eine «Schutzzone», die ihm den «spielerischen Genuss des Daseins gestattet».[201]

Körperlich findet man oft ebenfalls Zeichen der Unterentwicklung, die vor allem E. KRETSCHMER beschrieben hat.[202] Die Unterentwicklung kann die Fortpflanzungsorgane und die Sexualität betreffen ebenso wie den übrigen Körperbau. Es kann aber auch die körperliche und sexuelle Entwicklung normal sein, ja, Letztere kann übersteigert verlaufen, und die seelische Entwicklung kommt dann nicht mit. Die Sexualität kann in diesen Fällen einen triebhaften Charakter annehmen. In unserem Sinn konnte hierbei der Astralleib die Bildungs- und Reifungsvorgänge bis zur Pubertät leisten, doch konnte er sich dann nicht weit genug aus ihnen lösen. Es kommt zu einer schwächlichen Geburt aus dem physischen Leib, was also nicht mit einer schwachen Bildung und Funktion dieses Leibes verbunden sein muss.

Das *überschießende Leben* des Empfindungsleibes kann aus einer körperlichen oder seelischen Infantilität hervorgehen, ohne dass diese im Kern überwunden ist. Man findet seelisch eine Übersteigerung der geschilderten Pubertätssymptomatik, deren Pole verstärkt hervortreten. Die Tendenz zum Kritisieren wird zur Kritiksucht, wird zum bloßen Negieren, was sich mit einer gesteigerten Tendenz zum Abstrahieren verbinden kann. Die emotionalen Reaktionen ufern aus und führen zu Aggressionen, die sich bis zur Zerstörungssucht steigern können. Das sexuelle Begehren verstärkt sich, ohne dass es sich mit seelischer Liebeskraft verbindet. Oft ist diese Liebeskraft oder doch die Sehnsucht nach ihr durchaus vorhanden, aber sie bleibt auf der Stufe kindlicher Schwärmerei stehen, und die sexuelle Triebhaftigkeit strebt unabhängig von ihr zur körperlichen Befriedigung. Die innere Unsicherheit und Schwäche, die man in solchen Fällen durchfühlt, weist auf die mangelnde Reifung des Seelenlebens hin, das von den neu erwachten Kräften der Pubertät mit fortgerissen wird. Man kann dabei auch das Bestreben spüren, die quälende innere Infantilität durch übersteigerte Aktionen des Empfindungsleibes zu überdecken.

Während hierbei das Überschießen aus einem Mangel hervorgeht, kann dieses Überschießen auch aus einer Überfülle stammen und wirkt dann elementarer. Auch dieses Überschießen, das nicht aus Infantilität kommt, führt jedoch zu einer neuen Art von Entwicklungsverzögerung, wenn es über das zwanzigste Jahr hinaus erhalten bleibt. Nicht nur infantile Elternbindung, auch übersteigerter Elternprotest kann das ganze Leben hindurch bestehen bleiben und sogar die Gründung einer eigenen Familie verhindern.[203] In sozialer Hinsicht ergeben sich andere Probleme als bei der Unterentwicklung. Während beim kindlich gebliebenen Jugendlichen die Passivität, die gesteigerte Tendenz zur Unterordnung und Anlehnung Schwierigkeiten bereitet, können die überschießenden seelischen Kräfte in kriminelle Handlungen einmünden. Nach einer endgültig bleibenden Lösung von den Eltern und nach einer Flucht aus dem Elternhaus beginnen manche dieser Jugendlichen zu streunen, Diebstähle zu begehen und zu verwahrlosen. Infantile Jugendliche wiederum können durch Verführung und Abhängigkeit auf diesen Weg geraten.

Vegetative Störungen

Während auf die einzelnen Neurosen, die aus den geschilderten Entwicklungsstörungen entstehen, hier nicht mehr eingegangen werden soll, sei doch noch ein Blick auf die vegetativen Störungen geworfen, die man bei Jugendlichen in zunehmendem Maß beobachtet und die das ganze weitere Leben hindurch die seelische Entwicklung behindern können.

Auch hier entdeckt man eine Polarität, die wieder durch die Schwäche oder Stärke im Leben des Astralleibes zustande kommt. Wie schon bemerkt, verbindet sich der Astralleib durch das *Urogenitalsystem* mit dem Stoffwechselbereich des Organismus. Nach seiner Geburt aus diesem Bereich durchstrahlt er weiter vom Urogenitalsystem aus den Organismus und bewirkt die unwillkürlichen Bewegungen im Stoffwechsel und im emotionalen Seelenleben.

Ein schwach veranlagter Astralleib führt zu einem schwachen Durchstrahlen des Organismus, zu dem, was man abgekürzt eine *schwache Nierenstrahlung* nennen kann.[204] Der Stoffwechsel und der aus ihm gespeiste Kreislauf werden zu wenig vom Astralleib impulsiert, sie werden träge und schlaff. Im Kreislauf führt dies zu einem erniedrigten *Blutdruck*, der immer eine zu schwache Astralisierung anzeigt, sowie zu einer mangelhaften Durchblutung der Körperperipherie. Konstitutionell findet man vorwiegend einen asthenischen Typus, der ja auch, wie schon der Name sagt, durch Schwäche gekennzeichnet ist. *Seelisch* beobachtet man gleichfalls Erschlaffung, die sich in einer Tendenz zur Lahmheit oder zum raschen Erlahmen, zur seelischen Erschöpfbarkeit oder zum schwächlichen (nicht hysterischen) Ausfließen in die Welt äußert.

Bei der *starken Nierenstrahlung* haben wir, einer Übertätigkeit des Astralleibes entsprechend, lebhafte Stoffwechselvorgänge und einen erhöhten Blutdruck mit Neigung zu starkem Pulsieren, zu Wallungen und anderen verstärkten und verstärkt wahrgenommenen Kreislaufprozessen. Konstitutionell findet man hier besonders den stoffwechselbetonten Typus des Pyknikers. *Seelisch* stellen wir ein starkes, unbeherrschtes emotionales Leben fest, das sich anstauen und als Aggression oder Zorn entladen kann.

Körperliche oder seelische *Verkrampfungen* treten bei diesen beiden dynamischen Konstitutionstypen auf. Bei der schwachen Nierenstrahlung des ersten Typus sind sie jedoch Ausdruck eines Mangels, einer Reaktion des schwachen Astralleibes, der versucht, stärker in den Körper einzugreifen, und im Krampf, im vorübergehend erhöhten Blutdruck stecken bleibt. Bei der starken Nierenstrahlung des zweiten Typus stellt sich der Krampf aus der Überfülle ein, bei der sich der Astralleib nicht mehr im Körper halten kann und krampfhaft nach einem Halt sucht. Auf dieser Basis entstehen auch die häufigen zwei Formen von *Kopfschmerzen* bis zur *Migräne*, die, je nach Zugehörigkeit zum einen oder zum anderen Typus, verschieden behandelt werden müssen.

Indem man an solchen und anderen Phänomenen das polare Verhalten des Astralleibes ablesen und sein Erleben bestätigt finden kann, gewinnt man einen ersten Überblick über das Heer der vegetativ-vasomotorischen Beschwerden, die sich bis zur schweren Nervosität, bis zur *vegetativen* oder *Vasoneurose* schon beim Jugendlichen steigern können. Man bekommt auch Richtlinien für ihre medikamentöse Therapie, durch die dann nicht nur Symptome behandelt werden, sondern der Krankheit an die Wurzel gegangen wird. Und man kann auch die Zuordnung der beiden Gruppen zu den geschilderten Entwicklungsstörungen wie folgt vornehmen.

Wie die Erfahrung lehrt, neigen die infantilen Jugendlichen mit der Unterentwicklung des Empfindungsleibes mehr zu einer schwachen Nierenstrahlung mit den entsprechenden Symptomen. Auch konstitutionell tendieren diese Jugendlichen mehr zum asthenischen Typus.[205] Die Jugendlichen mit dem überschießenden Empfindungsleib lassen mehr eine starke Nierenstrahlung erkennen. Außerdem ist auf *Übergangsformen* sowie auf *Mischformen* hinzuweisen, die beim Erwachsenen gleichfalls vorkommen. Es ist ferner möglich, dass eine körperlich zu schwache oder zu starke Nierenstrahlung in ihren seelischen Auswirkungen vom Ich her überwunden werden kann. An dem Widerstand gegenüber der konstitutionellen Grundlage können starke Kräfte erwachen, die seelisch zur Überwindung der konstitutionellen Gebundenheit und zur Besserung auch der körperlichen Beschwerden beitragen. Der Jugendliche, dessen Ich noch nicht geboren wurde, ist jedoch dazu noch kaum imstande und braucht vermehrt die Hilfe auch für seine vegetativen Störungen.

Die Störungen der seelischen Grundkräfte

Die Kraft des Begehrens ist beim kindlich gebliebenen Jugendlichen zu schwach, beim Überschießen der astralischen Kräfte ist sie zu stark. Die richtende und verwandelnde Kraft des *Urteilens* ist in beiden Fällen zu schwach entwickelt. Beim Infantilen, insbesondere beim Schwachsinnigen, liegt das auf der Hand. Beim anderen Typus kann wohl ein betontes Urteilen beobachtet werden, dieses kommt jedoch nicht aus dem zur Erkenntnis strebenden Ich, sondern aus dem übertätigen Astralleib. Die Urteile werden von Sympathie oder Antipathie nicht nur angeregt, geleitet, sondern durch und durch bestimmt und bleiben somit ganz im Subjektiven stecken. So entstehen weniger Urteile als Vorurteile, oder es entsteht ein Verurteilen ohne vorangegangenes Urteilen.

Beim *Empfinden,* bei dessen Entstehen das Urteilen beteiligt ist, liegt in beiden Fällen ebenfalls Unterentwicklung vor. Immer wieder hört man von Jugendlichen beider Gruppen die Klage, sie würden so wenig empfinden. Oder sie klagen nur über *innere Leere.* Deren Kern ist eine Leere des Empfindungslebens, die sich mit dem Erlebnis eines inneren Erstarrens, ja Ersterbens verbinden kann und manche Jugendliche bis zum Selbstmord treibt. Der Ausdruck «tödliche Langeweile», auf die STEINER schon 1910 als krank machenden Faktor hinwies, hat heute eine neue bedrohliche Realität erhalten.[206]

Man kann solchen Jugendlichen, wenn sie überhaupt noch danach begehren, die schönsten Eindrücke vermitteln – sie empfinden nichts oder kaum etwas. Sie machen die schönsten Reisen, und doch bewegt sich nichts in ihnen. Man spürt, ein Begehren nach Schönheit drängt aus den Untergründen ihrer Seele, aber es verbindet sich offenbar nicht mit den Eindrücken; diese lassen den Jugendlichen «kalt». So kommt es nicht zu der geschilderten Vereinigung von Wahrnehmung einerseits und Begehren andererseits, aus der Empfindung entsteht. Das ist zunächst auch der Grund dafür, dass manche Jugendliche, die noch etwas empfinden, dabei doch nicht mehr differenziert empfinden können. Es zeigt sich dies dann in einer Monotonie der sprachlichen Äußerungen. Die verschiedenartigsten Eindrücke werden mit denselben Worten wie «unheimlich schön» oder «irre schön» zum Ausdruck gebracht, ohne dass danach die Möglichkeit zu einer näheren Charakterisierung besteht.

Die Vereinigung von Begehren und Wahrnehmung jedoch, das sahen wir, kann nur zustande kommen, wenn das Begehren eine bewusstere Beziehung zur Welt bekommt, d.h., wenn es sich mit erkennendem Urteilen verbindet und dadurch in waches und aktives *Interesse* verwandelt. Nur auf diesem Weg, das wird jetzt im pathologischen Bereich besonders deutlich, ist eine erste Verarbeitung der Eindrücke, eine erste Verinnerlichung möglich, die in der Seele die Bildung differenzierter Empfindungen anregt. Man kann wieder an das Bild vom Blut denken: So wie das Blut im Zusammenhang mit der Ernährung nur entsteht, wenn die Nahrung verdaut wurde, so können sich Empfindungen nur bilden, wenn die Eindrücke einigermaßen «verdaut» worden sind. Geschieht dies nicht, so kommt es trotz reichlichem Angebot von der Welt aus zur seelischen Unterernährung, es kommt zur «Blutarmut» des Empfindungsleibes, später der Empfindungsseele.

Diese Situation kann – häufiger, als dies zunächst angenommen wird – zur Grundlage einer *Sucht* werden.

Sucht als Entwicklungsstörung

In jeder Sucht kommt eine Begierde des Astralleibes zum Ausdruck, die den Charakter einer krankhaft zwingenden Gewohnheit angenommen hat. Auch Hunger und Durst sind Begierden, die gewohnheitsmäßig zur Erfüllung streben. Im Unterschied zu solchen leiblichen Begierden handelt es sich bei der Sucht zunächst um eine seelische Begierde, die aber mit ebenso unwiderstehlicher Kraft zur Befriedigung treibt wie etwa ein lebensbedrohlicher Durst. Wie im letzteren Fall, so nimmt auch die seelische Begierde bei der Sucht Triebcharakter an. Gewohnheit aber und Trieb, dem Leben dienend, gründen im Lebensleib,[207] der von der Seele zum physischen Leib überleitet. Man erlebt, wie die Begierde in der Sucht die Richtung nach dem physischen Leib einschlägt. Je intensiver sie sich mit dessen Leben, mit dessen Lebensleib verbindet, desto mehr braucht nun auch der physische Leib die Befriedigung der leiblich gewordenen Begierde für sein Leben.

Deutlich wird dies vor allem bei der *Drogensucht*, die ein immer brennenderes Problem des dritten und vierten Jahrsiebtes geworden ist, ja schon ins zweite Jahrsiebt zurückreicht. Die Häufigkeit nimmt bis Anfang 30 zu; der Anteil der männlichen Jugend ist dabei doppelt so hoch wie der der weiblichen, die also auch hier noch gesünder bleibt. Unter den Drogenabhängigen finden sich gehäuft Anzeichen von seelischer Labilität, innerer Unsicherheit sowie infantile und depressive Züge in der Vorgeschichte. Tendenzen zu dissozialem Verhalten in Form von Streunen, Diebstählen usw. werden gleichfalls gefunden; sie verstärken sich unter Einwirkung der Droge.[208]

Im Rahmen der geschilderten Entwicklungsstörung gesehen, kann es sowohl bei Unterentwicklung als auch bei überschießendem Leben des Empfindungsleibes zur Sucht kommen. In der Pubertätskrise des infantilen Jugendlichen mit seinen schwächlichen seelischen Regungen kann der Drang erwachen, stärkere seelische Erlebnisse zu suchen, wie sie der Drogenrausch vermittelt. Der Wunsch, sich den gleichaltrigen Kameraden anzuschließen oder unterzuordnen, ist ein weiterer Impuls, der von dem Gemeinsamkeitserlebnis der Gruppe getragen wird. Der Drogengenuss kann dabei zur Mutprobe werden und so eine Sucht einleiten. Aber auch nur kindliche Neugier kann Anlass zum Drogengenuss sein.

Beim überschießenden Leben des Empfindungsleibes ist es das Chaos seelischer Kräfte, mit dem der Jugendliche nicht fertig wird und dem er durch die Droge entfliehen möchte. Das kann sich in die Gestalt von Konfliktsituationen kleiden, kann der Ausdruck eines Protestes gegen Eltern, Schule, Establishment sein – von grundlegender Bedeutung ist immer die oben gekennzeichnete innere Verfassung, die mit der seelischen Entwicklungsstörung zusammenhängt.

Diese Verfassung, schon bei der Erörterung der seelischen Entwicklungsstörung gefunden, tritt bei der Sucht besonders deutlich hervor. Wir fanden eine Übersteigerung der seelischen Polaritäten, die sich auch in einem Zuviel oder Zuwenig seelischer Kräfte äußerte. Das Streben nach einem ordnenden, die seelische Labilität allmählich beherrschenden Zentrum trat zurück. Man kann in solchen Fällen einen weitgehenden «Verlust der Mitte» feststellen, primär ein kunstgeschichtlicher Begriff, der aber auch für den psychologischen und psychiatrischen Bereich gebraucht werden kann.[209] Beim männlichen Geschlecht wirkt er sich im Allgemeinen stärker aus als beim weiblichen.

Von der Mitte der weltzugewandten Seele aus lebt im dritten und vierten Jahrsiebt das *Empfinden*, das Lebensblut der jugendlichen Seele, die heutzutage von Blutarmut bedroht ist. Besonders in der Vorgeschichte von Drogensüchtigen taucht immer wieder die oben geschilderte innere Leere auf,[210] deren Kern die Schwäche des Empfindungslebens ist. Die *Langeweile* wird als eine der Ursachen von Drogenmissbrauch angesehen.[211] Das weist auf eine zweite Komponente der Langeweile hin.

Langeweile ist nicht nur Leere, sie ist zugleich, wie NOVALIS es ausdrückte, «Hunger» der Seele.[212] Da dieser Hunger durch die gewöhnlichen Eindrücke, die nicht verarbeitet werden, nicht zu stillen ist, sucht das Begehren nach anderen Eindrücken, die rasch und ohne eigene Anstrengung Erfüllung der inneren Leere und Bewegung in die innere Erstarrung bringen. Solche Eindrücke vermittelt das *rauschhafte Erleben*. In den meisten Fällen erzeugt es jedoch nur emotionale Bewegung und bringt lediglich flüchtige Empfindungen mit sich, die in der Ernüchterung nach dem Rausch eine umso quälendere Leere hinterlassen.

Das bekannteste Beispiel hierfür ist der «Kater», der auf die Hochstimmung des Alkoholrausches folgt. Der chronische *Alkoholismus*, beim Erwachsenen die weitaus häufigste Suchtkrankheit, ist im Jugendalter noch nicht so verbreitet, nimmt allerdings ständig zu. (Von den 3 Millionen Süchtigen in der BRD sind 1,8 Millionen alkoholsüchtig.[213]) Bei Jugendlichen tritt die Abhängigkeit vom Alkohol zunächst als «Freizeitalkoholismus» auf, der in der betreffenden Gruppe grassiert. Der Alkoholkonsum ersetzt dabei oft andere Aktivitäten, wie Tanz und Gespräch, und wird als Mittel gegen das Leeererlebnis der Freizeit eingesetzt.[214]

Auch beim Alkoholismus nimmt die Begierde einen immer leiblicheren Charakter an, zuletzt kann der Alkoholsüchtige auch körperlich nicht mehr existieren, ohne zu trinken. Dabei geht das Ich vollends in der Begierdenhaftigkeit der Seele unter, während der Leib, insbesondere das Stoffwechselorgan für Ich und Ätherleib, die Leber, durch den Alkohol sowie durch die eigene brennende Begierde geschädigt wird. Die «Schwelgerei» setzt sich beim Alkoholrausch in das Innere des Organismus fort, wo dann zu intensiv wahrgenommen wird. Insbesondere der Schmeckprozess der Leber wird zu bewusst und stört die unbewusst verlaufenden Stoffwechselvorgänge.[215]

Drogensucht

Zu einer Drogensucht im weiteren Sinne führt der Missbrauch von Schlaf- und Beruhigungsmitteln oder von stimulierenden Medikamenten bis zum Missbrauch bestimmter Psychopharmaka. Hier kann nach einiger Zeit nicht mehr auf die beruhigende, entspannende oder antriebssteigernde, manchmal auch schon berauschende Wirkung verzichtet werden. Eine (heute weit verbreitete) Tablettensucht mit seelischen und körperlichen Störungen entwickelt sich. Sie kann eine Drogensucht im engeren Sinne einleiten, eine Sucht durch ausgesprochene Rauschdrogen.

Beim drogensüchtigen Jugendlichen spielen die Hauptrolle *Haschisch* («Hasch»), das Harz der Hanfpflanze, *Marihuana*, die zermahlenen Blätter und Blüten des Hanfes, *LSD*, ein Bestandteil des Mutterkorns, und *Meskalin*, aus dem Peyotl-Kaktus. Während beim Haschischrauchen noch die Hochstimmung gesucht und erlebt wird, wie sie in anderer Art der Alkohol und das *Kokain* vermitteln, erzeugt schon der Haschischgenuss außerdem visionäre Erlebnisse und hat deshalb den orientalischen Decknamen «Blatt der Imagination» erhalten. Aus dem Fantastisch-Märchenhaften führen dann die stärkeren Halluzinogene LSD und Meskalin hinaus und lösen dabei das Erleben des Gegenständlichen auf.[216] Die Farben trennen sich von den Gegenständen, die Formen münden in Bewegungen ein, es kommt zu einem «Wirbelsturm von Formen und Farben», verbunden mit dem Gefühl der «Ausweitung in den Kosmos», der Auflösung des Ich in kosmische Harmonie. Dann wieder verdichtet sich eine Flut neuer, intensiv farbiger Bilder. Bei dieser psychedelischen (d.h. Seele und Geist offenbarenden) Ekstase stellen sich «Todes- und Ewigkeitserlebnisse» ein, der Süchtige erlebt sich bei seinen halluzinatorischen Erlebnissen in übersinnliche Welten versetzt.[217]

Die Schilderungen solcher Zustände zeigen, dass auch nach dem Rausch starke, ja hymnische Empfindungen erlebt werden. Auch diese Empfindungen jedoch tragen die seelische Entwicklung nicht weiter, vielmehr entzündet sich an ihnen nur wieder neues Begehren nach einer Wiederholung des Rausches, nach Flucht aus der grauen, starren Welt. «Nüchterne Beobachter stellen fest, dass die religiösen Auswirkungen nicht von Dauer sind, die Erlebnisse verflüchtigen sich wieder und werden nicht zum Zentrum oder Motiv des Handelns.»[218] Das hängt psychologisch damit zusammen, dass das Urteilen, die andere zentrale Tätigkeit des jugendlichen Seelenlebens, weitgehend ausgeschaltet wird. Das Begehren wird nur zum Erlebnis des Rausches gelenkt und nicht zur Verarbeitung von Eindrücken, zur Erlangung von Erkenntnissen angeleitet. Die heiße Begierde des Astralleibs wird nicht in das warme Interesse des Ich verwandelt, das die Erlebnisse dauerhafter gestaltet.

Eine physiologische Sucht, die bis ins Körperliche geht, pflegt sich bei *diesen* Drogen nicht zu entwickeln. Sehr eindrucksvoll ist jedoch eine Lähmung des Willens durch den wiederholten Rausch,[219] die den Drogenabhängigen vollends untüchtig für sein Leben auf der Erde macht. Auf eine körperliche Grundlage der Willenslähmung und anderer seelischer Symptome deutet die Feststellung hin, dass sich LSD vorwiegend in Leber und Niere speichert.[220] Man denkt an den Zusammenhang der Leber mit dem Willen und mit depressiven Zuständen, die bei Drogenabhängigen häufig zu beobachten sind, sowie an die mit dem Nierensystem zusammenhängende «Lethargie» des emotionalen Lebens, die sogar von einem Befürworter des Haschischrauchens als Folgeerscheinung erwähnt wird.[221]

Die Bemerkung ERNST JÜNGERS, «die Gefahr liegt in der Person, nicht in der Sache, daher kann jede Neigung Formen der Sucht annehmen», deutet zweifellos auf eine Wahrheit hin. Auch das Fernsehen, die Sportbegeisterung, das sexuelle Erleben kann zur Sucht führen, ebenso wie ein zunächst weltanschaulich motivierter Zerstörungsdrang. Auch hat eine starke, gereifte Persönlichkeit sicher die Chance, mit einer Drogensucht allein fertig zu werden und vorübergehend Stimulierungen für ihre schöpferische Tätigkeit durch den Genuss von Drogen zu erhalten. Ohne auf die Problematik beim Erwachsenen einzugehen, die schon durch die Worte «vorübergehend» und «Stimulierungen» angedeutet wird, sei für den Jugendlichen der stichhaltige Einwand von A. SUCHANTKE zitiert: Der Jugendliche ist ja «noch gar nicht zur Persönlichkeit gereift» und daher viel mehr als der Erwachsene in Gefahr, drogensüchtig zu werden.[222]

Wenn nun weiter behauptet wird, dass ja die Haschischzigarette nicht süchtig mache, bei mäßigem Gebrauch auch nicht Veränderungen der Persönlichkeit bewirke, so ist immer an die Möglichkeit zu denken, dass der Haschischgenuss die Hemmschwelle gegenüber härteren Drogen beim labilen Jugendlichen herabsetzt. Aus dem Haschischraucher wird dann der «Fixer», der bald ohne seinen Heroinschuss nicht mehr existieren kann. *Heroin* jedoch, ein Umwandlungsprodukt des Morphiums, das am raschesten Ängste bannt und Hochstimmung vermittelt, ist das stärkste Suchtmittel, das wir heute kennen, und wirkt zerstörend bis in den physischen Leib. Die kindliche Hilflosigkeit eines dahinsiechenden Heroinsüchtigen, der bis kurz vor dem Tod nach seiner Spritze jammert, lässt das Ausmaß der Rückentwicklung in eine pathologische Kindheit erkennen.

Sehnsucht und Sucht

Besonders durch die von den Halluzinogenen vermittelten Erlebnisse ergibt sich ein neues Motiv für die Drogensucht. Bei einer Schilderung der «Wunderdroge» LSD wird festgestellt: «Es herrscht ein seelischer, religiöser oder sogar metaphysischer Hunger bei den jüngeren Leuten, der von den traditionellen Religionen einfach nicht gestillt werden kann» (A. WATTS, zit. nach W. BÜHLER[223]). Aus diesem Hunger heraus greifen manche Jugendliche zur Wunderdroge, die ihnen den ersehnten Zugang zur übersinnlichen, zur göttlichen Welt erschließen soll.

Diese Welt wollen sie, wie BÜHLER hervorhebt, vor allem in Bildform erleben. Der metaphysische Hunger, der aus der seelischen Leere aufsteigt, ist in erster Linie ein «Bildhunger». Von Fernsehen und Kino angeödet, stürzt sich der Jugendliche in die kosmische Bilderwelt des Drogenrausches. Damit aber strebt er zum Bewusstsein alter Zeiten zurück, in denen der Mensch noch lebendig-bildhafte Offenbarungen aus der geistigen Welt empfing.[224] Die halluzinatorischen Erlebnisse des Drogensüchtigen stammen aus einer krankhaften Wiederholung des alten Bilderbewusstseins.

In seinem 1922 gehaltenen pädagogischen Jugendkurs hat R. STEINER prophetisch darauf hingewiesen, dass in künftigen Jugendgenerationen statt der früheren Begeisterung viel stärker ein Verlangen, eine Sehnsucht «von unbestimmter Art» leben werde.[225] Diese unbestimmte Sehnsucht hat, wenn sie auftritt, mehr einen Kern als ein Ziel. Im Kern ist sie drängende Sehnsucht nach einer übersinnlichen, einer geistigen Welt. Etwas bewusster geworden, führt dieser Drang in die *Jugendsekten*, wo jedoch nicht in gegenwartsgemäßer, bewusster Schulung Geist vermittelt, sondern wieder ein mehr oder weniger subtiles, rauschhaftes Erleben erzeugt wird, das ganz gezielt *das Ich ausschaltet*. Immerhin hat dieses Erleben schon manchem Drogensüchtigen geholfen, seine Sucht zu überwinden. Im Hinblick auf die Weiterentwicklung zum Geist wird jedoch dadurch ein Rückschritt erzeugt.

Der zunehmende Drang nach solchen seelischen oder nach körperlichen Ersatzbefriedigungen durch Drogen lässt zweierlei erkennen: Einmal ist festzustellen, dass tatsächlich gegenüber dem Anfang des 20. Jahrhunderts die Sehnsucht des Jugendlichen im Allgemeinen unbestimmter, verborgener ist. In manchen Fällen handelt es sich nur noch um die Sehnsucht nach der Sehnsucht, die aus der Seele aufsteigt. Zugleich jedoch wirkt diese tiefer gründende Sehnsucht stärker, elementarer. *Wenn* einmal die tiefste Sehnsucht entbunden ist, dann wendet sie sich mit größerer Selbstverständlichkeit und Unbedingtheit dem Geist zu, als dies früher der Fall war. Es erhebt sich die Frage: Wie kann diese Sehnsucht entbunden, bewusst gemacht werden?

Das Begehren, das aus der Seele des Jugendlichen nach dem Geist verlangt, ist, im Rahmen des Lebenslaufes gesehen, Sehnsucht nach dem Ziel der eigenen seelischen Entwicklung. Das Empfindungsleben der Seele will sich lebendig mit dem Geist verbinden, dem ihre Entwicklung zustrebt, ja, manchmal kann man die innere Leere selbst wie einen stummen Ruf danach erleben. Wird diese dunkle Kraft des Begehrens nicht in das Licht des Bewusstseins gehoben, so kann sich die Sehnsucht zur Sucht verkehren. Im Sehnen sucht die Seele nach einem Ziel, das ihr Erfüllung bringt. Geht das Sehnen in der Begierde unter, so wird das Suchen der Sehnsucht zur *Sucht*, die schließlich im Leib endet. (Etymologisch kommt das Wort «Sucht» von «siech» = krank. Durch die Laute wird jedoch auch sprachlich auf das Suchen in der Sucht hingedeutet.)

Übersinnliche Erlebnisse durch Drogen?

Der Drogensüchtige wendet ein: Gerade durch die Ekstase meines psychedelischen Rausches verlasse ich doch meinen Leib und habe Erlebnisse, die man mit Offenbarungen großer religiöser oder künstlerischer Persönlichkeiten vergleichen kann. Wurden nicht früher in manchen Völkern Rauschmittel zu religiösen Zwecken verwendet?[226]

Auf die *Wirkungsweise* der Drogen sei in diesem Zusammenhang nur hingewiesen. In jedem Fall kommt es vom Stoffwechsel, besonders von Leber und Niere aus, nicht nur zu einer seelischen, sondern auch zu einer vitalen Ekstase, d.h. zu einer Lockerung von Kräften des Ätherleibes, die ihr intensives Leben in die Sinnessphäre tragen. Die neue Lebendigkeit und Intensität der Wahrnehmungen findet von hier aus eine Erklärung. Der Mensch kommt jedoch auch mit seiner Seele «außer sich», d.h. außer seines Leibes, darauf weisen die Erlebnisse des Schwebens, der Ausweitung in den Kosmos hin. Von da aus kann man den Zustand mit einem «außerordentlich gesteigerten Traumerleben» vergleichen,[227] bei dem sich die Seele aus dem Leib begibt, wie es STEINER auch für die Situation des Opiumrausches geschildert hat.[228]

Im Unterschied zum Opiumrausch, der mit einer deutlichen Herabsetzung des Bewusstseins einhergeht, wird das Bewusstsein beim Rausch durch die Halluzinogene LSD und Meskalin nicht herabgesetzt, wohl aber verändert. Die Situation gleicht jener bei der entkörpernden schizophrenen *Psychose*, die später besprochen werden soll. Vorweggenommen sei, dass es bei dieser Psychose zu einem partiellen Sterbeprozess kommt, bei dem nicht nur wie im Schlaf Astralleib und Ich aus dem physischen Leib heraustreten, sondern auch Kräfte des Ätherleibes, die ihr Leben in den seelischen Bereich verpflanzen. Eine entsprechende Situation finden wir beim LSD-Rausch. Wie bei vielen schizophrenen Psychosen tritt dabei keine Trübung, sondern eine Ausweitung, Verlebendigung, Intensivierung des Bewusstseins ein. Das deutet darauf hin, dass der herausgetretene Astralleib und Ätherleib im entrückten Zustand eine intensive Verbindung mit dem Sinnes-Nerven-System aufrechterhalten.

Dabei handelt es sich allerdings mehr um einzelne Seelenkräfte, die Geschlossenheit des Seelenlebens geht zugleich in einer Art Spaltung verloren. Manchmal schaut man sich bei seinen Drogenerlebnissen aus irgendeiner Ecke heraus selber zu.[229] Das rückt solche Rauschzustände vollends in die Nähe schizophrener Psychosen. – Die Halluzinogene sind in der Tat «Wahnsinnsdrogen», wie man sie auch nennt. Speziell das *Meskalin* erzeugt ausgesprochen schizophrenie-ähnliche Zustände mit entsprechenden Halluzinationen und kann auch eine echte schizophrene Psychose auslösen. (Zur Halluzination vgl. das Kapitel über Schizophrenie.)

Für jeden Rausch, der wie das Opium zur Ekstase führt und eine «Reise» in andere Welten ermöglicht, gilt nach STEINER, dass dabei tatsächlich etwas von der geistigen Welt wahrgenommen werden kann.[230] Im Rausch wie in der Psychose tritt die Seele nicht nur aus dem Leib heraus, sie tritt auch aus der physischen Welt zugleich in andere Welten ein. Doch wird sie dabei von den Kräften ihres eigenen Stoffwechsels, die durch die Droge mobilisiert wurden, verfolgt und durchdrungen. Auf diese Weise werden die übersinnlichen Erlebnisse des Drogensüchtigen durch das Medium seiner Stoffwechselkräfte getrübt, verzerrt und verleiblicht, sodass der Charakter der übersinnlichen Welten ins Sinnliche verkehrt erscheint.

Während die geistige Schulung Erlebnisse vermittelt, die mit Farberlebnissen lediglich zu *vergleichen* sind,[231] wird bei den

Halluzinationen des Drogenrausches die Intensität des sinnlichen Farberlebens noch gesteigert. Nicht wie beim geistigen Schulungsweg, der langsam aus dem Leib herausführt, ist hier das aktive Ich der Führer. Der Drogensüchtige überlässt sich stattdessen vollkommen passiv der Wirksamkeit einer berauschenden Substanz, die ihn aus dem Leib herausdrängt, ohne ihn wirklich von ihm frei werden zu lassen. Und ist die Ekstase zu Ende, so kommt es umso mehr zu dem geschilderten Versinken im Leib, der in Lethargie und Depression als Last oder Gefängnis erlebt wird und dessen von der Seele erzeugte Leiden qualvoll auf die Seele zurückwirken.

Als in früheren Zeiten der Menschheitsentwicklung die Beziehung zum Leib erst errungen werden musste, kann es sinnvoll gewesen sein, durch Rauschdrogen das bildhafte religiöse Erleben mit dem Leib und seinen Kräften zu verbinden. Heute, wo die Verbindung mit dem Leib inzwischen geknüpft wurde, hat die Rauschdroge ihren religiösen oder weltanschaulichen Sinn verloren.[232]

Zur Entstehung von Entwicklungsstörungen und Sucht

Es ist verständlich, dass die Entwicklungsstörungen des dritten Jahrsiebts in den vorausgehenden beiden Jahrsiebten wurzeln. Da diese Jahrsiebte auch Grundlagen für das Verständnis aller folgenden Störungen liefern, sei hier etwas auf ihre Pathologie eingegangen.

In der *Vorgeschichte* von Entwicklungsgestörten und Drogensüchtigen, die bis in die erste Kindheit zurückreicht, findet man außer einer gewissen erblichen Belastung in gehäuftem Ausmaß Belastungen durch Familie und Erziehung. In der Familie entwickelt sich zu wenig Kontakt zu den Eltern, die sich ihrerseits zu wenig um die Kinder kümmern. In anderen Fällen erhalten die Kinder zu viel Fürsorge und werden ausgesprochen verwöhnt. Manchmal sind die Eltern selbst schon krankhaft labil, streiten sich viel und nehmen gewohnheitsmäßig Tabletten ein, liefern also den Kindern geradezu das Vorbild für eine Sucht. Das Verhaftetsein vieler Eltern im Materiellen, im Wohlstand als Ziel des Lebens, kommt dazu. Besonders im letzteren Fall wird vom Jugendlichen die Droge auch benutzt, um zu protestieren. In anderen Fällen wird sie als Fluchthelfer angewendet. Als Ziel der Flucht kann dem Jugendlichen eine andere, bessere Welt vorschweben, sein Wunschträumen kann durch die Droge eine Pseudoerfüllung erfahren.

Während die Familienverhältnisse eingehend untersucht wurden, findet man den Einfluss der *Schulerziehung* kaum erwähnt. Man darf daraus aber nicht schließen, dass es ihn nicht gibt, eher, dass dieser Einfluss zu allgemein verbreitet ist, als dass er im speziellen Fall deutlich werden kann. In diesem Zusammenhang weist J. LUTZ mit Recht auf «die intellektualistische und vorwiegend auf Leistung eingestellte Schulung» der Kinder hin, die bei der Therapie der Drogensucht zu berücksichtigen sei. Diese Art der Schulung kann außerdem zu einem «Missverhältnis zwischen Anspruch und Leistung», zu einer relativen Überforderung des Schülers führen, was die Entstehung einer Drogensucht begünstigt.[233]

Alle diese und andere ungünstige Einflüsse münden in die geschilderten Störungen der Entwicklung ein. Diese Störungen aber zeigen letzten Endes eine Behinderung der *Inkarnation* des Kindeswesens an. Wie wir sahen, vollzieht sich diese Inkarnation, was den Astralleib betrifft, bis zur Erdenreife der

Pubertät. Erst dann ist die Seele im unteren Bereich des Leibes und damit auf der Erde angelangt, die vom selbstständig gewordenen Ich erst mit dem 21. Jahr betreten wird. Entgegen dieser Richtung bewegt sich der Ätherleib aus dem Leib heraus. Zum Zeitpunkt des siebten Jahres, an dem sich Seele und Ich anschicken, den Leib vom Kopf aus zu durchdringen, löst sich der Ätherleib gegen den Kopf zu immer mehr vom Leib los.

Die beschriebenen Einflüsse von Familie und Schule wirken sich alle so aus, dass der oben gekennzeichnete Kontrapunkt der Entwicklungsbewegungen gestört wird. Während die Inkarnationsbewegung von Seele und Ich eine Behinderung erfährt, wird die Exkarnationsbewegung des Ätherleibes pathologisch verstärkt.

Familie

In der Familie beginnt dieser Prozess schon während des ersten Jahrsiebts, wo das Kind, in der Nachahmung mit seiner Umwelt mitschwingend, die leiblichen Voraussetzungen für die Inkarnation von Seele und Ich, ihre «Einstimmung» in den Leib vorbereiten sollte. Stellt sich von den Eltern her zu wenig Kontakt ein, so leidet darunter das Mitschwingen, die organisch bildende *Nachahmung*. Eine Voraussetzung für sie ist die *Wärme*, in dieser Phase noch intensiv mit dem gestaltenden Nervenprozess des Kopfes verbunden. Die Wärme des kindlichen Organismus entsteht immer unter der Mitwirkung seelischer Wärme. Die «Nestwärme» der Umgebung verwandelt sich dem Kind teilweise in materielle Wärme, sie schafft nicht nur seelischen Kontakt, sie «brütet» auch den Leib des Kindes aus.[234] Ist sie mangelhaft, so leidet letzten Endes die Formung des Leibes durch das Ich, das in Wärmezuständen lebt und aus ihnen gestaltet. – Das nachahmende Mitschwingen wird jedoch auch gestört, wenn der Kontakt das Kind nicht mehr loslässt, wenn das Nest «überhitzt» ist. Dann ziehen sich Seele und Ich in seelische Kälte zurück, was eine spätere übersteigerte Opposition und Kritiksucht vorbereiten kann. Oder die im Materiellen verhafteten, labilen, sich streitenden Eltern wirken so negativ auf das Kind, dass es sich deshalb zurückzieht. Oder die Labilität der Eltern geht im Mitschwingen auf das Kind über und verhindert die gesunde Inkarnation durch Seele und Ich.

In allen diesen Fällen bleiben dann jenseits des siebten Jahres Seele und Ich zu sehr im Kopf stecken, da sie am Beschreiten des Weges in den Leib hinein gehindert wurden. Dasselbe bewirkt die intellektuelle Schulerziehung.

Schulerziehung

Schon 1959 stellte de RUDDER fest: «Das Schulkind steht vor einem in den einzelnen Fächern fast ins Unermessliche angewachsenen Wissensstoff.»[235] Heute noch mehr als früher bleibt nichts anderes übrig, als den Wissensstoff mehr oder weniger einzutrichtern. Das aber führt zu dem viel zitierten «Leistungsdruck», der zum «Leidensdruck» für das Kind wird. Die übermäßige Beanspruchung des Kopfes engagiert Seele und Ich wiederum einseitig in diesem Bereich, wobei der Leistungsdruck seinerseits dazu beiträgt, dass die Seele nicht mehr die volle Kraft für ihren Weg in den Leib hinein entwickelt. Auf diesem Weg sollte die liebevolle *Autorität* Führer sein. Das aber kann ein Lehrer, der hauptsächlich Wissensstoff vermitteln muss, nur in einem eingeschränkten Maß oder gar nicht leisten. So kommt es statt zum Nachstreben je nach Begabung zunächst entweder zu infantiler Unterordnung oder zu intellektueller Altklugheit.

Die Tendenz, vom Kind zu früh, also schon im zweiten Jahrsiebt, eigenes Urteil zu verlangen, die sich mit dem Eintrichtern von Kenntnissen zu verbinden pflegt, lässt das Kind zusätzlich entweder in die Infantilität frühkindlicher Stufen der Nachahmung ausweichen,[236] oder sie führt zum intellektuellen Reproduzieren von Urteilen und Vorstellungen der Erwachsenen. Das infantile Kind plappert nach, der altkluge, intellektuelle Schüler reproduziert, was er in seinem geschulten Gedächtnis parat hat.

Wahre menschliche Bildung aber, auch das wird heute teilweise erkannt, entsteht nur, wenn der ganze Mensch, d.h. wenn außer dem Denken Gefühls- und Willensleben, körperlich-rhythmisches und Stoffwechsel-Gliedmaßen-System durch die Schule angesprochen werden. Erst dadurch entwickelt sich das eigene Urteilen, in dem Gefühl und Wille tätig sind. Erst dann können sich eigene Vorstellungen von den Urteilen abgliedern, können sich – im zweiten Jahrsiebt – erste Vorstellungsorgane des Lernens bilden. Nicht nur mangelhaft gewecktes Interesse, auch der Mangel an solchen Organen behindert beim jugendlichen Menschen die Verarbeitung der Eindrücke. Wer sich nicht schon aus eigenem Interesse etwas mit griechischer Kultur befasst hat, der kann mit den Eindrücken einer Griechenland-Reise meist nicht viel anfangen, der hat «kein Organ dafür». Es kommt jedoch auch vor, dass ein erstes *Interesse* durch eine solche Reise geweckt wird, dann kann man nach der Reise den Lernprozess nachholen.

Eine menschengemäße Erziehung, wie sie die Pädagogik Rudolf Steiners anstrebt, wirkt bildend nicht nur auf die Seele, sondern auch auf den Leib. Sie belässt und belebt dem

Leib jene Bildekräfte, die er für sein weiteres Leben nötig hat, die er braucht auch für die leiblichen Grundlagen des Gefühls- und Willenslebens. Wird in der Erziehung die Exkarnation dieser Kräfte einseitig betont, werden zu viele Bildekräfte für die Tätigkeit des Kopfes engagiert, so kommt es zu der angedeuteten Störung im Kontrapunkt der Entwicklungsbewegungen. Die Fixierung von Seele und Ich im Kopf verbindet sich mit einer Übersteigerung der Metamorphose von Bildekräften im Kopfgebiet.

Jede Fixierung von Seele und Ich im Kopf jedoch bedingt an sich schon ein Zurückbleiben von Gefühls- und Willensbildung, während der Intellekt zu früh und zu stark entwickelt wird. Zum so entstehenden Zurückbleiben in der Charakterentwicklung tritt eine Beschleunigung im intellektuellen Bereich. Letztere aber bedeutet immer auch zu frühe Spezialisierung und «Einbuße an Bildekräften».[237] Und infolge der überschießenden Verwandlung von Bildekräften in Denkkräfte leidet nicht nur das Leben des Leibes, der nicht vollständig ausreifen kann, sondern auch das Leben des Denkens. Das Denken verliert seine Bildsamkeit, dafür wird seine Tendenz zur Abstraktion, die mit der Pubertät auftritt, übersteigert. Es entsteht eine weitere Voraussetzung für ein zu frühes und zu intensives Ersterben des Denkens im Kopf, das dann im dritten Jahrsiebt und auch weiterhin sich als zu schwach erweist, durch Urteilen das Begehren zu lenken und zum Empfinden und Erkennen zu führen.

Ein weiterer Gesichtspunkt ist, dass auf diese Weise auch die heute immer stärker werdende «unbestimmte Sehnsucht», die schon in der frühen Jugend sich melden kann, in der Erziehung nicht berücksichtigt und befriedigt wird. Die abstrakten Begriffe aus der Schulerziehung setzen sich in der Seele des Jugendlichen fest und werden ein zusätzliches Hindernis für die Befriedigung der Sehnsucht nach dem Geist im späteren Leben.[238] (Weitere Ausführungen, besonders auch hinsichtlich körperlicher Auswirkungen, finden sich im Kapitel über Schizophrenie.)

Emotionale und organische Revolte

Beim infantilen Jugendlichen, dessen Astralleib unterentwickelt bleibt, konnte sich schon dieser Astralleib nicht voll inkarnieren. Aber auch die überschießende oder überschießend werdende Entfaltung des Astralleibes ist mit einer unvollständigen Inkarnation verbunden. Die berichtete Schwäche von Willen, Urteilskraft und Empfindungsleben zeigt an, dass – im Zusammenhang mit der behinderten körperlichen Entwicklung – auch der Astralleib nicht ausgereift ist, dass er nicht voll in das Stoffwechsel- und rhythmische System einziehen konnte und sich beim Überschießen in krankhafter Form wieder aus ihm löst. Dabei unterliegt er der in ihm veranlagten Polarität, die vom unteren Pol aus zum emotionalen Protest führt.

Instinktiv wendet sich der Jugendliche mit der Pubertät aus den überschießenden Kräften seiner Seele gegen das, was in den Jahrsiebten vorher geschah oder versäumt wurde. Er hat das «Establishment», gegen das er sich wendet, am eigenen Leib erlebt. Die *emotionale Revolte* der Pubertät ist also nicht allein aus der Polarisierungstendenz dieser Zeit zu verstehen, die erziehende Umwelt ist in hohem Maße daran beteiligt. Eine solche Revolte kann und sollte daher aufrüttelnd auf die Umwelt wirken. Für den Jugendlichen selbst jedoch bleibt sie, wie jede bloße Revolte, unproduktiv, wenn sie in diesem Stadium stecken bleibt, wenn es nicht gelingt, die ihr zugrunde liegende Sehnsucht nach dem Geist zu entbinden.

Aber die Revolte braucht nicht auf die Seele beschränkt zu bleiben. Außer der emotionalen Revolte ist – zunächst beim Drogensüchtigen – eine *organische Revolte* festzustellen. Die Kräfte des Ätherleibes, herausgezogen aus dem physischen Leib und für den Kopf missbraucht, leben sich nun in der durch den Rausch gelockerten Seele aus, wo sie zur pathologischen Verlebendigung führen. Die ihnen aufgezwungene Richtung aus dem Leib heraus beibehaltend, streben sie durch den Rausch letztlich nach ihrer kosmischen Heimat. Eine weitere Entstehungsbedingung für die Sucht beim Jugendlichen – auch für seine Todessucht – wird sichtbar. Mancher Jugendliche empfindet es selbst, dass die Sucht seinem tiefsten Leben entspringt und dass er durch sie nach seiner wahren Heimat sucht, von der dieses Leben einmal ein Teil war.

Zur Therapie

Im Folgenden sollen nach der Schilderung einer seelischen Störung jeweils Beiträge zu einer entwicklungsorientierten Therapie gegeben werden, die sich, was die Jahrsiebte betrifft, auch überschneiden können. Hierbei wird in der Hauptsache die *seelisch-geistige Therapie* dargestellt, die medikamentöse und heileurythmische soll nur gestreift werden. (Sie ist ausgeführt im psychiatrischen Kapitel des Verfassers in: Husemann/Wolff: *Das Bild des Menschen ...*, Bd. III.[239]) Die seelisch-geistige Therapie kann auch dem Nicht-Arzt Anregungen vermitteln, seinem Mitmenschen oder sich selbst zu helfen. In schwereren Fällen ist es jedoch immer notwendig, einen Arzt zuzuziehen. – Da in diesem Kapitel keine einzelnen Krankengeschichten besprochen werden sollen, werden auch keine individuellen Therapien, sondern nur Richtlinien der Therapie aufgezeigt, wie sie sich in der Praxis bewährt haben.

Vor jeder Therapie, heißt es, steht die *Diagnose*. Das gilt nach wie vor, doch ist damit keine Schablonendiagnose, keine Etikette gemeint, mit der man das individuelle Krankheitsbild verdeckt. Die hier gemeinte Diagnose einer anthroposophisch orientierten Medizin sollte den ganzen individuellen Menschen mit seinem Krankheitsbild umfassen. Es handelt sich also zunächst darum, möglichst genau und einfühlsam den Kranken zu beobachten und zu untersuchen, um dann auf dem Hintergrund des Menschenwesens mit seinen Wesensgliedern und seiner Entwicklung eine erste Einordnung vorzunehmen.

Bei einer solchen, auf das Verhalten aller Wesensglieder gerichteten Diagnose entdeckt man, dass die *Therapie* schon in der Pathologie enthalten ist und aus ihr «herausgearbeitet werden muss», wie das STEINER gefordert hat. Die Therapie entspringt der «Essentia», dem Wesen der Krankheit selbst, sie wird zur «Essenz», durch welche die Krankheit geheilt werden kann. Man entdeckt ferner, dass zwar jeder Mensch seine eigene Krankheit hat, dass aber andererseits jede Krankheit ein objektives Wesen ist, das aus dem Hintergrund der Menschheitsentwicklung hervortritt. [240]

Auch bei der Therapie weisen die Entwicklungsstörungen des dritten Jahrsiebts (wie auch die späteren Störungen der Entwicklung) zunächst in die ersten zwei Jahrsiebte zurück. Dabei erkennt man wieder, dass die beste Therapie in der *Prophylaxe* besteht. Die geschilderten Entwicklungsstörungen sind heute so verbreitet, dass die Therapie mit ihnen allein nicht fertig wird. Wenn nicht in der Familie und in der

Schule ein Bewusstsein dafür entsteht, was zur Verhütung von Entwicklungsstörungen zu geschehen hat und was nicht geschehen dürfte, so bleiben viele leichter entwicklungsgestörte Kinder unbehandelt, und manche leichteren Formen nehmen ernstere Ausmaße an.

Prophylaxe und Therapie zugleich ist im Jahrsiebt von 14 bis 21 eine *Schulerziehung*, welche die Urteilsfähigkeit schult, die geistigen Interessen, die Empfindungen weckt und so wahre Bildung vermittelt. Dabei ist davon auszugehen, «dass jeder bis zu seinem achtzehnten Lebensjahr das Recht auf Bildung und Ausbildung hat». Hingewiesen sei in diesem Zusammenhang auf das beispielhafte Modell der Hiberniaschule, einer Waldorfschule mit zwölf Klassen und verschiedenen handwerklichen Ausbildungsgängen.[241]

Die Versäumnisse der ersten beiden Jahrsiebte ergeben zugleich die hauptsächliche Richtlinie für die *Therapie*. Die Richtlinie heißt: Nachholen, das Ziel ist Nachreifung.

Nachholen und Nachreifen

Zunächst sollte der Jugendliche in der Klinik wie in der Sprechstunde etwas von der menschlichen Wärme erleben, die er in der *Familie* entbehrt oder in pathologischem Ausmaß erfahren hatte. Er sollte zunächst zu einem gesunden seelischen Mitschwingen gebracht werden, besonders wenn er kindlich geblieben oder in kindliche Hilflosigkeit zurückgefallen ist. Damit verbindet sich bald das Nachholen der Autorität. Viele Jugendliche, die den Einstieg in das dritte Jahrsiebt nicht vollständig geleistet haben, suchen im Grunde noch die liebevolle Autorität des zweiten Jahrsiebts, die sie in dieser Form entbehren. Das kann sich durchaus hinter Opposition und

Protest verbergen. Auch die Eltern können noch einiges nachholen, wenn sie, vom Therapeuten entsprechend beraten, unter Umständen mittherapiert werden, was in manchen Fällen notwendig ist. In jedem Fall können sie lernen, mehr Verständnis für die gegenwärtige Situation ihres Kindes aufzubringen.[242]

Im Rahmen der *Schulerziehung* kann der menschenkundliche und ärztliche Aspekt helfen, mit schulischen Schwierigkeiten besser fertig zu werden. Für den Therapeuten ergibt sich hier ein neuer Aspekt des Nachholens. Entwicklungsgestörte Jugendliche haben wahre Bildung versäumt, auch in dieser Hinsicht liegt ein Nachholbedarf bei ihnen vor. Der Hinweis auf Nachhilfestunden kann in solchen Fällen förderlich sein, Nachhilfestunden zunächst jedoch nicht mit dem Ziel, dem schlechten Schüler die fehlenden Kenntnisse zu verschaffen, sondern sein Interesse für diese Kenntnisse zu wecken.

Sind Nachhilfestunden solcher Art nicht möglich oder nicht ausreichend, so muss der Therapeut, wie auch schon beim familiären Nachholen, einspringen. Kein Arzt kann einen *Pädagogen* ersetzen, doch muss seine Therapie in solchen Fällen eine pädagogische Komponente entwickeln, entsprechend der Tatsache, dass andererseits heute das Erziehen ein therapeutisches Element enthalten muss.[243] In der *Heilpädagogik*, die sich vor allem den Entwicklungsstörungen und seelischen Krankheitsbildern der ersten zwei Jahrsiebte widmet, liegt die engste Verbindung von Heilen und Erziehen vor. Darüber hinaus kann ein *heilpädagogisches Prinzip* im weiteren Sinne ins Auge gefasst werden, das bei der Behandlung auch der späteren Entwicklungsstörungen und seelischen Erkrankungen mitwirken sollte.

Ein Teil der *Gesprächstherapie* in Sprechstunde oder Klinik besteht in solchen Fällen darin, dass man mit dem Patienten ein kleines Bildungspensum absolviert. Man lässt ihn z.B. eine

Lektüre referieren, zu der man ihn vorher angeregt hat. Man lässt ihn schildern, was er am Tag vorher in der Natur beobachten konnte und was ihn vielleicht zu naturwissenschaftlichen Studien anregen kann. Man empfiehlt ihm, ein *Tagebuch* zu führen, das nicht nur die Geschehnisse des Tages festhält, sondern auch die Empfindungen und Gedanken, die sich aus seinem erwachten Urteilen ergeben haben. Nicht zuletzt lässt man ihn künstlerisch arbeiten, schaut sich die Bilder an, die er gemalt hat, lässt sich, wenn möglich, seine musikalischen Übungen vorspielen usw. Alles das braucht nicht so viel Zeit in Anspruch zu nehmen wie Nachhilfestunden, wichtig ist, dass überhaupt etwas davon geschieht.

Kein Arzt kann ferner einen *Seelsorger* ersetzen. Am besten ist hier die Zusammenarbeit mit einem Pfarrer, der auf die Sehnsucht des Jugendlichen nach religiösen Erlebnissen eingehen kann. Man erfährt, dass manchmal geradezu ein Hunger nach kultischen Eindrücken besteht. Es kann aber sein, dass auch auf religiösem Gebiet der Therapeut einmal einspringen muss. Er kann dann, wenn der Weg zum Pfarrer nicht oder noch nicht möglich ist, auf entsprechende Lektüre hinweisen und mit dem Patienten darüber sprechen.

In schwereren Fällen, bei denen die Sehnsucht nur zu ahnen und nicht durch das Wort zugänglich ist, kann auch nur wenig klar geurteilt und warm empfunden werden. Das gilt vor allem für jene Jugendlichen, bei denen die Entwicklungsstörung zu einer Drogensucht geführt hat. Man kann in solchen Fällen sowie in Fällen von schwerer Entwicklungsstörung nicht einfach die innere Leere mit schönen und wertvollen Inhalten anfüllen und damit ein Erstarken des Urteilens und eine Neubelebung der Empfindungen erreichen. Wenn man so vorgeht, erreicht man eher das Gegenteil. Der Jugendliche, der das Angebotene nicht verarbeiten kann, verzweifelt noch mehr und zieht sich in Opposition zurück. Man muss hier ganz behutsam vorgehen und wenige, «leicht verdauliche» Seelennahrung anbieten, die erst einmal das Interesse weckt. Durch solche psychisch-diätetischen Gesichtspunkte vermeidet man eine Überladung der Seele, die manchmal ebenso reagiert wie ein kranker Magen, wenn man ihn mit guten Speisen füllt.

Indem man dem Patienten diesen oder jenen Inhalt anbietet, ist es gut, wenn man an frühere Interessen anknüpft. Man kann auch den Patienten jeden Abend eine *Erlebnisrückschau* vornehmen lassen, die dann Grundlage für ein Tagebuch wird. Der Patient sollte sich, auf seinen Tag zurückblickend, fragen, was denn noch am ehesten ein wenig Eindruck auf ihn gemacht hat, wo ein erstes Urteil sich einstellte, wo er irgendetwas empfinden konnte. Daran kann man dann anknüpfen. Besonders wirksam für die Anregung des Empfindungslebens ist die einfache *künstlerische Übung*, die der Patient, ohne gleich etwas Besonderes erreichen zu wollen, möglichst rhythmisch durchführen sollte.

Das Entbinden der Sehnsucht verlangt zunächst nach dem *Fragen*. Viele entwicklungsgestörte Jugendliche (wie auch manche Erwachsene) müssen erst überhaupt wieder fragen lernen. Dazu sollten die Fragen des Therapeuten anregen, der sich nicht nur vor einer Fülle von übernommenen Inhalten, sondern ebenso vor einer Fülle von eigenen Antworten hüten muss. Antworten zur Unzeit können jede Frage im Keim ersticken und werden dann noch intensiver abgewiesen als die neutraleren Inhalte der Bildung. Erst durch das Wecken von Fragen werden Sehnsucht und Interesse entbunden. So wird auch den oft übernommenen Urteilen und dem Verurteilen des Intellektes entgegengewirkt, großen Hindernissen für die Förderung der Entwicklung. Erst durch das eigene Fragen wird das Urteil zu einem eigenen Urteil, das sich auf den Weg zu einer Erkenntnis begibt.

Man kann in solchen Fällen zum Beispiel fragen, was der Jugendliche in der Welt nicht richtig findet, was er anders haben möchte, wie er sich einen oder seinen Beruf, wie er sich einen Partner vorstellt usw. Gelingt es, möglichst lang auf dem Weg des Fragens zu bleiben, so entdeckt man, dass dieser Weg selbst schon zu Antworten führt oder dass eine Antwort dann zur Bestätigung dessen wird, was der Jugendliche schon vorher «irgendwie» gewusst hat und was vielleicht der tiefste Quell seiner Sehnsucht gewesen ist.

Entwickeln sich schon im dritten Jahrsiebt – vor allem in dessen zweiter Hälfte – neurotische Störungen, wie sie beim vierten Jahrsiebt besprochen werden, so gilt auch hier – mit gewissen Abwandlungen – die für das vierte Jahrsiebt später dargestellte Therapie.

Die hier skizzierten therapeutischen Richtlinien finden ihre Ergänzung durch *medikamentöse Therapie* und *Heileurythmie* (einiges dazu am Ende des nächsten Kapitels). Beide Therapien greifen – die eine durch die Substanz, die andere durch die Bewegung – am tiefsten in das Leben des Leibes und seiner Organsysteme ein, wo die leibliche Grundlage der seelischen Störungen zu suchen ist. So ist bei Drogensüchtigen z.B. besonders die Leber zu behandeln, die oft Störungen erkennen lässt. Ohne die oben referierte Behandlung der Seele vom Ich des Therapeuten aus kann jedoch die Entwicklung der Seele nicht entscheidend gefördert werden. Und ohne eine solche gezielte Förderung besteht kaum Aussicht darauf, eine schwere Entwicklungsstörung, eine Drogensucht grundlegend zu beeinflussen. (Näheres zur anthroposophisch orientierten Therapie von Drogensüchtigen in den Flensburger-Heften 16 und 17, 1987; und bei O. KOOB: *Drogensprechstunde,* Stuttgart 1990. – Zum Entwicklungsaspekt vgl. ferner: R. TREICHLER: *Seelische Entwicklung und Sucht,* Stuttgart 1987.)

Entwicklungsstörungen der Empfindungsseele

Wenn sich die Entwicklungsstörungen aus dem dritten Jahrsiebt in die Periode der Empfindungsseele fortsetzen, so erhalten sie durch das inzwischen geborene Ich einen besonderen Akzent. Die Störung kann deutlicher hervortreten, und das Ich kann sich mehr mit ihr auseinandersetzen. Die *Prognose* kann sich dadurch verbessern, die Therapie gezielter angewandt werden. Andererseits ergeben sich auch Hindernisse für die Ich-Geburt durch die Entwicklungsstörung des Empfindungsleibes, was die Prognose wieder ungünstiger gestalten kann.

Den Ausschlag gibt immer das Ich. Ist der entwicklungsgestörte Jugendliche als Persönlichkeit ansprechbarer geworden, so ergeben sich mehr Möglichkeiten. Wird durch die weitere Zunahme der Entwicklungsstörung, durch Sucht oder Psychose, das Ich mehr oder weniger ausgeschaltet, so verschlechtern sich die Aussichten der Therapie. Im Allgemeinen gilt die Regel: Je länger eine Entwicklungsstörung dauert und je später die Therapie einsetzt, desto ernster wird die Prognose. Das sollte den Therapeuten nicht lähmen, sondern zu einem neuen, zusätzlichen Ansporn für ihn werden. Dann kann er auch erleben, dass selbst bei schwereren Störungen überraschend eine positive Wendung sich einstellen kann. Bei der Beurteilung der Therapie hat man jedoch zu berücksichtigen, dass Entwicklungsstörungen auch spontan in eine Nachreifung einmünden können.

Wenn die Pubertät und die Entwicklung im dritten Jahrsiebt nicht behindert waren, kann es trotzdem zu einer schwachen

Ich-Geburt und einer Unterentwicklung der Empfindungsseele kommen. Wir erleben dann beim Jugendlichen in den zwanziger Jahren eine Fortsetzung seiner Pubertätsproblematik, seiner emotionalen Labilität, seiner seelischen Polaritäten – Symptome, die im dritten Jahrsiebt physiologisch waren, nun aber pathologisch werden. Der Jugendliche hat das Steuer nicht in die Hand bekommen, er lässt sich weiter von den Stürmen der Emotion, von den Wogen seiner Empfindungen bestimmen, ohne durch Sturm und Drang hindurch lenken zu können. Gegenüber dem ichhaften Eindruck, den der gesunde Sturm und Drang der voll entwickelten Empfindungsseele erweckt, hat man den Eindruck eines haltlosen seelischen Stürmens und Drängens. Statt von einem infantilen kann man nun von einem bleibenden *juvenilen Charakter* sprechen, wie ihn viele Neurotiker haben. Solche Neurotiker wirken – unter Umständen das ganze Leben hindurch – auch äußerlich viele Jahre jünger, als es ihrem Alter entspricht.[244] (Die unglückliche Bezeichnung «Neurose» wird aus Gründen der Verständigung hier ebenfalls gebraucht und später charakterisiert.)

Einige Bedingungen für diese Entwicklungsstörung liegen in der Erziehung durch Schule und Umwelt im dritten Jahrsiebt, durch die zu wenig die eigene Urteilsbildung angeregt und an den Willen des ringenden Ich appelliert worden war. Aber auch zu wenige Ideale wurden in den Empfindungsleib eingepflanzt, die der Empfindungsseele jetzt Halt geben könnten und die lebensnotwendig für den jungen Menschen sind.

Häufiger als im dritten Jahrsiebt bilden sich die seelischen Störungen im vierten Jahrsiebt mehr aus der unmittelbaren Weltbegegnung. Es entsteht nach K. HORNEY «der neurotische Mensch unserer Zeit».[245]

Der neurotische Mensch und die Angst

Die Probleme des neurotischen Menschen unterscheiden sich oft nur durch ihre krankhafte Steigerung und Ausgestaltung von den Problemen, die der so genannte gesunde Mensch unserer Zeit mit der Welt hat. Solch ein Problem ist z.b. der Wettbewerb, dem sich der junge Mensch nach dem Eintritt in die Welt ausgesetzt sieht, sowie die damit verbundene Angst vor Misserfolgen. Heutzutage spielt die Wettbewerbsangst ja schon in der Schule eine ziemliche Rolle, manche Schüler werden besonders nach dem vierzehnten Jahr von ihr geplagt. Das kann sich bei der unmittelbaren Weltbegegnung steigern.

Angst ist eine Grundkraft der Seele, ist im Kern eine aus dem Astralleib aufsteigende Emotion, die der Mensch mit dem Tier gemein hat.[246] Sie spielt heutzutage – mehr als früher – eine große Rolle. ZEYLMANS VAN EMMICHOVEN stellt fest: «Man übertreibt nicht, wenn man behauptet, dass sehr vieles im menschlichen Zusammenleben von der Angst bestimmt wird.»[247] Im Hinblick auf die *Neurosen*, d.h. auf jene seelischen Erkrankungen, bei denen eine gestörte Umweltbeziehung im Vordergrund steht, prägt HORNEY den Begriff der *Grundangst*. Diese bildet den vielfach schon in der Kindheit gelegten Boden, aus dem eine Neurose hervorwachsen kann. Die Grundangst wird begleitet von einem «alles durchdringenden Gefühl von Einsamkeit und Hilflosigkeit in einer feindseligen Welt».[248] Der neurotische Mensch hat in vermehrtem Ausmaß diese Angst, sie kann den ganzen Grund seiner Seele erfüllen und sich jederzeit in *Furcht* verwandeln, d.h. in Angst vor etwas, in «konkretisierte Angst», wie man die Furcht nennen kann.[249] Dabei braucht dann das, wovor man sich fürchtet, nicht besonders furchterregend zu sein, das Wesentliche ist die Grundangst, aus der bei jedem kleinen Anlass die Furcht hervorgeht.

Der sprachliche Zusammenhang von «Angst» und «Enge» bestätigt die Empfindung, die man bei jeder Angst haben kann: Die Seele fühlt sich in die Enge getrieben. Beim Tier erfolgt aus dieser Situation die Flucht, bei welcher der Astralleib des Tieres den Leib mit sich zieht. Kommt es beim Menschen nicht zu einer solchen, auch bei ihm möglichen animalischen Reaktion, so ist doch ebenfalls eine Flucht, besser ein Rückzug zu beobachten: Das im Blut lebende Ich zieht sich ins Innere des Leibes zurück, und das Blut folgt ihm nach. Der Rückzug kann so weit gehen, dass dabei das *Herz* erreicht wird. Das Erblassen des Gesichtes in der Angst setzt sich ins «Gesicht» des Herzens fort, dessen in der Peripherie verlaufende Kranzgefäße sich ebenso zusammenziehen wie die Gefäße des Gesichtes beim Erblassen. In der Angst kann der Mensch bis in sein Herz hinein «erblassen», was durch Beklemmungsgefühle in der Herzgegend spürbar zu werden pflegt.[250]

Der schon geschilderte Zusammenhang zwischen dem Herzen und dem Ich lässt die Frage akut werden: Hat nun die Angst auch das Ich erfasst? Vergegenwärtigt man sich das Wesen des Ich, das letztlich aus der geistigen Welt in Seele und Leib einstrahlt, so ist diese Frage, was den Kern des Ich betrifft, zu verneinen. Ebenso wie Lust und Unlust kann Angst nur der Astralleib haben. Das Ich kann sich ihr unterordnen, die Flucht des Astralleibes wird dann zum Rückzug des Ich. Seine Einstrahlung geht dabei im Seelenleben unter, auch ein weiteres Einstrahlen in das Seelenleben kann behindert werden. Das Licht des Ich wird von der Angst verdunkelt, seine Kraft wird geschwächt, nicht jedoch wird das Ich in seinem Dasein von der Angst durchdrungen wie das Leben der Seele, das unter Umständen nur noch aus bebender Angst zu bestehen scheint.

Eine Bestätigung für diese Auffassung ist die Tatsache, dass das Ich etwas aus der Angst machen kann. Der Rückzug des Ich kann zur Sammlung, zur Konzentrierung seiner Kräfte werden, aus der heraus das Ich in der Seele *Mut* entwickelt, und zwar in einer Art oder Stärke, wie das vor der Angst nicht möglich war. Wahrer Mut entsteht immer durch Überwindung einer Angst, wobei auch die Gefahr der Tollkühnheit, das andere Extrem, bestanden werden muss. Zwischen Angst, die über die Wahrnehmung oder die Vorstellung des Kopfes das Seelenleben einengt, und Tollkühnheit, die aus dem unteren Bereich des Organismus dem Menschen zu Kopf steigt, wird der Mut des Herzens geboren.

Je mehr die Angst dem Menschen ans Herz geht, desto tiefer gründet der Mut. Das ist bei der Todesangst, der eigentlichen Herzangst, zu erleben, die, wenn sie bestanden wird, den tiefsten Lebensmut ermöglicht. Das Ich, zum Herzen zurückgezogen, hat im Erleben den Tod durchschritten. «Angst enthüllt die Nichtigkeit», formulierte HEIDEGGER.[251] Das gilt in letzter Steigerung für die Todesangst, die nicht Angst vor dem Sterben, sondern Angst vor dem Nichts, Angst vor der Vernichtung des Ich ist. Hier erwacht für das Ich der Impuls, sich seines Ursprungs zu besinnen und im Nichts des Irdischen das All des Geistes zu finden. Während nach außen die Grundangst zur Furcht, zur Lebensangst wird, steigert sie sich nach innen zur Todesangst und kann damit zu einem neuen Lebensanfang für das Ich werden. Letzteres beginnt im Lebenslauf mit der Ich-Geburt und erhält einen besonderen Akzent in der Lebensmitte, wo der Mensch im Lebenslauf seinem Tod begegnet.

Hinter der Grundangst aber steigt die *Urangst* auf. Es handelt sich dabei um das Urerlebnis des Menschen, der die Vertreibung aus dem Paradies seiner kosmischen Urverbundenheit erlebt und den Weg in die Enge des irdischen

Daseins einschlägt. Aus dieser Urangst ist beim Menschen, der nun auf der Erde sesshaft geworden ist, die Grundangst geworden. Auch die Grundangst weist somit auf den göttlich-geistigen Ursprung des Menschen hin, zu dem sein Ich durch die Angstüberwindung neu in Beziehung treten kann.[252]

Vom Seelenleben des neurotischen Menschen

Hinter beiden Ängsten, die aus der Grundangst entstehen, der Todesangst und der Furcht vor dem Leben, tut sich das *Nichts* auf: draußen als Weltenleere erlebt,[253] drinnen als innere Leere, die schon nach einem teilweisen Vernichtungserlebnis, nach einer Schwächung des Ich in der Seele sich meldet. Dabei kann der Kranke auch dem anderen Extrem erliegen und in Tollkühnheit oder Aggression aus der Angst ausbrechen. Wir erleben jetzt das ganze neurotische Seelenleben, nicht nur das Leben der Empfindungen als ein Meer, das viel weniger als das Empfindungsmeer zur Ruhe kommen kann. Dabei werden wieder die schon geschilderten polaren Kräfte des Seelenlebens bestimmend. Entweder gibt sich die Empfindungsseele lustvoll der Welt hin, oder sie zieht sich in Unlust vor ihr zurück. Im neurotisch gewordenen Seelenleben können sich übersteigerte Hingabe und übersteigerte Selbstbehauptung miteinander abwechseln. Manchmal findet man auch ein gleichzeitiges Wirken von Polaritäten: Hinter einem fanatischen Machtstreben kann sich Unsicherheit und ein Gefühl von Minderwertigkeit verbergen, wie auch umgekehrt.

Man kann hier außer der seelischen Tendenz zum Schwanken zwischen Polaritäten den Willen des Ich zum Erzeugen eines Gleichgewichtes durchspüren. Auch beim Errichten einer *Fassade*, die man der Welt zuwendet, ist das Ich beteiligt. Bei solchen und ähnlichen Ich-Tätigkeiten ist das Ich jedoch in Wirklichkeit dem Seelenleben unterworfen, z.B. der Angst, sich zu verlieren, der Scham vor der Welt. Auch beim Errichten einer Fassade dient ja das Ich einer Täuschung und handelt nicht aus der Wirklichkeit, wie es im Grunde von ihm erstrebt wird. Und bei dem Abwechseln von Polaritäten führt das Ich keinen wirklichen Ausgleich herbei, es dient vielmehr einer überschießenden Reaktion der Seele, der es Persönlichkeitscharakter verleiht (*sog. Überkompensation*). Es ist damit in die Situation des persönlichen Seelenlebens im dritten Jahrsiebt zurückgefallen, als es sich noch nicht zu sich erheben konnte. Durch das Erden-Ich, die *persona*, wie die Maske des antiken Schauspielers genannt wurde, versucht nicht mehr das höhere Ich zu sprechen, vielmehr spricht jetzt nur noch die Angst, der Wunsch der Seele durch das Ich hindurch. Das Ich selbst, das eigentlich Zentrum der Seele werden sollte, ist Maske für das Seelenleben geworden. (Es gibt auch eine Fassade aus Rücksicht, diese ist hier nicht gemeint.)

Auch das Geschehen der *Verdrängung*, das auf eine Realität im Seelenleben hinweist,[254] ist im Kern keine Leistung des Ich oder eines Über-Ich, wie es FREUD annahm.[255] Das Vergessen, nach STEINER das «Einschlafen eines Vorstellungskomplexes», wurde schon erläutert. Dieses Einschlafen braucht sich jedoch nicht nur spontan zu vollziehen, es kann auch gesucht, herbeigeführt werden. Dem Drang eines konfliktreichen, noch nicht verarbeiteten Vorstellungskomplexes, der in der Erinnerung aufsteigen möchte, wirkt ein negativer, aus Antipathie entspringender Drang der Seele entgegen. Dieser negative Drang führt ein neues, dumpfes «Einschlafen» des Erinnerungskomplexes herbei, ähnlich einer Schlaftablette, die ein dumpfes Einschlafen des ganzen Menschen erzeugt. Das Ich wirkt insofern mit, als es sich krampfhaft auf andere Vorstellungen wegkonzentriert und den Angst oder Scham erzeugenden Vorstellungskomplex dadurch unterdrücken hilft. Der negative, unterdrückende Drang der Seele braucht jedoch nicht nur einen Vorstellungskomplex zu betreffen, er kann sich auch auf eine emotionale Seelenregung richten und dadurch die entgegengesetzte heraufbeschwören: Die unterdrückte Seelenregung der Minderwertigkeit schlägt in Machtstreben um.

Man kann in solchen Verdrängungen eine individuelle Metamorphose dessen sehen, was sich nach STEINER durch «Generationen hindurch» in der Menschheit vollzogen hat. In das «Unterbewusstsein, welches im Ätherleib aufleuchtet», «hat der Mensch hinuntergedrängt, was er selber dargelebt hat an Trieben, Begierden, Leidenschaften». Aber dieses Hinuntergedrängte verbirgt zugleich das Göttliche, das ebenfalls im Unterbewusstsein lebt.[256] Und das ist letztlich auch der Quellgrund, aus dem die Sehnsucht nach dem Göttlichen hervordrängt. Man kann es auch so ausdrücken, dass sich das Unterbewusstsein zu einem höheren Bewusstsein auszuweiten beginnt, dass ein Bogen «nach oben» zu einem Überbewusstsein geschlagen wird, in dem das höhere Ich bewusst erfahren werden kann (G. KÜHLEWIND[257]).

Durch ständiges Verdrängen kann der Mensch versuchen, seine Triebe und Begierden zu ertöten. Vor diesem «Ertöten» im Sinn einer falschen Askese hat STEINER ausdrücklich gewarnt.[258] Man solle die seelischen Kräfte nicht unterdrücken, sondern läutern, verwandeln. Aus dem dumpfen *Zorn* kann durch Läuterung ein edler Zorn werden, der durch ein Unrecht, eine Torheit in der Welt entflammt wird. Durch Verwandlung des edlen Zorns aber entsteht *Liebe*.[259] Liebe will nicht nur, wie der edle Zorn, etwas in der Welt oder im eigenen Leben anders haben, im schöpferischen Tun kann sie selbst umgestaltend wirken. Eine solche Verwandlung kann nur das Ich leisten, das in das seelische Geschehen eingreift. Die Kraft dazu fließt ihm aus seiner geistigen Welt zu, wenn es sich aktiv für sie öffnet.

Geschieht dies nicht und bleibt das Ich dem Seelenmeer unterworfen, so kann das Geschehen des Auf und Ab zum Sog werden, welcher das Ich in sich zu verschlingen droht. Aus dem Wogen des Seelenmeeres wird ein Wirbelsturm, wird ein seelischer «circulus vitiosus», ein *Teufelskreis*, der keine Hoffnung mehr erkennen lässt, dafür aber immer enger wird und das Ich immer tiefer in sich hineinzieht. HORNEY beschreibt solche Kreisläufe, die eigentlich Spiralen sind, d.h. bei denen reflexartig eine seelische Regung die andere nach sich zieht und dabei wieder – entsprechend tiefer – an den Ausgangspunkt zurückkehrt. So kann aus einem Gefühl der Demütigung der Wunsch entstehen, andere zu demütigen, um das Gefühl der eigenen Demütigung loszuwerden. Ist dies geschehen, so ergibt sich aus der Furcht vor Vergeltung verstärkte Empfindlichkeit gegenüber neuen Demütigungen. Dadurch verstärkt sich wieder der Wunsch, andere zu demütigen usw.[260]

Aber an jeder Stelle dieses Teufelskreises hat das Ich die Möglichkeit, einzugreifen und den Kreis aufzubrechen. Es kann aus Selbsterkenntnis heraus fragen: Warum fühle ich mich von diesem Menschen gedemütigt? Habe ich ihm einmal eine Demütigung zugefügt? Bin ich ihm in dieser oder in jener Richtung unterlegen und fühle mich deshalb gedemütigt? Wie kann ich von ihm lernen und so das Gefühl der Demütigung überwinden? Warum die verstärkte Empfindlichkeit bei mir: Steckt nicht die Angst vor Vergeltung dahinter, weil ich selbst andere gedemütigt habe? Habe ich deshalb verstärkt den Drang (besser den «Wunsch»), den anderen zu demütigen, damit er mir nicht eine Demütigung zufügt?

Die innere Leere des neurotischen Menschen

Es gehört zum Urphänomen der seelischen Polarität, dass Leere der Seele nicht nur aus primärer Lahmheit seelischer Tätigkeit entsteht, sondern auch aus primärer Anspannung und Übertätigkeit: Nach einiger Zeit erlahmt der Übertätige, und innere Leere stellt sich ein. Das verstärkt sich beim neurotischen Menschen. Die Leere des Empfindungslebens, die nun voll erlebt wird, kann jedoch auch schon während der Übertätigkeit dahinter sich auftun und vom anderen, ja, vom Betroffenen selbst durchgespürt werden. Dieses Geschehen kann bis zum «Vertrocknen» allen Lebens in der Empfindungsseele führen.[261]

In der Empfindungsseele kann die innere Leere bewusster wahrgenommen werden als im Empfindungsleib. Auch die Sehnsucht der Seele nach dem Geist, den das Ich statt der Leere in der Seele erleben möchte, kann dabei deutlicher werden. Es tritt eine Empfindung auf, dass in diesem Erleben die Existenz des jungen Menschen wurzelt oder wurzeln sollte. V. E. FRANKL prägt für das aus dieser Situation entstehende Krankheitsbild die Bezeichnung «noogene Neurose». Es handle sich um eine neuartige seelische Erkrankung, die aus «geistiger Not» kommt und mit dem Erlebnis schwerer Langeweile, letzten Endes eines *existenziellen Vakuums* verknüpft ist. Dieses seelische Leiden ist nach FRANKL vor allem in der Jugend heutzutage weit verbreitet. Während man – hauptsächlich in Europa – unter den Neurosen 20 Prozent noogener Neurosen fand, ergab eine statistische Stichprobe Frankls unter seinen Wiener Studenten, dass 40 Prozent das Gefühl des existenziellen Vakuums kannten, unter seinen amerikanischen Hörern waren es 80 Prozent.[262] Frankl zitiert in einem solchen Zusammenhang die Bemerkung von Boss, die

Langeweile sei die Neurose der Zukunft, und stellt dazu fest, die Zukunft habe schon begonnen.[263]

Die Vakuumneurose, wie man sie auch nennen kann, meldet sich zuerst durch die Missstimmung der schweren Langeweile. Sie führt weiter in depressive Zustände und gipfelt in lähmender Initiativlosigkeit, die sich mit dem Gefühl absoluter Sinnlosigkeit verbindet. Diese Zustände trotzen jeder herkömmlichen Behandlung.[264] Wie zu beobachten ist, kann diese Grundneurose unserer Zeit auch zur Rauschsucht führen, durch die eine zeitweilige Erfüllung der inneren Leere angestrebt wird. Körperlich scheint sie sich bevorzugt mit einer schwachen Nierenstrahlung zu verbinden.

Als Ursache findet FRANKL zunächst den Verlust von Instinkt und Tradition; von ihnen aus ist der Sinn des Lebens nicht mehr zu gewinnen. In diesem Zusammenhang zitiert FRANKL A. PFÄNDER, der feststellt, dass «die Menschheit in eine Abenddämmerung der Werte eingetreten sei». Die in dieser Abenddämmerung aufwachsende Generation sei «wertblind» geworden.[265] Nach FRANKL kommt es nun darauf an, dass eine «Rückbesinnung auf die Wertwelt», auf das «objektiv Geistige» einsetzt, d.h. durch eine «Logotherapie» angeregt wird.[266] FRANKL knüpft dabei an die Sehnsucht «im Grunde unseres Seins» an, «die dermaßen unstillbar ist, dass sie gar nichts anderes meinen kann als Gott». Dieser emotionale Weg des Sehnens, des Glaubens, führe allein an die Wirklichkeit Gottes heran, der Weg des Denkens könne das nicht. Nur der Glaube ermögliche das freie Wählen.[267]

Einsetzend bei der Abenddämmerung der Werte, kann man sich fragen, wie diese Situation sich in der jugendlichen Seele auswirkt. Um im Bild zu bleiben: Die Werte sind in der Dämmerung durchaus noch sichtbar, aber nur noch als farblose Schatten. Das heißt, der Jugendliche sieht die Werte noch, er nimmt sie mit seinem Verstand, seinem Kopf auf, aber er hat keine farbigen Empfindungen mehr dabei. Die Wertblindheit bezieht sich also nicht auf das Sehen der Werte, sondern auf ihr Erleben. Die Sehnsucht, das Begehren, ist da, doch wurde es durch die Erziehung zu wenig in geistiges Interesse verwandelt. Das vom Willen aktivierte eigene Urteilen wurde zu wenig angeregt; so können die Wahrnehmungen der Werte nicht zu Empfindungen verarbeitet werden, und die Seele bleibt leer. Gerade das urteilende Denken also ist es, das hier nachgeholt werden muss und das allein den Menschen zum freien Wählen und Handeln fähig macht.[268] Wendet man sich primär an Empfindung und Gefühl, an den Glauben, so kann dies, von einer starken und überzeugten Persönlichkeit vermittelt, durchaus starke Wirkungen haben; auf die Dauer wird man jedoch der seelischen Entwicklungsproblematik so nicht gerecht. Der Glaube, der dem Fühlen Sicherheit bringt, steht heute nicht am Anfang, sondern am Ende eines Weges, auf dem zunächst das urteilende Denken zu ersten Erkenntnissen, zu neuen tragenden Empfindungen führen und so die Wirklichkeit der geistigen Welt auf einer ersten Stufe vermitteln kann.

Zur Therapie

Die Grundlagen der Therapie waren schon bei der Erörterung der Pathologie sichtbar geworden. Wurzeln die Störungen der Empfindungsseele in einem entwicklungsgestörten Empfindungsleib, so ergibt sich als Grundlage die schon dargestellte Therapie. Werden die Kräfte des gesunden Empfindungsleibes zu wenig verwandelt in die Empfindungsseele hinübergetragen, so muss man das Ich der Empfindungsseele stärker berücksichtigen.

Zunächst sollte man mit dem Kranken zusammen seinen Lebenslauf bis zur Gegenwart verfolgen. Bei einer solchen Erhebung der *Vorgeschichte* kann man durch eine «richtig angewendete psychoanalytische Methode», wie sie STEINER forderte, «nicht verarbeitete Inhalte im Seelenleben» entdecken, die krank machend bis in die Organe hineinwirken. Man könne aber auf diesem Weg nur zu einer *Diagnose* gelangen, nicht zu einer Therapie.[269] Als *Einleitung* zu der eigentlichen Therapie hat jedoch dieser Prozess eine große Bedeutung. STEINER selbst hat sich in diesem Sinn geäußert, indem er empfiehlt, die zerstörend wirkenden vergessenen Vorstellungen aus entsprechenden früheren Erlebnissen «ins Bewusstsein hineinzubringen und gesundende Kräfte damit hervorzurufen». Das Ich des Kranken sei zu schwach, um die Vorstellungen selbst ins Bewusstsein zu heben, es brauche dazu Hilfe.[270] Davon sind jene Vorstellungen zu unterscheiden, die vergessen werden wollen und sollen, diese sollte man ruhen lassen.

Das Erlebnis einer ersten Befreiung, zu dem so der Kranke geführt wird, stellt sich auch ein, wenn er mit dem Therapeuten über seine gegenwärtigen Konflikterlebnisse spricht und man mit ihm gemeinsam zu der neurotischen Fülle oder Leere seiner ichschwachen Seele vordringt. Zur Hilfestellung des Therapeuten für das schwache Ich gesellt sich die keimende *Selbsterkenntnis* des Betroffenen, wofür im vorletzten Kapitel ein Beispiel gegeben wurde (Teufelskreis!). Dabei kann auch schon über die Siebenjahresperiodik des Lebenslaufes gesprochen und auf dessen Krisen hingewiesen werden. Aber diese Schritte zur Selbsterkenntnis müssen vom Ich des Kranken selbst gewollt und geleistet werden, man darf sie ihm nicht aufnötigen. Das Ich des Therapeuten wirkt dabei primär auf die Seele des Kranken, indem es, durch das warme Fühlen mit ihr verbunden, ihre Willens- und Erkenntnisfähigkeit anregt und so zunächst das Erden-Ich des Kranken anspricht.

Damit setzt die eigentliche Therapie ein, die, wie jede Therapie, letztlich *Selbstheilung*, Heilung durch das eigene Selbst ist. Über dem niederen Selbst, dem Erden-Ich, steht das höhere Ich, durch das der Mensch die Verbindung mit der geistigen Welt hat. Die eigentliche Therapie sollte sich, wie STEINER in seinen Vorträgen zur Psychoanalyse betont hat, nach dieser Tatsache richten. «Das kann nicht angehen, dass man dasjenige, was über das Individuum hinausführt, individuell behandelt, sondern das muss generell, allgemein menschlich behandelt werden.»[271] Indem wir «durch die verborgenen Seelentiefen gehen», dringen wir auch «in die verborgenen Tiefen, in die geistigen Untergründe des Ewigen und Unsterblichen in der äußeren Welt».[272] Wie geschildert, können wir von dort aus auch dem höheren, unsterblichen Ich des Menschen begegnen, das durch die wiederholten Erdenleben geht.

Wichtig ist dabei, *wie* man in die verborgenen Seelentiefen hinuntersteigt. Der Intellekt unseres Tagesbewusstseins wird ihrem Leben nicht gerecht, das kann nur die einfühlende «reale Fantasie», die zum «umfassenden Bild» führt.[273] (Vgl. dazu weiter das Kapitel «Bewusstseinsseele und geistige Schulung».) Eine solche Methode ist auch «richtig angewendete psychoanalytische Methode» und ist zugleich Therapie. Man kommt auf diesem Weg nicht nur zu Bildern seelischer Tatbestände, man entbindet auch die Idealbilder des unterbewussten Seelenlebens, in die sich die «von oben» kommenden Ideen verwandelt haben. Was Erziehungsprinzip bei der Vorbereitung der Empfindungsseele war, das Bilden von Idealen, kann auch die Therapie inspirieren. Die schon erwähnten Fragen, wie man sich einen Beruf im idealen Fall vorstellt usw., zielen schon in diese Richtung.

Auch die *Selbsterkenntnis* darf sich nicht nur im Seeleninnern vollziehen und dort zum «Grübeln» und «Brüten» führen. Nur wenn der Mensch «seine Verwobenheit mit der ganzen Welt erkannt hat, kann er den Spruch anwenden: Erkenne dich selbst!».[274] Wie ausgeführt, gehört das Zusammenklingen von Selbst- und Welterkenntnis zur Entwicklung der Bewusstseinsseele. Da ihr Licht jedoch schon über der Entwicklung der anderen Seelenglieder leuchtet, kann auch in den Jahrsiebten dieser Seelenglieder schon damit begonnen werden, die beiden Seiten der Erkenntnis einander näherzubringen.

Diese Prinzipien sind zu ergänzen durch das, was oben über den *Zorn* ausgeführt wurde. STEINER nannte den Zorn direkt einen «Erzieher der Empfindungsseele». Er rufe das Ich heraus, «damit es sich der Außenwelt gegenüberstellen kann». Die Ohnmacht nach dem Zorn regt dann wieder zur Selbstlosigkeit an. Deshalb sollte man den Zorn der Empfindungsseele nicht unterdrücken. Indem man ihn überwindet, kann man ihn, wie beschrieben, in edlen Zorn und in Liebe verwandeln. Aber «erst muss man dasjenige haben, was man überwinden soll».[275] So ist durchaus daran zu denken, durch die Therapie auch einmal die Gelegenheit zum Zornigwerden zu geben, wenn der Zorn spontan nicht kommen kann.

Geistige Therapie

Bereits das Nachholen von Bildung führt ins Allgemein-Menschliche, ebenso wie das Entbinden der Sehnsucht nach dem Geist. Mit der Ich-Geburt im Jahrsieht der Empfindungsseele können die nachgeholten erzieherischen Einflüsse allmählich durch Selbsterziehung ersetzt werden. Schon in der Vorbereitungszeit der Ich-Geburt kann mehr als vorher die eigene Übung einsetzen.

Prinzipiell gilt dabei nach STEINER Folgendes: Was in der Erziehung versäumt wurde, ist schwierig nachzuholen. Es ist jedoch möglich. «Dann wird es notwendig, dass der Mensch sich ganz bewusst hingibt einer tief innerlichen meditativen Betrachtung.» Es wird das übende Erleben der großen Weltanschauungen empfohlen, die in die «großen, umfassenden Weltgeheimnisse» hineinführen, es wird auf täglich wiederholte Gebete hingewiesen.[276] Außer der meditativen Vertiefung in entsprechende *Lektüre* erhebt sich hier die Frage nach den *meditativen Übungen* selbst.

STEINER hat manchen körperlich oder seelisch Erkrankten neben Medikamenten und Heileurythmie auch solche Übungen empfohlen. Einige von ihnen sind so geartet, dass sie in entsprechenden Fällen vom anthroposophischen Arzt weitergegeben werden konnten. Im Hinblick auf das sich zur Freiheit durchringende Ich sollten jedoch alle diese Übungen nicht verordnet oder gar angeordnet werden. Man kann auf sie nur hinweisen, sie vorschlagen, viele Kranke verlangen heutzutage selbst nach solchen Vorschlägen.

Bei den meditativen Übungen handelt es sich zunächst um *Vorübungen* oder Nebenübungen, um Übungen für das Denken, das Fühlen und das Wollen, die drei Grundkräfte des Seelenlebens, die vom Ich gehandhabt werden. Vorbereitend für das Denken wirkt die Konzentrationsübung, im selben Sinn wirkt die Willensübung auf den *Willen*, die Übung zum Erreichen der Gelassenheit auf das *Fühlen* ein.[277] Ob sich an diese Vorübungen noch andere anschließen, ob dem Patienten geraten werden kann, mit den eigentlichen *Meditationen* zu beginnen, hängt ganz von seinem eigenen Entschluss, aber auch vom Grad seiner seelischen Gesundheit ab. Für den geistigen Schulungsweg im Sinne der Anthroposophie ist seelische Gesundheit eine Vorbedingung. «Ungesundes Gemüts- und Denkleben bringt auf alle Fälle von den Wegen dieser höheren Erkenntnis ab.»[278] Werden von Kranken dieser Art Meditationen gemacht, so kann ihnen dies sogar schaden, ebenso wie eine dann meist übersteigerte entsprechende Lektüre. Bei einem seelisch kranken Menschen sollte man daher zunächst dringend von beidem abraten, auch wenn manchmal fast süchtig danach gestrebt wird. Zugleich jedoch sollte man dem Kranken nicht die Hoffnung nehmen, dass er nach der Erfüllung der Vorbedingungen, d.h. nach seiner Genesung, solche Wege werde gehen können.

Der seelisch Kranke kann jedoch schon bei den viel eher möglichen Vorübungen erleben, wie er gesammelter, aktiver und ausgeglichener wird. Und schon während dieser Übungen ist es wichtig, die Öffnung der Seele, die Aktivierung des Ich in Richtung «Welt», in Richtung «geistiger Welt» anzuregen. Zunächst führt *goetheanistische Naturbetrachtung* aus dem chaotischen Seeleninnern heraus und lässt in der Leere erste Empfindungen entstehen. Lenkt man auf diesem Weg das Interesse der Seele auf die Form der Wolken, der Bäume hin und lässt diese Eindrücke beschreiben, so fördert man die Verarbeitung solcher Eindrücke und die Entstehung der aus ihnen sich bildenden Empfindungen.[279] Wichtig ist, dass diese dabei nicht in der ersten, undifferenzierten Seelenbewegung befangen bleiben, bei der die Befriedigung des Begehrens im Vordergrund steht. «Das ist unheimlich schön!» Erst in differenzierteren Empfindungen leben die Wahrnehmungen weiter, die den jungen Menschen mit der Welt verbinden. Man kann sich fragen: Empfinde ich nicht etwas anderes bei diesem Baum als bei dieser Wolke? Beides ist schön. Aber inwiefern empfinde ich anders beim einen als beim anderen? Durch ein wiederholt geübtes aufmerksames Wahrnehmen legt man den Grund für solche Differenzierungen.

Wirkt man in dieser Art auf eine Durchseelung des verarmten Sinneslebens hin, so sollte man andererseits durch entsprechende *Lektüre* das Denkleben, die geschwächte Urteilskraft des neurotischen Menschen anregen lassen. Denn nur durch das denkende Urteilen verwandelt sich, wie wir sahen, das dunkle Begehren in helles Interesse, das der Mensch ja auch für das Sinnesleben braucht. Das denkende Urteilen wird durch Philosophie, speziell durch Erkenntnistheorie, gestärkt. Hier sind in erster Linie die erkenntnistheoretischen Schriften Rudolf Steiners zu nennen, insbesondere *Die Philosophie der Freiheit*.[280] Durch das Denken über das Denken, das dabei gelernt wird, findet das Urteilen zur Klarheit, die schon als erste Offenbarung des Geistes einleuchten kann. Von ausschlaggebender Bedeutung ist, dass auch dabei etwas empfunden, erlebt wird, d.h., dass das Urteilen lebendig ist und das Aufgenommene nicht im Kopf stecken bleibt. Wenn dies doch eintritt, sollte man im vierten Jahrsiebt das erkenntnistheoretische Arbeiten gut dosieren. Besonders hier gilt die Mahnung Steiners, dass «ein fortwährendes Streben auf denkerischem Gebiet» das Seelenleben «ausdörren» kann.[281]

Am unmittelbarsten wirkt die *Kunst* auf die Empfindungsseele ein. Bei der Aufnahme von Kunst wird dem geschwächten Ich die Verarbeitung der Eindrücke insofern erleichtert, als beim Entstehen des Kunstwerkes selbst von dessen Schöpfer schon künstlerische Eindrücke verarbeitet wurden. Beim künstlerischen Üben folgt man dem Therapeuten, folgt man den Gesetzen des Stoffes und der Form. Nachahmung und Autorität, die im Leben zu wenig zur Wirkung kamen, werden in rechtmäßiger Form auf dem Gebiet der Kunst wirksam.

Dieses Gebiet ist zugleich die Sphäre des *Spieltriebes*, der aus dem Gleichgewicht zwischen den Polen zum Erlebnis der Freiheit führt. In der harmonischen Vereinigung von stofflichen und formalen Tendenzen, vom Ausleben im Stoff und vom Einleben in die Gesetze der Form, erfährt der Kranke eine Stärkung seiner eigenen, um Freiheit ringenden Mitte, die beim neurotischen Menschen durch chaotische Fülle oder durch Leere geschwächt ist. Aus der Schönheit der Kunst leuchtet im Empfindungsleben das Geistige auf. Das eigene Selbst aber wird dabei nicht nur hingegeben, wie es bei der Wahrheitssuche notwendig ist, «das ästhetische Urteil bringt uns auch noch unser Selbst zurück als Geschenk».[282] Das ist von besonderer Bedeutung für den ich-geschwächten Jugendlichen, der mit dem künstlerischen Eindruck zugleich sein Ich erleben darf.

Medikamentös bildet für Empfindungsleib und Empfindungsseele die Behandlung von der *Niere* aus eine Grundlage. (Auf den Zusammenhang zwischen Niere und Empfindungsleben wurde schon hingewiesen.) Gestützt wird das gesunde warme Empfindungsleben durch das Nierenmetall *Kupfer*, das sowohl bei Übertätigkeit des Astralleibes mit Neigung zu Erregung als auch bei seiner Lethargie und seinem Leere-Erlebnis angebracht ist. *Eisen* dagegen hilft dem Jugendlichen, seine Inkarnation in Leib und Erdenleben zu vollenden und die Angst dabei zu überwinden.

Heileurythmisch kommt hier vor allem der Konsonant *B* und der Kupfer-Vokal *A* in Frage. Durch das umhüllende *B* erhält der in die Welt geworfene, nackt sich empfindende Jugendliche wieder mehr Hülle. Im *A*, dem Laut des Staunens, lernt die Seele sich für neue Eindrücke und Empfindungen zu öffnen (Näheres im Kapitel «Künstlerische Therapie»). Das Kibitz-*M*, bei dem das Aufschnellen des Beines vom harmonisierenden *M* aufgefangen wird, wirkt ausgleichend auf alles, was unbeherrscht aus dem unteren Bereich des Organismus, insbesondere der Sexualsphäre, hinaufdrängt. Dabei ist medikamentös *Silber* in besonderer Form angebracht. Die Labilität des Gefühlslebens, das Schwanken zwischen Sympathie und Antipathie, des neurotischen Menschen ist speziell von der *Lunge* aus mit *Quecksilber* anzugehen. Hier hilft der Konsonant *M* und der Merkur-Vokal *I* mit, wobei Letzterer das Gleichgewicht suchende Ich aufruft. Der Eisen-Vokal *E* wirkt im gleichen Sinn wie das Eisen. (Natürlich werden diese Medikamente und Übungen nicht alle gleichzeitig angewandt.)

Prinzipiell sei an dieser Stelle zur medikamentösen und heileurythmischen Therapie bemerkt, dass durch keine dieser Therapien die eigene Anstrengung ersetzt werden kann. Es wird durch sie nur der Weg zur Weiterentwicklung freigemacht, es werden die Wesensglieder aufgerufen und gestärkt, gehen jedoch muss jeder den Weg selbst.

Entwicklungsstörungen der Verstandes-Gemüts-Seele

Wie zu Anfang des vorigen Kapitels sind zunächst die vorhandenen Entwicklungsstörungen der vorhergehenden Jahrsiebte zu untersuchen. Diese treten jetzt, wenn sie noch wirksam sind, wiederum stärker akzentuiert hervor und wirken sich als Hindernisse für die Entwicklung der Verstandes-Gemüts-Seele aus. Andererseits kann das sich stärker einschaltende Ich dieser Seele nun den Impuls im Betroffenen erwecken, die Unterentwicklung des Seelenlebens neu anzugehen.

Ist die Empfindungsseele voll zur Entwicklung gekommen, so ergibt sich um das 28. Jahr das Problem der Geburt und Entwicklung der Verstandes-Gemüts-Seele. Die pathologischen Phänomene des Seelenlebens zu dieser Zeit lassen alle erkennen, dass es dem heutigen Menschen schwer fällt, trotz der geschilderten Ansätze, den Weg zur gemüthaften Verinnerlichung zu gehen und das eigene wahrheitssuchende Denken zu entwickeln. Der Mensch fühlt sich an der Oberfläche festgehalten – im Hinblick auf das eigene Sein wie auf die Welt. Man schuldigt die Hetze des modernen Lebens an, die einen daran hindere, zu sich selbst zu kommen. Man kommt aber dabei auch nicht mehr recht zur Welt, man stellt fest, dass man zu wenig Zeit hat, über sie nachzudenken. Gerade das aber wird nun im Gegensatz zu früher zu einem stärkeren Bedürfnis, von dem man glaubt, man könne es aus äußeren Gründen nicht befriedigen.

Mit dieser Situation verbindet sich eine Armut im Gemütsleben. Die betreffenden Menschen wirken kalt, man erlebt eine innere Leere, die nun nicht Empfindungsleere, sondern *Gemütsleere* ist. Das bedeutet: Der Mensch hat vorerst noch rasche, unter Umständen leidenschaftliche Empfindungen, die durch eine menschliche Begegnung, ein Erlebnis in Natur oder Kunst angeregt werden, aber alles bleibt zu sehr an der Oberfläche der Seele und erreicht nicht das Innere, wo das Erlebte im Gemüt bewegt und bedacht werden sollte. Aus diesem Grund verflüchtigen sich die Erlebnisse bald wieder und hinterlassen in der Seele wenig Spuren. MARTIN LUTHER KING hat es deshalb als eines der großen Probleme der Menschheit bezeichnet, dass wir an einer «Armut des Gemütes leiden».[283] Es ist dies die eine Seite der Problematik, die Ende der zwanziger Jahre und im späteren Leben immer wieder anzutreffen ist.

Die andere Seite, die Unterentwicklung des selbstständigen Denkens, ist im Erwachsenenalter ebenfalls überall zu beobachten. Statt einer eigenen Gedankenbildung, die aus dem Nachdenken hervorgeht, besteht die Tendenz, im Denken das wiederzugeben, was man früher einmal gehört oder gelesen hat. In krassen Fällen liegt ein ausgesprochenes «*Schlagwort-* oder *Schlagzeilendenken*» vor, das manchmal wörtliche Zitate aus bestimmten Zeitungen enthält. Verbindet sich der Glaube mit einem übernommenen, aber nicht verarbeiteten Gedankeninhalt, so entsteht ein *Dogma*. Nicht nur religiöse, auch weltanschauliche Inhalte können jetzt zum Dogma werden, dem der Mensch sich, manchmal ohne sich dessen bewusst zu werden, unterwirft oder das er als eigene Weisheit von sich gibt.

In der Epoche der Empfindungsseele braucht noch nicht alles gedanklich durchgearbeitet zu sein, in dieser Zeit können noch Gedanken von der lebendig empfindenden Seele übernommen werden. Wird diese Haltung später beibehalten, so erstirbt das Übernommene, zusammen mit dem ursprünglichen Leben der Empfindungsseele, zum Schlagwort oder zum Dogma. Eine weitere Steigerung findet statt, wenn sich das Denken in *Phrasen* ergeht, wenn das Fühlen in der *Konvention* erstarrt, wenn *Routine* das Wollen beherrscht. Schon mit dem Ende des 19. Jahrhunderts ist auf diesem Weg eine «geistige Eiszeit in das soziale Leben eingezogen».[284] Für ihre Entstehung ist die Welt des Erwachsenen verantwortlich, die Jugend hat bis zum Ende der zwanziger Jahre unter ihr zu leiden. Sie empört sich zu Recht gegen sie – um sich dann, wenn die Krise auch von ihr nicht bestanden wird, ihrem Bann zu unterwerfen.

Es entsteht dann das Charakterbild eines äußerlich geordneten Menschen, der ruhiger als bisher seinen eingeschlagenen Lebensweg verfolgt. Man scheint vernünftig geworden zu sein, man hat gelernt, sich zu bescheiden. Man empfindet nicht mehr so leidenschaftlich wie früher, das manchmal sich meldende Begehren lässt man durch die Vergnügungsindustrie, die Sehnsucht nach Weiterbildung durch Fernsehen und illustrierte Zeitungen befriedigen. Eine mehr oder weniger milde Verspießerung hat eingesetzt.

Andere Menschen mit speziellen Begabungen setzen das Leben so fort, dass sie alles das konsolidieren und perfektionieren, was sie sich bis dahin durch ihre Begabungen errungen haben. Äußere Erfolge stellen sich ein, das Leben geht weiter, man kommt zu Ruhm und Ansehen. Aber geht damit auch die Entwicklung weiter? Entsteht im Schaffen wie im Leben auf diese Weise noch wesentlich Neues?

Stillstand der Entwicklung um das 28. Jahr?

Bei manchen Menschen ist Ende der zwanziger Jahre ein deutlicher Stillstand in ihrer seelischen Entwicklung festzustellen. «Menschen, die vorher eine besondere Begabung in einem leichten wie inspirierten Schaffen an den Tag legten, verflachen plötzlich. Die glänzenden jugendlichen Schriftsteller verlieren oft ihre Leichtigkeit im Schaffen ... Menschen, denen eine großartige Zukunft vorausgesagt wurde, sacken ab. Vielversprechende Begabungen verlieren ihre Originalität.»[285] SHEEHY stellt fest, dass nun «ein mutiger, wenn auch häufig unbeholfener Kampf für uns selbst und gegen unser Erbe» beginne. Eine neue Verbindung der übernommenen Eigenschaften mit den individuellen werde angestrebt.[286] «Was du ererbt von deinen Vätern hast, erwirb es, um es zu besitzen», ruft deshalb GOETHES Faust in seiner Lebensmitte aus.

Mit diesem Zitat des etwa 40-jährigen Faust sei zugleich darauf hingewiesen, dass der als Krise erlebte Stillstand der seelischen Entwicklung um das 28. Jahr auch unbemerkt vom Betroffenen verlaufen und erst in der Lebensmitte zum Bewusstsein kommen kann. Durch später zu besprechende Krankheitssymptome kann er sich jedoch auch in solchen Fällen schon um das 28. Jahr melden. In jedem Fall eines Entwicklungsstillstandes bilden sich von nun an die oben erwähnten seelischen Mangelsymptome aus, die manchmal im Leben erst später erkennbar werden und zur Auswirkung kommen. Handelt es sich dabei um eine begabte Persönlichkeit mit einem großen Wirkungshorizont, so kann der Stillstand der seelischen Entwicklung mit seinen Folgeerscheinungen tragische Auswirkungen in der Welt haben.

Als *Beispiel* für eine solche Persönlichkeit sei kurz der

Lebenslauf des amerikanischen Präsidenten WOODROW WILSON skizziert, auf den STEINER in diesem Zusammenhang besonders hingewiesen hat.[287] Wilson, der sich in der Jugend manche Ideale von menschheitlichem Format bildete, war ein hinreißender Redner, der mit dem jugendlichen Schwung seiner Empfindungsseele Hörer mit sich fortriss. Er wurde Professor der Rhetorik, Präsident einer Universität, zuletzt Präsident der Vereinigten Staaten. Im Erwachsenenalter verband sich eine Tendenz zum Organisieren, zur Disziplin mit den Idealen seiner Jugend, ohne dass diese jedoch weiterentwickelt und mit der sozialen Struktur der Umwelt in Verbindung gebracht wurden. Der Verstand blieb äußerlich und führte nicht zu neuen Erkenntnissen. Das Gemüt blieb verkümmert, der innerliche Kontakt zum anderen Menschen, zur Wirklichkeit blieb trotz der zunächst weiterbestehenden Rednergabe unentwickelt.

Mit dieser seelischen Kontaktarmut verband sich zunehmend Intoleranz. WILSON scheiterte in seiner Universität und wurde Präsident der USA. Als solcher predigte er sein abstrakt gewordenes Friedensideal, während seine Sympathie für die Alliierten die USA in den Weltkrieg hineinschlittern ließ. Bei Kriegsende verkündete er den «Frieden ohne Sieg» – der Frieden von Versailles wurde das Gegenteil davon. Auch viele seiner vierzehn Punkte verkehrte die Welt in ihr Gegenteil, so z.B. die Selbstbestimmung der Völker, den Verzicht auf Annexion und auf Geheimdiplomatie, die Verpflichtung zur Abrüstung. Enttäuscht, von Wahnideen verfolgt und früh vergreist, starb WILSON im 68. Lebensjahr.[288]

Lebt der Mensch noch Anfang 30 einseitig von der Oberfläche seines Seelenlebens aus, so ist dies ein Zeichen dafür, dass seine Verstandes-Gemüts-Seele nur schwach geboren und entwickelt wurde. Damit bleibt die Seelenentwicklung mehr oder weniger auf der Stufe der Empfindungsseele stehen, obwohl das Leben äußerlich weitergeht. Man kann – wie bei WILSON – in der Ordentlichkeit, in dem Streben nach Konsolidierung, Organisierung und Perfektionierung die Kraft der Verstandes-Gemüts-Seele erkennen, aber diese Kraft erschöpft sich in ihrer Hinwendung nach außen und führt nicht zur Verinnerlichung. Während der Lebensepoche der Empfindungsseele war es richtig, in der Peripherie der Seele Weltbegegnung zu erleben; der periphere Charakter vieler Begegnungen wurde durch seine Unmittelbarkeit ausgeglichen. Jetzt aber hat man von dem in der Peripherie bleibenden Seelenleben einen ganz anderen Eindruck: Die Einstellung der Empfindungsseele wird beibehalten ohne ihr ursprüngliches Leben. Die Ideale dieser Seele werden, wie es bei WILSON geschah, zu Begriffsschablonen, der früher lebendig aufgenommene Gedankeninhalt erstarrt zu Schlagwort und Dogma.

Im Bild: Der Wildbach verliert seine Ursprünglichkeit. Entweder ist er von Versumpfung bedroht, oder er wird reguliert und hat der Industrie zu dienen, deren Abwässer er in sich aufnehmen muss. Die Umweltverschmutzung der äußeren Welt wird beim Menschen zur «Verschmutzung des Ich», das sich gegenüber dem Lauf der Welt und ihrem herkömmlichen Getriebe nicht mehr durchsetzen kann.[289]

Um einen Stillstand der Entwicklung am Ende der zwanziger Jahre handelt es sich also nur insofern, als die innere Entwicklung zunächst bei der Empfindungsseele stehen bleibt. Die äußere Entwicklung aber geht weiter, wobei der Mensch versucht, das bis dahin entwickelte Seelenleben zu konservieren. Wie aber reagiert die Seele darauf?

Vergreisung und Verjüngung

Wieder sieht sich die Seele einer Verkopfung ausgesetzt. Das einmal Gebildete, das Gewordene der bisherigen Entwicklung wird fortgesetzt, wobei der Verstand des Erfolgreichen dessen äußere Form so perfekt wie möglich gestaltet, so vorteilhaft wie möglich «verkauft». Das Nachdenken, das zur Geburt der Verstandes-Gemüts-Seele hingeführt hat, dient nun dem Organisieren des Künftigen, das eine bloße Fortsetzung des Vergangenen, nicht aber seine Weiterentwicklung darstellt. Die Ebene des Gewordenen wird nicht zum Acker, aus dem Neues hervorwachsen kann.

Jener Teil der Seele, der in seinem Begehren, in seinem jetzt konturierter werdenden Willensleben eine Urbeziehung zur Zukunft hat, wendet sich gegen eine solche zukunftsfeindliche Tendenz. Es kommt zu einer unheilvollen Spaltung im Verhältnis zum eigenen Lebenslauf. Während der Verstand die Vergangenheit in die Zukunft hinein fortsetzt (man muss doch weiterleben, tüchtig im Leben werden), kehrt sich die Sehnsucht der fühlenden und wollenden Seele von der Zukunft ab und richtet sich auf die Vergangenheit. Vor der seelischen und manchmal auch körperlich frühzeitig einsetzenden Vergreisung möchte man sich retten, indem man zu seiner verloren gegangenen und weiter verloren gehenden *Jugend* flüchtet und diese neu zu beleben versucht.

Das kann auf verschiedene Weise geschehen. Von dem Bestreben, möglichst jung auszusehen und sich jung zu gebärden, führt ein Weg über Hormonbehandlungen bis zu den beschriebenen Formen einer *Sucht*, wie sie der sexuelle Rausch, das Fernsehen, die übersteigerte Sportbegeisterung vermitteln. Aber auch die Drogensucht und jetzt vor allem der Alkoholismus erhalten hier eine neue Motivierung. Man will sich wieder jung fühlen, und sei es auch nur für kurze Zeit, indem man sich «einen Rausch kauft». Es sei nicht in Abrede gestellt, dass ein Rausch auch einmal zur Anregung werden, dass die Ernüchterung nach dem rauschhaften Erleben zur Besinnung anregen kann. Zugleich jedoch wird durch jeden Rausch die Aktivität des Ich geschwächt und die Entwicklung weiter rückläufig, ohne dass auf diesem Weg eine wirkliche Verjüngung zu erreichen ist.

Die *Sehnsucht nach Jugend* ist so stark, dass unsere ganze Kultur von ihr geprägt wird. Wir haben heute eine Gesellschaft, welche «die Jugend vergöttert».[290] Allenthalben hört man das Schlagwort: «Jugend ist Trumpf». BODAMER stellt einen förmlichen «Zwang zum Jungseinmüssen fest», dem sich niemand zu entziehen wage.[291] Und nach GUARDINI wird unser Dasein heute «im Grunde von Unerwachsenen» regiert.[292]

Manche versuchen, die verlorene Jugendlichkeit vorzutäuschen, vor allem der Welt gegenüber. Betrachtet man die Bildnisse von führenden Persönlichkeiten älterer Zeiten, so kann man immer wieder den Ausdruck gesammelten Ernstes feststellen, der Verantwortungsgefühl verriet und Vertrauen erweckte. Heutzutage gilt dagegen das «keep smiling» für nahezu jedes Auftreten in der Öffentlichkeit und für dessen Verbreitung durch Fernsehen und Zeitung. Wer nicht ein möglichst jugendliches Lachen aufsetzt, dem, so meint man, könne man sich für die Zukunft nicht anvertrauen.

Wie aber verhält sich zu dieser Tendenz der junge Mensch? Will er erleben, dass ältere Menschen sich wie er selber gebärden? Nicht nur die Tochter, der Sohn fühlen sich irgendwie verletzt, wenn die Eltern sich übertrieben jung geben. Empfinden sie in solchen Fällen eine Karikatur von sich selbst? Auf jeden Fall wollen sie den wirklich alt gewordenen, um Altersweisheit bemühten älteren Menschen erleben, von dem sie dann auch einen Rat annehmen würden. Stattdessen erfahren sie manchmal, dass bei ihnen gerade das kritisiert wird, was die Älteren gern selbst noch täten und doch nicht mehr recht leisten können. – Der *Generationenkonflikt* spielt sich heutzutage nicht so sehr zwischen Jung und Alt ab als zwischen jungen Menschen und solchen, die nicht älter werden möchten und krampfhaft an ihrer Jugend festhalten.

Aus diesem Kapitel erkennen wir, dass auf die Dauer keine Entwicklung stehen bleiben kann. Entweder sie bewegt sich vorwärts ihrem Ziel entgegen, oder sie wird rückläufig. Sie kann sich aber auch in zwei Richtungen spalten: Einerseits schreitet die Entwicklung in äußerlicher Form weiter fort, andererseits kommt es zu einer krankhaften Rückentwicklung im Seelenleben. Man hat den Eindruck, dass diese Rückentwicklung im Zunehmen begriffen ist und zunehmend zur Krankheit führt, sodass auch Verspießerung immer weniger die Gewähr für eine gesunde äußere Weiterentwicklung geben kann.

Vom menschheitlichen Hintergrund

Die oben geschilderte Entwicklungsstörung ist so verbreitet, dass sich eigentlich jeder Mensch zunächst fragen sollte, wie es denn bei ihm selbst in dieser Hinsicht aussieht. Man entdeckt dann, dass jeder Mensch der Gegenwart mehr oder weniger mit einem Stillstand und einer Rückläufigkeit in seiner seelischen Entwicklung zu ringen hat, beginnend mit dem Ende der zwanziger Jahre und sich fortsetzend in die folgende Lebenszeit. Sind wir nicht alle immer wieder versucht, an der Oberfläche zu bleiben, zu wenig nachzudenken, etwas

Gehörtes oder Gelesenes weiterzugeben, ohne es im Inneren bewegt, verarbeitet zu haben? Entdecken wir nicht alle immer neu, dass die gemüthafte Verinnerlichung, das aus dem Inneren kommende warme Gefühl für den anderen Menschen, heute oft erst errungen oder neu errungen und bewusst gepflegt werden muss?

Beim heutigen Menschen ist nach STEINER «am stärksten die Empfindungsseele entwickelt».[293] Der drohende Stillstand der seelischen Entwicklung betrifft zunächst die Verstandes-Gemüts-Seele. Allerdings beobachten wir auch schon Unterentwicklung in der Empfindungsseele, im Empfindungsleib. Im Vergleich zur Unterentwicklung der Verstandes-Gemüts-Seele ist diese jedoch lange nicht so verbreitet, auch wird sie in vielen Fällen im späteren Leben einigermaßen ausgeglichen, was man von den entsprechenden Störungen der Verstandes-Gemüts-Seele nicht sagen kann. Schon im Hinblick auf ihre allgemeine Verbreitung stellen die Entwicklungsstörungen der Verstandes-Gemüts-Seele ein menschheitliches Problem dar; dies dürfte auch die Ursache sein, warum sie im Rahmen der üblichen Lebenslaufforschung nicht das Gewicht erhalten, das ihnen zukommt.

Der drohende Stillstand der seelischen Entwicklung weist nach STEINER auf einen Zusammenhang mit der *Menschheitsentwicklung* hin.[294] Blickt man in älteste Zeiten zurück, so findet man, dass es damals bis zum Alter keinen Entwicklungsstillstand gegeben hat. Der Mensch blieb sein ganzes Leben hindurch entwicklungs- und bildungsfähig. Im Gegensatz zu heute wurde der alte Mensch verehrt, der, von den Göttern geleitet, durch seine natürliche Entwicklung weise geworden war. Bis zur Lebensmitte hatte das mit dem Kosmos verbundene, aufsteigende Leben des Leibes die Seele getragen. Dann gab der alternde Leib die Seele frei: Das Welken des

Leibes führte zum Aufblühen des Geistes, der die Seele mit sich nahm. Von den Göttern wurde der Geist zur göttlichen Welt emporgehoben, die im Tod ganz für ihn offen stand.

Im Lauf ihrer Entwicklung wurde die Menschheit in dieser Hinsicht immer jünger. Immer früher kam die seelische Entwicklung zum Stillstand, wenn sie nicht von dem inzwischen erwachenden Ich selbst aufgegriffen und weitergeführt wurde. Immer früher ging die gesunde Abhängigkeit der Seele vom Leib, von den Göttern zu Ende. Immer früher wurde das Ich von der geistigen Welt für würdig erachtet, die Entwicklung der Seele selbst zu bestimmen.

Zur Zeit der griechischen Kulturepoche gelangte die natürliche seelische Entwicklung von selbst noch bis zur Lebensmitte. Bis dahin fühlte sich jeder Mensch ganz in der Natur, in den Elementen des Kosmos zu Hause, mit denen ihn das aufsteigende Leben seines Leibes verband und die er von Göttergestalten erfüllt erlebte. Für den Tod, der von der Lebensmitte an erfahren wird und zu dem die vorausgegangene ägyptische Kulturepoche noch eine selbstverständliche Beziehung hatte, war nur noch beim Mysterienschüler Verständnis vorhanden. Für die anderen gewöhnlichen Menschen wurde das Wort geprägt: «Lieber ein Bettler in der Oberwelt als ein König im Reiche der Schatten.» Dem Griechen galt deshalb die Lebensmitte als Höhepunkt, als Akme des Lebens; wer in dieser Zeit starb, hatte das glücklichste Los gezogen.[295]

Das weitere Vorrücken des Endpunktes der natürlichen seelischen Entwicklung führte in die Zeit der ersten Lebenshälfte zurück. Nun gab nicht mehr wie vorher der Leib die Seele frei, sein aufsteigendes Leben drohte vielmehr die Seele zu «überwältigen», sodass der Mensch aus seiner Entwicklung heraus nicht mehr in eine göttliche Welt hinaufschauen konnte. Materialismus und Atheismus bekamen eine Wurzel im menschlichen Lebenslauf. Zu Beginn dieser Situation in der Menschheit kam – als diese im 33. Jahr ihrer Entwicklung stand – Christus auf die Erde und schuf in den 33 Jahren seines irdischen Lebens für den Menschen die Voraussetzungen, sich neu mit der göttlichen Welt zu verbinden. RUDOLF STEINER bekennt zu diesem Resultat seiner Geistesforschung, dass er «wenig Momente von solcher Ergriffenheit gehabt habe ... wie diesen», wo der oben angedeutete Zusammenhang in ihm aufgestiegen sei.[296]

Von da an begleitete über alle konfessionellen Vorstellungen hinaus die Kraft des durch den Tod hindurchgegangenen Christus die Menschheitsentwicklung und verband sich mit jenen Menschen, die sich ihm öffneten. Sie begleitete die Menschheit bis zum Beginn der Neuzeit im 15. Jahrhundert, als diese noch von selbst seelisch 28 Jahre alt wurde. Damit war die griechisch-römische Kulturepoche zu Ende, in der die *Verstandes-Gemüts-Seele* für die ganze Menschheit ausgebildet worden war, nachzuerleben am Verstand der griechischen Philosophie, am Gemüt des Mittelalters. Nun begann mit der Erweiterung des damaligen Bewusstseins in irdischer Form die Epoche der Entdeckungen und Erfindungen, die menschheitliche Epoche der *Bewusstseinsseele*, die jetzt von jedem Menschen individuell ausgebildet werden kann.

Jede Kulturepoche von 2160 Jahren entspricht einem Jahrsiebt der seelischen Entwicklung beim einzelnen Menschen. Der griechisch-römischen Kulturepoche entspricht im Lebenslauf das fünfte Jahrsiebt, das Jahrsiebt der Verstandes-Gemüts-Seele. Mit dem Beginn der Neuzeit 1413 sind die 2160 Jahre der griechisch-römischen Epoche abgelaufen. Während dieser Zeitepoche ist der Punkt des Stillstandes der seelischen Entwicklung bis zum 28. Jahr zurückgewandert. Bis zum Jahr 1995 sind seitdem weitere 582 Jahre verflossen. Da in diesem

Zusammenhang einem Lebensjahr des Menschen rund 300 Jahre der Menschheitsentwicklung entsprechen, befindet sich der kritische Punkt der seelischen Entwicklung inzwischen schon am Anfang des 27. Jahres.

Die Angabe des Entwicklungsstillstandes «um das 28. Jahr» (siehe S. 164) kann daher auf die Zeit des 27. Jahres konzentriert werden. Damit ist also schon die vollständige Entwicklung der Empfindungsseele zum Problem geworden. Manche Krankengeschichten, bei denen der Zeitpunkt des 27. Jahres besonders hervortritt, lassen dies erkennen. Das ist aber auch, wie gezeigt wurde, die allgemeine Situation. Schon die Empfindungsseele ist heutzutage in ihrer Entwicklung bedroht, wird jedoch bei den meisten Menschen noch einigermaßen ausgebildet. Nur einige Jugendliche bleiben bei ihrer Entwicklung im Empfindungsleib stecken – eine Vorwegnahme späterer Zeiten, in denen noch weit schwerere seelische Störungen kommen werden, wenn ihnen nicht grundlegend begegnet werden kann. STEINER sprach in dem genannten Vortrag von einer «epidemischen Dementia praecox» (die frühere Bezeichnung für Schizophrenie), die sich einstellen kann, wenn der Entwicklungsstillstand schon im dritten Jahrsiebt droht. Der Mensch werde dann unter Umständen nur noch «eine Lebensreife haben können von 17, 16, 15 Jahren» (Weiteres im Schizophrenie-Kapitel).

Diesem negativen Aspekt tritt ein positiver dadurch gegenüber, dass auch die Entwicklung der Bewusstseinsseele in der Menschheit fortschreitet, dass dem einzelnen Menschen immer mehr Möglichkeiten zuwachsen, seine Entwicklung vom Ich aus weiterzuführen.[297] Das Licht der Bewusstseinsseele liegt heute über der ganzen Seelenentwicklung. Wenn es nicht nur die Welt beleuchtet, sondern, wie geschildert, das Ich erleuchtet und erwärmt, darf es als ein Strahl des helfenden und heilenden Christuslichtes erkannt werden. Werden jedoch die Möglichkeiten, die sich so für das Ich eröffnen, nicht von ihm ergriffen, wird die immer stärker werdende Sehnsucht nach dem Geist nicht vom Bewusstsein aus entbunden, so wird im Lauf der Entwicklung die Seele auch in der Jugend immer weniger vom physischen Leib aus inspiriert, sondern «überwältigt». Eine krankhafte Abhängigkeit vom Leib entwickelt sich, worauf uns schon die Rückentwicklung bei der Sucht hingewiesen hatte.

Körperliche Aspekte

Bereits die Entstehung der Verstandes-Gemüts-Seele aus dem Ätherleib des zweiten Jahrsiebts wies uns in die Jahrsiebte der leiblichen Entwicklung zurück. Auch die Entwicklungsstörungen der Verstandes-Gemüts-Seele haben eine Wurzel im zweiten Jahrsiebt. Wird der Ätherleib in dieser Zeit in seiner Entfaltung gestört, so hat dies nicht nur die oben geschilderten unmittelbaren Folgen für die Entwicklung des Empfindungsleibes. Ein weiterer Bogen schlägt sich zum Jahrsiebt von 28 bis 35 hinüber, wo dann die Fähigkeit des eigenen Denkens und der gemüthaften Verinnerlichung von ihrer Grundlage, vom Ätherleib aus in ihrer Entstehung behindert wird.

Wenn die Seele aus dem Innern des denkenden Gemüts die Verbindung zur Welt sucht, braucht sie Mut, mehr als vom Empfindungsleben aus, wo diese Verbindung noch von der Welt angeregt und getragen wird. Sie braucht auch mehr Willenskraft, mehr Initiative als früher. Damit hängt es zusammen, dass «Feigheit» und «Unentschlossenheit» vom Ende

der zwanziger Jahre an bei solchen Menschen zu beobachten
sind, deren Ätherleib während des zweiten Jahrsiebts in seiner
Entwicklung behindert wurde.[298]

Wie wir noch sehen werden, kann die Ängstlichkeit und Unentschlossenheit in die Lebensangst und die Willenslähmung der Depression einmünden. In manchen solcher Fälle sind Ereignisse im zweiten Jahrsiebt zu beobachten, die sich seelisch damals nicht deutlich auswirkten, dafür aber tiefer gingen und den Ätherleib in seiner Entwicklung störten. (Körperlich kann diese Störung in einer allgemeinen Aufbauschwäche zum Ausdruck kommen.) Besonders das neunte Jahr scheint hier von Bedeutung zu sein. Ein schwieriger Schul- oder Ortswechsel, der Tod eines Elternteils oder eine eigene schwere Krankheit um das neunte Jahr herum kann dann die geschilderten seelischen Auswirkungen im fünften Jahrsiebt haben, wenn nichts dagegen unternommen wird.

Häufiger als in Depression münden Ängstlichkeit und Willensstörung des Erwachsenen in die Grundangst und Willensschwäche des neurotischen Menschen ein. Da die Angst heutzutage, wie wir sahen, über die zwanziger Jahre hinaus eine so große Bedeutung bekommen hat, ist auch die Bedeutung zu ermessen, die einer ihrer Wurzeln im zweiten Jahrsiebt zukommt. Es brauchen auch gar keine besonderen Ereignisse in diesem Jahrsiebt stattgefunden zu haben, schon bei den Sünden der Erziehung, die auf den frei gewordenen Ätherleib einwirken, ist an die geschilderte Auswirkung im fünften Jahrsiebt zu denken. Dabei kommt vor allem der übermäßige Entzug von Bildekräften durch die Schule in Frage. Hinzutreten kann eine Lockerung dieser Kräfte durch eines der genannten Schockerlebnisse. In jedem Fall verliert der Ätherleib seine «Bildungsfähigkeit», was zu einem Hindernis für die Metamorphose seiner Kräfte in die Kräfte der Verstandes-Gemüts-Seele wird.

Das körperliche Geschehen im Jahrsiebt von 28 bis 35 ist, wie erwähnt, bei jedem Menschen durch Perfektionieren und Konsolidieren des Errungenen gekennzeichnet. Das Seelenleben, das sich nun von der Kurve der aufsteigenden Leibesentwicklung lösen und seine eigene Entwicklung beginnen sollte, ließ bei seiner Entwicklungsstörung dieselbe Tendenz erkennen. Das bedeutet, dass es sich, selbst nicht mehr weiter sich entwickelnd, weiterhin auf den physischen Leib stützt. Und nun – also schon vor der Lebensmitte – beginnt jener Prozess, der mit den Worten STEINERS zu der Zusammenfassung führt: Die seelische Entwicklung wird nicht mehr vom Leib «inspiriert», sondern «überwältigt». Der physische Leib prägt sein eigenes Entwicklungsgeschehen der seelischen Entwicklung auf.

Zunächst werden die pathologischen Auswirkungen in der einzelnen Seele nicht so deutlich. Warum soll sie nicht vorübergehend einmal das konsolidieren, was sie sich errungen hat? Seine eigentliche Tragik erhält dieses Geschehen oft erst mit der Lebensmitte, wenn die Seele nicht nur beim Konsolidieren stehen bleibt, sondern der absteigenden leiblichen Entwicklung zu folgen beginnt.

Die weitere Bindung der Seele an den physischen Leib um das 28. Jahr hat jedoch auch für diesen Leib Folgen. Können sich die Kräfte der Verstandes-Gemüts-Seele nicht in der Welt entfalten, so stauen sie sich störend und krank machend zum physischen Leib zurück. Es beginnt wieder die schon beobachtete Rückentwicklung nach dem Leib, und es ist verständlich, dass dies in erster Linie jene Organe betrifft, aus denen sich vorher die Entwicklung erhoben hat. Für die Verstandes-Gemüts-Seele erkannten wir als Grundinstrument das Leber-Galle-System. Damit in Zusammenhang wird die Entstehung depressiver Zustände verständlich werden. In diesem Kapitel, in dem wir uns auf neurotische Bilder konzentrieren, soll noch auf eine charakteristische Neurose im Leben der Verstandes-Gemüts-Seele hingewiesen werden, die mit dem zweiten hier bedeutungsvollen Organ zusammenhängt, mit dem Herzen.

Herzneurose

In der Herzneurose, die bei 30 bis 40 Prozent aller Herzkranken vorliegt, vereinigen sich für unsere Darstellung alle Störungen der Funktion des Herzens, die vom Seelenleben aus entstehen. Der *Herzneurotiker* gibt zunächst körperliche Herzsymptome an. Er klagt, kurz zusammengefasst, über Herzunruhe, die sich in Herzklopfen, beschleunigter, unter Umständen unregelmäßiger Herztätigkeit äußert. Andererseits schildert er Herzschmerzen stechender, brennender und anderer Art sowie Beklemmungsgefühle in der Herzgegend, in der Brust bis zur Atemnot. Diese Beklemmungsgefühle, aber auch das beschleunigte Herzklopfen sind oft mit der schon erörterten Herzangst verbunden, die sich bis zur Todesangst steigern kann. Der Kranke wird von der Furcht umhergetrieben, den Herztod erleiden zu müssen, eine Furcht, die organisch nicht begründet ist (Herzphobie).

Ist die organische Ursache ausgeschlossen, so ist die *seelische Vorgeschichte* zu untersuchen. Man erfährt, dass früher – einmal oder über längere Zeit hindurch – das seelische Herz in Mitleidenschaft gezogen worden ist. Besonders treten Trennungserlebnisse hervor: Ein «herzzerreißender Abschied», der Tod eines nahestehenden Menschen, aber auch das Miterleben eines Herztodes, eines tödlichen Unfalles oder die Nachricht von einem Herztod können am Anfang stehen. Immer sind es Erlebnisse, die «ans Herz gehen», die eine Bedrohung der Existenz beinhalten. So können alle Erlebnisse, wenn sie diese Note annehmen, das Herz ergreifen.[299] Eine gleichzeitige Belastung durch äußere Überanstrengung wirkt sich vor allem an den Herzkranzgefäßen aus und führt zu den erwähnten Schmerzen und Beklemmungsgefühlen, die von der Brust in den linken Arm ausstrahlen können.[300] Außer der beschriebenen Existenzangst können auch Schuldgefühle allein schon solche Beklemmungen mit sich bringen, insbesondere, wenn sie unterdrückt werden. Verkrampfungen der Herzkranzgefäße liegen auch diesen Herzbeklemmungen zugrunde.

Im Hinblick auf das bewusste Seelenleben handelt es sich immer um Erlebnisse, die in diesem Seelenleben nicht verarbeitet, «verdaut» werden konnten und die deshalb über das unterbewusste, leibnahe Seelenleben bis in den Leib, in diesem Fall bis in das Herz, ihre Auswirkungen haben.

Die Vorgeschichte der seelischen Entwicklung gibt erste Antworten auf die Frage, warum der eine Mensch nach einem der oben genannten Erlebnisse eine Herzneurose bekommt, der andere nicht. Man findet bei einem Teil der Kranken eine Abhängigkeit von anderen Menschen, die bis zur «Symbiose» gesteigert sein kann. Die Lösung von einer dominierenden Mutter, die Trennung von einem Lebenspartner löst dann bei dem selbstunsicheren, erregbaren Menschen eine Herzneurose aus, die sich als Herzphobie mit Anfällen von Herzjagen und Todesangst sowie in der Angst vor solchen Anfällen zu äußern pflegt.[301]

Herzneurotiker, die besonders zu Beklemmungszuständen bis zu Angina pectoris-Anfällen nichtorganischer Ursache (Angina pectoris vasomotorica) leiden,[302] können zu einer anderen Persönlichkeitsstruktur neigen, wie sie bei den Erkrankungen der Herzkranzgefäße beobachtet wird. Im Gegensatz zu dem oben angedeuteten Typus sind solche Kranke meist streng erzogen worden; sie beherrschen sich übermäßig, neigen zum Rationalisieren und fliehen ständig in «Leistung und Aktivität».[303] Im Hinblick auf diese im Leben sich abhetzenden Menschen hat man früher von «Managertypen» gesprochen, heute hat man erkannt, dass diese Situation nicht auf die Manager beschränkt ist. Bei den Herzbeschwerden solcher Patienten, die ihre Beschwerden zu verdrängen oder zu bagatellisieren pflegen, können die Verkrampfungen der Herzkranzgefäße schon das Symptom einer organischen Herzkrankheit sein, die als letzte Konsequenz einen Herzinfarkt nach sich ziehen kann.

Beide Symptomengruppen, die sich auch durchdringen können, weisen auf eine Störung im Gleichgewicht zwischen Diastole und Systole, zwischen Ausdehnung und Zusammenziehung, hin. Bei der ersten Gruppe mit der gesteigerten Herztätigkeit und Emotionalität überwiegt der untere Pol, von dem die Diastole ausgeht. Bei der zweiten Gruppe mit der Tendenz zur Verkrampfung der Herzkranzgefäße überwiegt der Kopfpol, zu dem die Systole in Beziehung steht. Kranke dieser zweiten, zum Rationalisieren neigenden Gruppe verkrampfen sich in ihre Arbeit, während die Kranken der ersten Gruppe sich mehr ihren Emotionen hingeben und in Aggressionen sich ihrer zu entledigen versuchen. Die Todesangst, die Angst, das Ich zu verlieren, erfahren beide. Und beide erleben etwas Reales dabei: Ihr Ich ist tatsächlich bei seinem Gleichgewicht schaffenden Eingreifen in das Herz behindert. Auch die so entstehenden funktionellen Störungen können die Seele in Vernichtungsangst stürzen.

Alle Erlebnisse, welche die Ich-Entwicklung vom Herzen aus stören, lassen auch die Verstandes-Gemüts-Seele nicht vom Herzen aus frei werden. Das beginnt schon beim

Steckenbleiben der Lösung von der Mutter, von anderen Menschen. Die Symbiose wird zum Hindernis für das Ich des Herzens, das in kindlicher Weise im Organ befangen bleibt. Die späteren Trennungserlebnisse stauen die Liebeskräfte des Ich in das Herz zurück, weil diese sich nicht mehr in der Welt erfüllen können. Und die Flucht in Arbeit und Betriebsamkeit ist nicht imstande, dasjenige in gesunde Tätigkeit aufzulösen, was dem Menschen am Herzen liegt.

Diese und andere existenzielle Probleme belasten das Herz schon in den zwanziger Jahren. Zur Auswirkung in Gestalt einer Herzneurose kommen sie jedoch in vielen Fällen erst gegen das Ende der zwanziger Jahre. Zwischen Ende 20 und der Lebensmitte bis zum vierzigsten Jahr hin verzeichnen die meisten Statistiken das Erkrankungsmaximum. Es handelt sich demnach vorwiegend um die Zeit, in der die Verstandes-Gemüts-Seele sich entwickeln sollte. Zunächst sind es also die Kräfte dieser Seele, die das Herz in Unruhe und Verkrampfung bedrängen, wenn sie daran gehindert werden, frei zu werden. (Zu Bewusstseinsseele und Herz vgl. das entsprechende Kapitel.) Die Vorstellung, dass es nicht nur eine Einwirkung von außen ist, die das kranke Herz erfährt, sondern ein Ringen mit eigenen Seelenkräften, mit einer Krise der eigenen Entwicklung, hat nach meinen Erfahrungen schon manchem Herzneurotiker geholfen, mit seinen Beschwerden besser fertig zu werden.

Es handelt sich jedoch nicht nur um eine individuelle Krise. Die ständige Zunahme dieser Erkrankungen – man rechnet gegenwärtig mit 2 bis 5 Prozent Erkrankungen in der Gesamtbevölkerung[304] – weist auf die oben dargestellte menschheitliche Krise hin. Das Ich-Organ «Herz» nimmt den drohenden Stillstand der seelischen Entwicklung wahr: Das steht, im Rahmen der Entwicklungsproblematik gesehen, hinter der

Angst des Herzneurotikers vor dem Herzstillstand. Der geheilte Herzneurotiker jedoch kann den Impuls verspüren, mit mehr Mut und Liebe als zuvor sich seiner Aufgabe zu widmen und seine behinderte seelische Entwicklung fortzusetzen. Ein Sinn der Krankheit kann erlebt werden.

Zur Therapie

Überblickt man die bisher verzeichneten Richtlinien und Erfahrungen der Therapie, so entdeckt man, dass in den beiden Jahrsiebten von 14 bis 21 und von 21 bis 28 immer schon auf das nächste Jahrsiebt hingearbeitet worden ist. Das Wecken der Interessen und der Urteilskraft, das Pflanzen von Idealen im dritten Jahrsiebt sprach schon das Ich der Empfindungsseele an. Die gedankliche Schulung, die innere Verarbeitung der Eindrücke dient im vierten Jahrsiebt schon auch der Vorbereitung der Verstandes-Gemüts-Seele.

Ist die Empfindungsseele in der Hauptsache entwickelt, so kann der Akzent noch mehr auf die Schulung des Denkens und der meditativen Verinnerlichung gelegt werden, wobei eine größere Selbstständigkeit vom Kranken erwartet werden kann. Will und kann er meditative Übungen machen, so sollte man ihn dabei unterstützen. In dem nun entstehenden Innenraum seiner Gemütsseele können Meditationen besser gedeihen als zuvor. Die hauptsächliche Richtlinie ergibt sich aus dem pädagogischen Urphänomen der Verstandes-Gemüts-Seele: Ihre Erzieherin ist die Wahrheit. Durch das Streben nach Wahrheit – nicht durch deren vermeintlichen Besitz – will das Ich aus dem Bereich der Sympathie und Antipathie langsam herauswachsen.

Hier ist auch eine besondere Gelegenheit, eine nun wacher werdende, systematische *Selbsterkenntnis* zu schulen. Wie lehrreich kann es für viele von uns werden, wenn wir bei dem oder jenem Urteil, das wir fällen, bei der oder jener Erkenntnis uns fragen: Inwiefern hat hier meine ganz persönliche Sympathie oder Antipathie sich ausgewirkt?[305] Das gilt natürlich besonders für Urteile über Menschen, bei denen sich das zuneigende oder abneigende Urteil in die objektivsten und spirituellsten Hüllen zu kleiden vermag. Auch das eigene Handeln kann nach STEINER mit «esoterischen Gründen» motiviert werden, obwohl es in Wirklichkeit nur der Verwirklichung von egoistischen Antrieben dient. Mit einer solchen «Selbstrechtfertigung» deckt man unter Umständen sogar das zu, was «in den Untergründen des animalischen Lebens wühlt und waltet». Der betreffende Mensch kann dann im Traum von wilden Tieren verfolgt werden und durch die moralische Deutung eines solchen Traumes Selbsterkenntnis üben. Auch in diesem Sinne regt STEINER die Deutung von *Träumen* an.[306]

Dabei sollte natürlich jedes «Überführen» vermieden werden. Überführen ist letztlich nur da sinnvoll, wo das Ich die Führung übernimmt, und das kann bei der Selbsterkenntnis nur das eigene Ich sein. So sollte man den Patienten, wenn er überhaupt dazu in der Lage ist, die Schritte zur Selbsterkenntnis selber gehen lassen. Der Patient darf auch bei dieser Gelegenheit spüren, dass der Arzt ihm nicht als der «Halbgott in Weiß» gegenübersitzt, sondern selbst auf jenem Weg ist, den er mit ihm zusammen eine Strecke weit gehen will. Auch der Arzt sollte daher in der hier gemeinten Art Selbsterkenntnis üben, so wie er auch die Übungen seines Patienten, wenn irgend möglich, selbst gemacht haben sollte.

Noch weniger als vorher sollte die Erkenntnis im Seelischen des Patienten beschlossen bleiben. Die Ausweitung nun nicht nur der Interessen, des Urteilens, sondern des selbstständigen Erkennens sollte so viel Welt wie möglich umfassen lernen. Einerseits ergibt sich das durch entsprechende Lektüre, andererseits durch denkerische Verarbeitung der Tageserlebnisse. An die Erlebnisrückschau der Empfindungsseele kann sich schon im vierten Jahrsiebt das anschließen, was man *Besinnungsrückschau* nennen könnte. Hat man den Tag ganz durchlebt – nicht vorher –, so kann man am Abend sich Gedanken über das Erlebte machen. Man kann sich fragen, was das eine oder andere für das eigene Leben bedeuten könnte, ob man sich bei einer menschlichen Begegnung richtig verhalten hat, und wenn nicht, warum nicht. Warum empfindet man diesem Menschen gegenüber Sympathie? Kann eine echte Beziehung daraus werden, oder will man am anderen nur sich selbst erleben? Warum empfindet man diesem Menschen gegenüber Antipathie? Ist das wirklich ein Hinweis dafür, dass man mit ihm nicht in Kontakt treten sollte? Vielleicht kann man gerade von ihm etwas lernen und scheut in der Antipathie davor zurück. Sympathie und Antipathie können auf diesem Weg zu Organen des Erkennens werden, die zum anderen Menschen hinführen. Nach einer solchen Selbsterkenntnis sollte man sich dann auf einer weiteren Stufe fragen: Was verdanke ich auf meinem bisherigen Lebensweg den anderen und welchen anderen Menschen?[307] Das ergibt eine nächste Ausweitung in das soziale Leben.

Auch den *Herzneurotiker* wird man nicht im Persönlichen stecken lassen. Man wird zunächst sicher mit ihm gemeinsam in seinem Leben danach forschen, was da sein Herz beschwert, was ihm einmal am Herzen gelegen und sich nun in sein Herz verkrampft hat. Aber nach der Erkundung persönlicher Ziele wird man auch nach dem fragen, was er früher las, was für geistige Interessen er hatte und dann aus Zeitnot oder aus der Not der Krankheit aufgab. Man kann ihm raten, mit dem einen oder anderen wieder anzufangen, und entdeckt, dass er nun an eine wertvolle Lektüre reifere Gedanken knüpfen kann als früher. Man bewegt sich mit ihm im Leben seiner sich entfaltenden Verstandes-Gemüts-Seele.

Trotzdem wird man – gerade bei Herzneurotikern, aber auch in anderen schweren Fällen – immer wieder entdecken, dass das Ich des Patienten, dass die Verstandes-Gemüts-Seele nicht aktiv wird und Ratschläge sowie Vorsätze nicht in die Tat umsetzen kann. Man erlebt dann diese Seele, dieses Ich wie hineinverkrampft in Leib und Herz. Hier wie auch sonst ist *medikamentöse Therapie* unerlässlich. Sie kürzt nicht nur die Dauer der seelisch-geistigen Behandlung ab, sie lässt sie unter Umständen erst fruchtbar werden.

Als hauptsächliches Medikament sei hier das *Gold* genannt, das durch seine Schwere und Dichte die stärkste Zusammenziehung, durch seine Lichthaftigkeit und feinstoffliche «Ausstrahlung» in alle Welt die stärkste Ausdehnung harmonisch miteinander verbunden hat. Gold wirkt daher – was schon durch solche Phänomene verständlich werden kann – auf das gestörte Wechselverhältnis von Systole und Diastole bei der Herzneurose. Es wirkt aber auch da, wo das Ich allgemein zu tief in Körper und Welt steckt oder wo es schon resigniert und sich teilweise aus Leib und Leben zurückgezogen hat. Gold hilft dem Ich, sich wieder harmonisch durch das Herz mit Leib, Seele und Welt zu verbinden.

In derselben Richtung wirkt eine solche *heileurythmische Übung* wie das *Liebe-E*, eine Gebärde gewordene Goldwirksamkeit. Im Entfalten der Arme, die sich in alle Welt ausdehnen, klingt das Erleben der Diastole an – und wird durch die Systole der beiden über der Brust sich kreuzenden Hände ins Innere zurückgerufen. Wird diese Übung öfter wiederholt, so entsteht eine therapeutisch wirksame Stimmung von Gleichgewicht, ein Gefühl für die «Atmung» der Liebe, bei der innen und außen, oben und unten zusammenklingen. Und immer neu wird das in der Ausdehnung Empfangene bei der Zusammenziehung ins Innere, ins Herz hineingenommen. So nimmt der liebende Mensch den anderen, mit dem er sich in der Hingabe verbunden hat, immer wieder in sein Herz auf. – Über die Leber trägt die O-Gebärde zur Abrundung des in sich kreisenden Gemütes bei und wirkt dabei mit dem *Zinn* zusammen, welches das Gleichgewicht speziell im Lebersystem unterstützt.

Verjüngung durch den Geist

Durch die ganze zu diesem Kapitel skizzierte Therapie, die natürlich nur einen Ausschnitt bildet, wird der drohenden seelischen Vergreisung des Erwachsenen entgegengewirkt. Zugleich wird an die berechtigte Sehnsucht nach Verjüngung angeknüpft und dabei mitgeholfen, dass diese nicht in seelische Rückentwicklung einmündet. Indem STEINER von einem «spirituellen Idealismus» spricht, den der Erwachsene entwickeln sollte, weist er hin auf eine Entbindung des idealen Strebens aus den Untergründen der Empfindungsseele und des Empfindungsleibes durch den Geist. Der Mensch kann auf diesem Weg «sein ganzes Leben hindurch ein Lernender, ein vom Leben Lernender sein».[308] Dieser Weg aber liegt dann im Licht seines Bewusstseins.

Man *bleibt* nicht jung, man verjüngt sich immer *neu*, indem man aus Empfindungsleib, Empfindungsseele und Verstandes-Gemüts-Seele Kräfte schöpft, die von der Bewusstseinsseele ergriffen und dem Geist gewidmet werden. So kann man auch das

Wort GOETHES von der «wiederholten Pubertät» verstehen, wie sie von genialen Naturen erlebt werde.[309]

Das Schöpfen aus Quellen, die bis in die Pubertät (und weiter zurück) reichen, kann aber auch im Alter noch neue Krisen mit sich bringen. Man denke an die Glück und Leiden erregende, zuletzt Verzicht fordernde Liebe des 74-jährigen GOETHE zu der 19-jährigen ULRIKE VON LEVETZOW, bei der GOETHE bis in das Erleben seiner Pubertät zurücktauchte. Durch die Verwandlung der neu geschöpften Jugendkräfte gewann er jedoch neues Leben für seine Altersweisheit, dem wir nicht nur die Marienbader Elegie, sondern auch die Vollendung des *Faust II* (und anderes mehr) verdanken. Bewahrte und verwandelte «Kindheitskräfte ermöglichen das freie geistige Schaffen des erwachsenen Menschen».[310]

Entwicklungsstörungen der Bewusstseinsseele

Es wurde bereits erwähnt, dass die menschheitliche Krise, die Ende der zwanziger Jahre einsetzt, manchmal erst in der Epoche der Bewusstseinsseele bewusst oder voll bewusst wird. Wird aber diese Krise Ende 20 schon nicht bestanden, die Verstandes-Gemüts-Seele nicht voll entwickelt, so kann erst recht die Bewusstseinsseele nicht voll geboren und entwickelt werden. Das Entsprechende gilt für die Unterentwicklung der Empfindungsseele, des Empfindungsleibes. Das zusammenfassende Bild für die Entwicklung der Seelenglieder wies uns auch auf die Folgen hin: Hat die Pflanze Blätter und Blütenkelch zu wenig entwickelt oder werden ihr die Blätter und die Blütenhüllen beim Erblühen genommen, so droht die Blüte zu verdorren. Dieses Verdorren droht auch dem Leben der Bewusstseinsseele, wenn sie nicht weiter von den Kräften der anderen Seelenglieder «ernährt» wird. Statt geistiges Leben im Bewusstseinslicht beobachtet man in solchen Fällen den Schatten dieses Lichtes, den Intellektualismus auf der Stufe der Bewusstseinsseele. Dieser Intellektualismus kann sich – unter Umständen mit viel Erfolg – in der materiellen Welt betätigen, er kann sich aber auch der geistigen Welt zuwenden, deren Leben ihm dann zu abstrakten Begriffen erstarrt.

Eine andere Situation ergibt sich, wenn die vorhergehenden Seelenglieder voll entwickelt sind, nun aber der Schritt von der Verstandes-Gemüts-Seele zur Bewusstseinsseele nicht vollzogen wird. Der Mensch, der beim bloßen Nachdenken stehen bleibt, der das Erlebte nur in seinem Gemüt bewegt, ohne zum

Wesentlichen, zur Wirklichkeit des Geistes vorzudringen, muss erfahren, dass ihm auch das Leben der Verstandes-Gemüts-Seele langsam versiegt. Es vollzieht sich im Prinzip dasselbe wie beim Festhaltenwollen der Empfindungsseele. Beim Steckenbleiben in der Verstandes-Gemüts-Seele versinkt das weiter gepflegte Nachdenken in unfruchtbares Grübeln, oder es bleibt beim Systematisieren stehen. Das Insichbewegen des Gemütes wird liebe Gewohnheit, wird schließlich Leerlauf; die Gemüthaftigkeit droht in Gemütlichkeit unterzugehen. Eine neue Art der Verspießerung setzt ein, die den Geist am Sonntag oder Feierabend kultiviert, ohne zu versuchen, den Alltag mit ihm zu durchdringen. Gegenüber der Umwelt bleibt man zu sehr im eigenen Inneren befangen, statt zu einer bewussten neuen Weltverbindung durchzustoßen. Aus der Innerlichkeit der Verstandes-Gemüts-Seele kann Egoismus werden. Die Tugend der Bewusstseinsseele, die Geistes-Gegenwart, wird nicht erworben.

Wenn wir ehrlich sind, werden viele von uns zugeben müssen, dass sie mindestens teilweise mit diesen Problemen zu ringen haben. Noch weniger als bei der Entwicklung der Verstandes-Gemüts-Seele wird man von sich sagen können, man habe die Forderungen der Bewusstseinsseele ganz erfüllt. Das hängt zum Teil mit der schon angeführten Tatsache zusammen, dass die Bewusstseinsseele erst am Anfang ihrer Entwicklung steht.

Die Entwicklungsstörungen der Bewusstseinsseele führen im Jahrsiebt von 35 bis 42 zu der heute viel besprochenen Krise der Lebensmitte.

Krise der Lebensmitte

Im sechsten Jahrsiebt, manchmal schon um das 35. Jahr, manchmal in der Zeit des zweiten Mondknotens um das 37. Jahr, manchmal erst Anfang bis Mitte 40, kommt es langsam oder über Nacht zu einer unerklärlichen Missstimmung, verbunden mit Unruhe und Erschöpfungsgefühl. Manche erlahmen in diesem Zustand und versinken in *Depression*, die sich bald mit Sorgen um die leibliche Gesundheit verbindet. Das kann sich bis zur *Hypochondrie* und bis zu einem der heute zunehmenden vorzeitigen *Versagenszustände* steigern, deren Durchschnittsalter um das 40. Jahr herum liegt.[311] Andere Betroffene flüchten sich in Betriebsamkeit oder in das Erleben des Rausches. Aber dahinter steht schon «das stille Entsetzen».[312] Und nach dem Rausch oder am Abend eines voll gepackten Tages kommt dann das Erlebnis des Leerlaufs, des Vereinsamens trotz intensiv gesuchter Kontakte. Im Gegensatz zum bisherigen Vertrauen in die eigene Tüchtigkeit oder in eine göttliche Führung beginnt man an allem zu zweifeln.

Die immer wieder sich meldende existenzielle Frage: «Wenn ich nur wüsste, was ich *wirklich* in diesem Leben soll!»[313] verrät schon etwas von der zur Geburt drängenden Bewusstseinsseele. Die neue Existenzkrise der Lebensmitte fragt in erster Linie nicht mehr nur nach dem Sinn, sondern nach dem wirklichen, feststellbaren Wert des vergangenen und des zukünftigen Lebens. Nicht das Leben in der Welt, sondern das Wirken in ihr erscheint primär sinnlos, wenn kein innerer Wert in ihm entdeckt wird, der sich auch in der äußeren Wirklichkeit auswirkt. Alles Tun rückt in die Verantwortung des eigenen Ich, das nun am stärksten auf der Erde erwacht ist.

In der Lebensmitte erreicht, wie beschrieben, die Wanderung zum Seelenmittelpunkt ihr Ziel. Diese Wanderung vollzieht sich in jedem Fall; wird sie jedoch nicht von seelischer Verinnerlichung begleitet, so wird aus dem Konzentrationsprozess ein seelischer Schrumpfungsprozess. Das Ziel der Wanderung ist in jedem Fall der «Punkt» des Ich, in der Krise jedoch erlebt man diesen Punkt als Schlusspunkt oder auch als Nullpunkt. Nun entscheidet es sich, ob man – nach Goethes Faust – in diesem «Nichts» das «All» finden lernt. Jenen Durchgang durch das Nichts muss – mehr oder weniger, bewusster oder unbewusster – jeder Mensch in der Lebensmitte vollziehen. Wird er dabei zu wenig von der Bewusstseinsseele getragen, vom Ich geführt, so kann der Mensch daran verzweifeln.

Die *Selbsterkenntnis*, empfindsam tastend, gedanklich analysierend in den zwanziger Jahren, wird nun Lebensnotwendigkeit, wird stärker als zuvor vom Willen der Bewusstseinsseele ergriffen. Eine Selbsterkenntnis, die nicht zu einer besseren, bewussten Selbstverwirklichung führen kann, erscheint wertlos. Bleibt der Mensch in der Krise der Bewusstseinsseele stecken, so führt ihn die Selbsterkenntnis nicht weiter, sie führt ihn nicht in die Zukunft. Der früher geschilderte Rückblick auf das bisherige Leben vom Leistungsgipfel der Lebensmitte aus kommt nicht von der Vergangenheit los. Wenn man nicht die Selbsterkenntnis überhaupt zu fliehen versucht – um ihr dann später umso leidvoller begegnen zu müssen –, entdeckt man so viele Fehler, so viele Unvollkommenheiten bei sich, dass man sich fragt, ob ein Weiterleben noch lohnt.

Und da kommt einem der eigene Tod entgegen. Das früher geschilderte Erleben des eigenen Todes in der Lebensmitte ist jetzt kein einmaliges oder wiederholtes Ereignis, sondern bildet den Hintergrund der ganzen Krisenzeit. Wie viele Jahre habe ich denn noch vor mir? Werde ich es denn in diesen paar Jahren schaffen, wo ich so vieles nicht geschafft, so wenig von dem erreicht habe, was mir einmal als Ziel oder als Ideal vor Augen stand? Lohnt es sich überhaupt noch, weiterzuleben, sich Mühe zu geben, wo nach dem Tod doch alles zu Ende ist? Solche Fragen können selbst schon weiterführen: zu dem dargestellten Erkennen der Lebensaufgabe, zum Erlebnis des Ich als geistiges Wesensglied, dessen Dasein nach dem Tod nicht zu Ende geht. Sie können jedoch den Menschen auch in neue Verzweiflung stürzen.

Die Begegnung mit dem eigenen Tod in der Lebensmitte erfährt eine Steigerung insofern, als nun mehr als früher der Tod gesucht wird. Im Lauf der vierziger Jahre beginnt «die Zahl der *Selbstmorde* stark anzusteigen». Bei Frauen hat nach einer amerikanischen Statistik die Kurve der Selbstmorde in den Lebensjahren von 45 bis 55 einen Gipfel, beim Mann steigt sie dauernd an bis in das höhere Alter.[314] Nach deutschen Statistiken nehmen sich doppelt so viele Männer wie Frauen das Leben. Insgesamt ist die Kurve bisher «von Generation zu Generation angestiegen und scheint noch weiter anzusteigen».[315]

Aber auch die Sterblichkeitsrate bei Krankheiten «steigt zwischen 35 und 39 plötzlich an». MOZART, RAFFAEL, CHOPIN, RIMBAUD, BAUDELAIRE, WATTEAU gehören zu dieser Gruppe. Dieses Ansteigen trifft sich dann Ende 40 wieder mit der durchschnittlichen Rate.[316]

Bei manchen setzt in der Lebensmitte ein leichteres oder schwereres seelisches Erkranken ein. So begann bei MÖRIKE mit 39 Jahren ein hypochondrischer Rückzug aus der Welt, der Dichter war immer weniger fähig, seinen Pfarrerberuf weiter auszuüben, und seine Schaffenskraft versiegte. Mit 37 Jahren kamen die wahnhaften Störungen im Seelenleben STRINDBERGS voll zum Ausbruch, Störungen, die ihn jedoch nicht daran hinderten, auch reale geistige Erlebnisse in dieser Zeit zu haben.[317]

Kleist sah sich im 35. Jahr seelisch am Ende und nahm sich das Leben. Van Gogh tat dies mit 38 Jahren, aus den davorliegenden Jahren seines seelischen Krankseins leuchten seine schönsten Gemälde auf. Bei Hugo Wolf setzen die seelischen Störungen mit 36 Jahren ein, mit 43 Jahren geht sein Leben zu Ende. Bei Robert Schumann kommt es unter dem Bild einer tiefgehenden Erschöpfung im 35. Jahr zu einer starken Steigerung seiner depressiven Verstimmungen und körperlichen Beschwerden, mit 46 Jahren stirbt er. Beide Komponisten, Schumann und Wolf, ringen ihre Schöpfungen der Krankheit ab. In der zweiten Hälfte der dreißiger Jahre kündigen sich die krankhaften seelischen Symptome bei Nietzsche an, zum vollen Ausbruch kommen sie mit 44 Jahren. Um Nietzsches «Geisteskonstitution zu verstehen», muss man nach Steiner die Psychopathologie zu Hilfe rufen. Damit sollte jedoch nichts über Wahrheit oder Irrtum in seinen Ideen entschieden werden. «Das Genialische erscheint bei ihm durch ein pathologisches Medium hindurch.»[318]

Friedrich Hölderlin – Krankheit und Dichtung

Ein Blick auf das Leben von Friedrich Hölderlin lässt das Wirken der Seelenglieder und ihre Krisen besonders lebendig werden. Die Beziehung des schaffenden Genies zu seiner seelischen Erkrankung erscheint hier in einem neuen Licht.[319]

Die ersten zwei Jahrsiebte sind eingebettet in die lieblich-weiche schwäbische Neckarlandschaft (Geburt 1770 in Lauffen am Neckar, dann Umzug nach Nürtingen am Neckar). Rückblickend berichtet der Dichter:

> Mich erzog der Wohllaut
> Des säuselnden Hains,
> Und lieben lernt' ich
> Unter den Blumen.
> Im Arme der Götter wuchs ich groß.

Ein innig mit der Natur verbundener Ätherleib wächst heran, dem die Verbindung zur menschlichen Umwelt schwer fällt. «Ich verstand die Stille des Äthers. Der Menschen Worte verstand ich nie», bekannte Hölderlin in dem oben zitierten Gedicht. Überschattet wird die Kindheit von der Strenge der Mutter, die ihn zum Pfarrerberuf bestimmt. Die väterlich führende Autorität entbehrt der vaterlos heranwachsende Knabe. Das alles führt zu Hemmungen im Inkarnationsprozess, der schon aus der Wesensart einer früheren griechischen Verkörperung nicht ganz vollzogen werden konnte.

Mit 14 Jahren wird Hölderlin in die Klosterschule gesteckt. Ein starker, leidenschaftlicher *Empfindungsleib* beginnt bald den Kampf gegen die geistigen Klostermauern. Er wählt sich Helden, denen er nachstrebt. Mit 18 Jahren und 7 Monaten, der Zeit seines ersten Mondknotens, zieht er in das Tübinger Stift ein und gewinnt HEGEL und SCHELLING zu Freunden, SCHILLER zum Vorbild. Mit 21 Jahren nimmt das ideale Streben seiner eben geborenen *Empfindungsseele* Form an: Er schreibt seine «Hymnen an die Ideale der Menschheit», in denen er nach einer dichterischen Verkörperung der von ihm tief empfundenen Ideen, nach einer schauenden Verbindung mit ihnen strebt, wie sie in der griechischen Kulturepoche gelebt hatte.

Als Beispiel sei eine Strophe aus der «Hymne an die Göttin der Harmonie» angeführt, in der Urania dem Menschen zuruft:

> Komm o Sohn! der süßen Schöpfungsstunde
> Auserwählter, komm und liebe mich!
> Meine Küsse weihten dich zum Bunde,
> Hauchten Geist von meinem Geist in dich.

Hölderlin hat hier wie auch sonst in dieser Zeit mit einem von ihm selbst empfundenen «Hang zur Abstraktion» zu ringen. Dem Überschwang seiner Empfindungen kann die letzte lebendige Verleiblichung der Idee noch nicht gelingen, weshalb sein Pathos für unsere Ohren manchmal nicht innerlich erfüllt klingt. Die aus der Pubertätszeit weiter wirkende Spaltung zwischen emotionalem und rationalem Wesenspol erweckt tiefsten Schmerz, den Hölderlin selbst als «zerreißend» bezeichnet. Das Feuer seines Wesens schlägt jäh in seelische Kälte um. «Ich friere und starre in den Winter, der mich umgibt», schreibt er in seinem 26. Jahr, als er nach dem Scheitern seiner Zukunftspläne in das Mutterhaus nach Nürtingen zurückkehrt, vor sich die Mauern eines evangelischen Pfarrhauses, zwischen denen er seinen Lebensweg enden sieht. Sein Ich, um Einheit und Gleichgewicht der Seele ringend, scheint sich aus dem verdorrenden Leben seiner Empfindungsseele zurückzuziehen. «Aber hin ist meines Lebens Morgen, / Meines Herzens Frühling ist verblüht», bekennt Hölderlin in dem damals entstandenen Gedicht «An die Natur».

Wie eine Fortsetzung wirkt die erste Strophe des Gedichtes «Diotima»:

> Leuchtest du wie vormals nieder,
> Goldner Tag! Und sprossen mir
> Des Gesanges Blumen wieder
> Lebenatmend auf zu dir?

Im 27. Jahr Hölderlins beginnt durch die Liebe zu Susette Gontard, in deren Familie er eine Hauslehrerstelle antritt, ein neuer Lebenstag für den Dichter. Aber der Tag leuchtet nicht nur wie vormals nieder, er ist zum «Goldnen Tag» geworden, der aus der Jugend in den Vorhof seiner Reifezeit, aus der Empfindungsseele in die Epoche der *Verstandes-Gemüts-Seele* hinüberglänzt.

Aus einem neuen Erleben der griechischen Kulturepoche, die sich im fünften Jahrsiebt widerspiegelt, steigt die griechische Priesterin Diotima, wie Hölderlin Susette Gontard nennt, zu ihm herab. Bei diesem Herabsteigen wird sie, die er zuerst als «Himmelsbotin», «Griechin», anspricht, zum «gütigen Herzen», zum «holden Herzen» für ihn. Sein eigenes Herz, bisher hin- und hergerissen zwischen Entflammen und Erkalten, zwischen hymnischem Aufschwung und elegischer Betrachtung, empfängt und versendet den Wärmestrom der Liebe. Von ihm erfüllt, beschwört er im Gedicht nicht mehr die Göttin des Ideals, der geliebte Mensch tritt aus dem griechischen Äther hervor, zu dem er sich sonst in seiner Entrückung erhob. Diotima kommt zu ihm auf die Erde, auf der er hofft, endlich Fuß zu fassen.

Nach Ablauf von nicht ganz drei Jahren, die Hölderlin an der Seite von Susette Gontard verleben durfte, wird der Hauslehrer vom Hausherrn, dem Bankier Gontard, genötigt, das Haus zu verlassen. 29 Jahre alt geworden, zieht er wieder in die Welt hinaus, um sich von Neuem als Dichter eine Stellung in der Welt zu schaffen. Wieder scheitert er. Freunde helfen ihm, beherbergen ihn bei sich, sein Herz jedoch findet kein Zuhause mehr. Sein junges Gemüt, durch das er schon die Einheit seines Wesens gefühlt hatte, zerreißt im Schmerz. Seele und Ich beginnen nun auch das «Haus» seines Leibes zu verlassen, die ersten Zeichen seiner seelischen Erkrankung werden sichtbar.

In der Zeit, in der Susette Gontard an der Schwindsucht stirbt, kehrt er von seiner letzten Hauslehrerstelle in Bordeaux in die Heimat zurück. Wirre Reden führend, verwahrlost und verstört, kommt er in Nürtingen an.

Hölderlins seelische Erkrankung, zu der er veranlagt war, die aber erst durch seine unglücklichen Schicksale in Erscheinung trat, war – im 33. Lebensjahr – zum Ausbruch gekommen (vgl. im Kapitel «Schizophrenie»: Die Krankheit im Lebenslauf). Erregungszustände, die bis zur Tobsucht gehen, wechseln ab mit Perioden der Erschlaffung und Depression. Zerfahrenheit des Gedankenganges, eine Tendenz zu Wortneubildungen und zur stereotypen Wiederholung einzelner Worte und Bewegungen kommen später dazu. Auch die Spaltung zwischen Seele und Welt vertieft sich: Der Kranke zieht sich von der Welt zurück und reagiert zugleich überempfindlich auf alle ihre Einwirkungen. Er errichtet eine Fassade von Höflichkeitsfloskeln gegenüber seinen Besuchern und flieht in den Namen «Scardanelli», den er sich zulegt. Letzteres betrifft vor allem die Jahre seines «Endzustandes», der im 36. Jahr einsetzte. Die zweite Lebenshälfte verlebte Hölderlin in Familienpflege. Er bewohnte einen kleinen Turm, der in Tübingen am Neckar steht. Der Fluss, an dem er geboren wurde und an dem er aufwuchs, floss nun auch vor dem Fenster seiner letzten Behausung, die seinen Leib noch 36 weitere Jahre lang beherbergte.

Nach dem Verdorren des Lebens seiner Verstandes-Gemüts-Seele kam es bei dem Kranken im irdischen Dasein nur zu einer teilweisen und schattenhaften Vorbereitung und Entwicklung der *Bewusstseinsseele*, die sich in einem erschütternden «wahnsinnigen Ringen um Bewusstsein» kundtat.[320] Der Kontakt zur Welt ging jedoch dabei vollends verloren, der Leib, Grundlage für das Leben der Bewusstseinsseele, wurde noch mehr von

Seele und Ich verlassen. In der Lebensmitte mündete die schizophrene Erkrankung Hölderlins in das Schattendasein eines irdischen Endzustandes ein.

Im *dichterischen Schaffen* bewirkte die Lockerung der Wesensglieder aus dem physischen Leib einen neuen Aufschwung, eine Auflockerung der Sprache, die für neue Erlebnisse durchlässig wurde. Auf dieser Ebene wird das Ringen um Bewusstsein fruchtbar, die entrückte Bewusstseinsseele schöpferisch. In ihrem Schaffen leuchtet das Ewige auf und verdichtet sich zu Bildern von imaginativer Kraft.

In der Zeit der sich vorbereitenden und beginnenden Erkrankung entstehen Gedichte, die auf die Entwicklung der Lyrik bis in unsere Zeit eingewirkt haben und darüber hinaus zur Seelennahrung für viele Menschen geworden sind. Nach HELLINGRATH, der sie Anfang des 20. Jahrhunderts neu entdeckt hat, stellen sie «Herz, Kern und Gipfel des Hölderlinschen Werkes» dar. Mit Recht betont HELLINGRATH, dass es sich bei dem neuen Stil dieser Gedichte nicht um einen Bruch, sondern um eine organische Weiterentwicklung handelt. Diese Weiterentwicklung wurde durch die Krankheit ausgelöst; was durch sie entstand, ist jedoch selbst nicht krank, wie es teilweise von psychiatrischer Seite behauptet wurde. Das Bild des Psychiaters und Philosophen JASPERS von der kranken Muschel, die eine Perle erzeugt, bringt diese Tatsache zum Ausdruck.

Eine neue Hymnenperiode setzt ein, in der das Pathos der Jugendhymnen zur «heiligen Nüchternheit» wird. Sprachlich ergibt sich die von HELLINGRATH geschilderte «harte Fügung», bei der nicht mehr der Gedanke, sondern das Wort bestimmend wird. Während der Mensch eine Exkarnation durch die Krankheit erfuhr, vollzieht sich auf der dichterischen Ebene eine Inkarnation geistiger Erlebnisse, die in Christus-

Begegnungen ihren Gipfel haben. Während der Mensch die Rückentwicklung in eine zweite krankhafte Pubertät erleidet, beginnt beim Dichter eine andere zweite Pubertät. Statt der Erdenreife auf der Stufe des physischen Leibes erlebt er ein kosmisches Reifen, das sich in irdischen Sprachformen andeutet. Auf jener Ebene erfüllte sich manches von dem, was einst der Dichter und Mensch aus seiner ersten Pubertät heraus erstrebt hatte. Als Beispiel für die neue Sprache seien einige Zeilen aus der Hymne «Patmos» wiedergegeben, die man mit der oben wiedergegebenen Strophe aus seiner Jugendhymne vergleichen möge.

> Es liebte der Gewittertragende die Einfalt
> Des Jüngers, und es sahe der achtsame Mann
> Das Angesicht des Gottes genau,
> Da beim Geheimnisse des Weinstocks sie
> Zusammensaßen zu der Stunde des Gastmahls,
> Und in der großen Seele, ruhigahnend, den Tod
> Ausprach der Herr und die letzte Liebe.

Der Gewittertragende ist Christus, um den sich beim Abendmahl die Jünger scharen. Der Dichter schildert das Abendmahl, als vollziehe es sich neu vor ihm. In den sechs A-Lauten der ersten zwei Zeilen wird die staunend-andächtige Einfalt des Jüngers Johannes, durch dessen Augen der Dichter blickt, sprachlich verleiblicht. Zugleich aber sieht der Jünger «genau». Ein großer, ruhiger Atemzug trägt von der ersten Zeile bis zu «letzte Liebe». Dabei wird eine Inversion vorgenommen: Die Worte «und die letzte Liebe» folgen nicht, wie es üblich wäre, auf «Tod», sondern drei Worte später. Die Liebe erhält dadurch eine Bedeutung, die nicht wie früher mit Worten umschrieben, sondern in der Wortstellung direkt zum Ausdruck kommt.

Die Rückentwicklung durch die Krankheit wirkte sich dann jedoch auch auf dichterischem Gebiet aus. Nach einer Periode sprachlicher und gedanklicher Auflösung mündete sie auch dichterisch in eine Art Endzustand ein, den wir hier ebenfalls als eine Wiederholung der Kindheit auf der Ebene der Krankheit erleben können. Nun wiederholen sich keine Hymnen mehr. Wie in seiner ersten Jugend und auslaufenden Kindheit hält der Dichter Natureindrücke im Gedicht fest. Wie ein Kind reiht er Bilder in einfachen Zeilen aneinander, deren Reime «steif», deren Bilder «formelhaft» werden können (HELLINGRATH). Und dann blitzt doch wieder etwas von dem Licht seines ferngerückten Geistes auf, dem die Gegenstände dieser Welt als ein «Widerglanz» des Himmels erscheinen.

> Der Erde Freuden, Freundlichkeit und Güter,
> Der Garten, Baum, der Weinberg mit dem Hüter,
> Sie scheinen wie ein Widerglanz des Himmels,
> Gewähret von dem Geist den Söhnen des Gewimmels.

Es ist hier etwas ausführlicher auf eine Biografie eingegangen worden, um erleben zu lassen, wie Lebenskrisen in Krankheit einmünden können, die manchmal auch schon im Schicksal eines früheren Erdenlebens wurzelt.[321]

Der seelisch Kranke kann seiner Krankheit etwas abringen. Er kann durch das Ringen mit seiner Krankheit neue Kräfte, neue Fähigkeiten gewinnen, die bei Hölderlin im künstlerischen, bei anderen im menschlichen Bereich fruchtbar werden, die sich aber auch erst in einem künftigen Erdenleben auswirken können. Dieser Aspekt ist nicht nur von Bedeutung für das Leben des Kranken selbst. «Das Ringen Hölderlins mit seiner Krankheit kann anderen seelischen Kranken Mut und Kraft geben für die Auseinandersetzung mit ihrem seelischen Leiden.

Hölderlins Dichtung aber kann uns allen ein Zeichen der Hoffnung sein, der Hoffnung auf Überwindung körperlichen und seelischen Krankseins durch den Geist des Menschen.»[322]

Das Ich zwischen Leib und Geist

Schon die *Entstehung* der Bewusstseinsseele, in der das Ich zu sich kommt und zur bewussten Verbindung mit der geistigen Welt gelangen kann, wies uns auf den physischen Leib zurück; durch die Verwandlung seiner Kräfte hat sich die Bewusstseinsseele gebildet. Alles, was störend auf die Entwicklung des physischen Leibes im ersten Lebensjahrsiebt einwirkt, schafft Hindernisse für die Bildung und Entwicklung der Bewusstseinsseele im sechsten Jahrsiebt. Die erwähnte Kontaktstörung, die Vereinsamung des Menschen in seiner Lebensmitte und von der Lebensmitte an, kann hier eine Wurzel haben, was sich auch in der Vorgeschichte von Depressionen der Lebensmitte zeigt. (Man entdeckt ungünstige Einwirkungen besonders im ersten Lebensjahrsiebt.) Die Vereinsamung entsteht aus einem «verschlossenen Charakter», der «nicht zu einem freien, offenen Verkehr mit all den Eindrücken der Außenwelt gelangen kann». Dieser Charakter ist entstanden, als das Ich bei der Umwandlung physischer Kräfte in den dreißiger Jahren einen verhärteten physischen Leib vorfand.[323]

Man denkt hier an die ungünstigen seelischen Einwirkungen während des ersten Jahrsiebts, insbesondere an die fehlende oder an die – seltener auftretende – überschießende Nestwärme. Das von außen bewirkte mangelhafte Mitschwingen der Seele überträgt sich auf den Leib, der zu wenig von der Seele her, d.h. zu materiell aufgebaut wird und dadurch zu früh verhärtet. Aber auch an körperliche Einflüsse ist zu denken: Das Verhindern jeglicher fieberhafter Infektionskrankheit im Kindesalter durch entsprechende Impfungen trägt zu einer Verhärtung des physischen Leibes ebenso bei wie der Vigantolstoß bei der Rachitisprophylaxe.[324]

Beim verschlossenen Charakter bleibt das Ich in der sich bildenden Bewusstseinsseele stecken und gewinnt zu wenig Kontakt zur Welt. Es wiederholt sich auf seelischer Ebene das Geschehen des ersten Jahrsiebts, bei dem das Menschenwesen den Leib nicht durchdringen konnte. Wir stehen wieder, diesmal vom ersten Jahrsiebt aus bedingt, vor der pathologischen Situation der Lebensmitte, die in einer Unterentwicklung der Bewusstseinsseele zum Ausdruck kommt. Dem Ich, zwischen Leib und Geist gestellt, gelingt es nicht oder nur unvollkommen, die Seelenentwicklung zum Geist emporzuführen: Die Kurve dieser Entwicklung gleicht sich mehr oder weniger der abwärts tendierenden biologischen Kurve an.

Nun wird die Krisensymptomatik in der Lebensmitte ganz konkret: Die Unterdrückung des seelischen Aufstrebens zum Geist und die Fesselung an den Leib wird in der Seele als Bedrückung, als Deprimiertheit erlebt, die sich bis zur *Depression* steigern kann. Jede Depression jenseits der Lebensmitte hat in dieser pathologischen Beziehung zum eigenen physischen Leib eine wesentliche Grundlage. (Die Tatsache, dass sich diese Beziehung auf das Organsystem der Leber zu konzentrieren pflegt, soll später erläutert werden.)

Die Bindung an den eigenen Leib kommt bei dieser Depressionsform auch dadurch zum Ausdruck, dass, wie schon erwähnt, eine ausgesprochen hypochondrische Färbung der Depression zu beobachten ist. Durch die krankhafte Verbindung mit dem Leib wird dessen langsam überwiegender Abbau intensiv miterlebt, manche der sonst unterschwellig bleibenden körperlichen Beschwerden werden bewusst und erfüllen das Seelenleben mit Sorge. *Hypochondrie* ist nicht einfach eine Eigenschaft des älter werdenden Menschen, sie entsteht gerade dadurch, dass er nicht in gesunder Art älter wird.

Psychiatrische Krankheiten und Nervenkrankheiten des Alters

Wie die hypochondrische Altersdepression, so wurzeln auch alle anderen seelisch sich äußernden Krankheitserscheinungen des Alters in jenem Geschehen, das in der Lebensmitte einsetzt. Der *Verarmungswahn* des höheren Alters z.B. geht aus einem unterbewussten Miterleben dieses Geschehens hervor. Empfindet die Seele den Abbau des Leibes so stark, dass sie ganz davon erfüllt ist, so wird auch die Beurteilung der persönlichen Lebensumstände davon bestimmt. Man fürchtet, ja man glaubt zu verarmen: in finanzieller Hinsicht, im Hinblick auf Kleider und andere Gegenstände. Und von da aus ist dann nur noch ein Schritt zum *Bestehlungswahn*: Das fehlende Geld, die fehlenden Kleider sind gestohlen worden. Beiden Wahnbildungen liegt die reale leibliche «Verarmung» des älter werdenden Menschen zugrunde, aber man ist selbst der Dieb, der fortdauernd den eigenen Leib bestiehlt. Beim Altern zehrt der eigene Astralleib am Ätherleib, später der eigene Ätherleib am physischen Leib.[325]

Durch diese Charakterisierung STEINERS tritt eine weitere Komponente der Entwicklung in Erscheinung: Nicht nur gibt der physische Leib die Seelenentwicklung frei, die höheren Wesensglieder zehren außerdem an seinen Kräften, um sie dem geistigen Leben dienstbar zu machen. Vom Leib her wird das als *Beeinträchtigung* empfunden, eine Empfindung, von der viele Erkrankungen und manche Erlebnisse des höheren Alters begleitet werden.

Außer den physiologischen Folgeerscheinungen dieser Entwicklung für den Leib, dessen Rückentwicklung also bis zu einem gewissen Grad gesund ist, gibt es jedoch auch krankhafte Folgeerscheinungen im leiblichen Bereich. Auch sie entstehen durch die zu enge Verbindung von Seele und Ich mit dem physischen Leib. Diese pathologische Verbindung zieht eine Verstärkung des leiblichen Abbaus mit sich, der über sein Ziel hinausschießt. Dass Sorgen um die Gesundheit der Gesundheit schaden, ist bekannt, doch bleibt eine solche Aussage an der Oberfläche. Es ist das den leiblichen Sorgen zugrunde liegende Verhalten der Wesensglieder, das die nun auftretenden körperlichen Krankheitserscheinungen bewirkt.

Zweierlei ist dabei festzuhalten: Einerseits lockern die Wesensglieder Ätherleib, Astralleib und Ich ihre lebendige Beziehung zum physischen Leib, das tritt bei allen alternden Menschen ein. Andererseits können sich jene Wesensglieder sekundär wieder an den Leib binden. Bei dieser krankhaften Rückbindung kommt es naturgemäß nicht zu einer lebensvollen neuen Inkarnation, die ist einem künftigen Erdenleben vorbehalten. Die neue Bindung an den Leib vollzieht sich vielmehr im Sinne des selbst weitgehend erstorbenen Nervensystems, das jetzt nicht mehr Gestaltung, sondern nur noch Bewusstsein, d.h. Bewusstsein vom Abbau des Leibes vermitteln kann. Dadurch aber wird das Leben des Leibes zusätzlich reduziert; die physiologischen Zerfallsvorgänge im Nervensystem werden in krankhafter Weise verstärkt und im übrigen Organismus verbreitet. Es kommt zur neurasthenischen Form des Erkrankens im weitesten Sinn.[326]

Mit dieser Situation, d.h. mit den leiblichen Folgen des nicht gemeisterten Alterns, hängt die Zunahme der *degenerativen Krankheiten* beim älteren Menschen unserer Zeit zusammen, bei denen sich der Zerfall der Gewebe mit einer Tendenz zur Verhärtung und Erstarrung verbindet; auf diese Krankheiten kann hier nur hingewiesen werden. Hervorgehoben sei die Zunahme der *degenerativen Nervenkrankheiten*, die vor allem in der zweiten Lebenshälfte eine Rolle spielen, wie z.B. der *Schwund des Gehirns* (Hirnatrophie) durch die gleichfalls zunehmende Verkalkung der Gehirngefäße (Cerebralsklerose) oder aus sich selbst heraus wie bei der *Alzheimerschen Krankheit*. Bei der *multiplen Sklerose*, die oft schon in der ersten Lebenshälfte einsetzt, wirken eine degenerative und eine entzündliche Komponente zusammen. Die Entzündung gehört mehr zur Jugend des Menschen, doch nehmen auch in dieser Lebenszeit – als Ausdruck allgemeiner Neurasthenie und Verkopfung – heutzutage degenerative Prozesse zu.

Da die Bewusstseinsseele, wie geschildert, vom Kopf aus ihr Leben entfaltet, können wir nun die Nervenkrankheiten der zweiten Lebenshälfte und die degenerativen Erkrankungen überhaupt als Schatten der Bewusstseinsseelenentwicklung auf der Ebene des Leibes auffassen. Und so wie das Gehirn bei seinem Schwund, seiner Alterserkrankung vom Blut nicht mehr genug Leben erhalten kann, so erhält die unterentwickelte Bewusstseinsseele zu wenig Leben vom Herzen aus, wo sie ihre Wurzel hat. Die Geburtswehen der Herzenskräfte sind zugleich Geburtswehen der Bewusstseinsseele. Ihren körperlichen Ausdruck finden auch diese Geburtswehen in der geschilderten *Herzneurose*, die, wie wir sahen, nicht nur zu den zwanziger Jahren, sondern auch zur Lebensmitte gehört.

Das *Versagen des Gehirns* im Alter, das unter Umständen bis auf einen mangelhaften oder gestörten Aufbau im ersten Lebensjahrsiebt zurückgeht, überschattet alle Krankheitsbilder der Alterspsychiatrie, die sich als Metamorphosen aus den später geschilderten (und anderen) psychiatrischen Krankheitsbildern ergeben. Besonders die im Alter auftretenden Wahnbildungen werden durch die Auffassungs- und Urteilsschwäche, durch die Vergesslichkeit, unter Umständen auch durch fehlende Orientierung in Raum und Zeit, kompliziert. Man verlegt, verliert Gegenstände und glaubt dann, sie seien gestohlen worden. Alle diese eben angeführten Symptome gehen aus einer Beeinträchtigung des Gehirns hervor. Aber auch die Labilität im Gefühlsleben, die emotionale Erregbarkeit und Reizbarkeit des alternden Menschen haben einen Bezug zu diesem Organ. Vom Gehirn aus werden dem Ich die Regungen der eigenen Seele bewusst, sodass es versuchen kann, steuernd in sie einzugreifen. Ist das Organ für dieses Wahrnehmen gestört, so ist auch das Eingreifen des Ich nicht mehr in dem Maß wie früher möglich, und die aufschießenden Impulse des emotionalen Seelenlebens können nicht mehr beherrscht werden.

Die Schwierigkeiten, die sich für das soziale Leben durch solche Symptome ergeben, sind bekannt. Die *Vereinsamung* des alt werdenden Menschen hat sicher eine äußere Wurzel: Man zieht sich vor dem alten Menschen zurück. Es gibt jedoch, wie schon ersichtlich wurde, auch eine Vereinsamung von innen. Indem sich der alternde Mensch zu eng mit seinem Leib verbindet, lockert er selbst die Verbindung zur mitmenschlichen Umwelt. Wer in der Hauptsache nur noch Interesse für das eigene, vom Leib bestimmte Dasein hat, dem wendet dann auch die Umwelt nicht mehr so viel Interesse zu.

Die Folgen der geschilderten Fehlentwicklung, die sich aus

der Unterentwicklung der Bewusstseinsseele ergeben, wirken sich bis ins *weltanschauliche Gebiet* aus. Die geistigen Folgeerscheinungen, die aus dem Stillstand der Entwicklung in der ersten Lebenshälfte hervorgehen, kommen unter Umständen jetzt erst zum Vorschein oder erhalten einen entscheidenden dramatischen Akzent: Atheismus und Materialismus werden nun leidvolle Lebenserfahrung. In dem Maß, in dem sich die Seele an den Leib bindet, verliert sie die Möglichkeit, das Wirken des Geistes in der Welt wahrzunehmen. Bleibt das Denken im zunehmenden Abbau des Gehirns befangen, so *muss* ihm das Ende dieses Abbaus, der Tod, als das Letzte vor Augen stehen. Projiziert es diese Lebensanschauung in die Welt, so entsteht die atheistische Weltanschauung des Materialismus, die schließlich nicht mehr als Theorie im Kopf figuriert, sondern zwingende Lebenspraxis wird.

Zur Therapie

Wieder ist zunächst auf vorhergehende Störungen der Seelenentwicklung einzugehen. Kann der Mensch schon nicht mehr lebendig empfinden oder hat sich dieses Empfinden im Licht der Bewusstseinsseele zurückgebildet, so ist erst hier anzusetzen. Fällt ihm die Klarheit des Denkens, die gemüthafte Verinnerlichung schwer, so ist Nachholen in dieser Hinsicht notwendig.

Dabei sollte jedoch weder vom Betroffenen noch vom Helfer einfach der Stil der Empfindungsseele bzw. der Verstandes-Gemüts-Seele wiederholt werden. Trotz der Unterentwicklung der Bewusstseinsseele sollte man immer versuchen, ihrem

Stil, d.h. der Altersstufe des betreffenden Menschen, gerecht zu werden. Ein Kind, das vieles nachzuholen hat, dem Alter nach jedoch in eine achte Klasse gehört, sollte man möglichst nicht in eine sechste Klasse zurückstufen. Man wird ihm vielmehr neben dem Unterricht in seiner achten Klasse zusätzlich Nachhilfeunterricht vermitteln. Das gilt sinngemäß für jegliche Art von Nachholen, besonders aber für das Nachholen auf der Stufe der Bewusstseinsseele, das meistens schon einen höheren Grad von Bewusstsein zu berücksichtigen hat. Etwas davon kann z.B. in der Art des künstlerischen Übens bei Unterentwicklung der Empfindungsseele in der Lebensmitte zum Ausdruck kommen. – Sicher stellt diese Anforderung oft ein Problem dar, auf jeden Fall sollte sie im Bewusstsein des Helfers leben. Der Betroffene selbst hat manchmal ein sicheres Gefühl dafür, dass er vom Ziel seiner Entwicklung her angesprochen werden sollte.

Sind die Seelenglieder vor der Bewusstseinsseele gut entwickelt oder wurde ihre Entwicklung nachgeholt, so tritt statt der früheren unbestimmten Sehnsucht, statt dem gedanklichen Streben nach dem Geist ein starkes Verlangen nach umfassender Selbst- und Welterkenntnis auf, das zu unterstützen ist. Auf die Frage: «Wo war etwas wesentlich, wertvoll für die Umwelt in meinem bisherigen Leben?» wird man gemeinsam mit dem Betroffenen eingehen. Als eine Weiterentwicklung der Erlebnis- und Besinnungsrückschau kann eine *Wesensrückschau* angestrebt werden. Bei der Rückschau auf den Tag kann man sich fragen: Was war wesentlich an diesem Tag, wo kann ich etwas Allgemeingültiges, Geistiges darin erkennen? Am Morgen kann sich der willenshafte *Vorsatz* dazugesellen, das oder jenes am kommenden Tag wesentlicher zu sehen und zu gestalten – ein Vorsatz, mit dem auch schon in den zwanziger Jahren als Vorbereitung für die Bewusstseinsseele begonnen werden kann.

Bei der von STEINER empfohlenen abendlichen *Rückschauübung* handelt es sich um eine gesteigerte Vorübung für den geistigen Schulungsweg, die nicht jeder gleich in Angriff nehmen kann. Die Übung ist von besonderer Bedeutung für die «Erkraftung des Vorstellens». Diese wird dadurch erreicht, dass man die Ereignisse des Tages rückwärts an sich vorbeiziehen lässt und dabei versucht, sich selbst im Bild wahrzunehmen. Durch diese Aktivierung des Vorstellens, das nicht dem sinnenfälligen Ablauf des Tages, sondern dem eigenen Wollen folgt, lernt man zugleich Distanzierung gegenüber den Tageserlebnissen. Man sollte bei *dieser* Art von Rückschau nicht bei den einzelnen Ereignissen verweilen, über sie nachsinnen usw., sondern sie so an sich vorbeiziehen lassen, als wären es fremde.[327]

Durch alle solche Übungen wird an den Willen der Bewusstseinsseele appelliert, dessen Erstarken im Denken zum *Vordenken* und damit aus der Verstandes-Gemüts-Seele zur Bewusstseinsseele hinführt. Man kann dieses Vordenken auch direkt üben und damit die unterentwickelte Bewusstseinsseele aktivieren. Zum Beispiel kann man in der Vorstellung eine Pflanze aus ihrem Samenkorn emporwachsen lassen: der erste Teil der von STEINER gegebenen Samenkornübung.[328] Bei der Lektüre kann man danach trachten, das Gelesene nicht nur zu wiederholen, sondern es noch einmal frei entstehen zu lassen, ohne dass man auf die Einzelheiten des Textes achtet. Dadurch kommt man vom Nachdenken zum Vordenken, das sich natürlich vom Text dann korrigieren lassen kann.

Beginnt man schon während der notwendigen Selbsterkenntnis mit solchen Übungen, so hilft man dem anderen oder sich selbst, nicht im Vergangenen und im Persönlichen stecken zu bleiben. In die Zukunft führt dann vom Persönlichen aus die Frage nach der speziellen Aufgabe, die bei jedem Menschen vorliegt. Mit dem Objektiv-Geistigen verbindet die weitere Frage: Wie kann ich meiner Aufgabe besser gerecht werden, wo und wie kann ich neue Kräfte für sie gewinnen?

Jetzt, wo der Wille am stärksten in der Seele wirksam werden kann, bekommt das übende Erfahren eine lebensnotwendige Bedeutung. Nicht das Erkennen erzieht die Bewusstseinsseele, Erkennen ist ihr Lebenselement. Erzogen aber wird sie, wie schon geschildert, durch die *Andacht*, die mit dem Quell ihres Lebens, mit dem Erleben des Herzens, verbindet. Jene tätige Andacht aber, bei der Denken, Fühlen und Wollen in der Seelenmitte zusammenfinden, muss erübt werden.

Andacht führt zur meditativen Haltung, zum meditativen Üben der Bewusstseinsseele, das *meditative Element* ist der Kern ihres Lebens. Dabei wird, nun ganz vom Willen bestimmt, der Weg aus der Welt zur Seelenmitte neu gegangen. Der Übende schließt sich, vom Gefühl der Andacht getragen, willentlich und bewusst von der Welt ab. Er stellt eine Vorstellung in das Zentrum seiner Seele, auf die er sich anschauend und empfindend konzentriert. Damit sie nicht zwingend wird, «wischt» er sie durch seinen Willen dazwischen wieder aus. Wirksamer als Vorstellungen aus der Außenwelt sind dabei nach STEINER sinnbildliche Vorstellungen. Schon mit den Vorstellungen, die der Mensch vom Licht, von der Weisheit, von der Wärme und von der Liebe hat, lässt sich etwas erreichen. Noch mehr kann erreicht werden, wenn die Vorstellung von der Wärme als Sinnbild der Liebe gebildet und meditiert wird. Solche Vorstellungen sollen «Erzieher für die Seele» sein,[329] d.h., sie sind nicht nur Schritte auf dem Schulungsweg, sondern auch Hilfen für die Krise der Bewusstseinsseele.

Der Weg ins Innerste, wo das Ich sich und den Zugang zur geistigen Welt finden kann, führt dann wieder zur Außenwelt zurück. Der Mensch darf erleben, dass er nun eine tiefere Beziehung zu ihr gewinnt, als er sie vor einem solchen Üben, vor einer meditativ vollzogenen Lektüre hatte. Er erlebt mehr Wesentliches in der Welt und im eigenen Leben. Ein Strahl aus der geistigen Welt, den sein höheres Ich ihm vermittelte, hat ihn in die Welt begleitet, in der er eine neue, tiefer gegründete Tüchtigkeit entwickeln kann.

Auch hier wird die seelisch-geistige Therapie, die noch mehr als die bisherige Therapie Selbsthilfe und Selbstheilung darstellt, wesentlich von der *medikamentösen* und von der *heileurythmischen* Therapie unterstützt. Im Vordergrund stehen diese Therapien in all den Fällen, in denen die Entwicklungsstörung auf den physischen Leib zurückgewirkt und dort funktionelle oder organische Störungen erzeugt hat. Während hierbei von dem einzelnen betroffenen Organsystem auszugehen ist, kann zur Unterstützung der Bewusstseinsseele vom Herzen aus wieder das schon besprochene *Gold* empfohlen werden. Vom Nervensystem aus wirkt auf die Bewusstseinsseele das *Blei* in höherer Potenz. Während das Gold vom Herzen aus mithilft, die neue Verbindung zur geistigen Welt aus dem Zentrum zu schaffen, unterstützt das Blei die Bewusstseinsseele insbesondere bei ihrem Erkenntnisstreben. Während Blei in tiefer Potenz den Abbau verstärkt, was manchmal auch notwendig ist, fängt es in höherer Potenz den überschießenden Abbau auf und wirkt damit der Sklerose und der Degeneration entgegen.

Heileurythmisch ist außer der erwähnten, dem Gold entsprechenden *Liebe-E-Übung* die *T-Gebärde* hervorzuheben. Durch den ersten Teil, das Emporheben der Arme, wird die Beziehung zur Umwelt, zum Kosmos hergestellt, durch den zweiten Teil mit seinem Sichsenken der Arme und Hände zum Kopf die Verbindung zum Kopf und vom Kopf zum Herzen. Die *U-Gebärde* knüpft an die Bleimedikation an. Besonders, wenn die zusammengelegten Hände dabei von oben nach unten geführt werden, verbindet sich das bewusste Ich mit der Erde: Der sicher auf der Erde stehende Mensch wird angesprochen. Indem er dann wieder im *U* die Arme erhebt, wendet er sein Bewusstsein dem Geist zu.

Aber auch zur *Vorbeugung* der körperlichen und seelischen Erkrankungen im Alter kann – außer durch ein geistbemühtes und möglichst rhythmisches Leben – durch Medikamente, Eurythmie und andere künstlerische Therapie viel getan werden. Wendung zum Geist bedeutet ja nicht Abwendung vom Leib in dem Sinne, dass der Leib nun sich selber und seinem Abbau überlassen wird. Ein so kostbares Instrument, wie es unser Leib ist, will auch im Alter gepflegt sein. Dies darf nur nicht zum Selbstzweck werden, sondern zur Hilfe für das Ich, damit dieses die Melodie des Geistes immer reiner auf seinem Instrument erklingen lassen kann.

IV.
Neurose und Psychose als Entwicklungsgeschehen

Im dritten Jahrsiebt, in dem der Astralleib selbstständig wird, lernten wir die vegetative Neurose kennen, die durch eine zu starke oder zu schwache Verbindung des Astralleibes mit dem physischen Leib verstanden werden konnte. Die Neurose äußerte sich in körperlichen und seelischen Symptomen. Die zunächst seelische Sucht des Jugendalters führte aus dem seelischen Bereich in den leiblichen hinein. Im vierten Jahrsiebt und im ausgehenden dritten Jahrsiebt trafen wir die Vakuumneurose an, deren Symptome hauptsächlich im seelischen Gebiet zutage traten, sich dann aber auch mit körperlichen verbanden. Die Herzneurose schließlich, die für die Jahrsiebte von 28 bis 42 charakteristisch ist, begann mit einer seelischen Vorgeschichte und führte zur neurotischen Organkrankheit im Leib, die sich wiederum mit seelischen Symptomen verband.

Bei der verwirrenden neurotischen (und später psychotischen) körperlich-seelischen Symptomatik hilft es weiter, wenn man sich die zwei *Richtungen des Erkrankens* klarmacht, in die sich die verschiedenen Symptome eingliedern lassen. Die eine Richtung weist von der Seele zum Körper, die andere vom Körper zur Seele. Dabei bleibt man nicht mehr an die Krankheit fixiert als an einen Defekt, der im Körper oder in der Seele auftritt. Man taucht vielmehr in das lebendige Geschehen der Entwicklung ein, in den *Prozess der Krankheit*, der sich zwischen der körperlichen und der seelischen Ebene bewegt und dabei bald mehr auf der einen, bald mehr auf der anderen zur Erscheinung kommt.

Neben der während des irdischen Lebens sich bildenden Einheit von Leib und Seele beobachten wir also *Wechselwirkungen*, die sich zwischen Leib und Seele im Zeitverlauf abspielen. Diese werden dadurch möglich, dass es sich bei der Leib-Seele-Einheit um keine statische, einmal gegebene, sondern um eine dynamische, ständig neu entstehende handelt. Schon nach jedem Schlaf, wenn sich die Seele neu mit dem Leib vereinigt, stellt sich diese Einheit etwas anders wieder her. Das – gesunde und krankhafte – Sichlösen und -binden von Seele und Leib ist die Voraussetzung für die Wechselwirkungen zwischen ihnen und die daraus hervorgehende Entwicklung des Menschen.

Körperliche Krankheit aus der Seele

Am deutlichsten ist hier der Zusammenhang zwischen der körperlichen und der seelischen Ebene bei der so genannten *Organneurose*. Die wohl wichtigste lernten wir in Gestalt der Herzneurose kennen. Bei ihr wird nicht – wie beim Herzinfarkt, bei der Herzmuskel- oder Herzklappenentzündung – die Substanz des Herzens angegriffen, wohl aber wird die Funktion des Herzens, seine Bewegung und Durchblutung von der Seele aus gestört. In anderen Fällen, z.B. bei der Magenneurose, ist auch die Funktion der Absonderung (des Magensaftes) nicht in Ordnung. Insgesamt charakteristisch ist eine Störung im Fließen des Blutes, der Säfte, der Bewegung eines Organs.

Wir werden damit auf den *Wasserorganismus* des Leibes verwiesen, der dem Leben, den Funktionen der Organe dient. In ihm wirkt primär der *Ätherleib*, der aus dem wässrigen Element aufbaut und plastiziert, zugleich aber das Luftelement der inneren Atmung durch das wässrige Element dem ganzen Organismus mitteilt. Im *Luftorganismus* wirkt primär der *Astralleib*, dessen Tätigkeit durch das Luftelement dem physischen Leib vermittelt wird.[330] Damit ist auf die lebendige Verbindung hingedeutet, die sich aufgrund einer solchen Menschenkunde zwischen Leib und Seele ergibt. Für die anthroposophische Menschenkunde ist der ganze Leib beseelt. Die Verbannung der Seele in das *Gehirn*, durch das nach den heutigen Theorien die Seele mit dem Leib zusammenhängt, verhindert zugleich ein lebendiges Verstehen dieses Zusammenhangs zugunsten einer abstrakten und mechanistischen Schaltverbindung von Leib und Seele im Stil eines Computers.

Bei der Herzneurose lernten wir schon Erlebnisse kennen, die im Seelenleben nicht «verdaut» werden konnten und deshalb bis in die Sphäre des Leibes hinuntersanken. Dieselbe Situation liegt bei allen den Leib krank machenden Erlebnissen vor. Da sie in der Seele nicht verarbeitet wurden, wirken sie primär über die im Leib tätige Seele, d.h. über den Empfindungsleib (oder Astralleib) behindernd auf die innere Atmung des Organismus, auf den Austausch von Sauerstoff und Kohlensäure im Innern. Hier empfängt der im Wasserorganismus tätige Ätherleib die seelische Einwirkung. Es kommt zur Störung des Blutkreislaufs, der Säfte, der Organbewegungen. Spielt sich die Störung vorwiegend im Bereich des gesamten Wasserorganismus ab, so entsteht die vegetative Neurose, bei der sich das Überschießen oder die Schwäche des Astralleibes in der geschilderten Art auf den physischen Leib überträgt. Wenn sich die Störung auf ein Organsystem konzentriert, so diagnostiziert man eine «Organneurose».

Die Störung kann jedoch auch tiefer gehen und das Organ selbst, d.h. dessen feste Substanz, ergreifen. Es kommt zur

«Deformation» des Organs durch eine der geschilderten degenerativen Krankheiten oder durch entzündliche Erkrankungen. Das Organ wird «von der astralischen Tätigkeit zu stark ergriffen».[331] Die *Organkrankheit* kann eine direkte Folge davon sein, es können aber auch organneurotische Beschwerden schon Ausdruck eines solchen Erkrankens darstellen. Das Sodbrennen, das Völlegefühl kann auf neurotische Funktionsstörungen des Magens, auf eine Magenneurose, deuten, es kann sich jedoch auch der Beginn eines Magengeschwürs dahinter verbergen, bei dem sich im weiteren Verlauf das Sodbrennen zum brennenden oder bohrenden Schmerz zu steigern pflegt. Seelisch finden sich ähnliche Symptome in der Vorgeschichte wie bei der Magenneurose. Mit einer infantilen Einstellung gegenüber dem Leben kann sich «brennender Ehrgeiz» verbinden, der, in der Welt ohne Erfüllung geblieben, dem Betroffenen «auf den Magen schlägt».[332] Das seelische Brennen verwandelt sich in körperlichen Schmerz, in körperliche Krankheit, bei welcher der Abbau durch die bewusst gewordenen und dann nach dem Leib zurückgestauten seelischen Kräfte zuletzt einen entzündlichen Substanzverlust, ein Geschwür im Magen erzeugt.

So kann ein seelisches Fehlverhalten zur körperlichen Krankheit werden. Diese sollte jedoch nicht nur als Folge aus der Vergangenheit, sondern auch als Chance für die Zukunft verstanden werden. Durch die Magenbeschwerden, die Schmerzen des Magengeschwürs kann zugleich die Erkenntnis im Kranken entstehen, dass er sein Leben in einer bestimmten Richtung ändern sollte. Und erst indem er seelisch weiter reift, mit seinem Ehrgeiz im bewussten Seelenleben besser fertig wird, ist er auch besser vor den häufig sich einstellenden Rückfällen seines Magenleidens geschützt.

Andere Auswirkungen der seelischen Vorgeschichte verlaufen in derselben Richtung. Vor Fieberzuständen mit unbekannter oder bekannter Ursache kommt manchmal ein «zu starkes Hingegebensein an die Außenwelt», eine Art «Seelenfieber» zur Beobachtung, das dann im Verein mit anderen Einwirkungen (Erkältung, Infektionen) zum körperlichen Fieber führt.[333] Die schon erwähnten Erziehungsfehler in der Kindheit können im Erwachsenenalter körperliche Krankheiten nach sich ziehen. Wieder verläuft die Richtung von der Seele nach dem physischen Leib, das Fehlverhalten liegt jedoch in diesem Fall in der Umgebung. Seelisch kann es eine erste Auswirkung in kindlichen Verhaltensstörungen haben, eine spätere Auswirkung stellt die körperliche Krankheit dar.[334]

Charakteristisch ist, dass es sich nicht um eine seelische Krankheit handelt, die zur körperlichen wird, sondern um ein seelisches Fehlverhalten, um störende seelische Einwirkungen aus der Welt, aus denen dann der physische Leib, zusammen mit dem Ätherleib, eine körperliche Krankheit gestaltet. In der Gegenwart beschreibt die *psychosomatische Medizin* viele solcher Zusammenhänge, und sicher werden noch mehr entdeckt. Auf das Mitwirken seelischer Faktoren bei jeder körperlichen Erkrankung wird heute allgemein hingewiesen. Zieht man die Auswirkungen eines früheren Erdenlebens in Betracht, so ist auch hierbei die Richtung von der Seele zum Körper zu erkennen: In die Anlage zu einer bestimmten Krankheit, welche die Vererbung liefert, kann das Fehlverhalten, können krank machende Erlebnisse eines früheren Erdenlebens einmünden. Auch die Krankheiten, die etwa in Form eines Unglücksfalles von außen auf den Menschen zukommen, können im Seelenleben einer früheren Verkörperung bedingt sein und werden dann vom schicksalbildenden Ich im Lebenslauf aufgesucht. In diesem Sinn hat jedes körperliche Kranksein seine seelische Vorgeschichte.

Die körperliche Krankheit ist, so gesehen, das Endstadium

eines Geschehens, aus dem sich – dann wieder im seelischen Gebiet – ein neues Verhalten des Menschen entwickeln kann. Sie kann aber auch zur Grundlage eines neuen Erkrankens werden, das sich ebenfalls wieder im seelischen Bereich abspielt.

Seelisches Erkranken aus dem Körper

Viele Menschen haben schon einmal oder mehrere Male erlebt, dass sich nach dem morgendlichen Erwachen eine zunächst unerklärliche Missstimmung und Ängstlichkeit bei ihnen einstellt. In den Tagen oder Wochen vorher hat man vielleicht einen Kummer erlebt, mit dem man schon glaubte fertig geworden zu sein. Geht man der Sache nach, so findet man, dass dem betreffenden Menschen nicht nur etwas auf den Magen, sondern «auf die Leber geschlagen» ist, aus der jetzt, manchmal verbunden mit leichtem Druck- und Völlegefühl, die Missstimmung aufsteigt. Die Missstimmung und Ängstlichkeit kann sich rasch verflüchtigen, kann jedoch nach einem nächsten Erlebnis wiederkehren. Warum ist denn dieser Mensch immer so ängstlich, so verstimmbar in seiner Beziehung zur Umwelt, wird dann gefragt. Als Antwort kann man hören: Er ist eben ein Neurotiker. Man kann auch sagen: Er hat eine seelische, eine *Psychoneurose*, die man unter Umständen auf ungünstige Erlebnisse in der Kindheit zurückführt. Diese eventuell vorhandenen sowie die nicht verarbeiteten Kummererlebnisse der letzten Zeit haben sich jedoch zuerst in der Leber ausgewirkt, wo über den Ätherleib Funktionsstörungen im Fließen der Galle, des Blutes entstanden sind. Und dann wird die Dynamik dieser körperlichen Erkrankung wieder vom Ätherleib der Seele vermittelt. Aus den

Stauungen, Verkrampfungen und explosiven Entladungen im Fließen des Blutes, der Säfte, der Organbewegungen werden die seelischen Stauungen, Verkrampfungen oder Explosionen des neurotischen Seelenlebens, das mit Missstimmung, Ängstlichkeit oder Aggressivität auf die Welt reagiert.

Wie die organneurotische, so kann auch die seelische Störung tiefer gehen. Aus der Missstimmung wird nun eine schwere, hoffnungslose Depression, aus der Ängstlichkeit eine lähmende Lebensangst, die jede Tätigkeit erschwert oder verhindert. Und nun steht die Schwere des Zustandsbildes in keinem Verhältnis mehr zu kränkenden Erlebnissen der letzten Zeit, die sogar ganz fehlen können (in früherer Zeit jedoch immer vorhanden sind). In der körperlichen Vorgeschichte findet man bisweilen organische Lebererkrankungen, oder man stellt während der Depression unter anderem schon länger bestehende Leberstoffwechselstörungen fest, die bis in das Innere der Leberzellen reichen. Seelisch diagnostiziert man eine *endogene Depression*, die häufigste *Psychose* der Leber, auf die bei den psychiatrischen Krankheitsbildern zurückgekommen werden soll.

Während die Psychoneurose aus leichteren, aus funktionellen Krankheitserscheinungen eines Organsystems hervorgeht, bildet ein tiefergehendes Erkranken des Organs die Grundlage für die Psychose. Anknüpfend an das oben Ausgeführte, kann man sagen: Die Psychose ist eine seelische Organkrankheit, bei der die organische «Deformation» aus dem physischen Leib vom Ätherleib in das Seelenleben getragen wird. Durch eine im Körper zugrunde liegende Anlage wird dabei auf ein früheres Erdenleben hingewiesen.

Nach STEINER beruhen alle so genannten Geisteskrankheiten darauf, dass das Geistig-Seelische «die physische und ätherische Struktur annimmt». Das Geistig-Seelische werde dabei «im physischen oder ätherischen Sinn» gestaltet.[335] An anderer Stelle spricht STEINER von den «so genannten Seelenkrankheiten», bei denen das Schwereprinzip des physischen Leibes in das Leben der Seele eindringt.[336] Als eine unmittelbare Folge dieses Eindringens kann man die Schwermut erleben: die Depression, bei der das Gemüt schwer wird.

Dabei entspricht die Depression mit ihrer Tendenz zur seelischen Verhärtung und Erstarrung – ähnlich, wie wir dies bei der Zwangskrankheit und teilweise bei der Schizophrenie und Epilepsie erleben werden – auf körperlichem Gebiet den schon charakterisierten degenerativen («neurasthenischen») Erkrankungen (vgl. S. 204). Der Tendenz zu Wucherungen bis zur Tumorbildung, wie sie bei degenerativen Prozessen vorkommt, werden wir neben dem Zerfall auch im seelischen Bereich begegnen (vgl. das Schizophrenie-Kapitel). Zu auflösenden entzündlichen Prozessen auf körperlichem Gebiet haben, wie sich zeigen wird, am meisten die seelischen Erkrankungen Manie und Hysterie eine Beziehung.

Es handelt sich jedoch nicht nur um Entsprechungen. Bei all diesen seelischen Krankheiten überträgt sich, wie in den entsprechenden Kapiteln gezeigt werden wird, die «Struktur» verfestigender, degenerativer oder auflösender entzündlicher Krankheitsprozesse im Körper auf das Seelenleben. Im Zusammenhang mit dem Charakter unserer Zeit wird die Tatsache verständlich werden, dass heute nicht nur die degenerativen Krankheiten im körperlichen Bereich, sondern auch die entsprechenden seelischen Krankheiten zunehmen, während die entzündlichen Erkrankungen körperlicher oder seelischer Art demgegenüber zurücktreten.

Schon durch die Bezeichnung «so genannte Seelenkrankheiten», die STEINER an mehreren Stellen gebraucht, wird auf den grundlegenden Unterschied hingedeutet, der zwischen seelischen Erkrankungen und körperlichen Krankheiten besteht. Während in der seelischen Vorgeschichte körperlicher Krankheiten im Allgemeinen keine seelische Erkrankung, sondern ein eigenes oder fremdes seelisches Fehlverhalten, ein nicht verarbeitetes Erlebnis gefunden wird, liegt in der Vorgeschichte seelischen Krankseins eine leichtere oder schwerere funktionelle oder organische Erkrankung eines Organsystems vor. Während bei einer solchen Erkrankung unter Mitwirkung des Seelenlebens die Krankheit im Körper sich bildet, wird bei der seelischen Erkrankung die Krankheit aus dem Körper in den seelischen Bereich verpflanzt. In demselben Sinn wie im Körper gibt es also keine Krankheit in der Seele. «Eigentliche Geistes- oder Seelenkrankheiten kann es nicht geben.»[337] Jene Krankheiten kommen eben nicht aus dem «Eigenen», aus dem Wesen von Seele oder Geist.

Andererseits wird aber von STEINER, indem er die Verlagerung eines seelenfremden, körperlichen Prinzips in das Seelenleben schildert, auf einen krank machenden Vorgang hingewiesen. Nicht aus sich heraus gestaltet die Seele eine Krankheit, wohl aber wird sie vom Körper aus gekränkt. Sie wird krank nicht in ihrem Wesen, sondern in ihrem Leben, in ihrer Lebenssubstanz, d.h. in ihrem Denken, Fühlen und Wollen, den drei Grundkräften des Seelenlebens, die in enger Beziehung zum Körper stehen (vgl. die Dreigliederung des menschlichen Organismus). Deshalb spricht STEINER auch von einem «abnormen Seelenleben»[338] oder einem «krankhaften Seelenleben»,[339] von «Willensdefekten» und «Denkdefekten» mit «Deformationen der Gedanken»,[340] alles Symptome, die ihre Wurzel im Körper haben. Der Ausdruck «seelische Erkrankung», wie er hier für eine Erkrankung des Seelenlebens gebraucht wird, ist daher immer in diesem Sinn gemeint. (Zur so genannten Geisteskrankheit, im Unterschied zur so genannten Seelenkrankheit, siehe S. 238 ff.)

Beziehungen zwischen körperlichen und seelischen Erkrankungen

Körperlichen und seelischen Erkrankungen ist die Tatsache gemeinsam, dass die Störungen im entsprechenden Wurzelbereich selbst zurückgetreten sind, wenn sich die Krankheit einstellt. Das gilt für die seelischen Störungen vor einer körperlichen Krankheit, das gilt aber auch für die körperlichen Störungen vor einer seelischen Erkrankung, die bei deren Auftreten in ein leichteres, chronisches Stadium übergegangen sind. Deshalb sprach STEINER wiederholt von «feinen» Störungen im Körper, die dem seelischen Erkranken zugrunde liegen.[341] Vorbedingung für diese Tatsache bei seelischen Erkrankungen ist, entsprechend dem zu tiefen Vorstoßen seelischer Kräfte bei der körperlichen Krankheit, ein Rückzug von Seele und Ich aus dem körperlichen Bereich. «Beim Geisteskranken zieht sich der eigentliche Geist ganz zurück.»[342] Hinzu kommt, dass Ich und Seele durch die Krankheit «herausgedrängt» werden.[343]

Schon beim chronisch gewordenen körperlichen Leiden kann das Eingreifen des Ich in den Krankheitsvorgang – und damit die Möglichkeit der Selbstheilung – nachlassen.[344] Resignation dem ganzen Leib und der Welt gegenüber kann daraus werden. Ich und Seele ziehen sich nun nicht nur aus dem Leib, sondern auch aus der Welt zurück, mit der sie durch den Leib verbunden sind. Das kann man im Vorstadium mancher seelischer Krankheiten beobachten, in der Krankheit selbst kann es sich steigern. Ich und Seele werden dabei jedoch nicht frei von Leib und Welt. Da sie sich nicht vollständig zurückziehen können – das geschieht erst im Tod –, sind sie den Einwirkungen aus Leib und Welt mehr oder weniger preisgegeben, weil sie in ihrer Entrückung oder Verrückung sich auch nicht mehr mit ihnen auseinandersetzen. Die nicht überwundene körperliche

Krankheit, zu der die aktive Verbindung von Ich und Seele gelockert ist, wirkt nun in Gestalt einer seelischen Erkrankung auf Ich und Seele ein.

Die Resignation von Ich und Seele verbindet sich bei der seelischen Erkrankung mit einer bestimmten *Disposition*, die auch im Verhältnis von Seele und Körper eine Rolle spielt. Man ist seelisch zur Depression nicht nur der Welt, sondern auch den Einwirkungen des Körpers gegenüber disponiert oder nicht. Nur so kann man verstehen, warum bei dem einen Menschen eine leichtere Leberstoffwechselstörung im seelischen Bereich zu einer schweren Erkrankung führt, bei vielen anderen aber nicht. Angesichts dieser Situation wird von der offiziellen Forschung die *Spezifität* der gefundenen leichten Stoffwechselstörungen bezweifelt; da außerdem solche leichten Störungen auch bei Gesunden vorkommen, seien sie unspezifisch für die seelische Erkrankung. Sie erhalten die ihnen zukommende Bedeutung nur, wenn auch der Dispositionsbegriff erweitert wird (Näheres im Kapitel über Depression, S. 359).

Der andere Einwand, der zugleich auch wieder weiterführt, betrifft die *Quantität* der körperlichen Störungen. So geringe Störungen sollen ein so schweres seelisches Zustandsbild zur Folge haben? Hier wird besonders deutlich, dass sich das quantitative, von der Materie bestimmte Denken in ein qualitativ-prozessuales Denken verwandeln muss, wenn es dem Lebensprozess der Krankheit gerecht werden will. Schon die Hormonforschung, die Erforschung der Spurenelemente, lehrt, dass es sehr kleine Substanzmengen sind, die im seelischen Bereich qualitativ wirksam werden. Nicht die massiven, sondern die feineren Störungen des Leibes sind es, die differenzierte und intensive Auswirkungen im Seelenleben haben. Eine massive Leberentzündung (Hepatitis) wird eben typischerweise nicht von einer endogenen Depression begleitet; erst wenn die Entzündung der Leber abgeklungen ist und feinere Stauungszustände in Richtung degenerativer Verhärtung und Erstarrung nach sich gezogen hat, kann eine solche Depression daraus entstehen. Eine massive endogene Depression pflegt sich nicht mit einer Leberentzündung zu verbinden, sie kann sich sogar bessern und verschwinden, wenn einmal eine solche Entzündung in ihrem Verlauf sich einstellt.

Es hängt dies, außer mit der Polarität: Entzündung/degenerativer Prozess, wie sie bei unserem Beispiel auftritt, mit dem schon erwähnten Verhalten der Wesensglieder bei der seelischen und körperlichen Erkrankung zusammen. Bei der schweren seelischen Krankheit haben sich Ich, Seele und Ätherleib aus dem physischen Leib zurückgezogen und entwickeln aufgrund der körperlichen Einwirkungen, denen sie ausgesetzt sind, ein eigenes Krankheitsbild. Bei der massiven körperlichen Erkrankung sind die genannten Wesensglieder wieder im physischen Leib engagiert und haben zu einer eigenen differenzierten Erkrankung keine Möglichkeit mehr. Sie können nur mehr ängstlich oder depressiv oder erregt usw. auf die körperliche Krankheit reagieren, je nachdem, wie der Mensch veranlagt ist. Diese und andere seelische Symptome bei einem schweren körperlichen Erkranken sind daher unspezifisch im Hinblick auf das erkrankte Organsystem. Auch wenn sich Halluzinationen oder Wahnideen bei einer körperlichen Krankheit einstellen, so wird aus diesen Symptomen, die nicht oder nicht nur aus dem erkrankten Organsystem kommen, keine organspezifische Psychose. Diese kann sich erst entwickeln, wenn die körperlichen Symptome im Organ zurückgetreten sind. (Ein Symptom, das bei endogenen Psychosen kaum vorzukommen pflegt, ist die Bewusstseinstrübung; sie entsteht durch eine Beteiligung des Gehirns bei der körperlichen Krankheit.)

Als *Bild für die seelische Erkrankung* ergibt sich: Diese

gleicht einer Pflanze, die nur ein sehr feines Wurzelwerk in der Erde hat und sich zum allergrößten Teil im Luftraum entfaltet. Will man jedoch die Pflanze entfernen, so muss man die Wurzeln beim Roden miterfassen, sonst wächst sie wieder nach. So muss man auch, wenn man eine dauerhafte Heilung anstrebt, der seelischen Erkrankung an «die Wurzel» gehen, d.h. sie vom Körper, vom Organ aus behandeln, auch wenn diese Wurzeln nur feiner Art sind und sich die Krankheit vor allem im seelischen Bereich entfaltet hat.

Aus diesen Tatsachen und Überlegungen heraus kann man den von STEINER ausgesprochenen ersten Kernsatz der anthroposophisch orientierten Psychiatrie verstehen: «Das Primäre liegt gerade bei den so genannten geistigen Erkrankungen in den Organsystemen.» Von den Organen aus sollten diese Erkrankungen mit Heilmitteln behandelt werden.[345] Das gilt nicht nur für die Psychosen, sondern auch für die Neurosen, bei denen der stärkere Einfluss der Umwelteinwirkungen nicht darüber hinwegtäuschen darf, dass auch hier die Grundlagen der Krankheit sowie die Grundlagen ihrer Therapie in den Organsystemen liegen. Jedem «abnormen Seelenleben» liegt ein «abnormes körperliches Leben» zugrunde.[346] Deshalb kann man «nicht einseitig etwa das Geistig-Seelische behandeln».[347] «Gerade das muss Geisteswissenschaft am entschiedensten betonen, dass die so genannten Geistes- oder Seelenkrankheiten hineinverfolgt werden müssen bis in die Organologie des Menschen.»[348] Bei den dort beobachteten Störungen handelt es sich zwar, wie erwähnt, nur um solche feiner Art, aber durchaus um Störungen im «materiellen Leibe», nicht etwa nur im Ätherleib des betroffenen Organs.[349] In einseitiger Fixierung auf den Gehirnstoffwechsel mit seinen Transmittersubstanzen misst man heute den anderen Stoffwechselstörungen keine Bedeutung mehr bei. Das besagt jedoch nicht, dass sie nicht zur Entstehung seelischer Erkrankungen wesentlich beitragen können. Diese Möglichkeit ergibt sich jedoch nur einer ganzheitlichen Anschauung.

Krankheit als Entwicklungsstörung und Entwicklungshilfe

Innerhalb der seelischen Entwicklung erkannten wir die zwei großen Richtungen der Inkarnation und Exkarnation. Nachdem sich die Wesensglieder mit dem Leib verbunden haben, erheben sie sich stufenweise wieder aus ihm, wobei der Leib eine Art Instrument für ihr weiteres Leben, für ihre Entwicklung wird. Auch die zwei Richtungen des Erkrankens, aus denen Organneurose und körperliche Erkrankung einerseits, Psychoneurose und Psychose andererseits hervorgingen, führten entweder in den Leib hinein oder aus dem Leib heraus. Dabei klingt, wie im Lebenslauf, die andere Richtung jeweils mit an: Bei jeder körperlichen Krankheit macht die Seele mit, bei jeder seelischen Erkrankung der Körper. Der Hauptakzent liegt jedoch jeweils auf Inkarnation oder Exkarnation, auf der Richtung in den Körper hinein oder auf der Richtung aus dem Körper hinaus. Körperliche oder seelische Erkrankungen können somit als krankhafte Steigerung der zwei Richtungen einer gesunden menschlichen Entwicklung angesehen werden.

Gegenüber den bisher besprochenen degenerativen und entzündlichen Krankheiten können wir somit die Vorstellung einer unrechtmäßigen, krankhaften Inkarnation bilden. Bei krank machenden seelischen Erlebnissen, die mit Verkopfung zusammenhängen, binden sich – wie wir sehen werden – seelische Kräfte im Stil des Nervensystems zu eng an den Körper; degenerative Krankheit mit Zerfall, wie er für das Nervensystem typisch ist, resultiert daraus. Oder diese Kräfte stoßen – bei anderen, mehr emotionalen krank machenden Erlebnissen – zu tief im Stil des Stoffwechselsystems in den Körper vor: entzündliche Krankheit mit Auflösung nach Art eines Verdauungsvorgangs. In der Entwicklung sahen wir eine Störung vorangehen: Die seelischen Kräfte sind nicht genug vom Körper frei geworden, oder sie wurden von der Umwelt zurückgewiesen, oder sie gaben sich – im «Seelenfieber» – zu stark an die Welt hin. In jedem Fall erfolgt der Rückschlag auf den Körper. Sind die Kräfte nicht genug vom Körper frei geworden, so handelt es sich um eine primäre Entwicklungsstörung der Seele, in den anderen zwei Fällen um sekundäre Entwicklungsstörungen, die sich durch den Rückschlag auf den Körper ergeben. In jedem Fall klingt durch die intensivere Leibverbindung eine frühere Inkarnationsstufe an. Dadurch aber kann eine unvollständige Verkörperung weitergeführt werden, der Kranke erscheint nach seiner Krankheit besser inkarniert als zuvor. Ein neuer Entwicklungsaspekt wird sichtbar.

Auf körperlichem Gebiet fassten wir schon den Sinn der Krankheit ins Auge. Die Folge eines seelischen Fehlverhaltens konnte durch die körperliche Erkrankung erkannt werden, ein neues seelisches Verhalten wurde möglich (z.B. beim Magengeschwür). Im Hinblick auf den Entwicklungsaspekt kann man sagen: Durch die teilweise Rückentwicklung auf eine frühere Lebensstufe infolge einer körperlichen Krankheit wird nicht nur eine mangelhafte Inkarnation nachgeholt, sondern zugleich die Möglichkeit gegeben, von dieser früheren Stufe aus neu anzufangen. Der hilflos im Bett liegende, an einer schweren Entzündung leidende oder hoch fiebernde Kranke

– ist er nicht teilweise in eine Lage versetzt, in der er sich einmal in der Kindheit befunden hat, als er auf die Hilfe seiner Umgebung angewiesen war? Und ist nicht ein viel gründlicherer Neuanfang möglich, wenn man dorthin zurücktaucht, wo die Fehlentwicklung schon vorbereitet wurde, vielleicht schon angefangen hat? Körperliches Kranksein erscheint so als teilweise, verkürzte und krankhafte Wiederholung der Inkarnation in den Leib, aber mit der Möglichkeit eines neuen Erwachsenwerdens in dieser oder jener Hinsicht, das die Heilung mit sich bringt.[350]

Dasselbe Prinzip – Krankheit ist nicht nur Entwicklungsstörung, sondern kann Anfang neuer Entwicklung werden – ergibt sich bei seelischen Erkrankungen. Während jedoch die körperliche Krankheit in Richtung «Geburt» tendiert, liegt der Akzent beim Exkarnationsprozess seelischer Erkrankung auf dem Tod. Der teilweise Rückzug von Seele und Ich aus dem Leib erzeugt bei der Psychose den Eindruck eines seelischen Sterbens, das am Anfang der Erkrankung auch vom Kranken selbst erlebt werden kann. Ein verfrühter und zu starker Alterungsprozess kann sich damit verbinden. Die Heilung, der Anfang neuer Entwicklung, führt hier zuerst nicht aus dem Leib heraus (wie bei der körperlichen Krankheit), sondern in den Leib hinein, wo dann der Mensch nach der Heilung in neuer Art vom Leib frei zu werden lernt.

Beide Arten von Erkrankungen sind dadurch miteinander verbunden, dass die pathologische Inkarnation bei einer körperlichen Krankheit in die pathologische Exkarnation bei einer seelischen Erkrankung umschlagen kann. Während die pathologische Inkarnation der körperlichen Krankheit in positive Beziehung zu der beschriebenen mangelhaften Verkörperung tritt, knüpft der Rückzug aus dem Körper bei der pathologischen Exkarnation der seelischen Erkrankung helfend an das behinderte Bestreben des Menschen an, vom Körper freier zu werden. Beide krankhafte Entartungen gesunder Vorgänge können so eine Fortsetzung und Steigerung der stecken gebliebenen gesunden Vorgänge anregen, wie dies für die körperliche Krankheit angedeutet wurde. Was die seelischen Erkrankungen betrifft, so werden sich Beispiele dafür bei der Darstellung der psychiatrischen Krankheitsbilder ergeben.

Zusammenfassung

Im Organismus gibt es verschiedene Organsysteme, die erkranken können, und verschiedene seelische Erkrankungen, die aus den Organsystemen aufsteigen. Die Frage, welches Organsystem zu einer bestimmten seelischen Erkrankung gehört, führt weiter zu der schon angegangenen Frage, wie Seelenleben und physischer Leib überhaupt zusammenhängen. Die systematische Grundlage für eine erste Antwort bildet die *Dreigliederung des menschlichen Organismus*. Das Nerven-Sinnes-System, zentriert im Kopf, dient dem Denken. Das rhythmische System, zentriert im Brustbereich, dient dem Fühlen. Das Stoffwechsel-Gliedmaßen-System, das sein Zentrum im Bauchbereich hat, dient dem Wollen der Seele.[351]

Eine weitere Untergliederung nahm STEINER vor, indem er im unteren Bereich des Organismus das Nieren-Blasen-System und das Leber-Gallen-System, im mittleren Bereich Lunge und Herz mit einzelnen seelischen Kräften und Tätigkeiten in Zusammenhang gebracht hat.[352] Von hier aus forderte er für die Psychiatrie eine «psychische Erkenntnis der Organe»;[353] durch das Studium des seelischen Befundes solle man herausbekommen, «wo der Fehler liegen kann im Organismus» (GA 312, 17. Vortrag). Da es sich körperlich immer nur um «feine Störungen» handelt, kann man aus den deutlichen seelischen Symptomen heraus viel sicherer diagnostizieren als aus den diagnostischen Mitteln, die heute vielfach angewendet werden.[354] Bestimmte seelische Symptome bei einer seelischen Erkrankung sind demnach Hinweise auf Störungen in einem bestimmten Organsystem, die man dann nach Möglichkeit auch durch körperliche Untersuchungen feststellen sollte. Auf jeden Fall hat bei diesen Organstörungen die Therapie anzusetzen.

Die Verbindung des Seelenlebens mit den Organen des Leibes wandelt sich im Lauf der Entwicklung. In der Kindheit arbeitet eine bestimmte seelische Kraft am Aufbau eines bestimmten Organsystems, um sich später teilweise von ihm zu lösen und sich seiner als Instrument zu bedienen. (Wir wiesen in diesem Zusammenhang schon auf die Liebeskraft des Herzens hin.) Das Bild des Instrumentes geht auf STEINER zurück, der z.B. den physischen Leib als «Instrument» für die Bewusstseinsseele bezeichnete.[355] Von W. BÜHLER wurde später der dreigegliederte physische Leib als Instrument der Seele dargestellt.[356] Die einzelnen Organe dieses Leibes jedoch können selbst wieder als Instrumente angesehen werden, die sich in das große Instrument des physischen Leibes ebenso einfügen wie die einzelnen Instrumente in das große Instrument des Orchesters.[357] Das Ich ist der Dirigent, der im Chaos der Krankheit dann seinen Stab sinken lässt. Im Unterschied zum Musikinstrument jedoch kann sich der Mensch seine Organe nicht kaufen, er ist selbst wesentlich an ihrer Bildung beteiligt und muss sie weiter am Leben erhalten.

Das Bild des Musikinstrumentes führt zu einem zusammenfassenden Verstehen dessen, was sich durch die zwei Richtungen des Erkrankens ergibt. Es ist jedem Musiker bekannt, dass man nur dann gut auf seinem Instrument spielen lernt, wenn man von ihm frei wird. Dasselbe gilt für die Organe als Instrumente des Seelenlebens.

Bei der *Organneurose* (und tiefergehend bei der *Organkrankheit*) hat der Spieler schlecht auf seinem Instrument musiziert. Er ist zu wenig von ihm frei geworden, oder er wurde beim Spielen von der Umwelt gestört. Hat er ein empfindliches Instrument, so hat er durch sein schlechtes Musizieren das Instrument verstimmt. Nun leidet er unter dessen Verstimmung: Der Kranke erleidet die Beschwerden seines Organs. Er beschäftigt sich mit ihnen, er versucht, sein Instrument zurechtzustimmen. Wird er nicht damit fertig, so braucht er ärztliche Hilfe für seine Organneurose, für seine Organkrankheit.

Auch bei der *Psychoneurose* und bei der *Psychose* erzeugt der Musizierende Misstöne auf seinem verstimmten Instrument, doch wird ihm deren Ursprung nicht bewusst. Vielleicht hat er von Anfang an wenig Beziehung zum Instrument gehabt, oder bestimmte Erlebnisse haben ihn in dieser Richtung resignieren lassen. Nun wird er durch die Misstöne in Unsicherheit, Unruhe, Angst oder Zorn versetzt. Er macht sich Vorwürfe: Ich spiele schlecht, ich bin ein schlechter Musiker! Im letzteren Fall hat sich eine Depression entwickelt, bei der man sich – dann auf der Ebene der Krankheit – als schlechter Mensch erlebt. Die organische Verstimmung ist zur seelischen geworden. Auch bei Psychoneurose und Psychose wird der Mensch nicht frei von seinem Instrument.

Schema der dargestellten Zusammenhänge:

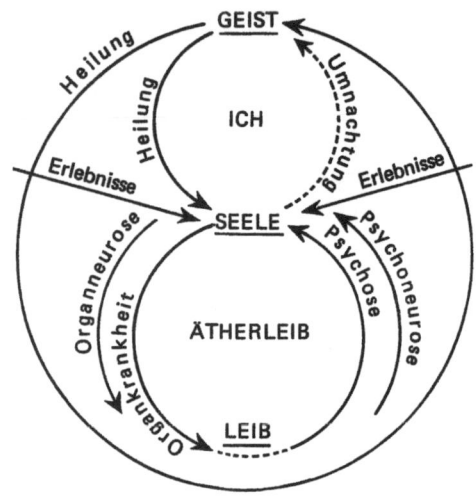

Erläuterung: Die *Organneurose* wurzelt im seelischen Bereich und entfaltet sich im Ätherleib, was sich dann in der Funktionsstörung des Leibes ausdrückt. Die *Psychoneurose* wurzelt im Bereich des Ätherleibes, in den gestörten Funktionen des Leibes und entfaltet sich im Seelenleben. Die beiden kürzeren Pfeile links und rechts in der unteren Hälfte des Schemas bringen beides zum Ausdruck. Die längeren Pfeile links und rechts kennzeichnen die tiefer greifende Entstehung der *Organkrankheit* bzw. die tiefer wurzelnde Entstehung der *Psychose*. Der gestrichelte Bogen, der beide Hälften unten verbindet, bedeutet das Abklingen der Organkrankheit, aus der dann die Psychose aufsteigt.

Die seitlichen Pfeile sollen die spezifischen *Erlebnisse* der Seele andeuten, die auf der einen Seite krank machend bis in das Organ hineinwirken, auf der anderen Seite krankhaft verarbeitet werden durch die Verstimmung, die vom kranken

Organ aus die Seele erfüllt. Das organisch oder funktionell kranke Organ schwingt dabei nicht mehr mit der Seele mit wie der Resonanzboden eines Instrumentes, der einem Ton zum Erklingen verhilft, die Seele muss nun vielmehr mit all dem mitschwingen, was im erkrankten Organ vor sich geht.

Ätherleib und Metamorphose

Bei jeder körperlichen und seelischen Störung, sei sie neurotischer oder psychotischer Art, wird also immer über den Ätherleib ein Organ des Körpers beteiligt. Der Ätherleib, der so zum Vermittler wird zwischen der Ebene des physischen Leibes und der Ebene der Seele, vermittelt dabei jedoch auch zwischen Vergangenheit und Gegenwart. Die gegenwärtige seelische Störung kann Ausdruck der Wiederholung einer früheren Organstörung sein, einer «Organerschütterung» durch ein seelisches Erlebnis.[358] Dabei kann die Organstörung im funktionellen Bereich bleiben, sie kann aber auch zu einer organischen Krankheit werden.

Hier ergibt sich ein wichtiges, öfter schon beobachtetes *Entwicklungsgesetz* im Rhythmus des Lebenslaufes. Die später nachfolgende seelische Störung bzw. Erkrankung tritt manchmal ebenso viele Jahre nach dem 7., 14., 21., 28. oder 35. Jahr auf, als die Organerschütterung vor diesen Knotenpunkten des Siebenjahresrhythmus stattgefunden hat. Bei der seelischen Erkrankung nach dem Knotenpunkt «erinnert» sich dann nicht – wie beim gesunden Erinnern – das Ich, sondern der Ätherleib an die Organerschütterung. Statt der Erinnerung, die das Ich sonst aus dem Ätherleib des Organs heraufholt und bewusst wahrnimmt, steigt die Rückwirkung der damaligen Organerschütterung unwillkürlich aus dem Ätherleib in das Seelenleben auf, und das Ich unterwirft sich der nun entstandenen seelischen Erkrankung.

Die entsprechende Gesetzmäßigkeit kann nach meinen Erfahrungen bei der Organerschütterung selbst beobachtet werden, falls diese eine Organkrankheit nach sich zieht. Die Organerschütterung, zusammen mit dem seelischen Erlebnis, liegt dann wieder ebenso viele Jahre vor einem Knotenpunkt, wie die Organkrankheit nach einem Knotenpunkt liegt (vgl. das Beispiel im Kapitel über Depression). Ein dritter Rhythmus ergibt sich, indem Ereignisse zur Zeit des Knotenpunktes selbst in der Zeit eines nachfolgenden Knotenpunktes sich spiegeln.

Nachdem wir Inkarnation und Exkarnation des Erdenlebens als die Urbilder erkannt haben, die hinter der körperlichen und der seelischen Krankheit stehen, können wir uns nunmehr fragen, ob es nicht auch im Leben des Organismus gesunde Urbilder von dem gibt, was sich bei der seelischen oder körperlichen Krankheit vollzieht. Handelt es sich beim Heraufholen und Wahrnehmen der Erinnerungsvorstellungen durch das Ich nicht um einen Vorgang, bei dem jedes Mal die Richtung aus dem physischen Leib in den seelischen Bereich eingeschlagen wird? Schlägt nicht das Ich bei jedem Willensakt den entgegengesetzten Weg ein, den Weg in den physischen Leib, um sein Wollen durch den Leib in der Welt zu verwirklichen? Was unterscheidet jene gesunden Verbindungen zwischen Leib und Seele von den Verbindungen durch die Krankheit?

Schon früher sahen wir: Beim *erinnernden Denken*, das zur Grundlage des Lernens wird, beim «Heraufholen» der Erinnerungsvorstellungen, werden Wachstumskräfte des Leibes in Denkkräfte verwandelt. Die Wachstumskräfte ordnen sich dabei dem Wesen der vorstellenden Seele, des denkenden Ich unter. Würden sie das Schwereprinzip des physischen Leibes in das Seelenleben tragen, so käme keine freie gedankliche Tätigkeit, kein Gedankenflug zustande. Gerade dies aber geschieht bei der «seelischen Lähmung» und Erstarrung durch eine endogene Depression, bei der oft kaum mehr ein Gedanken*gang* möglich wird. Eine Modifikation dieser Verlagerung tritt ein, wenn die Wachstumskräfte Wahnideen im seelischen Bereich wachsen lassen, die man logisch nicht mehr fassen kann. (Solche seelischen «Wucherungen», bei denen sich Bildkräfte des Leibes in der Seele ausleben, werden wir im Rahmen der schizophrenen Erkrankung antreffen.)

Das polar Entsprechende vollzieht sich beim *Willensakt*. Hier sind es andere Kräfte des Ätherleibes, die aus dem seelischen Bereich, in dem das wollende Ich lebt, dessen Eingreifen in den Stoffwechsel vermitteln. Indem nach der Schilderung Steiners das Ich zuerst in den Wärmeäther eingreift, bekommt es die Beziehung zum *Wärmeorganismus*, zu den Verbrennungsvorgängen des Stoffwechsels, die sich beim Willensakt steigern.[359] Auch hier findet durch den Ätherleib eine Verwandlung statt, die den leiblichen Grundlagen des Willens dient, auch hier kommt es nicht zu einer Vermischung des seelischen und des physischen Bereiches. Eine solche Vermischung sahen wir dagegen beim Fieber, bei dem wir die Auflösung des Leibes durch seelische Kräfte erlebten. Das Bewusstseinslicht, das Lebensprinzip seelischer Kräfte, wird dabei nicht in Willenswärme verwandelt, sondern zum Feuer des Fiebers verdichtet, das vom Stoffwechselbereich aus den ganzen Leib ergreift. In der Entzündung kann sich dieses Feuer festsetzen.

Dem Erstarren und Wuchern des Seelenlebens vom Leib aus ist im Rahmen dieser Polarität die Auflösung und das Verbrennen des Leibes von der Seele her gegenüberzustellen.

In beiden Fällen fängt der Ätherleib nicht mehr auf, vermittelt er nicht mehr. Am Pathologischen kann das heilsame Prinzip der *Metamorphose* erkannt werden, das in der körperlichen oder seelischen Krankheit mehr oder weniger versagt. Sowohl bei der körperlichen als auch bei der seelischen Krankheit kommt es nur zu unvollständigen Metamorphosen, bei denen sich das Wesensprinzip des einen Bereiches im anderen auslebt.

Wir erkennen: Die Wesensprinzipien des seelischen und des körperlichen Bereiches müssen getrennt bleiben.[360] Nur durch Verwandlung dürfen sie miteinander in Verbindung treten.

Geist – Krankheit und Heilung

Auf unserer Zeichnung (S. 234), die sich auf der Gliederung des Menschenwesens in Leib, Seele und Geist aufbaut, ist das Thema dieses Kapitels bereits angedeutet. Weder entspringt der Prozess der körperlichen Krankheit dem geistigen Bereich, noch wird dieser Bereich vom Prozess der seelischen Erkrankung erreicht. Der unterbrochene rechte Pfeil in der oberen Hälfte des Schemas soll das Letztere andeuten, ebenso wie die Tatsache, dass der Geist von der seelischen Erkrankung «umnachtet» werden, dass er sich in der Umnachtung aus Leib und Seele zurückziehen kann. Es ergibt sich der zweite Kernsatz der anthroposophisch orientierten Psychiatrie: Der Ausdruck «Geisteskrankheit» stimmt nicht, «weil der Geist immer gesund ist».[361] (Zur Feststellung, dass der Geist nicht erkranken könne, kam einige Jahre später auch JASPERS aus seiner Sicht.[362])

Zum Problem «Geist und seelische Erkrankung» kann sich

folgendes *Bild* ergeben, das sich auch schon als therapeutisches Bild bei manchen Depressionen bewährt hat: Die Sonne (als Bild für den Geist) kann zwar verdunkelt werden von Rauch und Dünsten, die aus der Erde (Bild für den Leib) aufsteigen, sie wird in ihrem Dasein jedoch davon nicht berührt. Wenn die Einwirkungen aus der Erde aufgehört haben – was im Bereich des Leibes die medikamentöse Therapie herbeiführen soll –, dann scheint sie wieder, vielleicht noch heller und intensiver als zuvor. Im Unterschied zur Sonne wird jedoch der Luftraum (Bild für den seelischen Bereich) von der Erde (dem Leib) aus tatsächlich gekränkt, vergiftet. Im Unterschied zum Licht der Sonne, das nur in seinem Wirken behindert ist, wird die Luft in ihrer Substanz verändert. – Die Seele erkrankt nicht aus sich heraus wie der Leib, aber ihr Leben im Leib bleibt auch nicht von Krankheit frei wie der Geist. Auch im Hinblick auf die Krankheit steht so die Seele zwischen Leib und Geist.

Eine unmittelbare Bestätigung für die Realität dieses Bildes ergibt sich für das Erleben des Arztes, des helfenden Mitmenschen, wenn in dem vorher umnachteten ichlosen Blick des Kranken eines Tages wieder ein Strahl seines Ich auftaucht, wenn vor dem Blick des anderen Menschen das seelische Chaos sich lichtet.

Da die Heilung zum Wesen des Krankseins und des Menschen dazugehört und da sie im Kern Selbstheilung ist, kann sie nur aus jenem Bereich des Menschen kommen, der immer gesund ist: aus dem Bereich des Geistes. Darauf deutet der linke kurze Pfeil in der Skizze von S. 234 hin, der vom Geist aus zur Seele führt, ebenso wie der Pfeil, der, zum Kreis geworden, vom Geist aus das ganze Menschenwesen umfasst. Therapie und Heilung vollziehen sich ebenso wie die Krankheit im ganzen Menschenwesen, sie geht jedoch vom Geist aus. In seinem Licht kann man eine Dreigliederung der Therapie erkennen, eine Dreigliederung nach Leib, Seele und Geist.

Dreigliederung der Therapie

Vor jeder Therapie muss sich die prinzipielle Frage stellen: Ist Therapie schicksalsmäßig überhaupt berechtigt? Wenn das Ich die Krankheit nicht nur annimmt, sondern im Grunde will, hat man dann das Recht, sie ihm durch die Therapie wegzunehmen? Man kann sich jedoch weiter fragen: Gehört nicht wie der Schlüssel zum Schloss auch die Therapie zur Krankheit dazu? Wird nicht auch die Therapie vom Ich des Kranken gesucht? Auch der Therapeut wird ja gesucht. Die Empfindung mancher Patienten, jetzt habe ich meinen Arzt, meinen Therapeuten gefunden, kann auf solche Zusammenhänge hindeuten.

Allerdings ist hier eine Therapie gemeint, die dem Kranken seine Krankheit tatsächlich nicht «wegnimmt», wie dies durch das bloße Unterdrücken einer Depression oder Neurose mittels massiver Gaben von Psychopharmaka geschieht. Eine Therapie, die helfend eine Krankheit begleitet und die Selbstheilung des Kranken anregt, dient dagegen der «Selbstwerdung», wie sie auch durch die Krankheit angestrebt wird. (Vgl. ferner das übernächste Kapitel «Die leibliche Therapie» und die Vorschläge zur Therapie im Schizophrenie-Kapitel.)

Bei der *Prophylaxe* ergibt sich auf seelischem Gebiet außerdem noch ein neuer Aspekt. Es ist möglich, eine körperliche Krankheit (aus der dann eine seelische werden kann) schon auf der seelischen Ebene abzufangen. «Selbsterziehung», zu der sie seelisch anregen soll, kann schon vor ihrem Entstehen vom Ich geleistet, von der Erziehung vorbereitet werden; die körperliche (und die seelische) Krankheit wird auf diese Weise vermeidbar.[363] Eine Prophylaxe, die Leib, Seele und Geist umfasst, wird daher bestrebt sein, die Vorbeugung vom Leib aus durch Medikamente und andere Maßnahmen mit einer Vorbeugung auf seelischem und geistigem Gebiet zu verbinden.

Die geistige Therapie

Die geistige Therapie, für die bei den Entwicklungsstörungen und neurotischen Bildern schon Hinweise gegeben wurden, ist nur möglich durch eine *Erweiterung der Psychologie und Psychiatrie nach dem Geist*. Erst durch diese Erweiterung wird aus der Psychotherapie geistige Therapie. Ohne Zentrum und Ziel der seelischen Entwicklung ins Auge zu fassen und wirksam werden zu lassen, wird man auch der seelischen Erkrankung nicht gerecht. Eine Therapie, die sich darauf beschränkt, das ins Bewusstsein zu heben, was die Seele belastet, bleibt auf der seelischen Ebene stehen und dringt weder zur leiblichen Grundlage noch zum Quell der Heilung, zum Geiste vor. Da der Geist durch das Ich im Menschen lebt, wendet sich die Therapie letztlich an das gesunde Ich des Kranken, für dessen Eingreifen in Seele und Leib sie die Wege freimacht. In diesem Sinn ist geistige Therapie zugleich Ich-Therapie, womit man also nicht die Vorstellung verbinden darf, das Ich selbst solle therapiert werden. Durch eine hier sich ergebende *Erkenntnistherapie* wird vielmehr das Ich angeregt, diese selbst hervorzubringen. Dabei wird die mangelhafte Verarbeitung der krank machenden Erlebnisse, die sich durch den erkennenden Geist vollzieht, nachgeholt und so zugleich ein Fortschreiten der Krankheit und ein Neuerkranken von der erlebenden Seele her aufgefangen.

Von manchen Richtungen der Psychotherapie ist dieses Ziel schon anvisiert worden. C. G. JUNG durch sein Prinzip der Individuation und V. FRANKL durch seine schon besprochene Logotherapie haben die Richtung nach Ich und Geist eingeschlagen. Konkret und als therapeutischer Faktor voll wirksam wird das Ich jedoch erst, wenn man seine Welt, die geistige Welt, mit einbezieht, seine eigentliche Heimat, aus der ihm die Kraft zur Selbstheilung zufließt. Vermittelt wird ihm diese Kraft durch den fortwirkenden Christusgeist, der seit seiner Verkörperung in einem Menschenleib zum Heiler der Menschheit geworden ist. Mit ihm verbindet sich – bewusst oder unbewusst – jeder wahre Therapeut.

Bei der geistigen Therapie konzentriert sich das Erkenntnisbemühen zunächst auf das *Entstehen der Krankheit im Lebenslauf*, wobei die Krankheit einen Sinn auch für die Zukunft bekommen kann. Damit verbindet sich eine Verstärkung oder Erweckung des Bewusstseins für die Aufgabe, die der Kranke im Leben hat, ein Geschehen, das in der Lebensmitte nur seinen Gipfel erreicht, im Licht der Bewusstseinsseele aber auch vorher schon bei der Genesung mitzuhelfen vermag. Richtunggebend für eine solche *Gesprächstherapie* ist immer das im Kapitel «Bewusstseinsseele» geschilderte Prinzip: Das Erkenntnislicht des Kopfes muss sich mit der Wärme des Herzens verbinden, erst dann entwickelt sich auch eine heilsame Verbindung zwischen Therapeut und Patient. Zugleich aber muss dabei völlige Freiheit herrschen. Keinerlei «Bekehrung» darf versucht werden, und nichts darf man anbieten, nach dem der Kranke nicht – bewusst oder unterbewusst – selber verlangt. (Näheres bei P. v. d. HEIDE und W. PRIEVER.[364] Am ausführlichsten bei M. TREICHLER.[365])

Da der Sinn und die Aufgabe des Lebens auch immer ein soziales Problem ist, muss in vielen Fällen das individuelle Gespräch mit dem Kranken durch Gespräche mit seinen sozialen Partnern ergänzt werden; auch der «Sozialleib» des Kranken verlangt nach Behandlung. Und wenn die heute in manchen Fällen notwendige *Familientherapie* nicht möglich wird, so sollte doch eine Besprechung wenigstens mit einem Familienmitglied angestrebt werden. In diesen Rahmen gehört auch die *Gruppentherapie*, durch die der Kranke innerhalb einer Gruppe von Patienten menschliche Kontakte erüben kann. Indem man ein Thema, z.B. die Angst oder die künstlerische Therapie, in den Mittelpunkt eines solchen Gruppengespräches stellt, bleibt man nicht im Persönlichen stecken; das allzu Persönliche, Intime sollte auf jeden Fall in der Gruppe ausgeklammert werden.

Es gibt jedoch eine große Anzahl von Patienten, bei denen geistige Therapie nicht möglich ist. Das sind vor allem akute oder schwere chronische Psychosen, bei denen, noch mehr als bei den erwähnten jugendlichen Entwicklungsstörungen, geistige Therapie sich ausgesprochen negativ auswirken kann. Wenn das Ich nicht mehr imstande ist, die geistigen Inhalte zu verarbeiten, so können diese Anlass für neue Wahnideen oder Halluzinationen werden. In solchen Fällen muss der Kranke von solchen Inhalten, die ihm Vorträge oder Lektüre vermitteln, oder von Meditationen ausdrücklich ferngehalten werden.

Trotzdem kann auch hier geistige Therapie wirken, sie wird nur nicht durch das Wort vermittelt. Nun wird die geistige Einstellung, die Überzeugung des Therapeuten zum therapeutischen Faktor. Seelisch kranke Menschen sind unterschwellig besonders empfindlich dafür, wie andere Menschen über sie denken, wie sie zu ihnen sprechen. Hat der Therapeut die Überzeugung, dass das Ich des Kranken selbst nicht krank, nur umnachtet, ferngerückt ist, so fühlt sich der Kranke ohne Worte in diesem seinem gesunden Ich angesprochen.

Die leibliche Therapie

Diese Therapie geht aus der zweiten notwendigen *Erweiterung der Psychologie und Psychiatrie* hervor: aus der Erweiterung *nach dem Leib*. Die leibliche Therapie wird zur Grundlage für jede Therapie seelischer Erkrankungen, bei den Psychosen tritt sie in den Vordergrund. Dabei erhebt sich die Frage, ob nicht jetzt das Prinzip «Heilung aus dem Geist» aufgegeben wird, ob der das ganze Schema (S. 234) umfassende Pfeil auch jetzt noch zu Recht besteht.

Bei der leiblichen Therapie handelt es sich hier in erster Linie um die Medikamente der anthroposophisch orientierten Medizin. Ihnen liegt die Erkenntnis zugrunde, dass nicht nur die seelische Umwelt heilend auf den Menschen einwirken kann; in Form von Natursubstanzen bietet die materielle Umwelt dem Menschen Heilmittel an, für deren Verständnis allerdings wiederum eine Erweiterung des Erkennens über die gegenwärtige Krankheit, über die Gegenwart hinaus, diesmal bis in Urzeiten der Menschheitsentwicklung notwendig ist.

Auf diesem Weg kann – auch auf Phänomene sich stützend – erkannt werden, dass der Kosmos und die in ihm entstehenden Natursubstanzen früher viel enger mit dem Menschen verbunden waren, als sie es heute sind. Um zu sich zu kommen, musste der Mensch auf diese enge Verbindung mit dem Kosmos verzichten. Indem er sich von ihm und von seinen Substanzprozessen löste, bildete er den Mikrokosmos seiner Organe aus, deren Kräfte immer mehr seinem bewussten seelischen Leben zur Verfügung standen. Hat sich jedoch der Mensch in der Krankheit zu sehr vom Makrokosmos und seinen weiterwirkenden Kräften getrennt, so gibt ihm die heilende Substanz etwas von der ursprünglichen Urgesundheit zurück. Eine bestimmte Natursubstanz verbindet sich heilend mit einem bestimmten Organprozess, weil sie in Urzeiten mit diesem Organprozess verbunden war. Nun verschafft sie dem Ich des Kranken in einem gewissen Umfang die Möglichkeit, auch vom Organ aus mit der neuen Entwicklung zu beginnen, indem sich das Organ durch die Substanz an seinem kosmischen Urbild orientiert. Was früher geopfert wurde, kommt als Heilmittel zum Menschen zurück.

Da solche Zusammenhänge nur durch Geisterkenntnis zu erfassen sind, ist es schon von hier aus berechtigt, auch die medikamentöse Therapie als eine Therapie aus dem Geist aufzufassen; statt des Wortes bedient sie sich der heilenden Substanz. Letztere Therapie wird in ihrer objektiv erfassbaren Wirksamkeit noch gesteigert, je mehr sich der Geist des Therapeuten mit ihr verbindet; auch dadurch greift der Geist in die Therapie ein, die letzten Endes dann dem Geist des Kranken dient. Indem der Therapeut die Therapie durch die heilende Substanz mit der Therapie durch das Wort verbindet, darf ihm ein Zusammenklingen seines aus dem Geist stammenden Wortes mit dem in der heilenden Substanz wirkenden Schöpferwort ahnend zum Bewusstsein kommen. (Ein anderer, individueller Aspekt wird vom Verfasser geschildert in Husemann/Wolff: *Das Bild des Menschen ...*, Bd. III, Kapitel: Leibliche Therapie.[366])

Wie zum Stoffwechsel das Gliedmaßensystem dazugehört, so gehören zur medikamentösen Therapie, die vom Stoffwechsel ausgeht, die Bewegungstherapien, die an den Gliedmaßen ansetzen oder von ihnen vermittelt werden. Hier steht an erster Stelle die *Heileurythmie*, auf die später eingegangen wird (vgl. S. 401 ff.). Ferner handelt es sich hier um die *Bothmer-Gymnastik* sowie um die rhythmische *Massage nach Hauschka*. Beide sind auch bei seelischen Erkrankungen wirksam, indem sie den gesund werdenden Leib für die austretenden Wesensglieder neu aufschließen, wobei die Bothmer-Gymnastik ihn außerdem mit den Raumrichtungen der irdischen Sphäre verbindet (vgl. S. 404). Auch eine Art von Bewegungstherapie des Leibes, bei der besonders das gezielt handelnde Ich angesprochen wird, stellt die *Arbeitstherapie* dar, die manchmal den Leib erst aufnahmefähig für die feineren Wirkungen der Medikamente machen muss. Noch stärker in diesem Sinn wirken *massive Anwendungen* nach Kneipp, Bäder, darunter auch fiebererzeugende Überwärmungsbäder, Darmbäder, Aderlässe und anderes mehr. Eine gesunde *Ernährung*, unter Umständen mit speziellen Diäten, schafft vom Stoffwechsel aus die Grundlage für die medikamentöse Therapie.

Die seelische Therapie

In der Mitte zwischen den beiden geschilderten Therapien lebt die *künstlerische Therapie*. Sie stellt die eigentliche Psychotherapie dar, da sie sich am unmittelbarsten an die erlebende Seele wendet. Nach der Schilderung der einzelnen psychiatrischen Krankheitsbilder soll ihr ein besonderes Kapitel gewidmet werden.

In direkten Gegensatz zu ihr treten Fernsehen, Radio und Kino. Auch sie wenden sich, wenn sie zur Unterhaltung benützt werden, an die erlebende Seele, bewirken jedoch das Gegenteil der kreativen und aktivierenden künstlerischen Übung, der aktiven Aufnahme künstlerischer Eindrücke. Vor allem der seelisch Kranke wird immer passiver, je mehr er auf diesem Gebiet süchtig wird, d.h. je mehr er versucht, die innere Leere durch Bild- und Tonüberflutung zu erfüllen, die ängstigenden Erlebnisse der seelischen Erkrankung durch die zerstreuenden, erregenden Inhalte der Massenmedien zu verdrängen. Es liegt auf der Hand, dass die schon bestehende Schwäche des Ich auf diese Weise von der Seele aus ständig zunimmt. Anfangs bleibt dem Ich nicht genug Zeit, vor dem Fernsehapparat die Eindrücke zu verarbeiten, später hat es gar nicht mehr die Kraft dazu. Das gilt dann aber auch für therapeutische künstlerische Eindrücke, mit denen es nichts mehr anfangen kann.

Die bekannten sozial isolierenden Wirkungen von Radio und Fernsehen führen beim seelisch Kranken zu einer Steigerung seiner Kontaktstörungen. Abgesehen von den vielen nicht zuträglichen Inhalten müssten aber auch noch die Auswirkungen der körperlichen Schäden bedacht werden, wie sie vor allem das regelmäßige Fernsehen mit sich bringt. So dürften gerade die feineren Organstörungen von seelisch Kranken auf das kreislaufschädigende Fernsehen besonders reagieren. Das Gefühl des Ausgehöhltseins nach längerem Fernsehen, das bis in den Körper hinein zu spüren ist, deutet darauf hin, dass die Wesensglieder nicht mehr voll in den Körper eingreifen. Damit ist eine Situation gegeben, die zur Entstehung oder zur Verschlimmerung einer seelischen Erkrankung beitragen kann.

Jede künstlerische, aber auch jede sonstige Therapie seelischer Erkrankungen sollte ihre Ergänzung darin finden, dass seelisch Kranke sich so weit als möglich von den genannten Massenmedien fernhalten bzw. ferngehalten werden.[367]

V.
Psychiatrische Krankheitsbilder im Lebenslauf

Bei der Schilderung der psychiatrischen Krankheitsbilder wird an die heute geläufigen Bezeichnungen angeknüpft, um dann zu der angestrebten Erweiterung und Vertiefung überzugehen. Zu Beginn sollen jeweils Hauptzüge der betreffenden Erkrankung, aus charakteristischen Krankengeschichten entnommen, zu einem Bild der jeweiligen Krankheit zusammengefügt werden. Nach dessen Erörterung werden die Beziehungen der betreffenden Krankheit zu den Jahrsiebten dargestellt. Es wird wieder zu unterscheiden sein: angeborene Anlage, die auch im Erbgang zum Ausdruck kommen kann, und Veranlagung durch die Umwelt; beide wirken jeweils zusammen. (Der gemeinsame Hintergrund von «angeborener Anlage» und «Veranlagung durch die Umwelt», wie er sich durch die wiederholten Erdenleben ergibt, wurde im Kapitel «Ichgeburt und Seelenentwicklung» geschildert.) Ferner wird sich die Unterscheidung ergeben: kindliche Form der Erkrankung und Krankheitstypus im Jugend- und Erwachsenenalter. In dieser Lebenszeit bevorzugt der Krankheitstypus jeweils bestimmte Jahrsiebte, von deren Charakter auch ein früheres oder späteres Auftreten etwas erkennen lässt.

Die körperlichen Grundlagen der psychiatrischen Erkrankungen werden jeweils kürzer charakterisiert. Ausführlicher und systematischer dargestellt sind sie, ebenso wie die medikamentöse und heileurythmische Therapie der folgenden Krankheitsbilder, im Psychiatrie-Kapitel des Verfassers in: HUSEMANN/WOLFF: *Das Bild des Menschen*, Band III.[368]

Zwangskrankheit

Krankheitsbild

In die Sprechstunde des Nervenarztes kommt ein Volksschullehrer, Mitte 20, aber älter aussehend, von schlankwüchsigem und schwächlichem (asthenischem) Körperbau. Er wirkt ängstlich, bedrückt, manchmal beschämt und spricht mit leiser, bisweilen stockender Stimme. Befragt, was ihn zum Nervenarzt führe, nennt er gleich seine Diagnose. Er leide an einer Zwangsneurose, mit der er einfach nicht fertig werde. Da er die Vorstellung nicht loswerden könne, dass seine Hände schmutzig seien, müsse er sich viele Male am Tag minutenlang die Hände waschen. Anfangs hätten dafür die Pausen zwischen den Schulstunden genügt, jetzt komme es vor, dass er auch schon während der Stunde zum Händewaschen die Toilette aufsuchen müsse. Wenn er diesen Drang unterdrücke, so bekomme er Atembeklemmungen und werde so unruhig und ängstlich, dass er kaum noch den Unterricht weiterführen könne. Während des Unterrichtes achte er darauf, möglichst wenig zu berühren, vor allem die schmutzigen Bänke vermeide er. Die relativ unkomplizierte – Klasse merke das jetzt, und es komme begreiflicherweise zu Schwierigkeiten im Unterricht.

In der *Vorgeschichte* ist auffallend eine strenge Mutter. Soweit der Patient sich zurückerinnern kann, sorgte sie – auch mit Strafen – dafür, dass alles bei ihm «ordentlich» wurde, vor allem, dass er sich sauber hielt. Er gewöhnte sich bald an, abends die Kleider genau in der Reihenfolge bereitzulegen, in der er sie morgens anzog. Später mussten das rechte Bein und der rechte Arm immer zuerst in ihre Hüllen schlüpfen. Manchmal wurde er die Vorstellung «Strumpf» oder «Hose» nicht mehr los, er musste ständig daran denken oder das Wort innerlich sprechen. Schon als Kind habe er viel Angst gehabt, «alles recht zu machen», aber auch Angst vor Menschen. Beim Spielen mit seinen Kameraden war er sehr empfindlich, immer gleich gekränkt. Später neigte er dazu, in sich hineinzubrüten, wobei er von zugefügten Kränkungen, aber auch von Ungerechtigkeiten in der Welt nicht loskam. Er war öfter traurig, zugleich jedoch ehrgeizig und in der Klasse einer der Besten. Dabei hatte er fast immer Angst vor der Schule, deren Eindrücke er nicht loswurde. Auf dem Schulweg musste er eine Zeit lang darauf achten, dass er mit einer bestimmten Anzahl von Schritten ein bestimmtes Haus, eine Straßenecke erreichte, damit in der Schule nichts passierte.

Schmutz war ihm schon als Kind unangenehm. Er achtete darauf, dass er sich möglichst wenig schmutzig machte, und wusch sich immer sehr sorgfältig. Die leiblichen Vorgänge der Pubertät kamen ihm schmutzig vor. Denselben Eindruck hatte er von den Witzen über dieses Gebiet. Als er dann einmal ein Mädchen liebte – ganz auf Distanz, mehr schwärmerisch, wie er versichert –, sei schmutzig über diese Freundschaft gesprochen worden. Man habe es ihm hinterbracht, und das sei der Schock seiner Jugend gewesen, der ihn tief verunsicherte und traurig machte. In dieser Zeit träumte er immer wieder von Schlangen in einem schmutzigen Teich. Und von jener Zeit an zog er sich noch mehr von der menschlichen Umwelt zurück, indem er in der Natur und in der Kunst Trost suchte und empfing.

Das von jeher häufige Händewaschen wurde von da an immer häufiger. Die Angst vor dem Schmutz überkam ihn manchmal wie eine Art Anfall, und hinzu trat die Angst vor solchen

Angstanfällen. Jetzt habe ihn der Hausarzt krankgeschrieben, weil er den Unterricht so nicht mehr weiterführen konnte. Es sei ihm schrecklich, dass er in seinem Beruf versage, umso mehr, als ihm die Unsinnigkeit seines Händewaschens vollkommen klar sei. Früher sei ihm so etwas nicht so klar gewesen, jetzt aber habe er sich in entsprechenden Büchern orientiert: Auch durch stundenlanges Waschen könne man die Hände nie ganz sauber bekommen, deshalb zögen ja auch die Chirurgen nach dem Händewaschen noch Gummihandschuhe an. Der Mensch müsse eben in einem gewissen Ausmaß mit dem Schmutz leben. Alles das wisse er genau – und doch werde er die Vorstellung des Schmutzes und den Zwang zum Händewaschen nicht los.

Der Krankheitsprozess

Die Entstehung der Zwangskrankheit bei unserem Patienten führt uns zunächst zur Mutter, durch die sich der erste Zwang der Seele des Kindes bemächtigte. Das wurde zu dem später bewusst gewordenen Urerlebnis: In der Welt *muss* Ordnung herrschen. Eine bestimmte Reihenfolge der Kleider beim Aufstehen wird eingehalten, und es kommt zu ersten Zwangsvorstellungen, die das Kind längere Zeit nicht loswird. Später wird es überempfindlich und ängstlich gegenüber bestimmten Eindrücken, vor allem gegenüber dem Eindruck des Schmutzes, zu dem sich bei vielen Kranken dieser Art die Unordentlichkeit der Welt, zuletzt ihr nicht durchschautes Leben verdichtet. In der Pubertät wird das am eigenen Leib erlebt, was im Schlangentraum Bild geworden ist.

Es wäre aber nicht richtig, das Erlebnis der strengen Mutter, der unterdrückenden Erziehung zu verallgemeinern. Es gibt durchaus Kranke, die in günstigen Familienverhältnissen aufwachsen und bei denen *Überempfindlichkeit* und *Ängstlichkeit* angeboren sind. Im Zusammenhang mit ihrer Überempfindlichkeit setzen sich dann die Wahrnehmungen aus der Umwelt in ihnen ebenso fest wie in den Kranken mit der erworbenen Überempfindlichkeit. Schon schwächere, negativ sich auswirkende Eindrücke, die andere Kinder oder Jugendliche nur vorübergehend und leichter bewegen, führen bei ihnen zu tief gehenden, lange sich auswirkenden Schockerlebnissen, wie dies auch bei unserem Patienten in der Pubertät der Fall war. Bei allen Zwangskranken jedoch ist an das Mitwirken stärkerer ungünstiger Eindrücke aus der zivilisatorischen Umwelt zu denken (vgl. das übernächste Kapitel «Die Krankheit im Lebenslauf»).

Die sexuellen Vorgänge der Pubertät können auch stärker zum Erlebnis kommen und dann im bewussten Seelenleben unterdrückt werden. Das kann mit in den Drang einmünden, sich durch Waschen «sauber» zu machen: Die äußere Handlung bekommt Symbolcharakter, wie dies auch bei unserem Patienten auf dem Schulweg eintrat. Die grundlose zwanghafte Schulangst wurde durch symbolische Handlungen bekämpft, die stellvertretend für den nicht möglichen Widerstand gegen die Eindrücke der Schule vollzogen wurden. Bei manchen Kranken kann sich hinter der quälenden Zwangsvorstellung, auf einen anderen mit dem Messer losgehen zu müssen, eine unterdrückte Aggression gegen diesen anderen verbergen. Das alles und anderes mehr ist jedoch weniger wichtig als die menschenkundliche Ausgangssituation der Überempfindlichkeit. Nur weil der Kranke überempfindlich gegenüber Eindrücken ist oder geworden ist, werden die Vorstellungen, die sich aus den Wahrnehmungen von der Welt oder vom eigenen Leib bilden, zu Zwangsvorstellungen. Mit Recht wies daher E.

KRETSCHMER auf den «sensitiven Persönlichkeitstypus» als Grundlage für die Zwangskrankheit hin.[369]

Überempfindlichkeit bedeutet, dass zu viel Bewusstsein im Empfindungsleben herrscht; Übererregbarkeit kann darauf antworten. Die Unempfindlichkeit haben wir als einen Rückzug nach dem Kopf kennen gelernt, bei dem das Empfindungsleben erkaltet. Bei der Überempfindlichkeit dagegen verlagert sich Bewusstsein aus dem Kopf in das Leben der Empfindungen. Der fühlende *Astralleib* ist zu bewusst mit der Welt verbunden und fühlt sich ihr schon vor seinem Freiwerden in der Pubertät ausgeliefert. Wenn dies stärker wird, können die Eindrücke aus der Welt vom Astralleib nicht mehr losgelassen, nicht vergessen werden. Es kommt zu keiner gesunden «Einatmung» der Eindrücke mehr, die, wie der eingeatmete Sauerstoff der Luft, in den Organismus eingehen sollten. Statt dass die Vorstellungen im Stoffwechsel untersinken, vergessen werden, «verkrampft» sich der überempfindlich gewordene Astralleib um sie und hält sie mehr oder weniger im Gefühlsleben des mittleren Menschen zurück. Aus diesem halb bewussten Bereich drängen sie sich immer wieder dem Bewusstsein auf.

Aufgrund dieser Situation verbindet sich der Astralleib nicht in Sympathie mit der Vorstellung, vielmehr versucht er in ständiger Antipathie, sie wieder loszuwerden. Dabei erlebt er die Vorstellung als Fremdkörper, von dem er sich im Denken distanziert, im Fühlen aber dennoch nicht frei wird. Für die *Diagnose* einer Zwangskrankheit beim Erwachsenen ist diese kritische Distanzierung, die, wie bei unserem Patienten, bis zur vollständigen Krankheitseinsicht gehen kann, von ausschlaggebender Bedeutung. Durch sie unterscheidet sich die Zwangsvorstellung von der Wahnvorstellung, mit der sich der Mensch zu identifizieren pflegt.

Die Beengung, die das Fremdkörpererlebnis im Gefühlsleben

mit sich bringt, wird zur charakteristischen Angst des Zwangskranken: zur *Umweltangst* gegenüber alten und neuen Eindrücken aus der Welt. Löst sich die Angst von der Vorstellung los, so entstehen Angstzustände ohne ersichtliche Ursache, die man als *Angstneurosen* bezeichnet, die aber auch überschießende Reaktionen auf länger oder kürzer zurückliegende Umwelterlebnisse darstellen können und bei denen dann eine Vorstellung im Hintergrund steht oder einmal stand.[370]

Wird die Angst des Zwangskranken zur Furcht vor etwas, so handelt es sich um eine *Phobie*, die man zu den Angstneurosen zählen kann (z.B. in der Gestalt der Herzphobie, s. Kapitel «Herzneurose»). Hierher gehört auch die besonders quälende Angst vor der Angst, die einen Angstanfall mit oder ohne entsprechende Vorstellungen nach sich ziehen kann (vgl. S. 254). Bei unserem Patienten war der Prozess der Zwangskrankheit noch weiter, d.h. bis in den Willen hinein, zu verfolgen. Die Vorstellung des Schmutzes verpflanzte sich aus dem Kopf zunächst in das überempfindliche Gefühlsleben, es entstand mit der Zwangsvorstellung die Furcht vor jeder Berührung (*Berührungsphobie*). Im Willensleben wurde daraus die dranghafte *Zwangshandlung* des Händewaschens, der Waschzwang, bei dem sich auch der tätig werdende Wille, entgegen der Einsicht des Kranken, der Zwangsvorstellung unterwerfen musste. Durch ihre kritische Distanz unterscheidet sich eine solche Zwangshandlung von der ebenfalls zwingenden Symbolhandlung, bei der eine gewisse Selbstkritik höchstens im Hintergrund steht. Hier grenzt das Gebiet des *Aberglaubens* an, der, wie auch die Symbolhandlung, neben einer zwanghaften eine illusionäre Komponente erkennen lässt. Bei der Symbolhandlung hält man sich z.B. krampfhaft an der Illusion fest, dass die Handlung helfen werde. (Über Illusionen vgl. das Kapitel «Hysterie».)

Das Ich ist dieser Verkrampfung des Astralleibes mehr oder weniger hilflos ausgeliefert. Das im Kopf relativ selbstständige Ich, das beim Denken aus dieser Position mehr oder weniger frei mit den Vorstellungen umgeht, folgt bei der *Phobie*, vom Astralleib mitgenommen, den Vorstellungen ins Gefühlsleben nach, wo es in eine zu starke, persönlich-empfindsame Verbindung mit ihnen gedrängt wird.

Eine andere, weniger wichtige Form der Zwangskrankheit, die sich – polar zur vorigen – im Vorstellungsbereich des Kopfes abspielt, sei nur kurz charakterisiert. Es kommt bei dieser Form zu einem *Fragezwang*, bei dem der Kranke von einer Vorstellung zur anderen in Form von Fragen gezwungen wird, sodass er nicht mit Fragen aufhören kann. Hier wird im Gegensatz zu dem oben geschilderten Versinken ins Seeleninnere das Ich zu wenig ins Denken mitgenommen, es verbindet sich zu wenig mit der einzelnen Vorstellung und kann daher den Vorstellungsreihen nicht Halt gebieten und bei einer Antwort verweilen.[371] Eine Schwäche des wollenden Ich, die sich hier im Denken, bei der Phobie im Fühlen äußert, verbindet beide Formen der Zwangskrankheit.

Zum organischen Aspekt

Im Hinblick auf die seelische Atmung ist festzustellen, dass beim Zwangskranken die Antipathiegeste der Ausatmung betont ist, dass die Ausatmung jedoch stecken bleibt und nicht zu jenem Befreiungserlebnis durchstößt, wie man es auf der seelischen wie der körperlichen Ebene gegen Ende der Ausatmungsphase haben kann. Diese Charakterisierung lässt vollends an eine Verbindung der Zwangskrankheit mit der Atmung der Lunge denken. Tatsächlich findet man immer wieder körperliche Atemstörungen, Atembeklemmungen bei Zwangskranken, die auch unser Patient berichtet hat und die sich mit Beklemmungen in der Herzgegend verbinden können. Damit ergibt sich eine Beziehung der Zwangskrankheit zum Bronchialasthma.

«Viele Asthmatiker haben zwangshafte Züge.»[372] Auch beim *Bronchialasthma* spielt Überempfindlichkeit eine dominierende Rolle, auf seelischem Gebiet wie auf körperlichem, wo sie sich als *Allergie* gegenüber bestimmten Stoffen in der eingeatmeten Luft manifestiert. Auch Schockerlebnisse sind typisch für die Auslösung. Nach einem solchen Erlebnis, das krank machend bis in den Körper hinein wirkt, kann sich die Krankheit dann mehr auf das körperliche Gebiet verlagern: Ein Asthma entsteht, das seine Wurzel jedoch in dem primär emotional reagierenden Nierensystem hat (O. WOLFF[373]). Oder die Krankheit wendet sich vom körperlichen mehr dem seelischen Bereich zu: Eine Zwangskrankheit entwickelt sich. In beiden Fällen kommt es zu einem inneren *Fremdkörpererlebnis*, mit dem die Ausatmung nicht fertig wird. Beim Asthma ist es die eingeatmete Luft, um die sich die Luftwege verkrampfen und die deshalb nicht ausgeatmet werden kann. Bei der Zwangskrankheit ist es die Zwangsvorstellung, um die sich der Astralleib «verkrampft» im vergeblichen Bemühen, sie loszuwerden. In beiden Fällen geht die Verkrampfung vom Astralleib aus, der sich beim Asthma nicht mehr von den Luftwegen und vom Luftstrom, bei der Zwangskrankheit nicht mehr von der Vorstellung lösen kann.[374] Aufgrund dieser Phänomene kann man die Zwangskrankheit auch ein *seelisches Asthma* nennen.

Die Beschaffenheit der Zwangsvorstellungen deutet gleichfalls auf eine zentrale Beziehung zum *Lungenorgan* hin. Es handelt sich bei den Zwangsvorstellungen um die «härtesten» seelischen Gebilde, welche die Psychiatrie kennt. Vom Kranken selbst wird die Unnachgiebigkeit und Unveränderlichkeit seiner Zwänge manchmal selbst empfunden und geschildert. Dafür ist ebenfalls die Lunge verantwortlich, deren Einwirkung sich hier mit der schon erwähnten Tendenz der Vorstellungen verbindet, ein gewisses Eigenleben zu führen.

Die Lunge ist nämlich nicht nur Atmungsorgan und somit Grundlage für das sensitive Gefühlsleben, sie ist zugleich das Organ des Erdenelementes, des festen Elements, das auch, wie bei unserem Patienten, zur Bildung eines *melancholischen Temperamentes* führen kann.[375] (Bei der Zwangskrankheit steigert sich dieses Temperament mit seiner Neigung zum Grübeln und zum Hängenbleiben am Vergangenen in pathologischer Form.) Während der Luftorganismus des Leibes, wie erwähnt, mit dem Nierensystem zusammenhängt, ist die Lunge das Organ, das «Tor» für das Ein- und Austreten der Luft. Indem sich der physische Leib in der Lunge für sie öffnet, stellt sich sein Charakter dem Charakter des Luftelementes polar gegenüber. Der sensitive *Lungenmensch* kann daher auch zur Bildung eines melancholischen Temperamentes neigen.

Das Lungenorgan, das schon durch seine stark durchgeformte und feste Struktur eine Beziehung zum Kopfpol und zum festen Element erkennen lässt, neigt mehr als alle anderen Organe zum Verhärten, zum Mineralisieren bis zur Verkalkung und Knochenbildung. Den Verkalkungsherden der Lunge, wie sie bei einer *Lungentuberkulose* auftreten, entsprechen auf seelischem Gebiet die Zwangsvorstellungen, die wie Verkalkungen im Gefühlsleben der Lunge wirken und als solche auch eine Rolle beim Lungentuberkulose-Kranken spielen können. Von da aus kann man verstehen, dass die Lunge ein Zentralorgan für jene Grundkraft des Ätherleibes ist, welche die Bildungen des physischen Leibes in das feste Element hinein- und aus ihm herausführt (Lebensäther).³⁷⁶

In diesem Zusammenhang wird es auch verständlich, wenn STEINER darauf hinweist, dass solche im Inneren der Lunge sich sammelnden Kräfte aus dem physischen Leib sich lockern und dann in die Bildung von Zwangsvorstellungen eingehen können. (Aufgrund dieser Lockerung gehört nach unseren Ausführungen die Zwangskrankheit, die sonst je nachdem als Zwangsneurose oder als Angstneurose bezeichnet wird, nicht zu den Neurosen, sondern zu den Psychosen.) Auf den noch komplizierteren Zusammenhang, dass diese Kräfte sich eigentlich erst bei der Bildung des Kopfes im nächsten Erdenleben beteiligen sollten, kann hier nur hingewiesen werden. Die Verkopfung des Gefühlslebens beim Zwangskranken erhält dadurch noch einen neuen Aspekt.³⁷⁷

Eine Beziehung der Zwangskrankheit zum *Herzen* lernten wir schon in Gestalt der *Herzphobie* kennen (vgl. S. 177 f.). Bei ihr wird das Herz zum Gegenstand einer zwanghaften Furcht, auf die der Kranke vorwiegend mit Erregung und beschleunigtem Herzklopfen reagiert. Geht das Versagen im Leben dem Zwangskranken ans Herz, so stellen sich Schuldgefühle bei ihm ein, die mehr mit Herzbeklemmungen im Zusammenhang stehen (vgl. S. 178).

Die Krankheit im Lebenslauf

Der Beginn der Krankheit fällt oft schon in die Kindheit, die Mehrzahl der Erkrankungen tritt vor dem 25. Jahr auf.³⁷⁸ Auch unser Patient ließ schon eine kindliche Form der

Zwangskrankheit im ersten Jahrsiebt erkennen; auf jeden Fall reicht die Veranlagung durch die Umwelt bis in die erste Kindheit zurück, wobei sich auch schon die kindliche Form einer Zwangskrankheit entwickeln kann. Das hängt menschenkundlich damit zusammen, dass, wie gezeigt wurde, das Kind als Wahrnehmungswesen vorwiegend vom Kopf bestimmt wird, was in krankhafter Form auch für die Zwangskrankheit zutrifft. Im ersten Jahrsiebt handelt es sich jedoch noch nicht so sehr um die beschriebene Überempfindlichkeit, sondern darum, dass die vom Kopf vermittelten Eindrücke infolge ihrer Beschaffenheit Fremdkörper für das kindliche Seelenleben werden. Sie können nicht dem Organismus «einverleibt», nicht in «organische Eindrücke» umgesetzt werden und regen dadurch auch nicht die Bildung des Leibes an. Dressur statt Erziehung vermittelt, wie im Fall unseres Kranken, solche Eindrücke. Darüber hinaus kommt hier die ganze «unnatürliche Lebensweise» unserer technischen Zivilisation in Betracht, die zur Grundlage für seelische Fremdkörperbildung sowie für mangelhaften Aufbau des Leibes werden kann.[379]

Das wirkt sich vor allem im unteren Gebiet des Organismus aus. Beim zwangskranken Kind liegt nach STEINER «ein schwach ausgebildetes Stoffwechselgliedmaßensystem» vor, das auch günstige oder gleichgültige Eindrücke nicht mehr in sich aufzunehmen vermag. Im Körperbau wird diese Schwäche deutlich bei der asthenischen Konstitution des Erwachsenen, wie sie auch unser Patient hat. Da aber schon im ersten Jahrsiebt die Ausbildung des (schwefelarmen) Organeiweißes behindert wird, können die Eindrücke schon in diesem Jahrsiebt nicht untertauchen, nicht vergessen werden. So strahlen sie immer wieder nach dem Kopf zurück, von dem sie ausgingen. Hier liegt es also nicht nur an den Eindrücken, sondern auch am Organismus, der, teilweise schon unter Mitwirkung unnatürlicher Eindrücke, so gebildet wurde, dass er die untersinkenden Vorstellungen mehr oder weniger abweisen muss. Das Kind wird dann seine Eindrücke nicht los, es muss z.B. ständig wiederholen: «Die Uhr ist schön.»[380]

Zu einer differenzierten Zwangskrankheit kommt es jedoch bei den «oft hoch intelligenten Kindern» meist erst im zweiten Jahrsiebt.[381] Nun erst nimmt der Astralleib von der Lunge aus einen differenzierten gefühlshaften Kontakt zur Umwelt auf, der zu Überempfindlichkeit und zu zwanghaften symbolischen Handlungen führen kann. Aus dem ausufernden Angstgefühl heraus bekommen manche Vorstellungen für das Kind eine besondere Bedeutung: Eine bestimmte Anzahl von Schritten z.B. bedeutet, dass in der Schule alles gut geht. Durch Verwirklichung dieser Vorstellung in der Symbolhandlung, die auch stellvertretend sein kann, wird versucht, die Angst zu bannen.

Stellt sich die Überempfindlichkeit schon im ersten Jahrsiebt ein, so handelt es sich um eine Vorwegnahme in der Entwicklung. Solche Kinder mit Zwängen im ersten Jahrsiebt pflegen dann auch älter auszusehen, als es ihrem Alter entspricht. Letzteres ist, wie bei unserem Patienten, auch im Erwachsenenalter zu beobachten. Ganz allgemein hat man bei der Zwangskrankheit den Eindruck einer Vorwegnahme von Tendenzen späterer Altersstufen. Die Tendenz zur Ordnung, wie sie im fünften Jahrsiebt oder im höheren Alter hervortritt, wird zur zwanghaften Pedanterie der seelischen Erkrankung.

Eine besondere Rolle im zweiten Jahrsiebt scheint wieder die Krisenzeit des neunten Jahres zu spielen.[382] Gliedert sich in dieser Zeit das Ich des Kindes nicht voll in den (schwach gebildeten) unteren Bereich des Organismus ein, so überwiegt zunächst das Gefühlsleben, das vom Kopf her überempfindlich werden kann. Bekommt dabei das Vorstellungsleben des

Kopfes ein stärkeres Übergewicht gegenüber dem nicht erreichten unteren Pol, so entsteht die Zwangskrankheit mit ihrer Willensschwäche und ihrer Passivität gegenüber den an der Welt gebildeten Vorstellungen. Die Konstitution der ersten Kindheit hat sich mit der Situation des zweiten Jahrsiebts, das Nicht-vergessen-Können vom Stoffwechselsystem aus mit der Überempfindlichkeit des Lungenseelenlebens verbunden. Die Eindrücke werden zu wenig vom physischen Leib aufgenommen und außerdem zu sehr vom Astralleib festgehalten.

Wie schon erwähnt, prägte STEINER für das überempfindliche Kind das Bild vom «seelischen Wundsein». Er führte aus, dass dann, wenn dieses Wundsein nicht gebessert werden könne, in der Pubertät die «weibliche Form dieses Wundseins», die Hysterie, daraus entstehen werde (siehe nächstes Kapitel). Er sprach ferner von einer «männlichen Form», die auch besprochen werden könne.[383] Im Hinblick auf das seelische Wundsein, das die Vorgeschichte des Zwangskranken (wie des hysterischen Kranken) durchzieht, kann man daran denken, dass hier STEINER die Zwangskrankheit meint; im nächsten Vortrag des heilpädagogischen Kurses wird dann auch auf diese Krankheit eingegangen, allerdings ohne Erwähnung des seelischen Wundseins.

Der mehr männliche Charakter der Zwangskrankheit (die jedoch bei beiden Geschlechtern vorkommt) wird beim Vergleich mit der Hysterie noch deutlicher werden. Zunächst weist schon die ausgesprochene Verhärtungstendenz des Krankheitsprozesses auf den männlichen Organismus hin, bei dem diese Tendenz, verbunden mit seelischer Verkopfung, stärker ist als beim weiblichen Organismus. Bei den Zwangsvorstellungen selbst kommt die Verhärtung, wie erwähnt, in ihrer Beschaffenheit zum Ausdruck. Und nun erst – im Erwachsenenalter – setzt sich gegenüber den hart gewordenen Zwangsvorstellungen die geschilderte kritische Distanzierung durch; bei den weicheren oder diffuseren Zwangsvorstellungen und Symbolhandlungen der Kindheit steht sie noch ganz im Hintergrund und tritt bei den Angstneurosen des Erwachsenenalters wieder in den Hintergrund.

Mancher von uns kann dann und wann Ansätze zur Zwangskrankheit bei sich feststellen. Das tritt zum Beispiel ein, wenn man einer zwanghaften Ordentlichkeit erliegt, die man selbst als Zwang empfindet. Streckt man, wenn man einen Brief eingeworfen hat, die Hand in den Briefkasten, um sich zu überzeugen, dass der Brief auch wirklich unten ist, so ist man ein überordentlicher Mensch. Macht man das mehrere Male und ist danach vielleicht immer noch nicht sicher, so sollte man etwas gegen seine Zwangskrankheit tun.

Zur Therapie

Wie bei allen psychiatrischen Krankheitsbildern hat die grundlegende Therapie durch *Medikamente* und *Heileurythmie* vom Organ aus zu erfolgen. Bei leichter Kranker, die auch nur selten in die Sprechstunde kommen können, kann nach meinen Erfahrungen diese Therapie allein schon deutliche Wirkungen zeigen. In schwereren oder leichteren chronisch gewordenen Fällen ist eine intensivere, unter Umständen auch klinische Therapie notwendig, bei der sich seelisch-geistige Behandlung mit der erstgenannten verbindet. – Im Folgenden sollen einige Beispiele für eine seelisch-geistige Therapie gegeben werden, die sich an der Stellung der Krankheit im Lebenslauf orientiert und die, wenn irgend möglich, auch bei leichteren Erkrankungen angewendet werden sollte, um eine Heilung zu erzielen.

Dass ein schwer seelisch Kranker zunächst immer da aufzusuchen ist, wo er sich befindet, wurde schon deutlich. Man kann versuchen, bei der Tendenz zur übersteigerten Ordnung und Genauigkeit anzuknüpfen und sie in die berechtigte Form überzuführen. Durch genaue, regelmäßig geübte *Beobachtungen in der Natur* kann der Betroffene lernen, Genauigkeit mit Lebendigkeit zu verbinden, ohne sich dabei gezwungen zu fühlen und Antipathie zu entwickeln. Seine krankhafte Veranlagung beginnt, sich positiv auszuwirken. (Nur der leichter Kranke kann dies, der Schwerkranke wird anfangs bei solchen Übungen schon Zwang empfinden.)

Die Lebendigkeit steigert sich, wenn aus der Erinnerung nicht nur einzelne Beobachtungen, sondern ganze *Bilder* wiedergegeben werden. Indem der Kranke aktiv solche Bilder von innen erzeugt, kommt er langsam davon los, sich passiv den Eindrücken der Außenwelt auszuliefern. Die Anregung der geknebelten Fantasie des Zwangskranken steigert sich, indem er im Rahmen der künstlerischen Therapie zum *Malen* mit Wasserfarben übergeht. Hymnische *Musik* und entsprechende *Sprachtherapie* wirken befreiend bis in die Atmung des Kranken hinein. Durch solche Übungen holt man etwas von dem nach, was besonders im zweiten Jahrsiebt an künstlerischer Erziehung versäumt wurde, man lernt besser mit der Welt mitzuschwingen, wenn dies im ersten Jahrsiebt zu wenig vermittelt worden war.

Besonders auf den Willen im Vorstellungsleben wirkt man ein, indem man willentlich das Gegenteil der Zwangsvorstellung im Denken erzeugt. STEINER empfahl in solchen Zusammenhängen «*Gegenvorstellungen*», die auch nicht normal sein dürften, sondern «nach der anderen Seite ausschlagen».[384] Unser Patient sollte also versuchen, sich seine Hände blendend weiß ohne jeden Schmutzpartikel vorzustellen, was in Wirklichkeit nicht vorkommt. (In jenem Stadium, in dem er sich uns präsentierte, wird er das noch nicht leisten.)

Noch mehr betätigt der Kranke seinen Willen, wenn er sich die Hände absichtlich schmutzig macht, indem er sie z.b. in schmutziges Wasser steckt. Diese Übung, die im Lauf einer Behandlung bei Kranken mit Phobien sehr wirkungsvoll werden kann, knüpft an die *«paradoxe Intention»* von FRANKL an: Man soll sich eben das wünschen oder vornehmen, vor dem man Angst hat. Wer immer wieder umkehren muss, um nachzusehen, ob er die Tür auch wirklich zugesperrt hat, soll sich sagen: «Wenn die Tür jetzt offen ist, dann soll sie offen bleiben. Man soll ruhig meine ganze Wohnung ausräumen.»[385] Zentraler als das Wünschen scheint mir hier das Wollen des Ich zu sein, das die Richtung des Angstrückzugs umkehrt, d.h. das verwirklicht oder verwirklichen lässt, vor dem die Seele in der Furcht fliehen möchte. Das befreiende Ausatmen der beengten Seele, das dadurch möglich wird, verbindet sich mit der erstaunten Feststellung: Jetzt habe ich doch tatsächlich meine Hände, die ich sonst nicht genug waschen konnte, absichtlich schmutzig gemacht! Kann man dann darüber lachen, so ist schon viel gewonnen.

Bei der *Platzangst*, der Angst, einen freien Platz zu überschreiten, wirkt die Vorstellung von der Leere dieses Platzes so intensiv, dass der Wille davon gelähmt und das Überschreiten des Platzes unmöglich werden kann. Versucht man zuerst in der Vorstellung einen kleinen Teil dieses Platzes zu überqueren, so können die Beine dem Gedankengang nachfolgen, und man schafft die erste Etappe. Dann kommt die nächste Etappe, wieder zuerst in der Vorstellung usw. Beim *Fragezwang* kann das

Ich des Kranken versuchen, immer wieder dazwischenzufragen: Ist das wesentlich?, um sich dann auf eine wesentliche Frage und ihre Beantwortung zu konzentrieren. Beim inneren *zwanghaften Wiederholen* eines Wortes oder einer Melodie hilft es manchmal, wenn man Wort oder Melodie mehrere Male laut spricht bzw. singt.

Allgemein führt am weitesten aus der seelischen Gefangenschaft der Zwangskrankheit heraus, wenn man sich wieder – möglichst von Anfang an – aus dem seelisch-persönlichen Bereich ins Geistig-Unpersönliche zu erheben versucht. Dabei ist jene aktive Ausweitung der Interessen aus dem ganzen Menschen heraus nachzuholen, die bei einer intellektuellen, einseitig den Kopf ansprechenden Erziehung versäumt worden war.

Durch die Überwindung einer Zwangskrankheit wird der Mensch aktiver gegenüber den Eindrücken aus der Umwelt. Seine ängstliche Fixierung an diese Eindrücke kann sich in Genauigkeit und Sorgfalt verwandeln. Die Zwangskrankheit bekommt einen *Sinn* für die seelische Entwicklung, die nun in gesunder Form vom Leib frei werden kann.

Hysterie

Krankheitsbild

Der Nervenarzt wird zu einer bettlägerigen, 20 Jahre alten Büroangestellten gerufen. Die füllig gebaute, vor allem im Rumpfgebiet überquellende Kranke spricht hastig, wobei sie einzelne Worte stark betont. Ihr Blick hat etwas Flackerndes, manchmal wirkt er aggressiv. Man erfährt von ihr, dass sie seit Wochen eine Lähmung des rechten Beines habe, das auch gefühllos sei. Eines Morgens sei sie mit Schmerzen im rechten Bein aufgewacht, die dann wieder vergingen, dafür habe sich eine Lähmung eingestellt. Auf die Frage, was vorausgegangen sei, erfährt man, dass es im Büro Streitigkeiten gegeben habe. Einige Kollegen hätten sich beklagt, sie gehe ihnen durch ihr vieles Reden auf die Nerven. Dass aber auch ihr etwas auf die Nerven gehen könne, daran denke niemand. Nun habe sie der Abteilungsleiter zu sich bestellt, und sie gebe zu, dass sie sich vor dieser Unterredung fürchte. Vielleicht würde er sie entlassen. Bevor jedoch der verabredete Tag da war, wurde sie krank. Jetzt sage man natürlich, sie sei gar nicht krank, sie simuliere nur, um nicht zum Chef zu müssen. Aber das stimme nicht, das Bein sei wirklich gelähmt, was sich bei der Untersuchung ja herausstellen werde.

Die Untersuchung ergibt, dass tatsächlich an dem Bein etwas nicht in Ordnung ist. Der rechte Unterschenkel ist gegenüber dem linken leicht geschwollen und fühlt sich kühler an als der linke. Die Tastwahrnehmung ist herabgesetzt: Die Patientin meint, von oberhalb des Knies an nach unten nur noch undeutlich etwas davon zu spüren, wenn die Haut berührt wird. Während der Untersuchung wird die Kranke dadurch auffällig, dass sie selbst immer wieder ihr Bein betrachtet und dem Arzt vorjammert, es sei wie tot, es gehöre gar nicht mehr zu ihr.

Die jetzt sehr erregte Patientin wird beruhigt, sie sei wirklich keine Simulantin. Man erfährt bei der Erhebung der *Vorgeschichte* Einzelheiten von einer unruhigen Kindheit mit viel Ortswechsel. Besonders der Schulwechsel mit acht Jahren habe sie sehr mitgenommen. In der neuen Schule sei sie von den anderen Kindern viel gehänselt und gekränkt worden, was sie sehr deprimiert habe. Sie habe sich dann zurückgezogen und sich ihre «Geschichten» erzählt. Das seien so eine Art Märchen, in denen sie die Prinzessin sei. Sie habe dann einmal auch einer Freundin davon erzählt und auch davon, dass in ihrem Stammbaum Adel vorgekommen sei, dass sie also wirklich adliges Blut in den Adern habe. Das sei zum Anlass von viel Klatsch geworden, was ihr aber, ehrlich gesagt, Spaß gemacht habe. Sie habe später «tolle Freundinnen» gehabt, mit denen sie «ein Herz und eine Seele» gewesen sei. Allerdings habe sie auch immer wieder Enttäuschungen erlebt, man habe sich danach «richtig gehasst». Für die Buben und später für die Männer habe sie sich schon interessiert, das müsse sie zugeben, aber «richtig eingelassen» habe sie sich noch mit keinem. Ihre Gesellschaft habe sie immer gesucht, wie sie überhaupt, seit sie erwachsen sei, viel Gesellschaft brauche. Bei den Eltern habe sie es immer sehr gut gehabt, sei «richtig verwöhnt» worden. Sie habe immer noch engen Kontakt mit ihnen, aber im Büro hätten sie ihr doch nicht helfen können.

Auf *körperlichem Gebiet* gibt sie Verdauungsstörungen an: Völlegefühl nach dem Essen und Verstopfung. Sie friere viel, schwitze jedoch zugleich stark und leide unter kalten Händen und Füßen. Die Periode habe spät eingesetzt und komme zu selten. Als Kind sei sie Bettnässerin gewesen. Bei Halsweh und Husten habe sie immer gleich Fieber bekommen.

Der Krankheitsprozess

Hysterische Symptome bei unserer Patientin traten schon in der Kindheit auf. Am Anfang steht das Bettnässen. Dem hysterischen Bettnässen sowie anderen Symptomen der *kindlichen Hysterie* liegt nach STEINER ein «Ausrinnen des Astralleibes» zugrunde, was sich auch in vermehrtem Absondern von (kaltem) Schweiß zeigen könne. Es werde damit etwas von dem vorweggenommen, was im Tod auftritt, wo sich der Astralleib ganz vom Leib trennt. Damit verbindet sich das schon zitierte «seelische Wundsein» des Kindes, ein Bild, das nicht nur auf der Empfindlichkeit der Wunde, sondern auch auf dem Bluten aus der Wunde basiert. Indem sich das Kind durch den ausrinnenden Astralleib zu stark mit der Außenwelt verbindet, entwickelt es wieder zu viel Bewusstsein im Empfinden. Die Überempfindlichkeit bezieht sich jedoch weniger auf Sinneseindrücke als auf das hindurchwirkende Seelische sowie auf die Elemente: die Schwere, das flüssige Element, die Luft und die Wärme der Umgebung.[386] Deshalb nehmen hysterische Kinder gefühlsmäßig so viel von dem wahr, was unausgesprochen seelisch in ihrer Umwelt lebt. Deshalb reagieren sie so empfindlich auf klimatische Einflüsse, auf Temperaturschwankungen in der Umgebung. Ihnen ist schnell zu warm oder zu kalt, woran unsere Patientin noch immer leidet.

Die Frage, wie es zu diesem Ausrinnen des Astralleibes kommt, führt bei unserer Patientin zu den verwöhnenden Eltern. Hier zieht sich das Kind vor der übersteigerten Nestwärme nicht, wie früher dargestellt, in sich zurück, hier genießt es die Verwöhnung, und es wird der Grund dafür gelegt, dass es in die Umgebung hinein ausfließt. Die Tatsache jedoch, dass Ausfließen und Überempfindlichkeit auch bei anderen ungünstigen oder auch bei günstigen Familienverhältnissen vorkommen, weist wieder auf das Mitwirken einer angeborenen Anlage hin.

Auch bei unserer hysterischen Patientin stehen, wie bei unserem Zwangskranken, Überempfindlichkeit und Schockerlebnisse am Anfang, doch reagiert das Seelenleben hier ganz anders. Statt eines Rückzuges in krampfhaftes Grübeln, gefolgt von den bald auftretenden Zwangsvorstellungen, kommt es bei unserer Patientin zu einem Rückzug in ein Wunschträumen, das sie dann wieder nach außen trägt. Man kann diesen Rückzug deshalb auch eine «Flucht nach vorne» nennen.

Die Wirbel, welche die Patientin in der Umwelt erregte, genoss sie, ebenso wie andere hysterische Kranke, bei denen immer die Umwelt irgendwie mitspielen muss. Solche Menschen müssen sich selbst immer wieder an der Umwelt spiegeln, um sich zu erleben. Dass sich daraus – gegenüber der Umweltangst des Zwangskranken – eine ausgesprochene *Umweltsucht* entwickeln kann, ist verständlich, ebenso wie die Problematik, die sich dadurch im sozialen Leben ergibt.

Gegenüber dem zwanghaften Seelenleben, das in Übergängen bei manchen sensiblen Menschen vorkommt, zeichnet sich das *illusionäre Seelenleben* ab, das in seinen ersten Stadien ebenfalls noch nicht Krankheit bedeuten muss. Während beim zwanghaften Seelenleben das Innere der Seele von der Realität der Welt gefangen genommen wird, verändert das illusionäre

Seelenleben die Realität im Inneren so, wie es seinen Wünschen entspricht. (Auf diese Weise entsteht auch die illusionäre Komponente der Symbolhandlung und des Aberglaubens.) Während der zwanghafte Mensch die Haltung der Antipathie einnimmt, gibt sich der illusionäre Mensch seiner Sympathie hin. Das kann so weit gehen, dass der hysterisch gewordene Mensch auch den Schmerz genießt.

Zum organischen Aspekt

Die Bildung von Illusionen weist nach STEINER ebenfalls auf die Lunge hin.[387] Während bei den Zwangsvorstellungen das feste Element in der Seele dominiert, hat man bei den Illusionen mehr an das Luftelement zu denken. Ihm gibt sich auf der Ebene der Lunge, d.h. in Verbindung mit der Umwelt, der Astralleib hin, indem er sich, wie die Sprache es richtig ausdrückt, «Luftschlösser baut». In der Konturiertheit und gleichförmigen Ausgestaltung solcher Luftschlösser kommt dann wieder das feste Element zum Ausdruck. (Man ist immer die Prinzessin oder der Prinz in einem entsprechenden Wunschtraum.) Das kann sich bis zu fixen Ideen steigern, bei denen die Sympathie für eine dominierende Lieblingsidee zur Erstarrung tendiert. («Nur eine Weltregierung kann der Welt den Frieden bringen.»)

Während sich beim zwanghaften Seelenleben eine Beziehung zur Asthma-Erkrankung der Lunge ergab, hängt das illusionäre Seelenleben mehr mit *entzündlichen Erkrankungen der Atemwege* zusammen. Wie schon ausgeführt, kann sich die Hingabe an die Welt bis zum «Seelenfieber» steigern. Bei der

Hingabe an illusionäre, mit der Welt in Verbindung stehende Vorstellungen kann sich die Seele «entzünden». Im Körper können danach Entzündungen in den Atemwegen beobachtet werden, doch sind die Zusammenhänge hier noch weniger erforscht als beim Asthma. Auffallend ist das illusionäre Seelenleben bei der Lungentuberkulose, einer chronischen Entzündung der Lunge, bei der die erwähnten Zwangsvorstellungen seltener anzutreffen sind. Menschenkundlich zeichnet sich gegenüber der übersteigerten Antipathie des im Ausatmungsprozess sich verkrampfenden zwanghaften Astralleibes der überschießende Sympathieprozess der Entzündung ab; diese kann man als eine krankhafte, zu tiefe «Einatmung» des Astralleibes in den Körper ansehen.[388] (Vgl. auch das Kapitel «Körperliche Krankheit aus der Seele».) Dieser Prozess kann sich – wie bei unserer Patientin – bis zum Fieber steigern, das jedoch, wie die körperliche Entzündung, nur zu einer vorübergehenden tieferen Inkarnation des ausfließenden Astralleibes führt.

In eine ausgesprochene seelische Erkrankung aber mündet das illusionäre Seelenleben – ebenso wie das zwanghafte – erst ein, wenn die zeitweilig sich äußernde seelische Fehleinstellung zum bestimmenden Prinzip wird, dem sich Seele und Ich unterwerfen. Bei der Zwangskrankheit wird die Seele einseitig von der Außenwelt bestimmt, bei der nun entstehenden Hysterie versucht die Seele einseitig von innen her ihr Verhältnis zur Außenwelt zu gestalten. Das bedeutet, dass sie zur Verwirklichung ihrer illusionären Wunschvorstellungen drängt, denen sie sich vorher nur innerlich hingegeben hatte.

Auf diese Weise kommt es zu einem solchen Krankheitsbild, wie es bei unserer Patientin vorliegt. Der Wunsch, nicht zu der Angst einjagenden Unterredung hingehen zu müssen, verknüpft sich aus der Erinnerung mit der Vorstellung einer Beinlähmung. Es gehört noch zum so genannten normalen Seelenleben, dass sich ein Wunsch mit einer solchen Vorstellung verbindet. Der innere Stoßseufzer kann sich vorübergehend einstellen: Ach, hätte ich jetzt eine solche Lähmung, dann bräuchte ich nicht zu der Unterredung hinzugehen! Der hysterische Kranke kann eine solche illusionäre Wunschvorstellung nicht mehr beiseite schieben, wie es der gesunde Mensch in einem solchen Fall zu tun pflegt. Die Vorstellung wird «sogleich von den Gefühlswogen ergriffen», «von den Gefühlswogen des Organismus».[389] Die illusionäre Wunschvorstellung wird durch den wünschenden, die Lähmung begehrenden Astralleib Wirklichkeit: Es entsteht tatsächlich eine Art Lähmung.

Bei dieser hysterischen Lähmung handelt es sich im Prinzip um das schon erwähnte Geschehen einer *Organneurose*: Seelisches verbindet sich über den Ätherleib störend mit der Funktion eines Organs, d.h. mit seinen Bewegungsvorgängen, mit dem Strömen seines Wasserorganismus. Dieser Funktionsstörung, die auch das Wahrnehmen durch die Haut betrifft, gibt die Patientin in ihrem Erleben so weit nach, dass sie das Bein nicht mehr bewegen kann und dass es gefühllos wird. Im Unterschied zu einer organischen Lähmung durch eine Nerven- oder Muskelentzündung wird die feste Substanz des Nervs oder des Muskels dabei nicht angegriffen, doch kommt es zu einer Stauung im Kreislauf des kälter werdenden Beins mitsamt seiner Nerven. Die Lähmung erfolgt außerdem immer so, wie die Patientin sich das vorstellt, was sich besonders bei der Gefühllosigkeit des Beins zeigt. Diese entspricht in ihrer räumlichen Anordnung nicht der Anordnung, wie sie bei einer organischen Nervenkrankheit vorliegt.

Im Hinblick auf das Seelenleben erkennt man: Die Patientin ist mit ihrer wahrnehmenden und vorstellenden Seelen- und Ich-Tätigkeit an das Bein fixiert und empfindet es dabei wie einen toten Gegenstand. Das ist, wenn auch übertrieben von der Patientin geäußert, die reale Situation bei jeder Lähmung. Insbesondere das wahrnehmende Ich ist dabei in der Art an das gelähmte Glied gebunden, als ob dieses ein vom Wahrnehmenden fixierter Gegenstand der Außenwelt wäre, eine Empfindung, die jeder an einer Lähmung Leidende kennt. Die Schmerzen am Anfang der Lähmung rührten speziell vom Eintauchen des vorstellenden Astralleibes her, das jedoch hier nicht so tief geht wie bei einer organischen Lähmung.[390]

Im Unterschied zur organischen Lähmung und zur nicht hysterischen Organneurose hat hier der Wunsch, das Begehren des Astralleibes zur Erkrankung geführt; durch Flucht in die selbst erzeugte Krankheit wurde die Angst aufgelöst. Eine solche Flucht kann statt Lähmungen auch Bewegungsstürme mit sich bringen, hierbei wird dann der Astralleib von unten, vom Nierensystem aus tätig. Von hier aus kann es auch zu (nicht epileptischen) Krämpfen und Krampfanfällen kommen. Viele Krankheiten – besonders solche des Nervensystems – können vom hysterischen Patienten mehr oder weniger gut nachgeahmt werden, je nachdem, was er für Vorstellungen von ihnen hat. In jedem Fall ist der hysterische Mensch wirklich krank. Im Unterschied zur Simulation, bei der nur die Welt getäuscht werden soll, täuscht der hysterische Kranke auch sich selbst.

In anderen Fällen von Hysterie werden ganze Dramen in der Umwelt inszeniert, um zur Wunscherfüllung, zur Verwirklichung der illusionären Vorstellungen zu gelangen. Letzten Endes versucht der hysterische Mensch seine Umwelt so zu gestalten, wie es der Wunschnatur seines Astralleibes entspricht. Dass er sich dabei – wie auch unsere Patientin – demonstrativ, ja theatralisch verhält, ist teilweise als Appell an die Umwelt zu verstehen, bei der Inszenierung mitzumachen. Zu einem anderen Teil kann die Tendenz, «sich hineinzusteigern», daher rühren, dass der hysterische Mensch sich innerlich unsicher fühlt, dass er das Unechte, Gemachte seines Verhaltens selbst dumpf empfindet und deshalb umso dicker aufträgt.

Von den oben genannten hysterischen Bewegungsstörungen wird auch die so genannte *«hysterische Reaktion»* begleitet, zu der nicht wenige Menschen in besonders schockierenden, erregenden Situationen neigen, ohne deshalb schon hysterisch krank zu sein. (Trotzdem sollten sie natürlich etwas dagegen tun.) Hier wird der Ansatz zur Hysterie im menschlichen Wesen, im Astralleib sichtbar, der in solchen Fällen dominierend reagiert. Es können solche Symptome jedoch auch in einem ständig vorhandenen *hysterischen Charakter* verankert sein, aus dem ein hysterischer Krankheitsprozess hervorgehen kann. Dabei braucht sich ein hysterischer Mensch nicht nur in körperliches Kranksein zu flüchten, er kann sich auch in Dämmerzustände zurückziehen. Bei solchen Zuständen erfüllt ein traumhaftes Bewusstsein das ganze Seelenleben, wie es sonst nur im Gefühlsleben berechtigt ist.

Es erhebt sich nun die Frage, wie es zu diesem *Dominieren des Astralleibes* kommt, woher die schöpferische Kraft stammt, die bei manchen hysterischen Inszenierungen einen ausgesprochen genialen Eindruck macht. Hier führt wieder die Frage nach der Entwicklung der Krankheit im Lebenslauf zu einer Antwort.

Die Krankheit im Lebenslauf

Während die Zwangskrankheit durch ihre Entstehung bis in das erste Lebensjahrsiebt zurückweist, entsteht die kindliche Hysterie hauptsächlich im zweiten Jahrsiebt; vor dem vierten oder fünften Lebensjahr werden kaum hysterische Symptome beobachtet.[391] Nur das Bettnässen reicht etwas weiter zurück, hat jedoch dann keinen so hysterisch demonstrativen Charakter wie später. «Die Mehrzahl der Hysterischen» gehört zunächst «dem Pubertätsalter und seinem Umkreis an». Damit wird auf die Entwicklungszeit des Astralleibes verwiesen, die zur weiblichen Form des Wundseins, zur Hysterie im Erwachsenenalter, überleitet. Diese tritt dann «besonders im dritten Lebensjahrzehnt» in Erscheinung.[392] Die *kindliche Hysterie* im zweiten Jahrsiebt, die im ersten Jahrsiebt durch die Umwelt veranlagt werden kann, ist von der Hysterie der Pubertätsjahre und des Erwachsenenalters zu unterscheiden.[393] Das Bild «Ausrinnen des Astralleibes» deutet schon darauf hin, dass hier der Astralleib noch innerhalb des ätherischen Lebens jenes Jahrsiebts tätig ist, das sich im wässrigen Element vollzieht. Im seelischen Versprühen, Flackern und Flammen des Menschen, der von der Pubertät an hysterisch wird, erlebt man dagegen den unverhüllten Astralleib mit seinen Stürmen und Gewittern und mit seiner jetzt gesteigerten Tendenz, sich an der Umwelt zu entzünden. Die Überempfindlichkeit des hysterischen Kindes, wie sie STEINER im heilpädagogischen Kurs schilderte, richtet sich noch mehr auf die Elemente als auf die Menschen im Umkreis. Je näher jedoch die Pubertät rückt, desto mehr werden «hysterische Verhaltens- und Körperstörungen» beobachtet.[394] Manchmal hat man bei solchen Kindern den Eindruck, dass die Pubertät seelisch vorweggenommen wird, dass der Astralleib zu früh von den Fortpflanzungsorganen aus sein selbstständiges Leben beginnt.

Seelisch führt diese Frühgeburt des Astralleibes zu einer Frühreife im Gefühlsleben, die manche Züge der Pubertät erkennen lässt. Die Kinder geben sich schon als Teenager und sehen entsprechend älter aus. Eine erotisch-sexuelle Verfrühung in seelischer Hinsicht wird möglich. Während die Sexualität, wie STEINER betont hat, nicht zum Wesen der kindlichen Hysterie gehört, kann sie doch im Rahmen einer Vorwegnahme der Pubertät auch schon im zweiten Jahrsiebt als seelischer Faktor in Erscheinung treten, manchmal allerdings von der Umgebung dem kindlichen Wesen induziert.

Körperlich kann die Frühgeburt des Astralleibes mit einem Zurückbleiben körperlicher, speziell genitaler Reifungsvorgänge verbunden sein.[395] Jenseits der Pubertät entwickelt sich dann in typischen Fällen, wie bei unserer Patientin, ein ungeformter (dysplastischer) Körperbau mit Neigung zum Quellen und Ausfließen, während das hysterische Kind mehr grazil gebaut ist und einen zarten, eher schwächlichen Eindruck macht. Auch an diesem Unterschied ist abzulesen, was die Pubertät beim hysterischen Kranken bewirkt. Der Astralleib ist vor der Pubertät in den unteren Bereich des Organismus eingezogen, aus dem er sich dann mit der Pubertät erhebt. Der Körper hat durch diesen Einstieg mehr Fülle bekommen gegenüber dem Körperbau des hysterischen Kindes, bei welchem das Ausrinnen des Astralleibes von der Mitte aus den Aufbau schwächte. Beim hysterischen Kranken bleibt jedoch die Fülle ungeformt, das heißt, Astralleib und Ich greifen zu wenig gestaltend ein, das Ausrinnen des Astralleibes setzt sich nun vom unteren Bereich des Körpers aus fort, die Körperformen folgen ihm. Wir stehen vor dem Bild dessen, was STEINER als «Hysterie» in einem weiteren Sinn bezeichnet hat, ein prozessual-konstitutionelles Geschehen, bei dem sich «das zu große Selbstständigwerden der Stoffwechselprozesse» bis zu «sexuellen Symptomen» und Verdauungsstörungen erstreckt.[396]

Aus einer solchen hysterischen *Konstitution* kann neben körperlichen Störungen wie Entzündungen auch eine *seelische Hysterie* entstehen, die durch das Ausrinnen im Kindesalter vorbereitet wurde. Dabei stehen wir wieder vor dem Urphänomen der Exkarnation. Während die Fortpflanzungsorgane in ihrer Funktion, manchmal auch in ihrem Wachstum zurückbleiben, stellen wir sexuelle Kräfte im Seelenleben fest. Dieser Situation wird die hippokratische Auffassung von der Hysterie gerecht: Die Gebärmutter (griechisch: Hystéra) dränge oder schweife bei dieser Krankheit im Körper umher. Natürlich ist das dynamisch gemeint. Es sind die Kräfte des Astralleibes, die sich infolge ihres Ausrinnens in der Kindheit, infolge von fehlerhafter Erziehung, Schockerlebnissen usw. nicht voll in der körperlichen Bildung der Fortpflanzungsorgane inkarniert haben. Statt zu einer gesunden Geburt kommt es nun zum Freiwerden auch solcher Kräfte, die eigentlich im Organ tätig bleiben sollten. Manches von dem, was beim hysterischen Menschen im Seelenleben erscheint, ist nach STEINER auf «Stoffwechselvorgänge der sexuellen Organe» zurückzuführen.[397] «Verhaltene Geschlechtssehnsuchten» können sich dabei in «tief mystischen Zeichnungen und Malereien» äußern.[398] Die sexuellen Kräfte, die sich nicht im Leib erfüllen und zur Bildung eines neuen Leibes beitragen können, werden aktiv, werden *schöpferisch* in jener Sphäre, in die sie sich erhoben haben.

Das geht jedoch weit über das Sexuelle hinaus. Wie wir sahen, hängt die mit der Pubertät frei werdende Fantasie mit der Verwandlung von Wachstumskräften aus der unteren Region des Organismus, insbesondere aus den Fortpflanzungsorganen, zusammen. Dabei handelt es sich um Bildekräfte, die zunächst noch nichts mit sexueller Begierdenhaftigkeit zu tun haben. Diese organischen Fantasiekräfte steigen mit der Pubertät in das Seelenleben auf. Zum Teil verbinden sie sich in entsprechenden Wunschbildern mit den sexuellen Begierdekräften des Astralleibes und dienen dem Schöpferisch-Werden in der Fortpflanzung, zum Teil werden sie schöpferisch, indem sie sich in künstlerische Fantasiekräfte verwandeln.

Beim hysterischen Menschen findet diese Verwandlung nicht oder nur unvollständig statt. Wie die sexuellen Kräfte, so behalten auch die Bildekräfte der Fantasie ihren leib-schöpferischen Charakter bei und dienen nun der Verwirklichung egoistischer Wünsche des Astralleibes in der Umwelt, im «Sozialleib» des Kranken. Durch diese im körperlichen Bereich primär «genialen» Kräfte kommt es zu der «Genialität» der hysterischen Inszenierungen, denen also eine Störung in der Fantasiebildung, d.h. wieder eine unvollständige Metamorphose vom körperlichen ins seelische Gebiet zugrunde liegt.

Im Hinblick auf den Lebenslauf stellen wir beim hysterischen Kranken ein Steckenbleiben in dieser Situation fest. Im hysterischen Charakter bleiben «Reste der Frühpubertätsstufe» das ganze Leben hindurch erhalten.[399] Während das hysterische Kind im zweiten Jahrsiebt, wo es noch Kind sein sollte, schon Züge eines Heranwachsenden zeigt, bleibt der hysterische Mensch sein ganzes Leben lang mehr oder weniger ein Teenager. Auch diese Formulierung bringt zum Ausdruck, dass die Hysterie das weibliche Geschlecht bevorzugt, was aus der Betonung des Gefühlslebens im weiblichen Charakter verständlich ist. Hysterische Männer, die es ja auch gibt, haben dementsprechend weibliche Züge in ihrem Wesen.

Im Unterschied zur Zwangskrankheit, die vom Kopf ausgeht (und daher zu den degenerativen Krankheitsprozessen gerechnet werden muss), ist es also bei der Hysterie das Bauchgebiet, insbesondere der Bereich der Fortpflanzungsorgane, aus dem die Kräfte in das illusionäre Seelenleben der Lunge aufsteigen und dort zur seelischen Entzündung führen. Der Hinweis STEINERS, dass beim hysterischen Kind die Oberflächen der Organe zu durchlässig seien und daher der Astralleib ausrinne, weist auf das Bauprinzip der Lunge hin. Diese neigt nicht nur zum Mineralisieren, ihre innere Oberfläche ist außerdem auf Durchlässigkeit für das Luftelement angelegt. Man kann sich vorstellen, dass etwas von der Durchlässigkeit des Lungenorgans, auf dessen Entwicklungsstufe der hysterische Mensch mehr oder weniger stehen geblieben ist, sich den Strukturen anderer Organe mitteilt. Das betrifft vor allem das Urogenitalsystem, aus dem sich dann der begehrende, wünschende Astralleib über die Lunge in die Welt ergießt. Dabei kann man eine krankhafte Steigerung des sanguinischen Temperamentes mit seiner Erregbarkeit und Labilität im Lungenbereich erleben.

Die Tatsache, dass der hysterische Mensch infolge des Dominierens seines Astralleibes zu wenig Kern, zu wenig Ich hat, weist von der Lunge zum Ich-Organ «*Herz*», das beim hysterischen Menschen gegenüber der Lunge zurücktritt. Die seelische «Herzschwäche» des stimmungslabilen hysterischen Menschen, der körperlich und seelisch heiß oder kalt, aber nicht gleichmäßig warm sein kann, wird von hier aus verständlich. Der hysterische Mensch verbindet sich nicht vom Herzen aus mit einem anderen Ich, er verströmt durch seine Lunge in die Umwelt. Seine «Liebe» richtet sich nicht auf den anderen Menschen, wie er wirklich ist, sondern auf das Wunschbild, das er sich von ihm macht. Nach der Enttäuschung kann seine so genannte Liebe in Hass umschlagen.

Es gibt ferner ein Umschlagen von zwanghaftem in hysterisches Verhalten und umgekehrt; auch Mischungen kommen vor. Meist liegt jedoch der Akzent auf einem der beiden Pole. Im Hinblick auf die *seelische Entwicklung* sei der Unterschied folgendermaßen zusammengefasst: Während der hysterische oder illusionäre Kranke etwas von der Jugendlichkeit der Pubertätsjahre im späteren Leben innerlich und manchmal auch äußerlich bewahrt, fixiert sich beim Zwangskranken und zwanghaften Menschen ein Alterungsprozess, der, ausgehend vom Kopf, bis in das erste Jahrsiebt zurückwirkt und manchmal auch äußerlich zum Ausdruck kommt.

Was die *Häufigkeit* hysterischer Erkrankungen betrifft, so ist festzustellen, dass die großen hysterischen Krankheitsbilder, wie sie Ende des 19. und Anfang des 20. Jahrhunderts auftraten, heute seltener geworden sind. In Form eines hysterischen Charakters mit entsprechenden körperlichen Symptomen oder in Gestalt von hysterischen Reaktionen und Färbungen anderer seelischer Erkrankungen ist die Hysterie jedoch auch heute noch ein diagnostisches und therapeutisches Problem.[400]

Zur Therapie

Medikamentöse und *heileurythmische Behandlung* – nur bei Schwerkranken klinisch – bilden wieder die Grundlage. In leichten Fällen reichen manchmal Medikamente allein aus. In schwereren Fällen kann die dann notwendige *seelisch-geistige Therapie* durch Medikamente und Heileurythmie abgekürzt werden, vor allem aber wird die Heilung dauerhafter. Auch durch eine hingebungsvolle seelische Behandlung können dauerhafte seelische Heilungen erzielt werden, doch kann es dabei zur so genannten

Konversion kommen, die auch der hysterischen Lähmung zugrunde liegt. Die seelische Symptomatik verlagert sich in das unbehandelte körperliche Gebiet, wo unter Umständen erst später Kreislauf- oder Stoffwechselstörungen sich einstellen, die man dann nicht in Zusammenhang mit der «geheilten» seelischen Krankheit bringt.

Zwischen Körper und Seele liegt das Gebiet der *Übungsbehandlung*, die auch unsere Patientin erhält. Diese Behandlung richtet sich von Seele und Ich aus auf die «eingeschliffene» Störung im Ätherleib. Während Medikamente und Heileurythmie den fixierten Astralleib aus dem Bein lösen, während sie den unteren Bereich des Organismus für eine vollständige Inkarnation zubereiten, wird durch stufenweise Bewegungs- und Gehübungen das gesunde Eingreifen und Sichlösen von Ich und Astralleib bei der Bewegung wieder erlernt. Solche hier mehr im körperlichen Bereich durchgeführte Übungen spielen auch bei anderen körperlichen Störungen von hysterisch Kranken eine Rolle.

Im seelischen Gebiet wird man an die Übertätigkeit des Astralleibes, an den Missbrauch der *Fantasiekräfte* anknüpfen. Lässt man den hysterischen Kranken eine Rolle in einem Theaterstück spielen oder wenigstens rezitieren, so schafft man ihm eine Ebene, auf der er in berechtigter Art seine Fantasiekräfte ausleben, seinen Astralleib betätigen kann. Indem er sich in eine Rolle einlebt, kann er davon loskommen, selbst immer seine Rolle im Leben spielen zu wollen. Was er bisher nicht genügend geleistet hat – die Verwandlung seiner subjektiven, der Wunscherfüllung dienenden Fantasie in künstlerische Fantasie –, das kann er nun bis zu einem gewissen Grad nachholen. Bei dieser schöpferischen Tätigkeit wird zugleich das wahrnehmende und formende Ich stärker engagiert. Wieder kann sich eine krankhafte Veranlagung positiv auswirken.

Während beim Zwangskranken die Fantasie zu *beleben* ist, muss sie beim hysterisch Kranken *gestaltet* werden. Das gibt allen künstlerischen Übungen die Richtung, die außerdem stets in den Leib hinein weist. So wirkt das *Plastizieren* hier auf die zu durchlässige, unter Umständen überquellende Konstitution und hilft dem Kranken, mit seinem seelischen Ausfließen besser fertig zu werden. Wird bei der *Musiktherapie* von Dur zu Moll übergeleitet, so regt man leiblich und seelisch Verinnerlichung an, der Kranke kann mehr zu sich kommen. Durch *Sprachübungen* wird besonders das schwache Ich angesprochen (vgl. das Kapitel «Künstlerische Therapie»).

Bei der Behandlung der hysterischen Erkrankung ist es besonders wichtig, nicht auf der Erscheinungsebene der Krankheit zu bleiben, sondern die Erweiterung nach dem Leib und nach dem Geist vorzunehmen. Die Erweiterung nach dem *Leib* mithilfe des organischen Aspektes wurde schon besprochen; sie bildet auch die Grundlage für eine objektivere Beurteilung des hysterisch Kranken. Die Erweiterung nach dem *Geist* wird von ihm manchmal selbst ersehnt. Die schon besprochene Sehnsucht nach dem Geist kann auch hier verborgen sein und dann umso stärker das Seelenleben beunruhigen. Sie kann sich aber auch im mystischen Schwärmen und in krankhaft visionären Erlebnissen verlieren. Hier besonders gilt die Mahnung STEINERS, von einer Schulung des Denkens auszugehen. In schwereren Fällen muss jedoch der hysterische Mensch erst durch die oben geschilderte Therapie in die Lage versetzt werden, dieses Denken zu erlernen. Versucht man, ihn vorher dazu anzuhalten, oder zwingt er sich dazu, so kann man erleben, dass er sich in hysterischem Stil mit Erkenntnistheorie beschäftigt, für sie schwärmt, sie genießt, ohne sie wirklich erfasst und aufgenommen zu haben.

Beim Durchsprechen des *Lebenslaufes* ist ein besonderes

Augenmerk auf die Enttäuschungen zu richten, die jeder Kranke dieser Art erlebt und bereitet hat. Man kann dabei von der Bedeutung des Wortes ausgehen. «Ent-täuscht» werden heißt ja wörtlich: von einer Täuschung frei werden. In diesem Sinn sollte man eigentlich solchen Enttäuschungen gegenüber Dankbarkeit entwickeln lernen. Das Durchschauen der Täuschung, der man selbst infolge einer Illusion erlegen ist, kann dabei mithelfen, auch weniger Täuschungen für andere zu erzeugen.

Am *Verhalten* dem hysterischen Menschen gegenüber wird zugleich deutlich, ob man mit ihm auf der seelischen Ebene hängen geblieben ist. Bei keiner seelischen Krankheit erlebt man so unmittelbar den Astralleib des anderen, keine seelische Krankheit ist seelisch so ansteckend wie die Hysterie. Es hängt natürlich von der Situation des eigenen Astralleibes ab, ob man nun selbst hysterisch wird; man kann auch nur von dem überschießenden Sympathieprozess der Hysterie erfasst werden. Dabei identifiziert man sich mit dem hysterisch Kranken, versucht möglichst viele seiner Wünsche zu erfüllen und findet alles, was er produziert, so interessant, dass er dies mit Recht als Anregung zu neuen Produktionen auffasst. Bei manchen Auswüchsen psychoanalytischer Deutungen hat man sogar den Eindruck von eigener Lusterfüllung in wissenschaftlicher Form. Dass man mit einer solchen Einstellung dem Kranken trotz aller Sympathie nicht hilft, liegt auf der Hand.

Die andere Gefahr, ebenfalls auf der seelisch-subjektiven Ebene, besteht darin, dass man mit Antipathie auf den Kranken reagiert. Man gibt dem Ärger nach, den er manchmal in überreichem Maß bereitet. Man staucht ihn zusammen und erlebt eine Verschlimmerung seines Befindens. Dabei entdeckt man den Unterschied zwischen einem unangebrachten und einem angebrachten Schock in der Hysterie-Therapie. Wird der Schock aus Ärger, d.h. unwillkürlich, von der seelischen Ebene aus verabfolgt, so wirkt er sich negativ aus. Wird derselbe Schock vom helfen wollenden Ich, d.h. aus Liebe, angewandt, so kann er heilsam wirken.

Ganz abwegig ist es natürlich, das Wort «Hysterie» als Schimpfwort zu gebrauchen. Bei Hysterie handelt es sich immer um einen krankhaften Zustand oder Vorgang. Der hysterisch Kranke oder hysterisch reagierende Mensch verlangt im Grund nach Hilfe; die Erkenntnis seines Krankheitsprozesses hilft uns, sie ihm zu geben oder ihn zur Selbsthilfe anzuregen.

Nach der Überwindung des hysterischen Krankheitsprozesses kann eine Verwandlung der Überempfindlichkeit und des Ausfließens in Feinfühligkeit und fantasievolles Einfühlungsvermögen beobachtet werden. Künstlerisches Erleben und Schaffen vertiefen sich oder werden überhaupt erst möglich. Der Genesene lernt, seine Lunge als seelisches Instrument zu gebrauchen.[401] Seine Krankheit hat, auch im Hinblick auf die Zukunft, einen Sinn gehabt.

Zur Pubertätsmagersucht

Die Pubertätsmagersucht, auf dem Hintergrund des Lebenslaufes gesehen, lässt zunächst eine Beziehung zur Hysterie erkennen.[402] Konstitutionell besteht insofern eine solche Beziehung, als bei der Pubertätsmagersucht das Gegenbild zum überquellenden Typus der hysterischen Konstitution im Erwachsenenalter erstrebt wird. Das Streben geht in Richtung des grazilen, «ätherischen» Typus, wie er für das hysterische Kind charakteristisch ist. Dieser Prozess setzt mit der Pubertät ein und ist manchmal eine Reaktion auf den Pubertätsspeck, der bei Magersüchtigen von zwölf bis vierzehn beobachtet wird, sowie auf die Fettleibigkeit, die in der Familie von Magersüchtigen öfter als sonst vorkommt. Damit in Verbindung reagiert die magersüchtige Kranke widerstrebend auf die Veränderungen in ihrem Körper, welche die Geschlechtsreife mit sich bringt, sowie auf die Sexualität selbst. Sie möchte zurück in das zweite und erste Jahrsiebt, wo jedoch auch schon Störungen vorliegen, die auf eine mangelhafte Verkörperung hinweisen. Eine frühere Elternbindung kann unterschwellig weiterbestehen. In der öfter disharmonischen Familie kann ein dominierender Vater oder eine dominierende Mutter auftreten, welche die vollständige Inkarnation behindern.

Noch ausgesprochener als bei der Hysterie betrifft die im Zunehmen begriffene Pubertätsmagersucht das *weibliche Geschlecht*; sie kommt fast nur bei Mädchen vor. Der weniger tief in den unteren Organismus einsteigende weibliche Mensch gewinnt schwerer Beziehung zu diesem Teil seines Organismus und sehnt sich daher öfter nach dem Leben im rhythmischen System zurück. Bis zu einem gewissen Grad kann dies ein Durchgangsstadium in der Zeit der weiblichen Pubertät sein. Mündet es in Krankheit ein, so wird aus der vorübergehenden Sehnsucht der Seele die Sucht des Astralleibes, der vor der Erdenreife zurückscheut. Der unterbewusste, illusionäre Wunsch nach einer Rückkehr in die Kindheit wirkt bis in den Leib hinein. Die Beziehung zur Hysterie wird deutlich, die manchmal auch in hysterischen Charakterzügen zum Ausdruck kommt. Häufiger setzt sich jedoch eine zwanghaft-autistische Haltung durch, die sich mit einem Erstarren des Krankheitsprozesses verbindet.

Schon vor dem Abmagern pflegt die Periode auszubleiben.

Diese setzt manchmal zu früh ein, ein Zeichen für eine verfrühte Pubertät im Sinne einer zu frühen Lösung des Astralleibes aus dem unteren Organismus. Dabei löst sich der Astralleib so weit aus dem Leib heraus, dass nach der unvollständigen Reifung auch die Funktion der Fortpflanzungsorgane leidet: Die Periode bleibt aus. Eine hartnäckige Verstopfung verbindet sich damit. Die Abmagerung selbst wird durch Fasten, Abführmittel und absichtlich herbeigeführtes Erbrechen nach den Mahlzeiten erzielt. Die Reduzierung des Körpergewichtes kann bis zu 25 kg gehen, in solchen extremen Fällen besteht akute Lebensgefahr.

Die meisten magersüchtigen Mädchen verweigern bei den Mahlzeiten weitgehend die Nahrung, um dann heimlich Speisen in sich hineinzuschlingen. Der Ekel vor ihrer eigenen Gier und die Angst vor der drohenden Gewichtszunahme erzeugt dann neues, künstlich herbeigeführtes Erbrechen und neuen Missbrauch von Abführmitteln. Und neue Gier nach Nahrung stellt sich ein. Es spielt sich eine Tragödie des Astralleibes ab, der zwischen Lust und Unlust hin- und hergerissen wird und in einen Teufelskreis gerät.

Die Spaltungstendenz der Pubertät steigert sich (und mündet bei einigen Kranken in Schizophrenie ein). Einerseits besteht oft überdurchschnittliche Intelligenz, andererseits erleben wir die emotionale Unruhe von unten, die in ein übersoziales, aber äußerlich bleibendes Verströmen der Seele von der Mitte aus übergehen kann. Auch die seelische Atmung der Mitte erscheint gespalten: Neben dem Verströmen und einer Neigung zu Illusionen ist zwanghafte Ordentlichkeit zu beobachten. Überempfindlichkeit kann – wie bei der Hysterie und Zwangskrankheit – den Hintergrund bilden. Über allem aber steht die Angst vor der vollständigen Verkörperung in der Welt, vor der Einengung im eigenen Leib, die das schwer kranke Mädchen durch Abmagerung bis in den Tod treiben kann.

Die *Therapie*, die in schwereren Fällen stets eine klinische sein muss, stützt sich auf eine inkarnierende, *medikamentöse* und *heileurythmische Behandlung*. In seelischer Hinsicht kommt einiges von dem in Frage, was zur Therapie der Zwangskrankheit oder Hysterie ausgeführt wurde. Das betrifft vor allem die künstlerische Therapie. Eine übende Gesprächstherapie unterstützt die Nachreifung.[403] Am wichtigsten ist, dass gegenüber der Sucht des leibflüchtigen Astralleibes der Wille des Ich zur Verkörperung angesprochen wird. Das wird am besten dadurch eingeleitet, dass man Berufsbilder anbietet, an denen über das Gefühl der Wille erwachen kann. Im Hinblick auf den Beruf «Ehefrau und Mutter» ist der Kontakt mit Kindern zu empfehlen. Besonders kranke Kinder können mütterliche Kräfte im magersüchtigen Mädchen reifen lassen, die es selbst in die Erdenreife hineinführen.

Epilepsie

Krankheitsbild

In die Sprechstunde kommt mit schleppenden Schritten ein Mann Anfang 30. Er hat einen kräftigen, athletischen Körperbau, ein gedunsenes Gesicht, einen trägen Blick und eine langsame, zähflüssige Art des Sprechens, bei der er immer wieder an einzelnen Worten hängen bleibt. Seine begleitende Ehefrau, die meistens für ihn spricht, gibt zur *Vorgeschichte* an, ihr Mann leide seit seinem zehnten Jahr an epileptischen Anfällen. Ein Bruder des Vaters habe auch Anfälle gehabt. Ihr Mann sei schon als Kind still und langsam gewesen, das habe kurze Zeit zugenommen, bevor ohne Anlass im zehnten Jahr die Anfälle einsetzten. Er bekam bald antiepileptische Mittel. Die Anfälle seien anfangs zurückgegangen, zugleich aber sei ihr Mann immer langsamer und schwerbesinnlicher geworden. Er habe anfangs Luminal erhalten. Als man dieses Mittel durch andere Mittel ersetzte, wurde es mit der Verlangsamung besser. Dafür wurden die Anfälle wieder häufiger, sodass man die Dosis der günstiger wirkenden Mittel stark erhöhen musste. Jetzt sei ihr Mann – bei seltenen Anfällen – so langsam und vergesslich, dass er seinen Schreinerberuf nicht mehr ausüben könne.

Die *Anfälle* kämen oft nachts aus dem Schlaf heraus, manchmal aber auch am Tag. Zu Beginn des Anfalls schreie ihr Mann auf, bei Anfällen am Tag stürze er in einem Krampfzustand des ganzen Körpers zu Boden. Auf dem Boden liegend, bekomme er dann regelmäßige Zuckungen im ganzen Körper. Nach etwa einer Minute erschlaffe der Körper, und der Kranke versinke in einen tiefen Schlaf. Wie er selbst angibt, weiß er nichts vom Verlauf seiner Anfälle. Vor dem Anfall habe er in den letzten Jahren manchmal Blitze vor den Augen, auch höre er Glocken läuten. Es sei ihm, als ob er schwebe, dabei habe er ein ganz glückliches Gefühl. Von da an wisse er nichts mehr.

An den Tagen vor den Anfällen, so erfährt man wieder von der Ehefrau, werde ihr Mann immer langsamer und schwerbesinnlicher. Dabei sei er ausgesprochen missmutig und reizbar. Wenn erst nach längerer Zwischenzeit ein Anfall komme – zurzeit einmal in einem Vierteljahr –, fühle er sich zwar danach zunächst zerschlagen, dann aber besser als in den Wochen vorher. Er sei dann auch weniger langsam und könne besser denken. Das sei aber bei häufigeren Anfällen nicht so. Manchmal werde ihr Mann, wenn man schon denke, jetzt komme bald ein Anfall, nur sehr zornig, er tobe dann richtig herum und sei auch danach wieder etwas besser dran. Es komme jedoch auch vor, dass er eine Zeit lang nicht recht bei sich sei, herumlaufe und ganz sinnlose Sachen mache. Oft dauere ein solcher Zustand nur Augenblicke, in denen er unansprechbar vor sich hinstarre. «Gesponnen» habe er auch schon manchmal und gemeint, man gehe ihm auf der Straße nach. Dabei sei er dann oft tagelang traurig und gebe sich keine Mühe mehr bei der Arbeit, bei der man ihm aber sowieso immer helfen müsse. Nur weil er sich meistens viel Mühe gab und man ihm ständig half, habe er sein Schreinergeschäft bis vor Kurzem noch führen können.

Der Kranke nickt zu allem, was seine Frau berichtet. Er meint, es komme alles von den Tabletten, von denen er jetzt so viele nehmen müsse. Ob es nicht andere Mittel gäbe, die ihm die Anfälle wegbringen könnten? Er wolle doch so gerne wieder arbeiten. Als er das sagt, hebt er seinen bisher hängenden

Blick und schaut dem Arzt scheu und dumpf hoffend zugleich in die Augen. Man hat den Eindruck, als blicke einen ein Knabe an, der sich aus einer undurchschauten Not hilfesuchend an einen Erwachsenen wendet.

Der Krankheitsprozess

Bei der epileptischen Erkrankung springen sogleich die *Krampfanfälle* in die Augen. Oft entsteht das Missverständnis, sie seien die Krankheit. Der Krampfanfall ist jedoch nur eines ihrer Symptome, er kann sich als Symptom z.B. auch bei einer Vergiftung einstellen und hat dann nichts mit Epilepsie zu tun. Bei den Fieberkrämpfen des Kindes spielt schon eine Anlage zu Epilepsie mit, die manchmal auch, wie bei unserem Patienten, im Erbgang nachgewiesen werden kann.

Die Krankheit selbst wird in der Zeit zwischen den Anfällen erkennbar. Ihr Urphänomen bildet, in charakteristischen Fällen deutlich ausgeprägt, ein körperlich und seelisch sich äußerndes, zähflüssiges *Stagnieren* aller Bewegungen mit Neigung zum Haften an einzelnen Worten oder Gedanken. Man stellt eine epileptische *Wesensänderung* fest. In den Tagen vor dem Anfall pflegt sich diese zu steigern, um sich manchmal danach zu bessern. Auch *Tobsuchtsanfälle* können sich in dieser Richtung positiv auswirken. Das Stagnieren ist auch in Stoffwechsel, Kreislauf und Atmung festzustellen, unter anderem in einer Zunahme des Körpergewichtes durch Wasseranreicherung und verminderte Urinbildung sowie in einem Zurückhalten von Kohlensäure und von verschiedenen Stoffen, die nicht mehr ausgeschieden werden. Es handelt sich um einen Stoffwechsel, wie er weniger ausgesprochen im Schlaf normal ist und im Winterschlaf der Tiere extreme Grade annimmt.[404]

Die Tendenz zum Stagnieren kann sich unmittelbar vor dem Anfall weiter verstärken. Die Atmung verlangsamt sich manchmal bis zum Atemstillstand, der langsame Herzschlag verlangsamt sich noch mehr, der Blutdruck sinkt weiter ab, die Muskulatur erschlafft. Man hat den Eindruck, dass hier aus der Verschlafenheit ein abnormer Schlafzustand wird, der nach einem Entschlafen tendiert. Nicht Ich und Seele nur lösen sich ähnlich wie beim Schlaf teilweise aus diesem Organismus; am Verhalten des Wasserorganismus, des Kreislaufs ist vielmehr abzulesen, dass nun auch, wie es im Tod geschieht, der Ätherleib sich lösen will. Auch die im Schlaf weitergehende Tätigkeit des Astralleibes, die dem Leben des Leibes dient, droht zu erliegen, was am sinkenden Blutdruck und am Atemstillstand abzulesen ist.

Der Krampfanfall bringt die dramatische Wendung. Aus Erschlaffung wird maximale Anspannung (sog. tonisches Stadium), werden Zuckungen der Muskeln (sog. klonisches Stadium), der Blutdruck steigt stark an, der Herzschlag beschleunigt sich. Nach dem Krampfstadium setzt eine stark vertiefte Atmung ein, die Blaufärbung des Gesichtes, schon vor dem Anfall angedeutet, während des Anfalls stark zunehmend, weicht einem gesunden Rosa. Die Ausscheidung kommt nach dem Anfall wieder in Gang, die Werte für die verschiedenen im Organismus zurückgehaltenen Stoffe liegen nach dem Anfall «näher der Norm».[405] Im explosiven Geschehen des Anfalls hat sich die Stagnation teilweise aufgelöst.

Was ist geschehen? Wer einen solchen Vorgang als Mensch und nicht nur als Wissenschaftler des Gehirns und des Stoffwechsels verfolgt, wer das Leiden des kranken Menschen und sein Ringen mitmacht, der kann sich nicht mit der Erklärung zufriedengeben, die Steuerung im Gehirn des epileptischen Kranken habe versagt; aufgrund einer Anlageschwäche sei das Gehirn bei der Epilepsie unfähig, «eine mittlere Schwellen- und Funktionslage» einzuhalten.[406] Die Steuerung versagt – wo aber bleibt der Steuermann? In einem sich selbst steuernden Gehirn, das man sich als eine Art Computer vorstellt, haben in der Tat leidende Seele und ringendes Ich des Menschen keinen Platz mehr.

Eine andere, menschlichere Schilderung gibt STEINER, die zugleich an unser eigenes Erleben anknüpft. Jeden Morgen ziehen, wenn wir erwachen, Ich und Astralleib neu in unseren Leib ein. Um den Anschluss an die Außenwelt zu finden und damit zum wachen Tagesbewusstsein zu gelangen, müssen sie jedoch nach dem Einziehen den Leib noch durchdringen. Finden sie in ihm Hindernisse vor, so gelingt ihnen diese Durchdringung nicht oder nicht vollständig. Im Krampfanfall «drängen sie dann nach außen».[407]

Es ist gut, wenn man versucht, jede Krankheit im Ansatz bei sich zu entdecken, von da aus kann man mehr Verständnis für den Kranken entwickeln. Bei der Zwangskrankheit und bei der Hysterie wurde schon auf solche Ansätze hingewiesen. Der Ansatz zur Epilepsie ist im Augenblick des Erwachens aus dem Schlaf gegeben, wo man eine gewisse Spannung in den Muskeln empfinden kann. Besonders nach einem Falltraum, bei dem man in seinen physischen Leib hinein-«fällt», kann sich eine Zuckung dazugesellen. Man öffnet dann, ohne schon ganz wach zu sein, die Augen und erkennt einen Augenblick lang seine Umgebung nicht. Man erlebt außer dem Ansatz zum Krampfanfall die Andeutung eines Dämmerzustandes.

Nun sehen wir wieder unseren Patienten vor uns, der nie ganz wach werden kann, der nach STEINER in seinem Aufwachprozess stecken geblieben ist. Die Morgendämmerung seiner Seele kann sich bis zu *Dämmerzuständen* verdichten, in denen er wie in einem Traumzustand umherirrt. In stark verkürzter Form treten diese Zustände als sekundenlang dauernde *Absencen* bei ihm auf. Der Aufwachprozess kann – durch den Dämmerzustand – wieder in den Schlaf zurückgleiten, aus dem in extremen Fällen ein Entschlafen zu werden droht. Wir erleben ein Resignieren von Ich und Astralleib, die sich aus ihrer unvollständigen Inkarnation auf den Weg der Exkarnation begeben. In den Augenblicken der so genannten *Aura* unmittelbar vor dem Anfall führt die Lockerung der Wesensglieder zum Ansatz einer Psychose mit Halluzinationen, die auch selbstständig beim Epileptiker auftreten kann (der zeitweilig angedeutete Verfolgungswahn bei unserem Patienten). Das bei unserem Patienten in der Aura auftretende Gefühl des Schwebens, mit Glücksempfindungen verbunden, bringt am unmittelbarsten die Lockerung der Wesensglieder zum Ausdruck.

Und nun können wir auch das Anfallsgeschehen klarer miterleben. Was da wie ein Blitz in den Kranken einschlägt, ihn zu Boden wirft, in maximaler Anspannung seinen Leib ergreift, das ist sein eigener Astralleib, der, das Ich mit sich reißend, eine neue gewaltsame Inkarnation eingeleitet hat. Setzt nach diesem tonischen das klonische Stadium mit seinen Zuckungen ein, so kann man zu dem Eindruck kommen: Jetzt rüttelt der Astralleib an den Hindernissen im Inneren des stagnierenden physischen Leibes. Das ganze Seelenleben, zusammengedrängt und ohne Bewusstsein im Dunkel des Leibes, erschöpft sich in dieser ungeheuren Anstrengung, in dieser Explosion nach innen und zieht sich dann in einen neuen, nun aber gesünderen Schlaf zurück. Danach kann es zu einem gesünderen Aufwachen im physischen Leib kommen, dessen Stagnation zum Teil vom Astralleib überwunden worden ist.

So gesehen ist der epileptische Krampfanfall nicht nur ein Symptom, sondern auch ein Selbstheilungsversuch des Kranken, ein «krampfhafter» Versuch allerdings, der mehr oder weniger in seinem Ansatz stecken bleibt. Denn die Lösung der Stagnationen durch den Anfall ist eben nur eine teilweise und auch keine bleibende. Außerdem kann sich durch häufigere Anfälle der Astralleib so erschöpfen, dass immer weniger Kräfte für das bewusste Seelenleben übrig bleiben. Nicht zuletzt das Gehirn, das Instrument des bewussten Seelenlebens, kann durch die Anfälle so geschädigt werden, dass nun die zunehmende Verlangsamung, Konzentrationsstörung und Vergesslichkeit nicht nur vom epileptischen Prozess, sondern auch von einer Gehirnschädigung herrührt. Man stellt dann eine «hirnorganische Demenz» im Unterschied zur epileptischen *Wesensänderung* fest. (In der letzten Zeit wird die Existenz einer solchen Wesensänderung vielfach angezweifelt oder geleugnet, jedoch wird auch – mit Einschränkungen zu Recht – an ihr festgehalten.[408])

Trotz all dieser Einschränkungen darf nicht aus dem Auge verloren werden, dass der epileptische Anfall nicht die Krankheit darstellt. Auch nach schulwissenschaftlicher Auffassung gliedert sich das Krampfgeschehen in eine Polarität ein. So bildet SELBACH die Vorstellung eines «Gegenspieles zwischen Bewusstseinsminderung und aufkommender motorischer Unruhe». In diesem Zusammenhang weist er auf die therapeutisch ausgewertete Tatsache hin, dass man durch einen künstlich erzeugten Krampfanfall einen Dämmerzustand unterbrechen kann.[409] Durch jedes Bewegungsgeschehen, das sich bis zum Tobsuchtsanfall steigern und zum Krampfanfall verdichten kann, versucht der Astralleib, sich besser im Leib zu inkarnieren und seine organische Resignation zu überwinden, die sich dann wieder im Dämmerzustand oder in der Psychose durchsetzt.

Zum organischen Aspekt

Die Schilderung STEINERS, die ein Verständnis der Stoffwechsel- und Gehirnbefunde im Zusammenhang mit dem ganzen Menschen möglich macht, verfolgt dann die *Hindernisbildung* im physischen Leib bis in einzelne Organe hinein. Das Hindernis selbst besteht nach STEINER in einer feinen stofflichen Infiltration, oder es bildet sich in den «ätherischen Elementen» der Organe. Eine weitere Auswirkung hat die Tendenz zur Verdichtung in der Stagnation des Stoffwechsels. In Polarität zur Durchlässigkeit der Organe und zum Ausrinnen des Astralleibes bei der Hysterie *staut* sich beim Epileptiker der Astralleib, der auch hier die Führung übernimmt, zusammen mit dem Ich «unter der Oberfläche der Organe»; die Organe selbst, namentlich ihre äußeren und inneren Oberflächen, hat man sich als zu dicht geworden vorzustellen. Je nachdem, was für ein Organ bevorzugt wird, gestaltet sich die epileptische Krankheit in Körper und Seelenleben.

Tritt die Störung im Wasserorganismus in den Vordergrund, so ist in erster Linie an die *Leber* zu denken. Vor allem die wässrige Stauung, die zähflüssige Verlangsamung und Abstumpfung, aber auch die Tendenz zur depressiven Verstimmung, zum zornigen Explodieren weisen bei unserem Patienten in diese Richtung. Die hauptsächlichen Charakterzüge dessen, was man als «epileptische Wesensänderung» bezeichnet, rühren somit von der Leber her, deren Stoffwechsel gestört ist. Man erlebt eine krankhafte Steigerung des phlegmatischen Temperamentes. Mit der *Niere*, durch die, wie schon erwähnt, der Astralleib in den unteren Organismus einstrahlt, hängt die Störung der inneren Atmung des Luftorganismus sowie die gesteigerte Emotionalität, hängt auch das forcierte Eingreifen des Astralleibes im Krampfanfall sowie sein Resignieren in Absence, Dämmerzustand und Psychose zusammen. Vor allem bei gesteigerter Emotionalität und bei den oben erwähnten Bewusstseinsstörungen tritt das Nierensystem in den Vordergrund, immer ist es am Krampfgeschehen beteiligt (s. Kap. «Vegetative Störungen»). Die betont emotionalen Kranken sind lebhafter als die mehr verschlafenen Leberepileptiker, die beschriebene Wesensänderung tritt bei ihnen in den Hintergrund. Eine gewisse Stagnation mit Erschwerung von Wahrnehmung und Denken ist jedoch auch bei ihnen zu beobachten.

Leber- und Nierensystem bilden beim Erwachsenen die Grundlage für jedes epileptische Geschehen. Kommen Hindernisse in der *Lunge* dazu, so kann man Störungen der Lungenatmung und Zwangssymptome finden, zusammen mit einem Schwereelement in Leib und Seelenleben. Hindernisse im Leben des *Herzens* führen zu Störungen im Wärmeorganismus, zu Depressionen mit Schuldgefühlen und zur Tobsucht. Auch die *Fortpflanzungsorgane* können mitwirken. Unterentwicklung in dieser Region kann zum Hindernis werden und zu einer epileptischen Erkrankung beitragen, wenn der Astralleib mit dem Hindernis ringt und nicht in einem hysterischen Geschehen sich vor ihm zurückzieht.

Bei jeder Epilepsie wirkt auch das *Gehirn* mit. So wie von ihm aus nicht nur der Leib, sondern auch jede seiner Bewegungen ihre Gestalt erhält, wird auch vom Gehirn aus der chaotische Bewegungsimpuls des hindurchdrängenden Astralleibes geformt. Die Gestalt des Krampfes, der auch vom Gehirn her durch Reizung ausgelöst werden kann, entsteht durch das Eingreifen des Astralleibes (und des Ich) «von oben», das dann im Krampf erstarrt. Auch die geschilderte Wesensveränderung entwickelt sich schon unter Mitwirkung des Gehirns.

Es kann jedoch auch das Hindernis im Gehirn liegen. Narbenbildungen nach Gehirnschädigungen halten dann das Durchdringen von Astralleib und Ich und das Erringen des vollständigen Tagesbewusstseins auf. Es kommt durch die zurückbleibenden Hirnschäden zur so genannten *Residualepilepsie*. Während bei ihr das Gehirn die Hauptrolle spielt, wirkt es bei der so genannten *genuinen* Epilepsie unseres Patienten nur mit. Bei dieser Epilepsieform, bei der keine Ursache im Gehirn festgestellt werden kann, liegt der Akzent auf den Störungen besonders des Nieren- und Lebersystems. (In dieser Hinsicht dürfte die Diagnose «genuine Epilepsie» weiter von Bedeutung sein.) Bei der Residualepilepsie wird dagegen ein Mitwirken des Stoffwechsels angenommen. Dieselbe Narbe in derselben Hirngegend ruft nämlich bei dem einen Kranken eine Epilepsie hervor, bei dem andern jedoch nicht. Bei jenem Kranken, der zum Epileptiker wird, muss an die Beteiligung einer epileptischen Konstitution gedacht werden, die durch Stagnation im Stoffwechsel gekennzeichnet ist.[410] Durch die Stagnation im Stoffwechsel und im Seelenleben, die – z.B. bei der Narbenbildung – bis zur Verhärtung gehen kann, hat die Epilepsie einen vorwiegend degenerativen Charakter im oben gemeinten Sinn.

Die Halluzinationen der verschiedenen Sinnesbereiche weisen wieder auf bestimmte Zentren im Gehirn hin, von deren Schädigung die Anfälle ausgelöst werden können. (An eine solche zusätzliche, in diesem Fall später erfolgte Hirnschädigung ist auch bei unserem Patienten zu denken.) Anhaltspunkte für ihren Nachweis wie für das epileptische Geschehen überhaupt liefert unter anderem die Untersuchung der elektrischen Ströme, die jedes Gehirn erzeugt (Elektroenzephalogramm, abgekürzt EEG).

Die Krankheit im Lebenslauf

Wie die Hysterie, so weist die Epilepsie des Erwachsenen in das zweite Jahrsiebt zurück, in dem auch unser Patient erkrankte. Von dieser Epilepsie muss wieder die *kindliche Epilepsie* unterschieden werden, die schon im ersten Jahrsiebt auftreten und in die Epilepsie des Erwachsenen übergehen kann. Da das Kind vom Kopf aus lebt, ist hier eine Residualepilepsie besonders charakteristisch. Schädigungen des Gehirns während der Schwangerschaft oder der Geburt, Gehirnblutungen durch Kopfunfälle oder Restzustände nach Gehirnentzündungen wirken sich hier schon im ersten Jahrsiebt aus. Sie können jedoch auch zur Veranlagung einer Epilepsie werden, die erst später ausbricht.

Gehirnsymptome spielen bei der kindlichen Epilepsie eine größere Rolle als beim Erwachsenen. Die seelische Symptomatik der Leibesorgane tritt zurück. Da der Astralleib noch nicht geboren ist und sich auch noch nicht zur Geburt anschickt, kommt es mehr zu diffusen und nicht so differenzierten seelischen Auswirkungen von Seiten der Organstörungen. Nur wenn bei solchen Kindern eine Vorwegnahme vorliegt, sind auch bei ihnen Organstörungen seelisch stärker zu berücksichtigen.

Statt der seelischen Symptome der Erwachsenenepilepsie beobachtet man bei epileptischen Kindern mehr die im heilpädagogischen Kurs von STEINER geschilderten Schwindelzustände, Übelkeitsempfindungen und Bewusstseinsstörungen. Im Gegensatz zur Überempfindlichkeit gegenüber den Elementen der Außenwelt beim hysterischen Kind bekommt das im Leib stecken bleibende epileptische Kind zu wenig Beziehung zu diesen Elementen. Wenn es das Organ des festen Elementes, die Lunge, nicht durchdringen kann, so bekommt es *Schwindel*. (Beim Schwindel misslingt die Auseinandersetzung mit den Schwerekräften, die zum Gleichgewicht zwischen Schwere und Auftrieb führen sollte.) Bleibt es in der Leber, dem Zentralorgan des Wässrigen, stecken, so kommt es zu der für die Leber charakteristischen Übelkeit. Im Nierensystem führt das Steckenbleiben zu den geschilderten *Bewusstseinsstörungen* des Astralleibes. Letztere können in eine eigene Krankheitsform, in eine so genannte *Pyknolepsie*, einmünden, bei der sich in sehr häufigen Absencen der Astralleib aus dem Nierensystem der emotional reagierenden Kinder zurückzieht. (Zu den drei Sonderformen der Epilepsie im Kindes- und Jugendalter, von denen die Pyknolepsie das zweite Jahrsiebt bevorzugt, vergleiche bei HOLTZAPFEL.[411])

«Die Mehrzahl der Epilepsien» wird bis zur Pubertät manifest.[412] Für die *Erwachsenenepilepsie* ist der Beginn im zweiten Jahrsiebt charakteristisch, wo wieder die Situation des neunten Jahres eine wichtige Rolle spielt und bei einem späteren Auftreten der Krankheit neu in Erscheinung tritt. Wir erkennen, dass dieses neunte Jahr ein Angelpunkt ist für die später entstehenden oder aus der Kindheit sich fortsetzenden seelischen Krankheitsprozesse. Entweder führt die Entwicklung nicht weiter in den Leib, dann entstehen Hysterie oder Zwangskrankheit. Oder die Entwicklung verläuft zwar weiter in den Leib hinein, bleibt aber in ihm stecken. Grundlage der so entstehenden Epilepsie wird das Leber- und Nierensystem im unteren Bereich des Organismus, dem Ziel der Inkarnation im zweiten Jahrsiebt.

Das Stiller- und Dumpferwerden, das bei einem Teil der Kinder um das neunte Jahr zu beobachten ist, kann sich, wie bei unserem Patienten, verstärken und dann in die Verlangsamung und in die Bewusstseinsstörungen einer Epilepsie übergehen. Außer dem Steckenbleiben im räumlichen Bereich des physischen Leibes beobachten wir nun auch ein Steckenbleiben im *Lebenslauf*. Wie wir sahen, führt der Weg zur Pubertät aus dem Dunkel des Stoffwechsels einerseits in die Bewusstseinshelle des stärker sich heraushebenden Kopfes, andererseits in die Willensbewegungen der Glieder, wo er, durch die Muskeln verlaufend, am Knochen endigt. Der epileptische Kranke bleibt mehr oder weniger auf diesem Weg stecken. Einerseits kommt er nicht voll zum Bewusstsein, andererseits verharrt er in der zähflüssig sich bewegenden Muskulatur, seine Bewegung bekommt zu wenig Festigkeit, zu wenig «Knochen».

Auf diesem Weg entsteht auch die *athletische Konstitution*, bei der die Betonung der Muskulatur sich mit Langsamkeit bis Trägheit aller körperlichen und seelischen Bewegungen verbindet. Dieser Typus bildet die charakteristische konstitutionelle Grundlage einer epileptischen Krankheit (wenn nicht eine ausgesprochen ungeformte, «dysplastische» Konstitution vorliegt). Bei der epileptischen Krankheit wird, wenn sie besonders von der Leber geprägt ist, die «Zähigkeit» des athletischen Temperaments zur Zähflüssigkeit.[413] Durch den Krampfanfall, besonders durch dessen Zuckungen, versucht der Astralleib dann die Auflösung dieser Situation.

Schon in den bald trägen, bald überschießenden und sich verkrampfenden Bewegungen der Vorpubertät können wir eine Andeutung des epileptischen Geschehens im gesunden Bereich erkennen. Noch deutlicher wird die Beziehung der Epilepsie zum zweiten Jahrsiebt beim so genannten *Rekelsyndrom*. Das Kind dieser Altersstufe neigt öfter als der Erwachsene dazu, sich zu rekeln, eine Neigung, die auch der Erwachsene hat, wenn er morgens noch nicht ganz wach ist oder wenn er müde wird. Dieses Rekelsyndrom kann in gesteigerter Form beim Epileptiker statt eines Anfalls auftreten. Durch Stoffwechseluntersuchungen hat man festgestellt, dass es ebenfalls einen

Versuch darstellt, mit der inneren Stauung und Erstickung fertig zu werden.[414] Was für den Erwachsenen nur ein vorübergehendes Problem darstellt, das beschäftigt aus den genannten Gründen das Kind im zweiten Jahrsiebt in stärkerem Maße. Beim epileptischen Kranken wird der Versuch, im Rekeln durch seine Glieder hindurch zu erwachen, zu einem Symptom seiner Krankheit.

Auch die *seelische Situation*, wie sie das neunte Jahr mit sich bringt, bleibt beim epileptischen Kranken mehr oder weniger das ganze Leben hindurch bestehen. Die zornigen Entladungen des Kindes, durch die es sich gegen die drohende Lethargie vom Leib aus zur Wehr setzt, werden zu den «Zornanfällen» der Epilepsie. Die dumpfe Traurigkeit des neunten Jahres steigert sich zur Depression des Epileptikers, die wie unter einer Decke von Dumpfheit, d.h. unter der «Decke» des physischen Leibes, liegt. Die gegen die Pubertät aufkommende Lust zum Wandern wird beim Epileptiker zur krankhaften Wandersucht.

Die Pubertät selbst wird vom schwer kranken Epileptiker nicht mehr voll geleistet. Die Unterentwicklung im Sinne einer speziellen Infantilität kann schon vorher erkennbar werden. Die Verwaschenheit im Gesicht, wie sie auch Kinder nach dem neunten Jahr manchmal haben, bedeutet seelisch mangelnde Differenzierung, bedeutet teilweises Verharren des Astralleibes in seiner Mutterhülle und im ätherischen Bereich. So kann man dann später die «Struktur eines erwachsenen Kindes» beim Epileptiker finden (TELLENBACH).

Tapferkeit ist die Seelenkraft, deren das Kind zum vollständigen Einsteigen in seinen Erdenleib bedarf und die es in den Jahren vor der Pubertät zu stärken gilt. In verstärktem Ausmaß ringt der Epileptiker darum, durch seinen Leib die Erde zu betreten und durch ihn die Welt zu ergreifen. Bei jedem Anfall rüttelt er an den Hindernissen in seinem Leib. Und wenn der tapfere

Gefangene in Erschlaffung und Bewusstseinstrübung versinkt, sammelt er schon wieder neue Kräfte für seinen Kampf.

Wird der Epileptiker mit seiner Krankheit vor allem auch innerlich fertig, so können sich die Tapferkeit und Unbedingtheit seines leiblichen Ringens in den Mut und den Ernst geistigen Strebens verwandeln. Sein Rückzug aus dem Leib kann zu einem gesunden Freiwerden vom Leib werden. Seine Krankheit lässt einen Sinn für seine Entwicklung erkennen.

Zur Therapie

Noch wichtiger als bei den bisher geschilderten Erkrankungen ist die *medikamentöse Therapie*, die zur Besserung oder Heilung einer Epilepsie wesentlich beitragen kann. Durch diese Therapie wird einerseits das Hindernis im Organ, andererseits der epileptische Prozess selbst angegangen und das stecken gebliebene Aufwachgeschehen fortgesetzt. In dieselben zwei Richtungen wirkt die *heileurythmische Therapie*. Die E-Gebärde, als methodisches Beispiel hier charakterisiert, regt die tiefere Verkörperung vom Ich aus an, sie leitet jedoch auch die Durchdringung des Leibes ein. Jenes Aufwachen durch den Leib hindurch, in dem der Astralleib beim Krampfanfall stecken bleibt, wird durch das Sich-Kreuzen der Hände und Füße beim E vom Ich aus angeregt und zu Ende geführt. In manchen Fällen schon konnte durch intensive Anwendung dieser Übung ein drohender Anfall verhindert werden. Er wurde verhindert, indem er überflüssig gemacht, indem der Astralleib bei seinem Bemühen entlastet wurde – das Ziel einer rationellen Epilepsie-Therapie, die nicht darin bestehen kann, die Anfälle zu unterdrücken.

Es wäre jedoch ein Missverständnis, wenn man meinte, man brauche sich nicht um die Krampfanfälle zu kümmern, da sie ja Selbstheilungsversuche darstellen. Wie auch unser Patient erkennen ließ, verbrauchen häufigere Anfälle zu viele seelische Kräfte und schädigen das Gehirn. Sie werden somit zu einer *zweiten Krankheit*. Ähnlich wie der Kranke, der an bestimmten Gedanken oder Worten haftet, neigt seine zweite Krankheit dazu, ihren «abnormen Rhythmus» festzuhalten.[415] Man hat den Eindruck, dass infolgedessen Anfälle kommen, auch wenn sie vom Stoffwechsel aus nicht nötig wären. Daher ist es wichtig, auch diese zweite Krankheit zu behandeln.

Bei häufigen Anfällen kann man jedoch nicht so lange warten, bis die Therapie der anthroposophisch orientierten Medizin zum Tragen kommt. Da vor allem die Organtherapie bis in die Konstitution hinein wirken muss, braucht sie oft lange Zeit, in der das Gehirn durch die Anfälle irreparable Schäden erleiden kann. Man muss daher vorerst bei häufigeren Anfällen, bei denen immer der Schaden den Nutzen überwiegt, auch die heute üblichen *antiepileptischen Medikamente* (Antiepileptika) einsetzen, um zunächst einmal die Anfälle einzudämmen. Diese Medikamente, die günstiger wirken als die früher häufiger gebrauchten Luminalpräparate, richten sich auf alle Arten von Anfallszuständen, die sie vom Gehirn aus unterdrücken. Die Hauptgefahr dabei ist, dass auch der Selbstheilungsimpuls, der den Anfällen zugrunde liegt, unterdrückt und die geschilderte Wesensänderung mit ihrer typischen Verlangsamung und ihren Bewusstseinstrübungen verstärkt wird. Ferner können diese Medikamente selbst zu Gehirnstörungen führen.

In manchen Fällen steht – auch nach schulwissenschaftlicher Überzeugung – der Arzt direkt vor der Alternative «Geisteskrankheit oder Epilepsie (LANDOLT, 1963), Wesensänderung oder Anfälle».[416] Man wird deshalb diese Medikamente in möglichst kleinen (aber ausreichenden) Dosen geben, was durch die Kombination mit der oben erwähnten Therapie möglich wird. In solchen Fällen erlebt man, dass der Schaden, den antiepileptische Medikamente stiften können, durch ihren Nutzen überwogen wird. Bei seltenen Anfällen dagegen hat man mehr Zeit für die eigentliche Therapie und kann zunächst auf antiepileptische Medikamente der Schule verzichten – vorausgesetzt, dass Patient und Angehörige mitmachen.

Bei der *künstlerischen Therapie* ist das *Plastizieren* so zu üben, dass eine kräftige Durchgestaltung des gestauten Organismus angeregt wird. Das *Malen* wirkt lösend auf die Zähflüssigkeit und auf die Tendenz zur Verkrampfung. Die *Musik* führt aus den dumpfen Verstimmungen des Epileptikers heraus. Am meisten auf Ich und Bewusstsein wirken die *Sprachübungen*. Die verwaschene Sprache wird durch sie konturierter, durch ihre Rhythmen wird der unbewegliche Rhythmus des Epileptikers aufgelockert.

Die *geistige Therapie* kann einen Hinweis bekommen durch die Tatsache, dass der Kranke mehr oder weniger im zweiten Jahrsiebt stecken geblieben ist. In schweren Fällen verlangt er nach einer liebevollen Autorität, die ihm hilft, aus der Dumpfheit seines leibumfangenen seelischen Erlebens zum Urteilen und Empfinden des dritten Jahrsiebts zu gelangen. Hier hat wieder das Anregen von Fragen eine besondere Bedeutung. Bei einer leichteren Erkrankung kann der Patient diesen Weg auch allein gehen. In jedem Fall sollte er, vor allem aber auch seine Umgebung, wissen, dass er durch seine Anfallszustände nicht vom Leib her «überfallen» wird, sondern dass diese Anfälle Versuche seiner eigenen, im Leib tätigen Seele darstellen, das leibliche Kranksein zu überwinden. Er soll aber auch mit seiner Umgebung wissen dürfen, dass alles geschieht, um ihm diese gewalttätigen Versuche abzunehmen.[417]

Schizophrenie

Krankheitsbild

In die Sprechstunde kommt ein Student, Mitte 20, der angibt, er sei mit den Nerven herunter. Von schlankem und schwächlichem (asthenischem) Körperbau, macht er einen nervös-unruhigen Eindruck. Wenn er ruhiger wird, haben seine Bewegungen etwas Steifes. Seelisch wirkt er verstört, zeitweilig aufgewühlt. Er berichtet mit hastiger, etwas monotoner Sprache, dabei geht immer wieder wie ein Wetterleuchten ein Zucken durch sein Gesicht, besonders im Stirngebiet. Sein Blick irrt umher, schaut man ihm in die Augen, so blickt er fort.

Gefragt, was ihn so unruhig mache, bemerkt er zögernd, es gehe etwas Unheimliches mit ihm vor. Man stelle ihm nach, wo immer er sich befinde. In der Universität, auf der Straße beobachte man ihn, lächle bedeutungsvoll, mache Bemerkungen über ihn. Wenn er allein sei, höre er die Stimmen seiner Verfolger, bekannte und unbekannte, die sich über ihn unterhalten, die ihn beschimpfen, ihm Befehle geben. Manchmal empfange er solche Befehle aber auch anders. Er habe dann plötzlich die Gedanken der Menschen, die ihm begegnen, in seinem Kopf und müsse sich so bewegen, wie diese Gedanken es ihm eingeben. Seine Bewegungen würden dann immer ganz steif, er müsse sich ruckweise bewegen und auf jede Bewegung achten. Wenn er die Befehle ausgeführt habe, machten die anderen Menschen manchmal «befriedigte Gesichter».

Auf die Frage, was denn alle diese Leute für ein Interesse

an ihm hätten, was sie mit ihm beabsichtigten, meint er, das wisse er nicht genau. Wahrscheinlich hätten alle von seinem Leben erfahren; im Fernsehen habe er selbst schon einige Male Sätze gehört, die sich mit ihm befassten. Das Ganze habe nach seiner Scheidung angefangen. Er habe vor zwei Jahren eine Kommilitonin geheiratet. Sie hätten gemeinsame Interessen gehabt in ihrem Studium und auch körperlich. Aber man habe dann entdeckt, dass man nicht denselben Lebensstil hatte. Sie sei ausgesprochen gesellig und er ausgesprochen ungesellig. Sie wollte immer ausgehen, er nicht. So hatten sie sich eben vor einem Vierteljahr wieder getrennt. Dann habe sie wohl gemeinsamen Bekannten von ihrer Ehe erzählt, das wäre ja wohl logisch. Dass aber mit der Zeit alle Menschen alles von ihm erfahren hätten, das sei doch wohl übertrieben.

Der Kranke, der über seine Ehe und ihre Folgen sehr kühl, fast gleichgültig berichtet hat, wird dann gefragt, ob er seine Frau denn geliebt habe. Da bricht es aus ihm heraus – er zittert dabei vor Erregung: es sei komisch, aber sie sei für ihn alles gewesen, er habe sie immer um sich haben wollen, haben müssen, er brauchte ihre Zärtlichkeit. Das sei ihr zu viel geworden. Und jetzt sei alles wieder wie früher, er sei wieder allein und grüble stundenlang über alles nach, er müsse doch psychologisch klarkommen. Aber es sei doch nicht so wie früher, er komme sich ganz verändert vor, «wie ein anderer Mensch». Er sei mit der Enttäuschung vollkommen fertig. Das wolle man wahrscheinlich durch die Experimente aus ihm herausbringen. Aber das sei doch schon bekannt, er habe es doch schon mehrmals gesagt: «Ich bin fertig damit!» Der Kranke stößt diesen Satz in höchster Erregung hervor.

In der *Vorgeschichte* ist bemerkenswert, dass der Patient einen Onkel hatte, der «an Verfolgungswahn gelitten hat». Im Unterschied zu ihm selber habe sich der Onkel wirklich alles

Mögliche eingebildet. Sein Elternhaus sei nicht schlecht gewesen. Die Eltern hätten wenig Zeit für ihn gehabt, aber das habe er nicht entbehrt, er habe auch nicht deshalb später so wenig Kontakt gefunden, wie das die Psychologie in solchen Fällen behaupte. Sein Onkel z.b. habe ein ausgesprochen glückliches Familienleben gehabt und sei doch ein Eigenbrötler geworden. Er selbst habe schon als kleines Kind wenig Kontakte gesucht. In der Schule sei es sehr gut gegangen, er sei jahrelang Klassenerster gewesen. Er hatte jedoch kaum Anschluss, man hatte für sein Freundschaftsideal keinen Sinn, er erlebte nur Enttäuschungen damit. In dieser Hinsicht, das gebe er zu, war er überempfindlich. Wenn er sich nicht verstanden fühlte, zog er sich sogleich in sich zurück. Er gebe auch zu, dass er sich oft zu sehr aufgeregt habe, besonders bei Meinungsverschiedenheiten, und dann aggressiv geworden sei. Er litt darunter, dass er nicht recht ausdrücken konnte, was er empfand. Die anderen sagten immer, er sei so abstrakt. Das Studium (Deutsche Literatur und Kunstgeschichte) fiel ihm leicht, zu leicht, es habe ihn gelangweilt. Während er in der Schule bei Gedichten und Dramen manchmal tiefe Empfindungen gespürt habe, hatte er im Lauf des Studiums immer weniger solche Empfindungen. Jetzt lasse ihn Literatur und Kunst mehr oder weniger kalt oder reize ihn zum Lachen.

Gefragt, ob das alles sei, was er auf dem Herzen habe, verneint er zögernd. Seiner Schilderung entnimmt man, dass er eigentlich drei Leben lebt: sein Leben als Studierender, sein Leben als «Versuchskaninchen» und noch ein drittes. Der Kranke schlägt nun einen anderen Ton an, sein Ausdruck wird verlegen-ehrfürchtig, dann fanatisch-starr. Außer den erwähnten Stimmen höre er manchmal eine ganz andere, donnernde Stimme, die sage: «Stehe auf! Ich werde kommen in den Wolken!» Dann sehe er manchmal auch den, der das gesagt habe, vor sich. Zuerst sehe er nur seinen Blick, der sei wie aus Licht. Dann erscheine er, wie Michelangelo ihn gemalt habe, als Weltenrichter, der über die Wolken schreitet. Zuerst dachte er an ein Erinnerungsbild, da ihm diese Darstellung früher besonderen Eindruck gemacht habe. Dann wurde es immer wirklicher, plastischer, und Blitze kamen dazu. Christus, der wirkliche Christus, wollte damit sagen, dass die Welt untergehen, dass er sie richten werde. Das stehe unmittelbar bevor. Sie werde um die neunte Stunde untergehen, in der ja auch Christus am Kreuz gestorben sei. Immer, wenn er eine Uhr anschaue, habe die Zahl 9 einen besonderen Glanz. In letzter Zeit sei das immer stärker geworden, jetzt leuchte die Zahl 9 wie ein Stern.

Die Frage, ob er Angst habe vor dem Weltuntergang, wird überzeugend verneint. Und wieder ganz kühl: er brauche auch keine Hilfe in dieser Angelegenheit. Er wolle nur etwas für seine Nerven. So könne er doch nicht weiterstudieren.

Der Krankheitsprozess

Im Seelenleben unseres Kranken erkennen wir zunächst verschiedene Spaltungen. Schon wenn er selber davon spricht, erleben wir eine Art Spaltung: Er tritt sich bei seiner Schilderung selbst gegenüber. Bereits als Kind ist der Kranke von der menschlichen *Umwelt* weitgehend abgespalten. Hier scheint, wie bei anderen Kindern dieser Art, eine Anlage, die im Erbgang auftaucht, mit der Vernachlässigung durch die Eltern zusammenzuwirken, wobei Letztere vom Patienten in betont überlegener Form verneint wird. Der Psychiater stellt «Autismus» fest: Zurückgezogenheit auf sich selbst. Eine weitere Spaltung betrifft das *innere Seelenleben*: Kühler Intellektualität mit einer Tendenz zum Abstrahieren steht heiße Emotionalität und gesteigerte Erregbarkeit gegenüber. – Eine Spaltung liegt ferner im *Empfindungsleben* vor. Der Kranke ist innerlich überempfindlich, während er sich äußerlich kühl und abstrakt gibt. Aus dieser Überempfindlichkeit heraus vermeidet er den Blickkontakt. Während wir bei Zwangskrankheit und Hysterie Überempfindlichkeit, bei der Epilepsie Unempfindlichkeit, Stumpfheit feststellten, finden wir hier beide Pole gleichzeitig, wobei der eine den anderen überlagern kann. Das Empfindungsleben macht dadurch einen innerlich zerrissenen Eindruck.

Das Urphänomen eines so gearteten Charakters ist die *Spaltung*, weshalb man in diesem Zusammenhang die Bezeichnung «schizoid» gebraucht (vom griechischen Wort «schizo» = ich spalte). Ein *schizoider Charakter* kann nach E. KRETSCHMER die Disposition für eine schizophrene Psychose bilden.[418] Mindestens den einen oder anderen Zug dieses Charakters (darunter besonders den Autismus) findet man in der Vorgeschichte von vielen schizophrenen Kranken.

Bei der ausgebrochenen *Schizophrenie*, von der unser Patient uns ein akutes Bild vor Augen führt, stellen wir zunächst eine Steigerung der *Spaltungsphänomene* fest. Die Erregung hat sich verstärkt, aber auch die intellektuelle Kühle, die Tendenz zum abstrakten Grübeln hat zugenommen. Bei weiterer Zuspitzung dieser Situation können aus der Erregung *Tobsuchtsanfälle* hervorbrechen, in denen der Kranke vollkommen außer sich gerät und für sich und seine Umgebung lebensgefährlich wird (unser Patient war dicht davor). Das kühle, unbewegte Beobachten und Abstrahieren kann seinerseits in so genannte *Stuporzustände* einmünden, bei denen der unempfindlich gewordene Kranke ohne Gefühls- und Willensregung, ohne ein Glied zu rühren, wochen-, ja monatelang in seinem Bett liegen würde, wenn man nichts dagegen unternähme. Er ist jedoch in diesem Zustand meistens voll bei Bewusstsein, nimmt alles wahr, was um ihn herum vorgeht, und macht sich seine (krankhaften) Gedanken. Der in der Tobsucht außer sich geratende Kranke ist beim Stupor mit seinem Gefühls- und Willensleben fast ganz *außer sich geraten* und nur noch durch das Wahrnehmen und Denken seines Kopfes anwesend. Dieser teilweisen Exkarnation entsprechend, liegt in solchen Zuständen auch das leibliche Leben seines mittleren und unteren Organismus, seiner Atmung, seiner Blutzirkulation und seines Stoffwechsels darnieder.

Man kann solche Zustände nicht mehr mit dem üblichen Nachempfinden fassen, sie machen vielmehr einen elementaren, dem psychologischen Verstehen weitgehend entzogenen Eindruck. Den Stuporzustand kann man mit der lastenden Regungslosigkeit von Meer und Atmosphäre vor einem Gewitter vergleichen. In der Sprache der Elemente: Das Prinzip des festen Elementes hat Wasser und Luft ergriffen. In stärkster Polarität dazu bricht dann die Tobsucht über den Kranken, über uns herein; wie bei einem Gewittersturm verschmelzen nun alle vorher überdeutlich hervorgetretenen Kontraste.

Jene Verschmelzung, die auch ohne tobsüchtige Erregung eintreten kann, weist auf ein weiteres Urphänomen schizophrener Psychosen hin: auf die *Chaotisierung* des Seelenlebens. Im Bereich der Emotionalität, des Willens, aus dem die Bewegungsimpulse kommen, erlebt der Kranke die Gedanken anderer Menschen, die durch seinen Kopf hinunterwirken und die Bewegungen versteifen und ruckweise ablaufen lassen. Aber auch ohne Anknüpfung an die Umwelt kann das Ruheprinzip des Kopfes zu Versteifung und Sperrung am unteren Pol führen. Anderseits ist Emotionalität in das Denken und Wahrnehmen aufgestiegen: Das Denken und Wahrnehmen verläuft beim Verfolgungswahn unseres Patienten wie gepeitscht von Erregung, von der Emotion der Angst. Das «Wetterleuchten» im Stirngebiet kann als äußeres Zeichen dafür auftreten.

Schreitet der Prozess der Auflösung oder des Zerfalls weiter, so kommt es zur *Zerfahrenheit* im Denken und Sprechen, bei der einzelne Vorstellungen oder Bruchstücke von ihnen, nach unserer Logik ohne Zusammenhang, manchmal nach rein sprachlichen Gesichtspunkten aneinandergereiht werden. Dabei können auch einzelne Worte oder Silben miteinander verschmelzen und *Wortneubildungen* entstehen. Dann wieder werden – als Zeichen neuer Erstarrung – einzelne Worte (oder Bewegungen) festgehalten und in monotoner Art ständig wiederholt (*Stereotypien*; zu diesen Symptomen vgl. auch das Kapitel «Hölderlin»). – Wir stellen fest: Die einander gegenüberstehenden Pole des Seelenlebens, deren Auswirkungen verstärkt auftreten, haben sich mit ihren Auswirkungen durchdrungen.

Die Frage, was dabei aus der «übersprungenen» Mitte, aus dem Gefühls- und Empfindungsleben, wird, führt zu der Antwort, dass hier die «Verlust der Mitte» die stärksten Ausmaße annimmt. Wir erleben: In dieses elementare Geschehen *kann* das Ich nicht mehr vermittelnd eingreifen. Damit ist nicht nur das Erringen des Gleichgewichtes zwischen oben und unten erschwert oder unmöglich gemacht, auch die Beziehung zum sozialen Leben, die sich von der Mitte aus ergibt, ist dadurch behindert oder aufgehoben. Das wirkt sich beim *Verfolgungswahn* unseres Patienten aus, zu dessen

Verständnis beiträgt, wenn wir den *Ansatz zur Wahnbildung* bei uns selbst aufsuchen.

Jeder von uns ist schon in die Lage gekommen, dass hinter seinem Rücken negativ über ihn gesprochen wurde. Aus vorübergehender Unsicherheit kann man dann auch einmal Bemerkungen ferner stehender Menschen einen Augenblick lang auf sich beziehen, Bemerkungen, die sich nicht auf einen beziehen konnten. Was korrigiert uns? Das gesunde Gefühl für die Wirklichkeit ist es, das uns sagt: Das kann doch gar nicht sein, dass diese Menschen, die mich kaum kennen, über mich sprechen, das interessiert die doch gar nicht usw. Das gesunde Gefühl für die Wirklichkeit ist zugleich ein soziales Gefühl, das sich in die Situation der anderen «eingefühlt» hat. Der schizophrene Kranke, bei dem die empfindende Mitte schon in seiner Kindheit schwach angelegt war, hat in der Psychose dieses Gefühl vollends verloren.

Nach und mit der Chaotisierung des Seelenlebens kann es dann wieder zu *sekundären Spaltungsprozessen* kommen. Unser in sich gespaltener Patient lebt drei Leben nebeneinander, die für ihn keinen Zusammenhang untereinander haben. Er kommt in die Sprechstunde, um für seine Nervosität Hilfe zu bekommen, um weiterstudieren zu können, obwohl er zugleich der festen Überzeugung ist, dass in Kürze die Welt untergehen werde. In anderen Fällen tut ein schizophrener Kranker das direkte Gegenteil von dem, was er denkt. Schließlich stellt man insofern eine Ich-Störung fest, als der Kranke nicht nur sein Ich von anderen Persönlichkeiten dirigiert fühlt, sondern sich selbst in verschiedenen Persönlichkeiten der Gegenwart oder Vergangenheit erlebt. Man diagnostiziert «Störungen der Person»,[419] *Spaltungen der Persönlichkeit,* und bezeichnet diese und andere Ich-Störungen als spezifisch für eine schizophrene Erkrankung. In schweren Fällen kann jede Art von Spaltung in («entzündliche») Auflösung oder in («degenerativen») Zerfall des Seelenlebens einmünden. Im späteren Verlauf vieler schizophrener Erkrankungen überwiegen Zerfall und Erstarrung.

Um eine Spaltung der unteilbaren Individualität kann es sich jedoch in keinem Fall handeln. Das Bild der gespiegelten Sonne, das, von einem bewegten See «gespalten», in die Wellen hinein aufgelöst wird, sagt uns, dass nur die Ich-Tätigkeit in dem sich spaltenden und gelockerten Seelenleben der Spaltung unterliegt, nicht das Ich selbst. Es handelt sich zunächst um die geschilderte Spaltung von Denken, Fühlen und Wollen, die auch STEINER meint, wenn er die «Spaltung der Persönlichkeit» in einem anderen Zusammenhang erörtert.[420]

Während das höhere Ich, die Sonne, von dem Vorgang gar nicht erreicht wird, geht allerdings seine Einstrahlung, das niedere, das Erden-Ich als Zentrum der Seele, mehr oder weniger verloren. Wenn wir von einem solchen Menschen empfinden, er sei außer sich geraten, so erleben wir im Grunde, dass sein Ich (sein niederes Ich) das Seelenleben verlassen hat und dass nur noch die der seelischen Spaltung folgenden Kräfte des Ich in ihm tätig sind, die sich mit der Wahrnehmung oder Vorstellung von anderen Persönlichkeiten identifizieren können. Während wir beim (persönlich gebliebenen) Seelenleben den Eindruck der Spaltung und Chaotisierung haben, wirkt das Ich im eigentlichen Sinne des Wortes als «ver-rückt», als herausgerückt aus seinem Leben in der Seele (vgl. die Ausführungen zur so genannten Geisteskrankheit im Kapitel «Beziehungen zwischen körperlicher und seelischer Krankheit»).

Überblickt man diese skizzierten Phänomene der schizophrenen Psychose, so erlebt man unmittelbar, dass bei ihr nicht nur Züge des schizoiden Charakters verstärkt auftreten, sondern dass etwas Neues begonnen hat. Ein Prozess hat eingesetzt, der die Struktur der Seele zum Teil stärker hervorhebt, zum Teil verändert, auflöst, im weiteren Verlauf jedoch auch wieder zur Ruhe kommen lässt. Das Seelenleben eines solchen Kranken ist einem Vulkan vergleichbar, der sich spaltet und den alles verschlingenden Lavafluss auswirft, wonach das Chaos der Lava langsam erstarrt. Die neuen Spaltungen, die sich hier einstellen, können beim Kranken in einen fortschreitenden Zerfallsprozess übergehen, wie er sich auch bei der Lava vollzieht.

Der schizophrene Prozess kann in solchen Schüben, er kann jedoch auch schleichend verlaufen. Es gibt Fälle, bei denen nur ein Schub vorkommt und sich das frühere Seelenleben ganz wieder herstellt. Es gibt auch andere, bei denen der Prozess weiterschreitet bis zu einer Art Endzustand, bei dem die Abspaltung von der Welt, die innere Spaltung in den meist ruhigeren Dauerzustand einer schizophrenen Demenz übergegangen ist. Der Kranke wirkt ständig anders als die anderen Menschen, verschroben, chronisch verrückt. Aber auch bei solchen Zuständen weiß niemand, ob nicht eines Tages das herausgehobene Ich, die gelockerte Seele wieder Kontakt zu unserer Welt finden und den so genannten Endzustand beenden werden. Schon diese Aussicht kann uns helfen, die Geduld nicht zu verlieren und auch solchen Kranken unsere Hilfe angedeihen zu lassen – eine Hilfe, die spätestens in einem künftigen Erdenleben Frucht tragen wird.

Bei der schizophrenen Psychose unterscheidet man drei Hauptformen. Stehen die Veränderungen von Wahrnehmen und Denken im Vordergrund, so spricht man von einer (mit Wahnideen und Halluzinationen einhergehenden) *paranoidhalluzinatorischen* Form der Schizophrenie. Betreffen die Veränderungen mehr das Gefühlsleben, das über ein albernes oder läppisches Verhalten in ein Versanden der Empfindungen einmündet, so diagnostiziert man «*Hebephrenie*», bei der eine Steigerung von Pubertätssymptomen besonders deutlich wird. Um eine *Katatonie* handelt es sich, wenn die schizophrene Erkrankung vor allem im Willens- und Bewegungsleben erscheint und von dort aus zu Spannungs- und Erschlaffungszuständen, zu Tobsucht und Stupor führt. (Zu den Übergängen vgl. die Schrift des Verfassers *Der schizophrene Prozess*, 2. Aufl. Stuttgart 1981.)

Zum organischen Aspekt

Das Neue, das der schizophrene Prozess bringt, kann nicht aus dem Seelenleben verstanden werden, das empfinden auch manche Kranke selbst. Etwas Fremdes ist in das Seelenleben eingebrochen, dessen *Dynamik* nicht aus der Seele stammt. Hängen diese Stürme der Seele vielleicht mit dem eigenen Luftelement zusammen, welches das Seelenleben erfasst hat? Ist deshalb das Bild eines Gewittersturmes so passend, weil das seelische Geschehen der tobsüchtigen Erregung im realen Sinn des Wortes ein elementares ist? Tatsächlich hat man bei manchen Kranken, die dann auch besonders zur tobsüchtigen Erregung neigen, im Organismus eine mangelhafte innere Atmung, eine Art «innere Erstickung», festgestellt, die im Unterschied zur Epilepsie in den meisten Fällen allerdings nur feinerer Art ist.[421] Wirkt sich der Lufthunger in solchen Fällen im seelischen Gebiet aus, betätigen sich die nur noch mangelhaft den Luftorganismus durchdringenden, gestauten Kräfte des Astralleibes nun im seelischen Bereich, wo sie sich in Stürmen entladen?

Auch die krankhaften *Inhalte* des schizophrenen Seelenlebens weisen in Richtung «Leib». Was vollzog sich bei der Entstehung des Verfolgungswahns unseres Patienten? Am Anfang, später im Kern, steht – wie oft bei Wahnkranken – ein reales Erlebnis. Die Scheidung unseres Patienten brachte die verständliche Furcht des innerlich überempfindlichen Schizoiden mit sich, seine frühere Frau könnte über Einzelheiten der Ehe mit Bekannten gesprochen haben. Ein Komplex von Erinnerungsvorstellungen, die jene Einzelheiten betrafen, bildete sich und wurde jedes Mal angerührt, wenn der Kranke die Bekannten wahrnahm; jede solche Wahrnehmung wurde mit neuer Beschämung verarbeitet. So weit kann unser psychologisches Verstehen mitgehen. Dann aber hatten nach dem Eindruck des Patienten alle Menschen, die ihm auf der Straße begegneten, von seiner Ehe erfahren. Der Kranke nahm zunächst weiter real wahr: Der eine Mensch lächelt aus irgendeinem Grund vor sich hin, der andere macht gerade ein befriedigtes oder ein ärgerliches Gesicht, der dritte sagt irgendetwas zu seinem Partner – alles bezieht der Patient irgendwie auf sich.

Wie kommt es dazu? Es liegt zunächst nicht an den Wahrnehmungen, wohl aber an dem Komplex von Vorstellungen, die mit dem Beschämungserlebnis zusammenhängen. Dieser Komplex ist inzwischen gewachsen. Von der Befürchtung ausgehend, dass noch mehr Menschen von seiner Ehe und Scheidung erfahren haben könnten, bildeten sich ängstigende Vorstellungen, wie sie sich in solchen Fällen vorübergehend auch bei Gesunden einstellen können. Für den schizophrenen Kranken werden solche Vorstellungen Wirklichkeit, d.h., sie werden zu *Wahnvorstellungen*, die sich festsetzen, vermehren und einen immer größeren Teil seines Seelenlebens in Anspruch nehmen. In ihrem Sinn deutet der Kranke nun viele, an sich gleichgültige Wahrnehmungen. Er kann gar nicht anders, als sie auf sich zu beziehen, da sie jedes Mal den dominierenden Komplex seines Seelenlebens anrühren und durch ihn entsprechend verarbeitet werden. Vorstellungen, die sonst Organe des Verstehens, des Erkennens bilden, haben sich zu Organen des Wahns verbunden (vgl. das Kapitel «Metamorphose von Wachstumskräften in Denkkräfte»).[422]

Später verändern sich dann auch die Wahrnehmungen selbst. Der Patient deutet nicht nur falsch, er hört auch falsch im Sinne seines Verfolgungswahns. Zuletzt hört er die Stimmen, auch wenn keine Menschen in seiner Nähe sind. Dass dies alles Vorgänge aus dem eigenen Inneren sind, liegt auf der Hand. Seine eigenen Beschämungs- und Angstvorstellungen leben in diesen von außen auf ihn zukommenden «Wahrnehmungen», bei deren Entstehung also die krankhaften Vorstellungsorgane der Seele beteiligt sind. Manche Kranke merken selbst den Übergang von innen nach außen. Zuerst, so erfährt man, seien die Vorstellungen so lebhaft gewesen, dass sie als innere Stimmen zu hören waren, dann seien die Stimmen von außen gekommen.

Zum weiteren Verständnis dieser neu entstehenden Gebilde im Seelenleben muss jedoch noch ein anderer Vorgang erörtert werden. Zunächst erhebt sich die Frage: Wie kommt es zum *Wachsen der Vorstellungskomplexe* in der Seele des Kranken? Da die Kräfte dieses Wachstums nicht aus der Seele heraus verständlich sind, müssen sie von anderswo herkommen. Sie bilden einen Teil jener unheimlichen Vorgänge, die in der Seele kein «Heim» haben, nicht dahin gehören und daher als «unheimlich» erlebt werden. Als Wachstumskräfte können sie nur aus dem Ätherleib stammen. Dabei handelt es sich jedoch um Wachstumskräfte, die sich beim Denken nicht mehr wie früher den dort waltenden Gesetzen unterordnen, die nicht mehr dem denkenden Ich dienen. Wie schon angedeutet, tragen sie etwas von ihrer eigenen Wachstumsdynamik in das Seelenleben und lassen dort einen Wahn wuchern.

So entsteht das, was man einen bösartigen *Tumor des Seelenlebens*, ein seelisches Karzinom, nennen kann, das danach tendiert, mit seinem Wachstum ebenso das Seelenleben zu erfüllen und zu verändern wie ein Karzinom den physischen Leib. Einem gutartigen Tumor dagegen entspricht die abgegrenzt bleibende Wahnbildung, wie sie meist bei nicht schizophrenen wahnhaften Erkrankungen auftritt. Im Körper ist bei seelischen «Tumoren» nur an eine Tendenz zur Wucherung zu denken. Wie manche Beobachtungen lehren, kommen Karzinome bei schizophrenen Kranken seltener vor als bei seelisch Gesunden – beim seelisch Kranken wirkt sich die Tendenz zur Wucherung mehr im seelischen Bereich aus.[423]

Auf den physischen Leib werden wir verwiesen, wenn wir fragen, warum die Wachstumskräfte des Ätherleibes ihre Tätigkeit verlagert haben. «Halluzinieren heißt nichts anderes, als der Leib schickt ins Bewusstsein dasjenige herauf, was er eigentlich verwenden sollte zum Verdauen, zum Wachsen …»[424] Bei den Wahnbildungen, die nach STEINER ebenfalls mit Organen des physischen Leibes zusammenhängen,[425] hat man an einen ähnlichen Vorgang zu denken. Während die «verdauenden» Kräfte bei der Auflösung des Seelenlebens mitwirken (und so zu einem entzündlichen Prozess auf seelischem Gebiet führen), lassen die Wachstumskräfte Wahnideen oder Halluzinationen wachsen.

Dass die Stimmen dabei manchmal so deutlich klingen wie leibhaftige Stimmen aus der physischen Umwelt, hängt damit zusammen, dass sie von Kräften gebildet werden, die eigentlich im physischen Leib tätig sein sollten. Dasselbe gilt für die plastische Christusschau unseres Patienten und andere Halluzinationen des Sehsinns. Die halluzinierten Stimmen erlebt der Kranke schon deshalb als auf sich zukommend, weil sie sich in der Sinnessphäre der Seele bilden, in der alle Inhalte als von außen kommend erlebt werden. Die Sinnestäuschung besteht hier darin, dass der von innen kommende Vorgang über seine Richtung täuscht.

Zu dieser Täuschung kommt jedoch hinzu, dass sich das ganze Seelenleben des schizophrenen Kranken bei seiner Lockerung in die Umgebung ausweitet. Was vorher nur innen gelebt hatte, lebt jetzt auch außen. Wir stehen vor dem Vorgang einer teilweisen *Umstülpung* des Seeleninnern, die bewirkt, dass Kranke dieser Art so viel «um sich haben», dass man ihre Angst usw. mehr in ihrer Atmosphäre als in ihrem Innern erlebt.

Das führt aber auch dazu, dass die Kranken selbst Vorgänge in ihrer Umwelt intensiver miterleben und dann auch wahnhaft verarbeiten. Im Unterschied zur seelischen Lockerung des hysterischen Kranken lockert sich hier, wie schon erwähnt, auch der Ätherleib. Die Überempfindlichkeit steigert sich dadurch zu der stärker sich auswirkenden *Verletzlichkeit* des schizophrenen Kranken, die heute als ein Kardinalsymptom der schizophrenen Psychose angesehen wird.[426] Diese Steigerung ließ auch unser Patient erkennen. Der Natur gegenüber kann das Miterleben einen elementaren Charakter annehmen. So können sich depressiv gestimmte schizophrene Kranke so sehr mit dem Welken der Herbstnatur verbinden, dass sie glauben, an ihm schuld zu sein.

Das Welken, der Todesprozess in der Natur, kann jedoch auch im Frühjahr erlebt werden. Das kann sich bis zum Erlebnis des Weltuntergangs steigern, ein Erlebnis, das manche schizophrene Kranke haben. Hierbei erleben Seele und Ich, die sich in die Welt hinaus ausweiten, die eigene Exkarnation aus dem irdischen Leben als Weltuntergang, auf den wieder verschiedene krankhaft verarbeitete Wahrnehmungen hindeuten können. So bedeutete für unseren Patienten die Zahl 9 auf der Uhr, dass um 9 Uhr die Welt untergehen werde. – Dass sich der Kranke dabei als vollkommen verändert empfinden kann, ist nachfühlbar. (Zur Frage der Realität solcher Erlebnisse vergleiche das Kapitel «Schizophrenie und übersinnliche Welt».)

Die weitere Frage, wie es zur Exkarnation der Wesensglieder kommt, führt zu den *Stoffwechselstörungen* der schizophrenen Psychose, die in diesem Rahmen nur kurz behandelt werden können. Manche Symptome deuten auf feine Defekte in der Eiweißstruktur der Organe hin, auf die STEINER schon 1921 hinwies. Die «schadhaft» gewordenen Organe können die organischen Kräfte der Wesensglieder, vor allem die Bildekräfte des Ätherleibes, nicht mehr in sich halten. Die – unbewusste – «Imagination» des Organs, die seinem Wachstum zugrunde liegt, kann sich nicht mehr in der «Plastik» des Organs entfalten und drängt sich dem bewussten Seelenleben auf, wo sie zur Halluzination führt.[427] In manchen künstlerischen Produktionen von psychotischen Kranken können direkt die Bildekräfte von Organen studiert werden, in anderen Fällen bewirken die Bildekräfte, zusammen mit anderen ausgetretenen Kräften der Organe, die oben geschilderten Neubildungen im erkrankten Seelenleben.

Ein zu starker, wohl meist degenerativer Abbau im Organeiweiß, der im Organ zu den erwähnten feinen «Deformationen» führt, wurde inzwischen von der Forschung in einigen Fällen gefunden. Festgestellt wurde bei katatonen Kranken auch ein Versagen der Ausscheidung, ein Zurückhalten von Spaltprodukten des Eiweißstoffwechsels, bei denen man eine vergiftende Wirkung annehmen konnte, weshalb man auch schizophrene Patienten mit teilweisem Erfolg an eine künstliche Niere anschloss. Die leichteren oder schwereren

Fieberzustände schizophrener Kranker können Reaktionen auf eine solche Selbstvergiftung sein. In den meisten Fällen sind jedoch diese und andere Störungen nur angedeutet oder mit den bisherigen Methoden nicht erfassbar. (Durch die Methode der Blutkristallisation ist man ihnen schon mehr auf die Spur gekommen.) Hier verlagert sich der Krankheitsprozess zur Hauptsache wieder in das seelische Gebiet, wo sich dann die Spalt- und Auflösungstendenzen des schizophrenen Stoffwechsels sowie die feinstoffliche Dynamik der toxisch werdenden Stoffwechselprodukte auswirken. Eine schizoide Disposition kommt ihnen entgegen: Das schon zur Spaltung neigende Seelenleben öffnet sich den spaltenden und auflösenden Einwirkungen, die es vom eigenen Leib her erfassen.

Die enge, hier nur vermerkte Beziehung des Eiweißstoffwechsels zur Niere, die Ausscheidungsstörungen und die Störungen des Luftorganismus beim schizophrenen Kranken lassen in erster Linie an das *Nierensystem* denken, aus dem heraus die psychotische Lockerung des Astralleibes erfolgt. In der erhöhten Anfälligkeit schizophrener Patienten für Infektionen der ableitenden Harnwege kann sich ebenfalls ein Nierenzusammenhang ausdrücken. In den schizophrenen Erregungszuständen kann man eine Steigerung des mit der Niere zusammenhängenden emotionalen Charakters erleben.

Andere Organsysteme werden von der Niere aus in Mitleidenschaft gezogen. So wies STEINER auf einen gestörten *Lungenstoffwechsel* hin als Grundlage für bestimmte Wahnbildungen.[428] Steigert sich die mit der Niere zusammenhängende Erregung bis zur Tobsucht, so ist das *Herz* ergriffen, dessen innere Wärme dabei zum verzehrenden Feuer wird.[429] Bei jeder depressiven Färbung macht die *Leber* mit (vgl. das Kapitel über Depression).

Die Krankheit im Lebenslauf

In den meisten Fällen bricht die Psychose zwischen der Pubertät und dem 25., bei Frauen dem 30. Jahr aus. Die Schizophrenie ist so auch zeitlich gesehen die Psychose des Jugendalters, worauf die ältere, noch von STEINER gebrauchte Bezeichnung «Dementia praecox» (frühzeitige Verblödung) hindeutet. Da, wie wir sahen, nur ein Teil der Krankheitsfälle in leichtere oder schwerere, unter Umständen rückbildungsfähige Defektzustände übergeht, ist auch aus diesem Grund die von E. BLEULER geprägte Bezeichnung «Schizophrenie» die bessere.

Die Zeit zwischen der Pubertät und der Mitte oder dem Ende der zwanziger Jahre ist die Entwicklungszeit des *Empfindungsleibes* und der *Empfindungsseele*. Es ist auch von hier aus verständlich, dass es zunächst das Empfindungsleben der Mitte ist, das vom schizophrenen Prozess besonders betroffen wird. Das Erkalten des Empfindungslebens ist ein charakteristisches Frühsymptom einer schizophrenen Psychose, in die bei einzelnen Fällen die geschilderte Entwicklungsstörung des Empfindungsleibes oder der Empfindungsseele einmünden kann. Beim Fortschreiten der Psychose verzerren sich dann – wie bei unserem Patienten – die erstarrenden Empfindungen, oder sie lösen sich auf, sie versanden. Durch die manchmal überstarke Bewusstheit, durch das schon erwähnte «wahnsinnige Ringen um Bewusstsein» wirkt, im Sinne einer Vorwegnahme, dann noch die *Bewusstseinsseele* mit.

Während die Schizophrenie nur in Ausnahmefällen als Ausdruck einer Vorwegnahme im *Kindesalter* vorkommt, ist dieses Alter allgemein von großer Bedeutung für die Veranlagung der Schizophrenie durch die Umwelt. Ungünstige *Familienverhältnisse* sind häufig. Die wichtigsten wurden bei der Erörterung der Ursachen von Entwicklungsstörungen schon referiert; sie gipfeln auch beim schizophrenen Kranken in Störungen der Nestwärme. In unserem Zusammenhang ist «intellektuelle Stimulierung» in der Familie des schizophrenen Kranken hervorzuheben, wie sie von einigen Autoren erwähnt wurde.[430] Allgemein gilt: «Kinderelend prägt vorerst eine schizoide Haltung, und diese schizoide Haltung prädisponiert zur Schizophrenie.»[431] Umwelt und Anlage verbinden sich wieder, es kommt nach BLEULER zu «Wirkung und Gegenwirkung von vererbten Entwicklungstendenzen und Umwelt».[432] Dabei liegt jedoch der Akzent entweder auf der einen oder auf der anderen Komponente. Die Kontaktstörung des schizoiden Menschen, die aus Umwelterlebnissen entstanden ist, führt zum *Autismus*, aber sie kann auch eine entsprechende Anlage verstärken, die allein schon zum Autismus tendiert. Sie kann aber auch diese Anlage überhaupt erst in Erscheinung treten lassen. Das gilt für die ganze schizophrene Psychose wie für andere seelische Erkrankungen. Bei manchen Kranken – wie bei HÖLDERLIN – kann man zu der Überzeugung gelangen, dass die Krankheit ohne die starken Einwirkungen der Umwelt gar nicht oder nur in schwacher Form zum Ausbruch gekommen wäre. Eine vererbte Anlage ist – besonders wenn man die Anschauung hat, dass sie von der Individualität gesucht wurde – nicht unentrinnbares Schicksal, sie ist vielmehr Material für Mensch und Umwelt, Schicksal daraus zu gestalten.

Die Verantwortung, die dadurch der Umwelt auferlegt ist, betrifft auch die *Schulerziehung*. Ihre negativen Einwirkungen wurden gleichfalls schon dargestellt. Von Bedeutung ist in der Vorgeschichte von schizophrenen Kranken der nicht selten auftretende Musterschüler oder Klassenerste. Im Hinblick auf die typische, schlankwüchsige (leptosome) Konstitution prägte E. KRETSCHMER hierbei den Begriff des «leptosomen

Rekordmachers». Bei ihm sind Intellekt und Gedächtnis besonders betont, während Gefühls- und Willensleben noch mehr als sonst zurücktreten. In diesem Zusammenhang bemerkte KRETSCHMER, dass sich die heutige Oberschule einseitig auf diesen Konstitutionstyp ausgerichtet habe.[433] Dieser Konstitutionstypus, der erst im dritten Jahrsiebt deutlich in Erscheinung tritt, hat eine besondere Affinität zum schizoiden Charakter. Man kann daher auch von diesem Gesichtspunkt aus feststellen, dass die heutige Schulerziehung zur Entstehung eines schizoiden Charakters beiträgt.

In seinem ersten Ärztekurs wies RUDOLF STEINER mit großem Nachdruck darauf hin, dass die *Erziehung im ersten und zweiten Jahrsiebt* eine Dementia praecox (eine Schizophrenie) herbeiführen oder verhüten könne. Herbeigeführt werde sie, wenn keine Rücksicht darauf genommen werde, dass im ersten Jahrsiebt durch Nachahmung, im zweiten durch Autorität erzogen werden sollte.[434] Wieder erkennen wir: Wenn das Kind zu wenig nachahmend bis in seinen Stoffwechsel hinein mitschwingen kann, wenn es zu wenig von seinem rhythmischen System aus eine Autorität lieben und ihr nachstreben lernt, entwickelt es zu wenig die Grundlagen für sein Willens- und Gefühlsleben im unteren und im mittleren Bereich seines Organismus; damit im Zusammenhang inkarniert es sich zu wenig in jenen Bereichen.

Das Steckenbleiben im Kopf lässt, in Verbindung mit dem übersteigerten Entzug von Bildekräften für den Kopf, die schon erwähnte asthenische oder leptosome Konstitution entstehen, wobei mit «asthenisch» die vitale Schwäche dieses heutzutage zunehmenden Konstitutionstypus hervorgehoben wird. Auf Kosten eines außerdem noch beschleunigten Längenwachstums (Akzeleration) reifen die Organe im Innern zu wenig aus. Es kann an diesem Körperbau direkt abgelesen werden, wie die Wachstumskräfte des Ätherleibes zum Kopf hinaufgezogen werden, wie sie im Längenwachstum den Leib nur noch nach sich ziehen, nicht aber zur Ausrundung bringen können. Ein so geformter Organismus, bei dem zu früh der Abbau überwiegt, entwickelt zu viel Bewusstsein. Die zunehmende Nervosität der Kinder, besonders der Schulkinder, hängt entweder mit einer solchen Konstitution zusammen, oder es tritt nur eine Schwächung im Leben des Leibes auf, der trotz eines anders gearteten Körperbaus geschwächt und erschöpfbar ist, d.h. vom Nervensystem zu stark in Anspruch genommen wird. Der heute vorherrschende *neurasthenische Krankheitstypus*, den RUDOLF STEINER beschrieb,[435] erscheint hier auf der Ebene der Funktion, auf der Ebene des Ätherleibes, während er im ersten Fall auch im (asthenischen) Körperbau zum Ausdruck kommt.

Es ist verständlich, dass eine unvollständige Inkarnation der exkarnierenden Psychose Vorschub leisten kann. Die Frage, warum aus der verkopfenden Tendenz unserer Zeit im einen Fall eine Zwangskrankheit, im anderen Fall (durch «Flucht» des Astralleibes) eine Hysterie, im dritten Fall eine Schizophrenie entsteht, ist natürlich letzten Endes eine Schicksalsfrage. Was die körperlichen Grundlagen betrifft, so kann man feststellen: Je tiefer die Schwächung des Leibes geht, je mehr der Einstieg in den Leib verunmöglicht wird, desto ernster wird das seelische oder körperliche Kranksein. Bei Zwangskrankheit und Hysterie bleibt der Einstieg in der Mitte stecken, bei der Schizophrenie, der schwersten seelischen Erkrankung, wird auch diese nur noch unvollkommen erreicht und dann verloren.

Auch hinsichtlich des Eiweißes, der Bausubstanz unseres Organismus, hat man an gradweise Beeinträchtigungen zu denken. Die Schwächlichkeit der Eiweißbildung mit Schwefelarmut bei der Zwangskrankheit, die abnorme Durchlässigkeit bei der

Hysterie steigern sich bei der Schizophrenie zu den Defekten im Organeiweiß. In den nicht genügend durchlebten Organen entstehen während der ersten zwei Jahrsiebte besonders schwache Stellen, deren Einbruch dann zum «Ausbruch» der organischen Kräfte, zum Ausbruch der Psychose führt. Der Einbruch selbst wird oft durch Erlebnisse bewirkt, die der Mensch nicht im bewussten Seelenleben verarbeiten konnte, die ihm «an die Nieren gehen». (Zunächst gehen sie an die Nebennieren, deren Mark durch seine Absonderung das abbauende Eingreifen seelischer Erlebnisse in das Körpereiweiß vermittelt.)

Schockerlebnisse, emotionale oder intellektuelle *Stresssituationen*, d.h. solche Situationen, die zu einer übersteigerten Anspannung des Astralleibes führen, werden auf diese Weise zu auslösenden Faktoren, die für den Ausbruch einer schizophrenen Psychose verantwortlich zu machen sind. E. Bleuler hob in diesem Zusammenhang seinerzeit «verunglückte Liebe» hervor,[436] ein Erlebnis, das besonders wieder die Mitte des Menschen betrifft und das auch bei unserem Patienten (wie bei Hölderlin) eine bedeutsame Rolle gespielt hat. Das Unglück war bei unserem Patienten dann deshalb so groß, weil er bei seiner «Liebe» etwas davon nachzuholen hoffte, was er unterbewusst in der Kindheit entbehrt hatte.

Sowohl der asthenische (leptosome) Konstitutionstypus als auch der schizoide Charakter treten jedoch erst nach der Pubertät deutlicher in Erscheinung. Der leptosome Konstitutionstypus hält dabei den physiologischen Wachstumsschub der Vorpubertät fest, der schizoide Charakter übersteigert und fixiert die geschilderten Spaltungsphänomene der seelischen Pubertät. Gesteigerte Intellektualität und Emotionalität, sonst eine Übergangsstufe bildend, bestimmen nun den Charakter für das weitere Leben.

Die schizophrene Psychose selbst, die oft mit einer weiteren Steigerung der Pubertätsproblematik einsetzt, erscheint in den allermeisten Fällen erst nach der Pubertät, zu der sie dann in krankhafter Form zurückführt. Das hängt mit der neuen, schon einmal erörterten Situation des *Astralleibes* zusammen, der bei seiner Geburt mit seiner Mutterhülle zugleich den *Schutz des physischen Leibes* verloren hat. Der nicht voll inkarnierte Astralleib, nun «sich selbst überlassen»,[437] erliegt den in ihm veranlagten Polaritäten, die zu Spaltungen werden. Und diese öffnen ihrerseits Tür und Tor für die Bildekräfte des physischen Leibes, die, durch die Erziehung aus dem Leib herausgezogen, weiter in das Seelenleben aufsteigen. Während sie jedoch bisher in Denk- und Gedächtniskräfte verwandelt werden konnten, ist diese Art der Verwandlung in der Psychose nicht mehr möglich. Der «kosmischen Logik»[438] des Organismus entzogen, von der Logik des verrückten Ich nicht voll erfasst, leben sich die bisher missbrauchten Lebenskräfte des Organismus in der ihnen preisgegebenen Seele aus.

Wir können damit wieder jene schon geschilderten zwei Arten von Revolten unterscheiden, die jetzt in krankhafter Steigerung auftreten. Die eine ist die *emotionale Revolte* der Pubertät. Auf der Organebene stellt sie sich so dar: Dem bisher dominierenden, einseitig in Anspruch genommenen Gehirn tritt mit der Geburt des Astralleibes das Urogenitalsystem gegenüber. Aus ihm schöpft der frei werdende, der Welt sich ausgesetzt fühlende Astralleib die Kräfte der Revolte gegen diese Welt, gegen das Gewordene, letztlich gegen den eigenen Kopf, dessen hochgeschraubte Tätigkeit gerade der schizoide Mensch oft selbst als quälend empfindet und gegen die sich zum Teil auch die Tobsucht des schizophrenen Kranken richtet. Die zweite Revolte ist die *organische Revolte*, die Revolte der Bildekräfte, mit der die schizophrene Psychose einsetzt.

Und mit ihr entsteht der Gegenprozess, das Gegenbild zur

Intellektualisierung unserer Zeit, als das die Schizophrenie nun vor uns steht. Hier der Verrückte, den die Gesellschaft aus ihrem Kreis verbannt, dort der Klassenerste, der Musterschüler oder das zur Intellektualität gezwungene Kind. In manchen Fällen ist es ein und dieselbe Person, deren Leiden nicht nur nach Hilfe ruft, sondern Mahnung und Weckruf werden sollte für die seelische Entwicklung des Menschen in Gegenwart und Zukunft. (Wir erinnern uns an die geschilderte Gefahr, dass in der Zukunft die Schizophrenie einmal epidemisch werden könnte. Zurzeit wird etwa 1 Prozent der Bevölkerung von dieser schwersten und häufigsten so genannten Geisteskrankheit befallen.)

Auch der Ansatz zur schizophrenen Psychose ist nicht nur beim einzelnen Menschen, sondern in der ganzen abendländischen Menschheit zu beobachten. Wir entdecken die geschilderte Spaltung zwischen Seele und Welt, die sich in der inneren Vereinsamung des modernen Menschen äußert. Wir finden die Spaltung zwischen Intellektualität und Emotionalität, zwischen Erkennen und Handeln wieder. Das im Kopf als richtig Erkannte wird nicht verwirklicht, unter Umständen wird aus subjektiven, emotionalen Beweggründen das Gegenteil davon getan. Was in der Menschheit Verkopfung und Reaktion darauf ist, das steigert sich beim einzelnen Menschen zum schizoiden Charakter und zur Krankheit «Schizophrenie».

Exkarnation und Rückentwicklung

Der zuletzt erörterte Aspekt – die schizophrene Psychose als Gegenprozess zur Intellektualisierung unserer Zeit – führt zum Thema dieses Kapitels. Der Gegenprozess bringt die geschilderte Rückentwicklung mit sich. Wie aber verbindet sich diese Rückentwicklung mit der Tendenz zur Exkarnation? Ist das Thema «Exkarnation und Rückentwicklung», das für alle seelischen Erkrankungen Bedeutung hat, nicht ein Widerspruch? Erzeugt Exkarnation, *Richtung nach dem Tod*, nicht Vorwegnahme statt Rückentwicklung?

In der Tat haben wir solche *Vorwegnahmen* bei allen seelischen Erkrankungen in bestimmten Stadien beobachtet. Der Alterungsprozess der Zwangskrankheit, das Ausrinnen des Astralleibes bei der kindlichen Hysterie mit einer Vorwegnahme der Pubertät, die Tendenz des Epileptikers, zwischen den Krampfanfällen den Leib zu verlassen, das aus dem Leib verrückte Dasein des schizophrenen Kranken – alles deutet auf ein teilweises Vorwegnehmen späterer Lebensstufen und des Sterbens hin. Auch die Depression wird eine solche Gesetzmäßigkeit erkennen lassen, die zugleich zum Wesen des hier degenerativen Krankheitsgeschehens gehört.

Beim Zwangskranken und beim schizophrenen Kranken zeigte schon die asthenische Konstitution (Betonung des Nervensystems und geringe Vitalität) Züge des Alters. Bei der Zwangskrankheit selbst liegt ein pathologisches Bestimmtwerden vom vorstellenden und ordnenden Denken vor, wie es in gesunder Form beim alten Menschen gegeben ist. Bei der schizophrenen Psychose sind es oft Erinnerungsvorstellungen, die in krankhafter Weise verarbeitet werden, Seeleninhalte also, die in gesunder Weise das Leben des alten Menschen erfüllen. Entsprechendes werden wir bei der Depression erleben.

Etwas anderes jedoch sagt uns die Reaktion des Seelenlebens auf die teilweise Exkarnation. Während das Seelenleben bei der Zwangskrankheit weiter vom Kopf bestimmt wird und vor allem Vorwegnahme mit sich bringt, wirkt sich bei anderen seelischen Erkrankungen stärker der untere Pol des Organismus und des Seelenlebens aus, der Auflösung schon gebildeter seelischer Strukturen und *Rückentwicklung* erzeugt. Bei der Hysterie des Erwachsenen werden teilweise die Pubertätsjahre wiederholt. Beim schwer kranken Epileptiker fanden wir die «Struktur eines erwachsenen Kindes», die sich auch erst im Lauf des Lebens einstellen kann. Die Schizophrenie führte uns in die emotionale Aufgewühltheit und in das Spaltungsgeschehen der Pubertät zurück, unter Umständen mündet sie in eine zweite krankhafte Kindheit ein, die bei der Therapie erörtert werden soll. In kindliche Hilflosigkeit kann auch eine schwere Zwangskrankheit oder Depression den Kranken versinken lassen. Die Manie wird uns das Bild einer ausgesprochenen Verjüngung vor Augen führen, die sich hier am meisten mit einer seelischen Entzündung verbindet.

Wie wir sahen, gibt es kein dauerndes Stillstehen der Entwicklung im Lebenslauf, entweder verläuft sie vorwärts oder rückwärts. Sie kann sich aber auch spalten: Einerseits kann es vom Kopf aus weiter vorangehen, andererseits strebt die Seele vom unteren Pol aus zur Jugend zurück. Dasselbe vollzieht sich bei den seelischen Erkrankungen, wobei der Akzent bald mehr auf der einen, bald mehr auf der anderen Tendenz liegt; immer jedoch sind beide Tendenzen vorhanden. Der Tendenz zur Exkarnation gegenüber setzt im teilweise exkarnierten Zustand eine Tendenz zur Rückentwicklung in die Kindheit ein. Besonders bei der Schizophrenie, bei der unsere Überlegungen zum Thema «Exkarnation und Rückentwicklung» ansetzten, finden neue Inkarnationsprozesse im gelockerten Seelenleben statt. Die aus dem alternden Leib aufgestiegenen organischen Kräfte lassen im Seelenleben neue Organe wachsen, mit denen sich das verrückte Ich neu verbindet. Zusammengefasst kann man sagen: Der Kranke stirbt in eine krankhafte Kindheit zurück.

Man kann sich die Frage stellen, ob dieses Rückwärtsleben, das sich mit dem teilweisen Sterbeprozess der Psychose verbindet, in Beziehung steht zu dem Rückerleben der *nachtodlichen Läuterungszeit*, wie sie von STEINER z.B. in der *Geheimwissenschaft* geschildert und in religiösen Zusammenhängen als «Fegefeuer» bezeichnet wird. Manche schizophrene Kranke machen in der Tat eine Art Fegefeuer in ihrer Krankheit durch, bei dem, wie nach dem Tod, vergangene, bisher in der Seele bewahrte Erlebnisse neu auf sie zukommen. Diesem Rückerleben liegt die schon erwähnte Umstülpung des Seeleninneren nach außen zugrunde, die nach dem Tod in einer umfassenderen Form eintritt. Im Unterschied zu jener Zeit wird außerdem der teilweise exkarnierte schizophrene Kranke nicht frei vom Leib und kann daher auch nicht zu jenem freien Überblick und jener bewussten Läuterung gelangen, wie sie nach dem Tod durch das Rückerleben möglich wird.

Dieses Rückerleben wird daher beim schizophrenen Kranken zu einem Rückwärtsleben, das nicht wie das Rückerleben für den Aufstieg in die geistige Welt freimacht, sondern nach einer neuen gesunden Inkarnation in der irdischen Welt durch die Heilung der Krankheit verlangt. Die Tendenz zur Rückentwicklung bei der seelischen Erkrankung ist aus der leiblichen Gebundenheit zu verstehen, welche die seelische Erkrankung trotz ihrer exkarnierenden Tendenz beibehält und die sich bei weiterer Lockerung noch steigern kann.

Damit wenden wir uns wieder der schizophrenen Psychose im Besonderen zu. Wir stehen vor der Frage nach den Beziehungen dieser Psychose zur übersinnlichen Welt.

Schizophrenie und übersinnliche Welt

Schizophrene Kranke berichten von übersinnlichen Erlebnissen, von Begegnungen mit Dämonen, Engeln, mit Christus. Auch unser Patient schaute, verbunden mit Blitz- und Lichtwahrnehmungen, eine Christusgestalt in den Wolken, die mit Donnerstimme zu ihm sprach. Man kann in solchen Fällen über die gestaltenden Bildekräfte hinaus an Grundkräfte des Ätherleibes denken, die Erinnerungen und innere Erlebnisse des Kranken zu leuchtenden und tönenden Erscheinungen werden lassen. Als *Lichtäther* wird eine solche Kraft von den Nieren aus frei. STEINER sprach in diesem Zusammenhang vom «Nierenleuchten».[439] Bei jedem Stimmenhören hat man an Kräfte des *Klangäthers* zu denken, die in der Leber ihr Zentrum haben. Deuten somit solche Erlebnisse nur auf das Freiwerden innerleiblicher Kräfte hin, haben sie sonst keine Realität?

Bei übersinnlichen Erlebnissen von schizophrenen Kranken kann man sich fragen: Schimmert hier nicht, anknüpfend an Erinnerungen, etwas von der übersinnlichen Welt hindurch, getrübt, verzerrt durch die Krankheit, aber doch eine geistige Realität andeutend? Man besinnt sich: Ich, Astralleib und Ätherleib des Kranken treten durch die Krankheit doch nicht nur aus dem physischen Leib und der sinnlichen Welt heraus, sie treten zugleich in eine neue Welt, in die übersinnliche Welt ein. Diese Welt ist aber im Grunde nichts Neues für sie. Ein weiterer Aspekt für unsere Untersuchung tut sich auf: Durch seinen Ätherleib gehört der Mensch einer ätherischen, durch seinen Astralleib einer seelischen, durch sein Ich einer geistigen Welt an; mit diesen Welten bleiben die Wesensglieder das ganze Leben hindurch verbunden. Solange sie, noch nicht zu sich geboren, innerhalb des physischen Leibes tätig sind, ist die Verbindung viel unmittelbarer als später, wo die Wesensglieder mehr dem individuellen seelischen Leben dienen und eine neue, bewusste Beziehung zu den übersinnlichen Welten erst wieder geschaffen werden kann. Etwas von dieser Unmittelbarkeit wiederholt sich in der Psychose, bei der die organisch tätigen Kräfte der Wesensglieder die ursprüngliche Verbindung zu den übersinnlichen Welten in der Seele wieder aufleben lassen. Da jedoch dieses Aufleben in einer inzwischen bewusst gewordenen Seele stattfindet, steigt nun manches von dem ins Licht des Bewusstseins, was früher unterbewusst auf das Leben des Kindes eingewirkt hat. Infolge der seelischen Krankheit geschieht dies in chaotischer Form.

STEINER berichtet von so genannten Geistesgestörten, die während ihrer Krankheit nur Unsinniges von sich gaben. Nach ihrer Genesung erzählten sie dann von Wahrnehmungen aus der geistigen Welt, wobei sie auch wieder manches Unsinnige sagten, «aber auch viel Richtiges». Nachdem sie wieder ihr Gehirn gebrauchen konnten, hätten sie von dem berichtet, was ihr entrückter Geist während der Krankheit in der geistigen Welt erlebt hatte.[440]

Eine solche Situation kommt auch bei schizophrenen Kranken vor. Bei anderen schizophrenen Kranken, wie bei unserem Patienten, hat man den Eindruck, dass sie schon während ihrer Krankheit etwas von ihren übersinnlichen Erlebnissen ins Bewusstsein hereinbringen. Was bei anderen erst am Ende ihrer Krankheit auftritt, das leuchtet schon in den Zwischenzeiten bei ihnen auf. Allerdings vollzieht sich dies meist in krankhafter Form, wenn es nicht gelingt, der Krankheit eine gesunde, objektiv gültige Form abzuringen, wie es HÖLDERLIN auf der künstlerischen Ebene eine Zeit lang möglich war.

Auch in der Psychose kann also der Mensch die Schwelle zur übersinnlichen Welt überschreiten, indem, wie bei der geistigen Schulung, die Verbindung zum Leib teilweise gelöst wird.

Auf ein solches Überschreiten der Schwelle durch den seelisch Kranken weist in der letzten Zeit der englische Psychiater R. LAING hin. «Gewisse transzendentale Erfahrungen scheinen mir Ursprung aller Religionen zu sein. Manche Psychotiker haben transzendentale Erfahrungen.» Der Verrückte «kann erleuchtet sein vom Licht anderer Welten. Es kann ihn ausbrennen». LAING stellt die Frage: «Ist das überhaupt noch krank zu nennen, was uns Schizophrene von ihrer ‹Reise› ins Übersinnliche berichten? Ist diese Reise nicht ein ‹natürlicher Weg› zur Heilung aus unserem schrecklichen Zustand der Entfremdung ..., den wir ‹Normalität› nennen?» Der Verrückte, erleuchtet vom «Licht anderer Welten», begegnet «Dämonen und Geistern», von denen er uns Kunde gibt.[441]

LAING erlebt, wie in der heutigen Zeit übersinnliche Welten in die irdische Welt hereinschimmern, Welten, die der heutige Mensch nicht mehr nur glauben, sondern erfahren will. Der schizophrene Kranke kann nach LAING dem Psychiater Erfahrungen aus jenen Welten vermitteln. Das erscheint nach dem oben Ausgeführten mit Einschränkungen möglich, hilft jedoch auf die Dauer weder dem Psychiater noch seinem Patienten. Der Psychiater kann durch den Kranken aufmerksam auf das Übersinnliche werden, der Kranke fühlt sich anders oder überhaupt erst verstanden, wenn er eine positive Einstellung des Arztes zur Welt des Übersinnlichen erlebt. Dann jedoch will er in der richtigen Art von ihm geheilt, d.h. nicht einfach nur von seiner übersinnlichen Welt abgeschnitten und in eine genormte, ihm wesensfremde Gesundheit eingemauert werden. LAING stellt deshalb auch die Forderung nach einer anderen Art der Behandlung, als sie heute üblich ist.

Eine solche Behandlung, welche die seelisch-geistige Entwicklung des Kranken mit einbezieht und ihm auch bei den «stürmischen Passagen» seiner Reise in übersinnliche Welten folgen kann, ist aber nur möglich, wenn aus einem gesunden Schwellenübertritt Erkenntnis und Kraft geschöpft wird. RUDOLF STEINER hat einen solchen Schwellenübertritt vollzogen und den Weg gewiesen, der zu ihm führt. Bevor – im letzten Kapitel – darauf eingegangen wird, muss jedoch der grundlegende Unterschied zum krankhaften Überschreiten der Schwelle ins Auge gefasst werden.

Der *Schwellenübertritt durch den Schulungsweg* wurzelt in erhöhter seelischer Gesundheit, in einer Steigerung der Aktivität und der Urteilskraft. Die Voraussetzung für den *psychotischen Schwellenübertritt* ist dagegen seelische Krankheit, deren verzerrte, übersinnliche Erlebnisse über eine passive Seele hereinbrechen, ohne mehr vom Ich überblickt und beurteilt zu werden. Das wird am Unterschied, wie er zwischen einer *Halluzination* und einer *Imagination* besteht, besonders deutlich. (Zur Imagination vergleiche ferner das letzte Kapitel.) STEINER fasst den Unterschied in folgenden Sätzen zusammen: «Wenn der Leib als Leib vorstellt: Halluzination. Wenn der Geist als Geist vorstellt: Imagination.» Auch die Imagination verdanken wir der Tätigkeit unseres Ätherleibes. Das unbewusst bleibende imaginative Leben baut den Leib auf. «Die Entwicklung zum höheren Schauen beruht darauf, dass wir uns partiell ... diesem Arbeiten am physischen Leib entziehen und dass wir dasjenige, was sonst im physischen Leib unten kocht und brodelt, heraufbringen in das Bewusstsein.»[442]

Die Bildekräfte des Ätherleibes tragen so zur Bildung der seelisch-geistigen Organe bei, welche die *Imagination* hervorbringen. Ein Teil der Kräfte, mit denen die Seele, mittels der Kräfte des Ätherleibes, während des Schlafes den Leib neu aufbaut, wird für den Aufbau der neuen geistigen Organe verwendet.[443] Man kann diese Organe mit jenen Vorstellungskomplexen vergleichen, die sich im kranken Seelenleben zu Organen der

Halluzination und des Wahns ausgestalten. Dabei gelangt man zu folgender Unterscheidung: Die Bildekräfte, die am Aufbau der geistigen Organe beteiligt sind, stammen nicht – wie die Bildekräfte der krankhaften Organe – aus einem krankhaften Ausfließen im physischen Bereich. Sie entspringen einer Steigerung der gesunden Verwandlungsprozesse, die, vom Ätherleib zur Seele verlaufend, sonst dem Denken dienen. Die unvollkommene Metamorphose bei der Psychose, die sich vollzieht, wenn leibliche Bildekräfte im seelischen Bereich bildend wirken, wandelt sich bei der imaginativen Tätigkeit zur vollkommensten Metamorphose, durch welche die Lebensbildekräfte nicht nur im denkenden Bewusstsein ersterben, sondern ihre Auferstehung in einem erweiterten Bewusstsein erfahren. Durch die dort entstehenden «ätherischen Wahrbilder»[444] offenbart sich nicht der Leib, sondern der Geist.

Aber auch nun, wo sich das Denken zum Schauen steigert, muss sich der Geistesschüler stets bewusst sein, dass er noch nicht die Wirklichkeit, sondern nur Bilder von ihr vor sich hat. Ein solches Bewusstsein jedoch setzt eine Steigerung der Urteilskraft voraus, ebenso wie die neue Verwandlung der Bildekräfte eine Steigerung der Aktivität. Beides liegt für den seelisch Kranken nicht im Bereich seiner Möglichkeiten.

Aus dieser Entstehungsgeschichte wird das Hauptmerkmal verständlich, durch das sich die Halluzination von der Imagination unterscheidet. Die Halluzination, vom Leib geschaffen, hat den schon erwähnten Charakter der mehr oder weniger starken *Leibhaftigkeit*, die Imagination, vom Geist erzeugt, hat ihn nicht. Für jedes geistige Schauen gilt, was STEINER ausführte, als er die «Farben» der vom Geistesforscher geschauten «Aura» des Menschen beschrieb. «Wenn die hellsichtige Erkenntnis davon spricht: Ich sehe rot, so bedeutet dies: Ich habe im Seelisch-Geistigen ein Erlebnis, welches gleichkommt dem physischen Erlebnis beim Eindruck der roten Farbe.»[445] Diese Feststellung betrifft auch alle anderen Inhalte geistiger Schau, die eben nicht, wie die Halluzination, leibhaftig, sondern geistig-wesenhaft wahrgenommen werden. Auch darüber kann sich der Kranke naturgemäß kein Urteil bilden.

Nach dem Erringen eines übersinnlichen Erlebnisses wendet sich der Geistesschüler wieder voll dem irdischen Leben zu, dem er sich – ganz anders als der psychotisch Kranke – tief verpflichtet weiß. Dabei bringt er – wieder im Gegensatz zum Kranken – aus dem Kosmos neue, aufbauende Kräfte mit, die ihm und der Welt zugute kommen.

So ergibt sich ein letzter Unterschied im *sozialen Bereich*. Der gesunde Schwellenübertritt pflegt für das eigene Leben und für die Welt fruchtbar zu werden. Im Gegensatz dazu erzeugt der Schwellenübertritt durch die Psychose Störungen im eigenen Leben und in der Welt, die in schweren Fällen zu einer Ausschaltung aus allen sozialen Zusammenhängen des Erwachsenen und zur krankhaften, chaotischen Wiederholung der Jugend- und Kindheitssituation führen. Jeder Schwellenübertritt durch eine Psychose ist zunächst mit einem Rückschritt in der seelisch-geistigen Entwicklung verbunden, ein Rückschritt, der nur in Ausnahmefällen durch den Kranken selbst in einen Fortschritt umgewandelt werden kann. F. HUSEMANN hat einen solchen Fall geschildert, der bis zu der Frage «Schizophrenie oder Einweihung?» führte.[446] Die meisten Kranken, bei denen diese Umwandlung möglich wird, bedürfen dafür der Hilfe des Therapeuten (vgl. das Therapie-Kapitel).

Schon durch eine gesunde Seelenentwicklung werden Seele und Ich immer freier vom physischen Leib. Das gipfelt im geistigen Schulungsweg, durch den sich der Mensch zeitweise aus dem Leib in die geistige Welt erhebt. In der Psychose wird die Seele mit dem Ich durch die Krankheit aus dem Leib herausgehoben. Und dabei wird sie nicht wirklich frei vom Leib, sondern von leiblichen Kräften verfolgt und durchdrungen. Insbesondere die schizophrene Psychose kann so auch als das krankhafte Gegenbild zur gesunden Seelenentwicklung, in gesteigertem Maß zum geistigen Schulungsweg, angesehen werden. Gelingt es dem Menschen, einen solchen Schulungsweg, der die Seelenentwicklung intensiviert und weiterführt, auch nur anfänglich zu gehen, so tut er damit auch etwas Wesentliches für die *Vorbeugung* schizophrener Psychosen. Ihre *Behandlung* dagegen hat auf andere Art zu erfolgen. Dafür soll das nächste Kapitel Hinweise geben.[447]

Zur Therapie

Wie bei der Epilepsie, so bedeutet auch hier die *medikamentöse und heileurythmische Therapie* der anthroposophischen Medizin die wesentlichste Hilfe. Was die heileurythmische Behandlung betrifft, so sei auf das Kapitel «Künstlerische Therapie» verwiesen, wo sich die als Beispiele geschilderten Lautübungen A und B vor allem auf die schizophrene Psychose beziehen.

Für die *Psychopharmaka*, die hauptsächlichen Medikamente der heute üblichen Therapie, gilt im Prinzip dasselbe wie für die antiepileptischen Medikamente. Auch die Psychopharmaka wirken nur auf die Symptome, nicht auf die Krankheit selbst, die «unter der Decke» weitergehen und wieder hervorbrechen kann, wenn die Medikamente weggelassen werden. Zugleich besteht die Gefahr, dass der Krankheitsprozess durch das Unterdrücken der Symptome (wie Halluzinationen und Wahnideen) in eine leichtere, aber chronisch werdende Form übergehen kann. Es sind aber auch echte Heilungen unter Anwendung von Psychopharmaka beobachtet worden. Offenbar waren in solchen Fällen die Selbstheilungskräfte stark genug, um sich nach der Beseitigung von Krankheitssymptomen gegenüber dem Krankheitsprozess durchzusetzen.

Die meisten schizophrenen Kranken werden durch Psychopharmaka ruhiger, entspannter, angepasster, zugleich jedoch auch unproduktiver. Sie reagieren weniger fein und lebhaft, nach längerem Gebrauch werden sie stumpf und apathisch. Eine öfter schon geäußerte Empfindung von differenzierten Kranken, die Psychopharmaka erhielten, kann in diesem Rahmen die Wirkung zusammenfassen: Man fühlt sich seelisch wie «eingemauert». Störungen im Bereich des Blutes, der Leber, des Gehirns und des Herzens, wie man sie manchmal als «Nebenwirkungen» von Psychopharmaka feststellt, liegen dieser seelischen Beeinträchtigung zugrunde.

Die Empfindung des Eingemauertseins deutet jedoch auch auf einen bedingt positiven Aspekt dieser Medikamente hin, die heute in der anthroposophisch orientierten Psychiatrie bei schwereren Krankheitsfällen noch nicht entbehrt werden können. Zum Vergleich: Bei drohender Einschmelzung der Wirbelsäule durch eine Knochentuberkulose kann die zeitweilige Ruhigstellung der Wirbelsäule mittels einer Gipsschale notwendig werden, um einen nicht rückgängig zu machenden Schaden des Rückenmarks zu verhindern. Bei rasch oder heftig verlaufenden Psychosen kann dementsprechend eine seelische Einmauerung nötig sein, da hier eine unter Umständen nicht mehr rückbildungsfähige Auflösung seelischer Strukturen droht, welche die langsamer wirkenden Medikamente der anthroposophisch orientierten Medizin bisher allein nicht verhindern konnten. Wenn irgend möglich, sollten jedoch die Psychopharmaka (wie die Gipsschale) nur der Überbrückung einer kürzeren oder längeren Notzeit dienen. Durch die Kombination mit der eigentlichen Therapie (die ja auch während einer Ruhigstellung der Wirbelsäule schon läuft) ist es wieder möglich, in den meisten Fällen mit kleineren Dosen auszukommen. Schwerere chronische Schizophrene mit guter Besserung brauchten bisher solche kleineren und kleinsten Dosen oft lange Zeit, um sich im Leben halten zu können.

Bei diesen kleinen Dosen überwiegt wieder der Nutzen den Schaden, den die Psychopharmaka auf der anderen Seite sicher mit sich bringen. Von grundlegender Bedeutung ist, dass man weiß, was man tut, wenn man Psychopharmaka verordnet – und dass man zu keinem Zeitpunkt durch diese rasch, aber kurzschlüssig wirkende, seelisch lähmende «Therapie» selber erlahmt bei der Weiterentwicklung seiner therapeutischen Initiativen.

Die im allgemeinen Teil erwähnten Hilfen psychiatrischer Therapie durch massive Anwendungen und durch Arbeitstherapie sind bei der Schizophrenie-Behandlung besonders wichtig, in schwereren Fällen unentbehrlich.

Innerhalb der *künstlerischen Therapie* steht das *Plastizieren* an erster Stelle bei allen jenen Krankheitsfällen, bei denen im körperlichen oder im seelischen Gebiet Auflösung und Chaotisierung betont sind. Noch wichtiger als bei der Hysterie ist es hier, die «Abdichtung» der Organe durch entsprechendes Plastizieren und Töpfern zu fördern. Durch das *Malen* wird das geschwächte, erstarrte Empfindungsleben angeregt, doch muss man auch hier aus der fließenden Farbe oft stark in die Form gehen, um nicht einer neuen körperlichen und seelischen Auflösung Vorschub zu leisten. Eine spezifische Wirkung hat beim schizophrenen Kranken die *Musik* insofern, als er durch sie erfahren kann: Da ist strengste mathematische Gesetzmäßigkeit, die ich durch den Verstand feststelle, ganz harmonisch mit dem unmittelbaren gefühlshaften Erleben verbunden. Der Kranke spürt und gewinnt durch Musik etwas von der Einheit, die ihm schon in der Kindheit verloren ging. Bei den therapeutischen Übungen kann man von der Dissonanz ausgehen, die dem seelischen Zustand des Kranken entspricht, und zur Konsonanz überleiten. Die Spaltung zwischen sich und der Welt lernt der Kranke am meisten durch die therapeutisch geübte *Sprache* zu überwinden.

Das Prinzipielle zur *geistigen* Therapie wurde in dem entsprechenden Kapitel des allgemeinen Teiles bereits dargestellt. Die dort empfohlene Vorsicht bei der Vermittlung von geistigen Inhalten betrifft vor allem schizophrene Kranke. Dasselbe gilt für die indirekte geistige Therapie: Die Wirkung des geistigen Bildes, das der Therapeut vom schizophrenen Kranken in sich trägt und pflegt, ist am stärksten bei der schizophrenen Psychose. Wird das Ich des Kranken wieder direkt ansprechbar, so können mit aller Vorsicht auch geistige Inhalte vermittelt werden.

Der geheilte Kranke lässt mitunter ein unmittelbareres Verhältnis zum Geistigen erkennen als andere Menschen. Nach einem überwundenen Wahn kann sich ein umso stärkeres Organ für die Wahrheit in ihm bilden. Die Beziehung zur Umwelt kann nach der Heilung intensiver, die innerseelische Einheit stärker erlebt werden, als dies früher möglich war. Etwas vom Sinn der Krankheit zeichnet sich ab.

Wieder bestätigt sich hier die Schulung, die dem Therapeuten zuteil wird, wenn er sich intensiv mit der Gesetzmäßigkeit des Lebenslaufes beschäftigt. Man lernt z.B. erkennen: Bei diesem schizophrenen Kranken liegt eine teilweise Rückentwicklung in das dritte Jahrsiebt vor. Man wird bei ihm mit geistigen Inhalten vorsichtig sein, da das Ich nicht voll anwesend ist, entsprechend der Situation im dritten Jahrsiebt. Man kann aber an das ringende *Urteil* des Kranken appellieren, z.B. einen Wahn mit ihm durchsprechen.

Liegt eine Rückentwicklung in das zweite Jahrsiebt vor, so ist der Weg des logischen Urteilens nicht mehr gangbar. «Besonders in früher Jugend» kann nach STEINER bei solchen Kranken die wiederholte Konfrontation mit der Realität mithelfen.[448] Man kann einem solchen Kranken etwa einen vermeintlichen Verfolger gegenüberstellen, der ihm nachweist, dass er ihn zu dieser Zeit gar nicht verfolgen konnte, weil er verreist war. Dergleichen kann zusätzlich in autoritativer Form vermittelt werden, wie überhaupt die hier angebrachte (liebevolle) *Autorität* des Therapeuten wesentlich mithelfen kann. In diesem Stadium seiner Krankheit sehnt sich der Kranke manchmal nach einer solchen Autorität, besonders wenn er sie in seiner Kindheit entbehrt hat.

Ist der schizophrene Kranke teilweise in das Stadium der *Nachahmung*, in das erste Jahrsiebt, zurückgefallen, indem er z.B. ständig Bewegungen und Worte aus seiner Umgebung wiederholt, so sollte eine familiäre Atmosphäre in seiner Umgebung gepflegt werden, die ihn seelisch zum gesunden Mitschwingen mit der Welt der Erwachsenen anregt. Er sollte etwas von der Nestwärme aufnehmen können, die er in seiner Kindheit entbehrt hat. Auch dabei sollte man jedoch immer im Bewusstsein haben, dass über dieser zweiten, krankhaft verzerrten Kindheit das gesunde Ich dieses kranken Menschen steht als das Ziel, zu dem sich eine neue Entwicklung aus der Krankheit erheben möchte.

Depression und Manie

Krankheitsbild

In die Sprechstunde kommt die Ehefrau eines höheren Beamten, 32 Jahre alt, jedoch älter wirkend. Sie ist von gedrungener, beleibter, aber geformter Statur (pyknischer Körperbau) und hat langsame, mühsam wirkende Bewegungen. Die Mimik ihres rundlichen, schlaffen Gesichtes ist spärlich und hat den Ausdruck schwerer Trauer. Ihr Blick erhebt sich nur schwer, ihre Stimme kommt leise und kraftlos. Ihr Gedankengang ist ebenso schleppend wie ihr Gang. Manchmal verstummt sie während des Sprechens, versinkt in sich und setzt dann fort, indem sie Zwischenglieder im Denken auslässt. Bisweilen leuchtet ein warmer Blick, ein warmherziges Wort durch die seelische Verfinsterung hindurch, so zum Beispiel, als sie bemerkt, es wäre doch sicher nicht leicht, den ganzen Tag sich so viel Leid anhören zu müssen.

Die Kranke gibt an, wegen Druck am Herzen in die Sprechstunde zu kommen. Das Herz sei mehrmals untersucht worden, und man habe ihr gesagt, es sei organisch gesund, sie solle einen Nervenarzt aufsuchen. Sie habe wohl eine Herzneurose, die vom Seelischen komme. Gefragt, was sie denn seelisch so bedrücke, antwortet sie noch leiser als vorher, sie komme seit etwa einem halben Jahr ihren Pflichten als Hausfrau, als Ehefrau, als Mutter nicht mehr nach. Besonders schlimm sei es am Morgen, da habe sie so Angst vor dem Tag und komme kaum mehr aus dem Bett heraus. Tagsüber müsse sie sich zu jeder kleinsten Handlung extra aufraffen. Dabei bleibe immer mehr liegen, was sie nicht mehr schaffe. Ihrem Mann könne sie auch nicht mehr das sein, was er brauche, und ihren Kindern auch nicht. Sie komme sich immer nutzloser vor. Es gebe sicher keine so schlechte Hausfrau, wie sie eine sei. Nicht einmal, als der Mann energisch wurde, habe sie sich genug Mühe gegeben, um mit ihrer Faulheit fertig zu werden. Im Gegenteil, da sei sie gar nicht mehr aufgestanden.

Die Patientin wird gefragt, ob sie auch schon lebensmüde Gedanken gehabt habe, was zugegeben wird. Die Frage, ob sie auch schon daran gedacht habe, sich etwas anzutun, wird erst nach längerem Zögern bejaht. Ein konkreter Vorsatz jedoch wird verneint, das wäre doch auch unrecht gegenüber ihrer Familie. Dann aber kommt der Nachsatz: Auf die Dauer wäre es aber vielleicht doch für die Familie eine Entlastung, wenn sie nicht mehr da wäre. Sie sei eben ein Versager, sie habe eigentlich immer versagt im Leben, das werde ihr allerdings jetzt erst bewusst. Und das sei doch auch schlimm, dass sie das jetzt erst merke!

Zur *Vorgeschichte* erfährt man, dass die Großmutter Depressionen gehabt habe und mehrmals in einer Nervenklinik aufgenommen werden musste. Die Großmutter sei aber im Gegensatz zu ihr wirklich krank gewesen.

Ihre Kindheit war offenbar harmonisch. Sie habe immer an ihren Eltern gehangen, sie hätten ein so schönes Familienleben gehabt! Auf entsprechende Fragen erfährt man, dass sie ein stilles Kind, dabei aber gesellig und meist guter Stimmung gewesen sei. Sie war meistens sehr gewissenhaft, zugleich ziemlich schwernehmend veranlagt und wurde mit traurigen Erlebnissen schwer fertig. Nach solchen Erlebnissen war sie tagelang in sich gekehrt und besonders morgens bedrückt, kaum mehr ansprechbar. Aber daran sei sie natürlich selber schuld gewesen. Manchmal wurde sie auch mit freudigen Erlebnissen nicht fertig und musste lange darüber nachgrübeln. Sie wollte eben immer alles «verstehen», wissen, wie alles gekommen sei. Wenn so eine Zeit vorüber war, wurde sie wieder heiter, manchmal sogar richtig übermütig. Sie sei dabei ausgesprochen unbesonnen gewesen und habe zu viel Geld ausgegeben, alles sich gekauft, was ihr gerade Freude machte. Darüber machte sie sich später die bittersten Vorwürfe, aber das sei doch sicher berechtigt.

Als sie 18 Jahre alt war, starb ihr Vater durch einen Verkehrsunfall. Das sei schon schlimm gewesen für sie, aber weil sie der Mutter beizustehen hatte, sei sie nach ein paar Wochen darüber weggekommen. Sie war, wie das Gespräch mit der damals depressiven Mutter ergab, besonders am Morgen ganz verzweifelt, sei jedoch trotzdem eine Zeit lang regelrecht an die Stelle der Mutter getreten und sehr tapfer gewesen. – Schon mit 20 Jahren habe sie geheiratet, einen höheren Beamten im Justizministerium, 15 Jahre älter als sie. Sie fühlte sich seit dem Tod des Vaters so schutzlos, da habe sie «ja» gesagt. Und die Ehe sei auch gut geworden. Dass ihr Mann so in seinem Beruf aufgehe und immer Akten mit nach Hause nehmen müsste, damit habe sie sich abgefunden. Ihre zwei Kinder, die sie mit 21 und 22 Jahren bekam, machten sie dann sehr glücklich. Sie konnte ihnen etwas von dem zurückgeben, was sie selbst als Kind geschenkt bekommen hatte. Aber seit die Kinder in die Schule gingen, werde sie nicht mehr so wie früher gebraucht. Das habe sie schon mitgenommen. Und seit damals habe sie auch den Druck am Herzen, dessentwegen sie jetzt in die Sprechstunde komme.

Körperlich gibt die Patientin Verdauungsbeschwerden an: Leichtes Völlegefühl nach dem Essen, Unverträglichkeit für fette Speisen, Blähungen und Verstopfung. An Krankheiten ist in unserem Rahmen von Bedeutung eine Gelbsucht im Alter von 24 Jahren. Vorausgegangen seien jahrelang jene Verdauungsbeschwerden, die sie jetzt auch habe. Die seien aber damals viel stärker gewesen, jetzt achte sie kaum mehr darauf.

Der Krankheitsprozess

Bei unserer Patientin liegt eine *erbliche Belastung* vor, wie man dies nicht selten bei solchen Depressionen feststellt. In der Umwelt finden wir zunächst keine krank machenden Faktoren, das Familienleben verläuft harmonisch. Schwierigkeiten kommen von innen durch die Veranlagung zu Übergewissenhaftigkeit und zum Schwernehmen. Auch leichter wiegende, ja sogar freudige Erlebnisse werden schwer genommen. Sie sinken unter und tauchen wieder auf, Fremdkörper im unterbewussten, dann im bewussten Seelenleben, die nicht recht verarbeitet, «verdaut» werden können. Die Patientin möchte alle Erlebnisse «verstehen», bevor sie vergessen werden, und hat es schwer damit. Aus der Überempfindlichkeit des zwanghaften und hysterischen Kranken den Umwelteindrücken gegenüber, die sich schon beim Schizophrenen nach innen verlagert hatte, ist das innerliche Schwernehmen von Erlebnissen geworden. Mit dem In-sich-Gekehrtsein verbindet sich hier eine zeitweise Unempfindlichkeit der Umwelt gegenüber, wie wir sie in gesteigerter Form bei der Epilepsie kennen gelernt haben.

Es entwickeln sich erste depressive Verstimmungen mit Traurigkeit, die auf bestimmte Erlebnisse folgen. Sie klingen aus, entweder in die Mittellage eines ausgeglichenen, gemüthaften Erlebens oder in eine bei unserer Patientin allerdings nur angedeutete gegenteilige Stimmungslage, die man in diesem Fall als *hypomanische*, d.h. als leicht manische Schwankung bezeichnen würde. Wie das Gespräch mit der Mutter ergibt, übertreibt die Patientin, wenn sie sich dabei als «ausgesprochen unbesonnen» bezeichnet. Im Gegensatz zur eigentlichen Manie (vgl. unten) handelt es sich um einen länger dauernden leichten Übermut, in den die Schwermut sich aufgelöst hat.

In einem gewissen Ausmaß gehört die Trauer zum gesunden menschlichen Leben dazu. Wir haben durch das Traurig-Werden die Möglichkeit, wieder zu uns zu kommen, wenn wir vielleicht eine Zeit lang zu oberflächlich dahingelebt haben. Wir bekommen die Möglichkeit zur Besinnung, zur Erringung neuer Erkenntnisse, aber auch neuer Willenskräfte, indem wir die Trauer überwinden. Und so wie die Schwermut zu uns gehört, so auch zu gewissen Zeiten der Übermut. Zwischen Schwermut und Übermut führt der Weg unserer Verstandes-Gemüts-Seelenentwicklung.

Menschen, die besonders zu solchen Gemütsschwankungen neigen, nennt man in der modernen Psychiatrie im Gegensatz zum schizoiden Charakter *cycloid* oder *cyclothym*, wobei die Silbe «thym» auf das Gemüt (griechisch: Thymós) hindeutet, das «cyclischen» Schwankungen unterliegt. Man erlebt im Unterschied zum Luftelement, das die Erregungsstürme des schizophrenen Seelenlebens entfesselt, das wässrige Element als seelenbildend. Dieses Element unterstützt im seelischen Bereich nicht Auflösung und Zerfall wie das Luftelement, es bringt vielmehr Schwankungen im Seelenleben mit sich, depressive Phasen, die wieder zur Mittellage zurückkehren wie die Wellen des auf- und abschwingenden Wassers.

Organisch haben wir darin schon einen Hinweis auf das Zentralorgan des Wasserorganismus, auf die Leber. Wird die

Grundlage des Seelenlebens von hier aus gebildet, so entsteht das *phlegmatische Temperament* des *Lebermenschen*, bei dem das langsame In-Sich-Kreisen des Wasserorganismus zum seelischen, bedächtigen In-Sich-Bewegen wird. Im Hinblick auf die Wesensglieder sind wir damit im Bereich des *Ätherleibes*. Wie wir schon sahen, entsteht die *Verstandes-Gemüts-Seele* durch eine Verwandlung in diesem Bereich.

Diese Seele erleben wir auch bei unserer Patientin. Die Tendenz zum Verarbeiten durch den Verstand, zur Verinnerlichung durch das sinnende Gemüt ist deutlich, doch greift dann die Aktivität des verarbeitenden Ich nicht durch, der Prozess bleibt im Schwernehmen stecken. Dabei erleben wir das Schwereelement, das nicht mit dem wässrigen, sondern mit dem festen Element zusammenhängt. Wir beobachten das Abweichen von der Mittellage in jene Richtung, die beim schizophrenen Patienten zur uneinfühlbaren gefühls- und willenlosen Erstarrung führte, die hier jedoch ein ganz anderes Bild erzeugt, ein Bild, mit dem unser Gemüt mitschwingen kann.

Das *seelische Bild der Schwermut*, mit der unsere Patientin in die Sprechstunde kommt, wird psychiatrisch durch die Diagnose einer Melancholie oder *endogenen Depression*, d.h. einer von innen erzeugten Depression, umrissen. Nun reagiert die Seele nicht auf ein traurig machendes Erlebnis, wie bei der *reaktiven Depression*. Ein solches Erlebnis von außen hat keine oder höchstens eine auslösende Bedeutung; die Krankheit kommt aus dem Innern der Seele. Die Diagnose «Herzneurose» ist in diesem Stadium unzutreffend, das Geschehen ist von psychotischem Charakter und zieht das Herz in Mitleidenschaft.

Das im allgemeinen Kapitel schon erwähnte seelische Dominieren des Schwereprinzips, das mit dem festen Element zusammenhängt, ist unmittelbar zu erleben. Von der Lunge aus führt es zur Bildung des melancholischen Temperamentes, bei dem die Leber nur mitbeteiligt ist. Von der Leber aus lässt es die Krankheit «Melancholie» entstehen, bei der das melancholische Temperament auf der Ebene der Leber entartet. Nun zieht Schwere die Glieder, die Gesichtszüge, den Blick, die Gedanken nieder, sodass im Gedankengang nicht mehr alle Schritte vollzogen werden können und Auslassungen von Gedanken und Worten vorkommen. Im Gemüt wird die Schwere zur Schwer-Mut. («Mut» steht hier für «Gemüt».)

Die Lähmung im Bewegungsleben geht in bestimmter Richtung. Nicht die Bewegung durch den unwillkürlich eingreifenden Astralleib ist gestört; Emotionen wie Angst können sogar zu beschleunigten Bewegungsreaktionen, innere Erregung kann zu ausgesprochener Bewegungsunruhe führen. Behindert ist die zielvolle, die beabsichtigte (intentionale) Willensbewegung, die vom Ich ausgeht. Was die Patientin tun will, das kann sie nicht zur Tat werden lassen, weil zwar nicht die Bewegung ihrer Glieder, wohl aber die Bewegung ihres Willens behindert ist. Bei «bestem Willen» kann sie doch diesen Willen nicht betätigen.

Die *Willenslähmung* oder mindestens eine Hemmung des Willens ist hier das zentrale Symptom, aus dem alle anderen Symptome hervorgehen. Diese Lähmung führt zum Gefühl des seelischen Gelähmtseins und der Gehemmtheit; aus der «erlebten Leblosigkeit» der Seele[449] steigt dann die tiefe Trauer, das Gefühl absoluter Nutzlosigkeit auf, wie es unsere Patientin äußerte. Aus der Willenslähmung ist auch zu verstehen, warum der depressive Patient in seiner Vergangenheit stecken bleibt und darüber nachgrübelt, was er alles falsch gemacht hat.

Hat nicht jeder Mensch den Ansatz zu einer solchen Depression in sich? Was entdecken wir denn, wenn wir, unser Verhalten und Handeln beurteilend, in unsere Vergangenheit zurückblicken? Wenn man ehrlich ist: Vieles ist unvollkommen geblieben, manche Fehler liegen vor. Blieben wir dabei stehen, hätten wir alle Grund, depressiv zu werden. Was bewahrt uns davor? Die Zuversicht, in der Zukunft weiter zu kommen, das Unvollkommene vollkommener, die Fehler wiedergutzumachen. Durch den Vorsatz schlagen wir zunächst im Denken den Willensbogen aus der Vergangenheit in die Zukunft, aus unserem die Gegenwart widerspiegelnden Fühlen erhebt sich die Hoffnung, die den Bogen des Willens beschwingt.

Gerade das aber kann der endogen depressive Kranke nicht leisten. Da sein Wille, der ihn in die Zukunft führen, der das Zukünftige verwirklichen sollte, gelähmt ist, hat er keine Beziehung mehr zu seiner Zukunft. Hoffnungslos erlebt er sich in seiner *Vergangenheit* gefangen, wo er jede Unvollkommenheit, jeden Fehler als endgültig empfindet, von wo aus er die Zukunft nur als eine Fortsetzung der Vergangenheit, als eine Wiederholung des Gewordenen mit allen Unvollkommenheiten und Fehlern erleben muss. Da ihm die Zukunft nur neue, nie zu bewältigende Anforderungen bringen kann, kann er ihr gegenüber nur noch Angst empfinden. So entwickelt der depressive Kranke dem Leben gegenüber die *Lebensangst*. Für sein Gewissen aber wird jede persönliche Erinnerung aus der Vergangenheit zum *Selbstvorwurf*, der ihm das Herz beschwert.

Aus dieser Situation der Ausweglosigkeit ist auch der manchmal unwiderstehliche Drang zum *Selbstmord* zu verstehen. Er ist, von hier aus gesehen, der verzweifelte Versuch, das Ende dieses ziellosen, die Umgebung belastenden Daseins selbst und jetzt herbeizuführen, die einzige Verwirklichung von Zukunft, deren sich der Kranke unter Umständen noch fähig fühlt. Aber auch diese «Zukunft» wird ganz vom Erlebnis der Vergangenheit bestimmt und erweckt keine Hoffnung im Kranken.

Die Manie

Die Manie, in die eine depressive Phase umschlagen kann, bildet seelisch das ziemlich genaue Gegenbild zur Depression. Da sie außerdem viel seltener vorkommt als die Depression, soll sie in diesem Rahmen nur kurz besprochen werden.

Handelt es sich nicht nur, wie bei unserer Patientin, um eine hypomanische Nachschwankung, so stehen wir vor folgendem Bild: Wir haben einen rasch und beschwingt sich bewegenden Patienten vor uns, der ständig aus jeder Schwere herausstrebt und statt einer Willenslähmung einen *Willensdrang* erleben lässt. Statt der dunklen Trauer des Depressiven gewahren wir das Funkeln seines Willensfeuers im Blick. Dieses Feuer stößt auch aus seiner Sprache und flammt aus seinem Seelenleben, ständig drängt aus ihm der Wille zur Verwirklichung.

Durch eine «von unten» *gehobene Stimmung* beschwingt, entwickelt der Kranke statt Lebensangst die *Lebenssucht*. Er kann sich gar nicht genug mit dem Leben verbinden, um seine Willenskräfte durch Handlungen loszuwerden, Handlungen, bei denen er einem eben auftauchenden Wunsch, einer plötzlichen Begierde nachgibt. Während der Depressive keine Zukunftsbeziehung mehr hat, ist der manische Kranke mit seinem Willensüberschuss einseitig der *Zukunft* ausgeliefert. Dafür hat er die Beziehung zur Vergangenheit verloren, deren Erfahrungen er im Feuer seines Tatendrangs beiseite fegt. Gegenüber dem alt aussehenden depressiven Kranken erleben wir einen solchen manischen Patienten körperlich und seelisch als verjüngt.[450]

Wir erkennen: Statt der Schwankung in Richtung des festen Elementes bei der Depression hat sich aus der wässrigen Mitte des Leber-Seelenlebens eine Schwankung nach dem Pol des Feuerelementes vollzogen. Aus dem gemütvollen, phlegmatischen Lebertemperament, das auf der einen Seite zur Depression, zur Melancholie neigen kann, ist eine krankhafte Entartung des *cholerischen Temperamentes* mit seinem betonten Willensprozess geworden. Das kann schließlich in Tobsuchtszuständen kulminieren, zu denen sich wie bei der Schizophrenie die Erregung steigern kann. Beim manischen Patienten kann jedoch auch das sanguinische Temperament des Luftorganismus mitwirken: Der manische Kranke erscheint dann auch als «Luftikus». Das zentrale Element bei ihm ist jedoch stets das Feuerelement seines Willens.

Auch hier sind es, wie bei der Schizophrenie, organische Willenskräfte, sonst in der auflösenden, beim Depressiven darniederliegenden Verdauung und inneren Verbrennung tätig (vgl. S. 237 f. und 321), die bei ihrer Entladung in der Manie zu einer «Entzündung» im Seelenleben geführt haben. Das handelnde Ich wird von diesen Kräften mitgerissen. Die dabei entstehende neue Verbindung mit der Welt erfolgt, wie erwähnt, aus einem teilweise exkarnierten Zustand und bringt – ähnlich wie bei der Hysterie – keine heilende neue Inkarnation im Leib mit sich. Bei seinen «Willenshandlungen» nimmt der chronisch außer sich geratene manische Kranke dann zu wenig die Realität der Welt wahr, wodurch viele Schwierigkeiten im sozialen Leben entstehen können.

Therapeutisch sind daher in schweren Fällen höhere Dosen von Psychopharmaka angezeigt, manchmal ist die Einweisung in eine geschlossene psychiatrische Abteilung notwendig. In leichteren Fällen können andere, von Leber und Herz aus wirkende Medikamente angewendet werden. Bei der psychotherapeutischen Führung kann man versuchen, den überschießenden Tatendrang in geregelte Bahnen zu lenken. Verständnis und freundliche Bestimmtheit werden beim Umgang mit manischen Kranken gefordert.

Zum organischen Aspekt

Wieder ist Fremdes, aus der Seele allein nicht Verständliches ins Seelenleben aufgestiegen. Dieses Fremde kommt letztlich nicht von innen, sondern von unten, vom physischen Leib her; das ist auch die Meinung der psychiatrischen Wissenschaft. Sie stellt bei der endogenen Depression, auf die wir uns jetzt wieder konzentrieren wollen, (wie auch bei der Manie) eine Reihe von *Stoffwechselstörungen* fest, auf die hier nur hingewiesen werden kann. Sie gipfeln in Stauungen des Wasserorganismus, wo wieder bestimmte Stoffe zurückgehalten werden, ähnlich wie bei der Epilepsie, nur nicht so massiv. Im griechischen Altertum dachte man vor allem an Störungen im Gallenfluss, der auch heute noch gebräuchliche Name für endogene Depression, «*Melancholie*», entstand daraus. (Durch Stauung im Gallenfluss wird die Galle schwarz, griech.: melás.) Im Gegensatz zum Leberstoffwechsel ist der Gallestoffwechsel bei der endogenen Depression noch weniger untersucht. Doch wurde z.B. ein Zusammenhang zwischen Kummer und einem langsameren Fließen der Galle festgestellt.[451]

Während die heutige Forschung ursächlich wieder an das Gehirn denkt, gewinnt man ein wesentlicheres Verständnis, wenn man hier die *Leber* als ein Instrument des Seelenlebens in Betracht zieht. Als Grundlage für unser Gemütsleben, das durch Eingreifen des verwandelnden Ich in den Ätherleib entsteht, wurde sie uns schon bekannt (vgl. S. 87 f.). Dabei wendet sich die Leber dem Blut und dem Herzen zu, es entsteht durch das Ich die Fähigkeit zur gemüthaften Verarbeitung, bei der «verstanden» werden möchte, wie etwas geworden ist. Mit der Hinwendung der Leber nach unten entsteht der zweite Aspekt: Durch das die Leber durchdringende, in den Darm einmündende Gallensystem wird die Leber zum Organ des Willens, das mittels der Gallentätigkeit den inneren Verbrennungsprozess des Willensaktes vorbereitet.[452] Durch den Willen bewegen wir aber nicht nur die Glieder, die Worte, die Gedanken, wir bewegen auch etwas im sinnenden Gemüt: das Erlebnis, das verarbeitet werden soll. So schließen sich Gemüt und Wille im Leber-Gallen-System zusammen, und die Bemerkung STEINERS wird verständlich: «Man kann auch nicht ordentlich fühlen, wenn die Leber krank ist.»[453]

Kommt es zu Stauungen im Fließen des Wasserorganismus mit stofflichen Verdichtungen im Lebersystem, im Gallenfluss, so kann das Ich, das den Willensakt in Gang bringen soll, nicht mehr voll in dieses System eingreifen, es entsteht die Willenslähmung und die Gemütskrankheit «Depression». Der Kranke, der seinen Leib nicht mehr ganz durchdringen kann, fühlt sich manchmal in ihm wie eingekerkert. Der Drang zum Selbstmord kann auch von hier aus entstehen.

Die Stauungen urständen im Bereich des Kopfes, dessen einseitig wirkende lähmende Tendenz diesmal bis in das Innere des (hier voll entwickelten) Stoffwechsels vorgedrungen ist und dort zu einem degenerativen Geschehen im oben dargestellten Sinn geführt hat. Gemüt und Wille werden nun an die Vorstellungen des Gewordenen, an das vergangene Leben des Ich gefesselt und können sich selbst aus dieser organischen Bindung zunächst nicht mehr freimachen. Im Gegensatz zu den Vorstellungen der Zwangskrankheit ist hier keine Distanzierung und damit keine Krankheitseinsicht möglich.

Die Frage, wie solche Leber-Galle-Störungen im Leben entstehen, lässt uns von der körperlichen Ebene, in die wir von der seelischen Betrachtung der Depression hinabgestiegen sind, wieder zur seelischen aufsteigen, wo die körperlichen Leberstörungen wesentliche Wurzeln haben. Wir hörten von den unverarbeiteten Kummererlebnissen unserer Patientin, die ihr seelisch, dann aber auch körperlich «schwer im Magen lagen». Es kam zu Verdauungsstörungen, die vom Magen zur Leber weisen. (Von einem missgestimmten Menschen sagt man: «Eine Laus ist ihm über die Leber gelaufen.») Schwere Erlebnisse können – besonders bei entsprechender Veranlagung – das Leberorgan so belasten, dass eine Gelbsucht aus seelischen Ursachen entsteht.[454] Die Fremdkörperwirkung des unverdauten Erlebnisses wirkt über den Ätherleib stauend bis in den Wasserorganismus der Leber. Das kann sich unter Mitwirkung anderer Faktoren bis zur Entzündung der Leber (Hepatitis) und bis zur Gallensteinbildung steigern.

Ist eine solche Organkrankheit in ein leichteres, chronisches Stadium eingetreten oder waren von vornherein nur leichtere Organstörungen entstanden, so kann sich bei einem kleinen Teil der Betroffenen die geschilderte Rückwirkung vom Organ auf das Seelenleben einstellen. Die Leber «gewöhnt sich an das unordentliche Hineinwirken des astralischen Leibes», der die unverarbeiteten Erlebnisse in die Leber trägt. «Das braucht dann nur lange genug fortzuschreiten, und es macht den umgekehrten Weg in das Seelische hinein, das, was die Leber aufnehmen sollte ins Physische, schiebt sie in das Seelische, und wir haben die Depression.»[455]

Mit den leichten Stauungen des Leberstoffwechsels dringt die Schwere in das Seelenleben und führt zu der schweren seelischen Lähmung der endogenen Depression. Dass auch hier eine Stauung zugrunde liegt, zeigt die «Entladung» der *manischen Phase*, die in selteneren Fällen statt einer gesunden Auflösung der Stauung eintritt. Von einer solchen Entladung spricht STEINER bei hysterischen Kindern, die sich aus ihrem Wundsein in einen depressiven Zustand zurückgezogen haben. Dabei handelt es sich also nicht um die von innen kommende, endogene Depression des Erwachsenen. In beiden Fällen führt jedoch die Entladung zu einem «manischen Zustand».[456] (Über die nur teilweise Umkehr der Stoffwechselstörungen bei Manie vgl. Anmerkung 61.) Im Zentrum dürfte wieder eine Störung des Gallenprozesses stehen. Für sein Überschießen, wie es hier anzunehmen ist, liegt jedoch noch keine Bestätigung vor.

Die Frage, warum sich die leichter gewordenen Störungen seelisch so schwer auswirken und warum nur ein kleiner Teil der heute so häufigen Leberstörungen eine endogene Depression nach sich zieht, bekommt eine erste Antwort durch die *Disposition* des Kranken. Manche endogene Depressive haben in ihrer Vorgeschichte, verbunden mit der Übergewissenhaftigkeit, das geschilderte *Schwernehmen*, bei dem das Schwereprinzip des Körpers schon vor der seelischen Erkrankung aus der Leber charakterbildend in das Seelenleben aufgestiegen ist. Nimmt man den lebendigen Zusammenhang des Körpers mit der Seele ernst und erweitert man den Dispositionsbegriff, so kommt man zu folgender Vorstellung: Ein schwer nehmendes Seelenleben nimmt nicht nur das schwer, was es im Erleben von der Welt aufnimmt (und was dann die Leber belastet), es nimmt auch schwer, was an leichteren Störungen aus der Leber in seinen Bereich eintritt. Aus dem seelischen Schwernehmen entsteht so über die Leber die endogene Schwermut. Bei anderen Menschen ohne eine solche Veranlagung stellt sich, wenn überhaupt eine Auswirkung leichter Leberstörungen in der Seele stattfindet, nur die schon erwähnte, anscheinend grundlose Missstimmung ein, die wir nun auch von hier aus als den Ansatz zur endogenen Depression auffassen können.

Die endogene Missstimmung bevorzugt den Morgen, besonders die Zeit nach dem Erwachen. In dieser Zeit pflegt auch – subjektiv und objektiv – die endogene Depression am schwersten zu sein. Diese charakteristische *Tagesschwankung* der endogenen Depression weist nochmals auf den Zusammenhang mit der *Leber* hin. Die morgendliche Verschlimmerung wird in vielen Fällen durch ein schmerzliches Aufwachen gegen 3 Uhr morgens eingeleitet, das den Kranken nicht mehr einschlafen lässt. Von hier aus ergibt sich eine Umnachtung des Gemütes, die sich, wurzelnd in der Willenslähmung, bis weit in den Tag hinein erstreckt und erst am Abend einer seelischen Aufhellung und Aktivierung Platz macht. Die seelische Umnachtung geht aus einer körperlichen hervor. Die Stoffwechselbefunde bei der endogenen Depression sprechen dafür, dass sich die Nachtphase des Organismus teilweise über den Tag erstreckt, indem das Stocken der Absonderungen, während der Nacht normal, sich in den Tag hinein fortsetzt. Was in der Nacht Ruhe und Regeneration für die Leber bedeutet hatte, das wird am Tag Stauung und Lähmung, in die schmerzhaft der neue Abbau, die neuen Erlebnisse des Tages hineinwirken.

Um 3 Uhr morgens sollten bei jedem Menschen seine Absonderungen wieder in Gang kommen bzw. sich verstärken. Langsam setzt hier schon der Aufwachprozess ein, der dann auch den Schlaf oberflächlicher werden lässt. Ich und Astralleib, die sich nachts vom Leib gelöst hatten, ziehen von 3 Uhr morgens an langsam wieder in den Leib ein, d.h. zunächst durch die Glieder in den Stoffwechsel, wo sie u.a. in der Leber die Absonderungen in Gang bringen und den Menschen nach dem vollständigen Erwachen willenshaft mit der Welt verbinden.[457] Treffen sie im Stoffwechsel auf ein Hindernis, auf die gestaute Leber, so wird aus dem langsamen ein plötzliches Erwachen. Handelt es sich um eine körperliche Leberkrankheit, so kann der Kranke mit Leberschmerzen aufwachen; bei den feineren Leberstörungen der endogenen Depression stellt sich dafür ein seelischer Schmerz ein.

Nach diesem krankhaften Erwachen bleiben dann Ich und Astralleib mehr oder weniger im Lebersystem stecken, wo sie u.U. den ganzen Tag hindurch mit dem Hindernis ringen und oft erst abends einigermaßen damit fertig werden. Ähnlich wie bei der Epilepsie ist die Durchdringung des Organs erschwert, doch bleiben Ich und Astralleib dabei nicht so tief im Organ gefangen und ringen auch nicht so körperlich mit dem Hindernis wie der Epileptiker durch den Krampfanfall. Die Umnachtung reicht beim Depressiven nicht wie beim Epileptiker bis ins sich trübende Bewusstsein hinauf, sondern bleibt in der Willenssphäre, von wo aus sie ihre Schatten ins Gemüt wirft.

Die gute Wirkung eines therapeutisch gehandhabten *Schlafentzugs*, bei dem man (ein- bis zweimal wöchentlich) den Patienten eine Nacht hindurch wachen und tätig sein lässt, leuchtet von hier aus ein. Man engagiert das Ich weiter in der günstigeren Abendphase, was auch dem Leberstoffwechsel einen Anstoß geben kann. Dasselbe wird bewirkt, wenn man den Kranken, um ihn zu schonen, nur in der zweiten Nachthälfte wachen lässt. Auch dabei wird der gegen 3 Uhr einsetzende erschwerte Aufwachprozess vermieden. Das schockartig wirkende Aufwecken gegen 2 Uhr weckt offenbar zugleich die Ich-Aktivität, die dann wieder durch Arbeit gesteigert wird.[458] Körperliche Arbeit und Bewegung (Wandern, Dauerlauf) ist an sich schon wichtiges Hilfsmittel bei der Behandlung einer Depression, indem sie der körperlichen und seelischen Erstarrung entgegenwirkt.

Bei einem Teil der Kranken, die ihre Depression vor allem im Winter haben, wirkt *Lichtmangel* bei der Entstehung der Depression mit. Die nächtliche Dunkelheit, die im Winter die Helligkeit des Tages überwiegt, trägt über den Stoffwechsel zur seelischen Umnachtung bei. Lichttherapie bringt hier Besserung und unterstützt wirkungsvoll die übrige Behandlung.[459]

Die Krankheit im Lebenslauf

Der Unterschied zur Situation bei der Epilepsie wird noch deutlicher durch die Stellung der Krankheit im Lebenslauf. Die endogene Depression hat zwar Vorstadien in kindlichen Formen; besonders in den Verstimmungen um das neunte Jahr kann eine Veranlagung durch Umwelterlebnisse zum Ausdruck kommen. Sehr selten wird jedoch eine Krankheit daraus, wie sie beim Erwachsenen auftritt. Sie kann von der Pubertät an als solche auftreten, am häufigsten finden sich jedoch die Ersterkrankungen vom 30. Jahr an bis ins hohe Alter hinein. Die meisten Erkrankungen liegen zwischen dem 40. und 50. Jahr. Handelt es sich um ein Abwechseln von Depression und Manie, um eine so genannte *Cyklothymie*, so findet man die meisten Erkrankungen zwischen dem 20. und 30. Jahr.[460]

Wir befinden uns damit zunächst in der Vorbereitungszeit und in der Entwicklungszeit der *Verstandes-Gemüts-Seele*, die mit ihrer Entwicklung manchmal dann das ganze Leben nicht fertig wird. Die Gemütsschwankungen, die Fixierung des Verstandes auf die Vergangenheit und die Umnachtung des Gemütes beim depressiven Kranken zeigen Behinderungen in der Entwicklung seiner Verstandes-Gemüts-Seele an. Und auch dabei wird das *Herz*, durch das sich diese Seele entfaltet, zentral betroffen, nun aber nicht, wie bei der Herzneurose, von rückwirkenden seelischen Herzkräften und bestimmten Erlebnissen, sondern vom Krankheitsprozess der Depression. Diese Beziehung zum Herzen gehört zum Wesen der endogenen Depression.

Die zentrale Betroffenheit des Herzens äußert sich in der organisch zwingenden Tendenz zu Schuldgefühlen, zu *Selbstvorwürfen*, d.h. zu Vorwürfen, die sich das Selbst, das Ich des Herzens macht. Das kann wahnhafte Ausmaße annehmen: «Ich bin die schlechteste Hausfrau, die es je gegeben hat, ich bin nicht mehr wert zu leben.» Im Mittelalter schlug man sich bei solchen und geringeren Schuldbekenntnissen ans Herz und rief dazu: «Mea culpa, mea maxima culpa!» *Herzbeklemmung*en können solche Selbstvorwürfe und Schuldgefühle begleiten. Ihren Zusammenhang mit Verkrampfungen der Herzkranzgefäße lernten wir schon bei der Herzneurose kennen. Es ist daran zu denken, dass auch da, wo Herzbeklemmungen nicht wahrgenommen werden, solche Verkrampfungen feinerer Art die körperliche Grundlage für die zu Selbstvorwürfen führenden «Gewissensbisse» des Herzens bilden.[461]

Durch das Ergriffenwerden des Herzens kulminiert die Depression, die nun auch das Herz des Mitmenschen stärker anspricht. (Bei der Manie ist es die Steigerung der Tobsucht, durch die wir die stärkere Mitbeteiligung des Herzens erkennen.) Beim Depressiven tut sich eine neue Quelle von Selbstmordgedanken auf, die besonders gefährlich werden können. Die *Gewissensnot*, aus der sie kommen, weist dabei wieder auf das Organ unseres Gewissens, auf das Herz, hin.

Dem Menschen «schlägt das Gewissen», sagt man. Die Stimme des *Gewissen*s ertönt aus dem Herzen, hindurch tönt die Stimme des höheren Ich, das durch das Herz in das Leben des Menschen eingreift. Der endogene depressive Kranke hört jetzt durch das Herz nur noch die Stimme seines Erden-Ich, das, vom Geist abgeschnitten, durch die Leber im Leib sich gefesselt fühlend, nur noch zu den peinigenden Erlebnissen der seelischen Erkrankung Stellung nehmen kann.

Das Bild des gefesselten *Prometheu*s, dem der Adler des Zeus tagsüber an der Leber frisst und dem sie nachts wieder nachwächst, steigt vor uns auf. Wie für Prometheus, der einst in titanischem Übermut dem Menschen aus der Sonne das Feuer zur Erde holte und der nun an einen Felsen des Kaukasus geschmiedet ist, so erlebt sich der Mensch in der Schwermut an Leib und Erde gefesselt. Jeder Tag bringt ihm neuen Schmerz, über jedem Morgen, früher erfüllt von der Glut seines schöpferischen Tuns, liegt das Dunkel seiner Nacht. Die Sonne seines Ich kann sich kaum mehr vom Horizont seines irdischen Daseins erheben, und ins Unendliche gewachsen erscheinen im niedrig einfallenden Licht die Schatten seiner vergangenen Taten.

Unsere Patientin ist von Haus aus ein warmherziger, mitleidender Mensch, schon ihre Kindheit ist in weiche Gemüthaftigkeit eingetaucht. Sie hat sich auch eine entsprechende Familie ausgesucht, bei der das Gemüt den Ton angibt. Eine solche Veranlagung und Umwelt ist charakteristisch für die Vorgeschichte einer endogenen Depression.

Nach depressiven Verstimmungen trat im 19. Jahr die erste eigentliche Depression auf, die aber ebenso wie die Verstimmungen vorher unmittelbare Reaktion auf ein Erlebnis war, in diesem Fall auf den Tod des geliebten Vaters. Danach vermisste die Patientin noch lange den Vater, der ihr einen unentbehrlichen Halt bedeutet hatte. Trotzdem wurde sie nicht haltlos und ihre Ich-Geburt nicht erkennbar behindert. Es entwickelte sich eine warm fühlende Empfindungsseele, geleitet vom Impuls, der Mutter zu helfen. Im Innern bleibt jedoch ein Anlehnungsbedürfnis des Ich, aus dem heraus die Patientin dann die Ehe mit dem älteren Mann eingeht. Doch kann er ihr den Vater nicht ersetzen, das liegt nicht in seinem Wesen, das liegt aber auch nicht in der seelischen Entwicklung der Patientin selbst.

Zunächst geht sie mit ihrer voll entwickelten, schon von Gemüt durchdrungenen Empfindungsseele in ihren Kindern auf. Sie will ihnen ein ebenso gutes Elternhaus bereiten, wie sie es gehabt hat. Dann aber, als Ende 20, Anfang 30 die Kinder sie nicht mehr so brauchen und damit diese von außen kommende Hilfe für das Ich zurücktritt, stellt sich die Krise ein. Es kommt zu neurotischen Herzbeschwerden: Die nicht mehr voll in Anspruch genommenen Liebeskräfte der Mutter stauen sich auf das Herz zurück. Die Verstandes-Gemüts-Seele, die von einem innerlich erstarkten Ich gebildet werden sollte, kommt nicht voll zur Entwicklung. Die Gemütskrankheit Depression entwickelt sich, deren neurotisches Vorstadium am Herzen dann zur körperlichen und seelischen Herzsymptomatik der Depression wird.

Dafür ist jedoch noch ein anderes, tieferes Geschehen verantwortlich, ohne das man sich eine Herzneurose als einzige Krankheit wohl vorstellen könnte. Unsere Patientin hat mit 24 Jahren eine Gelbsucht aufgrund einer Hepatitis durchgemacht, die nicht vollständig ausheilte. Das zeigen bei ihr außer den Verdauungsbeschwerden auch die entsprechenden körperlichen Untersuchungen. Diese Lebererkrankung ist zunächst in Verbindung zu bringen mit dem nicht verarbeiteten Schock- und Kummererlebnis, das die Patientin im Alter von 18 Jahren durch den Tod des Vaters hatte. Das Auftreten der Erkrankung drei Jahre nach dem Knotenpunkt des 21. Jahres lässt an sich schon nach dem Zeitpunkt drei Jahre vor dem Knotenpunkt fragen. In diesem Fall bekommen wir als Antwort: Das seelische Erlebnis mit 18 Jahren, die damalige «Organerschütterung» durch das Erlebnis, führt, vom Knotenpunkt des 21. Jahres aus gespiegelt, drei Jahre nach dem Knotenpunkt zur Organkrankheit. Auch die seelische Erkrankung, die aus der Organkrankheit entsteht, folgt dieser Gesetzmäßigkeit. Sie kommt mit 32 Jahren voll zum Ausbruch, vier Jahre nach dem Knotenpunkt des 28. Jahres, nachdem sich vier Jahre zuvor die Leberentzündung abspielte (vgl. das Kapitel «Ätherleib und Metamorphose»). – Kommen solche Spiegelungen sonst zur Beobachtung, sind sie nicht immer so deutlich. Auch hier gibt es Schwankungen um einen Richtwert, der den Spiegelungen zugrunde liegt.

Lebenskrise und endogenes Krankheitsgeschehen wirken auf diese Weise bei unserer Patientin zusammen. Die Lebenskrise bringt das zur Erscheinung, was im Innern der Patientin veranlagt ist, der Lebenslauf der Krankheit verbindet sich mit dem Lebenslauf des Menschen. Eine Veranlagung zur Verinnerlichung, zur Ausbildung der Verstandes-Gemüts-Seele war gegeben, doch blieb die Verinnerlichung im Schwernehmen, in einer Schwäche des verarbeitenden Ich stecken. In der Schwermut kam diese seelische Situation vom Körper aus erneut auf die Patientin zu und schien sie ganz zu überwältigen.

Aber jede endogene Depression pflegt – mindestens in diesem Alter – nach Wochen, nach Monaten, selten erst nach Jahren vorüberzugehen. Und danach kann der Kranke eine neue, wertvollere Gesundheit bei sich erleben, wie man dies immer wieder erfahren kann. Im Durchstehen der Krankheit hat sich sein Seelenleben in gesunder Weise vertieft, er wirkt nun innerlich aktiver als vor der Krankheit. Das Leber-Gallen-System wird zum Instrument für Ich und Seele. Was in ihnen veranlagt war, ist zur Entwicklung gekommen: Aus dem Schwernehmen ist durch die Krankheit ein Tiefnehmen geworden, oder doch wenigstens ein Ansatz dazu. Der *Sinn* der Depression im Lebenslauf leuchtet auf, der auch von dem Psychiater W. SCHULTE gesehen wurde.[462]

Formen und Sinn der Depression

Schwermut, manchmal abwechselnd mit Übermut, begleitet den Lebenslauf des jugendlichen, des erwachsenen und des alten Menschen. Während des Lebenslaufes entwickeln sich verschiedene *Formen der Depression*, von denen die wichtigsten hier genannt seien. Zunächst ergeben sich zwei Pole: durch die reaktive Depression auf der einen und durch die endogene Depression auf der anderen Seite. Während bei der *reaktiven Depression* die Leber als Instrument des Gemütes mit der erlebenden Seele mitschwingt, muss bei der *endogenen Depression* das Seelenleben mitschwingen mit dem, was krank machend aus der Leber in dieses Seelenleben aufsteigt.

Durch Mischungen beider Tendenzen entstehen zwischen beiden Polen verschiedene Formen von Depression, bei denen jeweils der andere Pol stärker anklingt. So diagnostiziert man eine *endogene Komponente* reaktiver und eine *reaktive Komponente* endogener Depressionen. Bei Ersterer macht die Leber stärker mit, was sich z.B. in einer morgendlichen Verschlimmerung zeigt; bei Letzterer haben unmittelbar vorausgegangene Erlebnisse mehr Bedeutung, als dies bei der reinen endogenen Depression der Fall ist. Bei den reaktiven Verstimmungen und bei der reaktiven Depression unserer Patientin hatte schon eine endogene Komponente mitgewirkt. Ein solches Mitwirken wird allgemein immer häufiger beobachtet. Aber auch wenn die endogene Komponente nicht zum Ausdruck kommt, ist bei jeder reaktiven Depression als einer seelischen Erkrankung an eine Beteiligung der Leber zu denken, eine Beteiligung, die stärker ist als das einfache Mitschwingen bei einer traurigen Stimmung.

Spielen neurotische Konflikte eine besondere Rolle, so spricht man von einer *neurotischen Depression*, bei der aber wieder eine endogene Komponente über die Leber mitzuwirken pflegt. Erschöpfung wirkt sich natürlich auch besonders am Zentralorgan unseres Lebens, unseres Lebensleibes aus: Die *Erschöpfungsdepression* entsteht, bei der dann die Erschöpfung zur Stauung im Lebersystem führt. Verbirgt sich die Depression hinter körperlichem Leiden, so handelt es sich um eine heute häufig vorkommende *larvierte Depression*: Bei ihr wird das Steckenbleiben, die Gefangenschaft im Leib mehr durch verschiedene körperliche Beschwerden erlebt; dahinter steckt jedoch die Depression, deren Behandlung dann die Hauptsache ist.

Aber auch von anderen Organprozessen aus können im Lauf des Lebens Depressionen entstehen. So kommt es zu depressiven Verstimmungen zur Zeit der Menstruation und der Wechseljahre bis hin zur *klimakterischen Depression*. So kommt es in Verbindung mit körperlichen Abbauvorgängen zur *Depression im Rückbildungsalter*, deren seelischer Aspekt bei den Problemen der Lebensmitte besprochen wurde. Bei allen Formen der Depression ist die Leber beteiligt, was für die Therapie von Bedeutung ist; immer muss hierbei die Leber mitbehandelt werden. Nimmt dagegen die Leberdepression eine erregte oder apathische Form an, so ist bei der Therapie das Mitwirken der Niere zu berücksichtigen. Das Entsprechende gilt für die Lunge, wenn die Depression zwanghafte Züge erkennen lässt. Das hier besonders wichtige Mitwirken des Herzens mit seinen Selbstvorwürfen und Schuldgefühlen wurde schon erörtert; bei der Therapie spielt es ebenfalls eine große Rolle.

Die *Häufigkeit* der verschiedenen Depressionszustände nimmt ständig zu. Etwa 1 Prozent der Bevölkerung leidet an endogener Depression, ein Vielfaches davon ist jedoch die Zahl aller Depressionsformen zusammengenommen. Man hat festgestellt, dass gegenwärtig jeder zehnte Kranke, der einen Arzt (keinen Psychiater) aufsucht, ein depressiver Patient ist, und man rechnet mit 100 bis 150 Millionen Menschen auf der ganzen Welt, die jährlich neu an einer klinisch erkennbaren Depression erkranken.[463]

Es erhebt sich die Frage nach den Ursachen dieser erschütternden Zunahme. Im Rahmen unserer Betrachtung ist in erster Linie an die *menschheitliche Krise* zu denken, die sich in den zwanziger Jahren vorbereitet und Ende zwanzig einsetzt. Die Zunahme der Gemütskrankheit «Depression» deutet auf eine Verstärkung dieser Krise, auf zunehmende Entwicklungsstörungen der Verstandes-Gemüts-Seele, die sich, wenn sie nicht überwunden werden können, in Depressionen bis ins hohe Alter manifestieren.

Damit verbindet sich die letzte Frage: Nimmt im Verlauf dieser Krise auch das Schwernehmen zu, das wir ja als eine der Vorbedingungen für das Entstehen einer endogenen Depression kennen gelernt haben? Die Frage ist zu verneinen. Man hat viel eher den Eindruck, dass viele Menschen heute vieles zu leicht als zu schwer nehmen, dass die geschilderte *Oberflächlichkeit* der gestörten seelischen Entwicklung die Hauptgefahr darstellt.

In ihrer Auswirkung führt diese Eigenschaft der weiter festgehaltenen Empfindungsseele jedoch zum gleichen Ergebnis wie das Schwernehmen, das der kleineren Gruppe von gemüthaft veranlagten Lebermenschen vorbehalten bleibt. Der oberflächlich lebende Mensch, der seine Erlebnisse nicht verarbeiten möchte oder kann, versucht sie rasch an der Oberfläche zu «erledigen». Das gelingt ihm jedoch nur insofern, als sie die Oberfläche seines Seelenlebens verlassen und in dessen Tiefe absinken. Dort wirken die so verdrängten Erlebnisse ebenso beschwerend oder noch beschwerender als die schwer genommenen Erlebnisse, deren Verarbeitung nicht gelang. Sie sind einer Speise vergleichbar, die umso schwerer im Magen und auf der Leber liegt, je weniger sie gekaut wurde. Und der Verstimmung, die später aus der gekränkten Leber in das Seelenleben aufsteigt, ist dann die Seele umso mehr ausgeliefert, je oberflächlicher und passiver sich ihre Entwicklung gestaltet hat. Die Mehrzahl der Depressionen mit stärkerer Leberbeteiligung dürfte auf diesem Weg entstehen.

Hier leuchtet neben dem individuellen ein menschheitlicher *Sinn* der Menschheitskrankheit «Depression» auf. Wie die Schizophrenie als Gegenbild zur Intellektualisierung des Geistes, so steht nun die zur Vertiefung führende Depression als Gegenbild zur seelischen Oberflächlichkeit vor uns. Auch dieses Gegenbild sollte zur Mahnung werden, es kann aber auch schon die ersten Schritte zur Überwindung der Oberflächlichkeit, zur Entwicklung der Verstandes- und Gemütsseele anregen und damit manchem Menschen vielleicht die depressive Erkrankung ersparen. (Zum Sinn und zur geistigen Seite der Depression vgl. ferner O. KOOB: *Die dunkle Nacht der Seele*.[464])

Zur Therapie

Dem bisher ständig wachsenden Millionenheer der depressiven Kranken ist die Gruppe der Ärzte schon zahlenmäßig nicht mehr gewachsen, ganz zu schweigen von der Gruppe der Psychiater und Psychotherapeuten. Hier besonders ist – bei leichteren Krankheitsfällen – jeder Mensch zur Hilfe aufgefordert. In schwereren Fällen allerdings sollte, wenn irgend möglich, ein Arzt zu Rate gezogen werden.

• Vor jeder Hilfe oder Mithilfe muss man sich die Frage stellen, was für eine Depression man vor sich hat. Im Vordergrund steht die Unterscheidung zwischen reaktiven und endogenen Formen. Handelt es sich um eine *vorwiegend endogene Depression* (die ganz reine Form ist selten), so muss man in erster Linie mit *Medikamenten* und *Heileurythmie* von Leber und Herz aus behandeln. Auch massivere Anwendungen, wie sie im allgemeinen Kapitel beschrieben werden, sind in schwereren Fällen unerlässlich, darunter vor allem Fieberkuren und Wasseranwendungen.

Psychopharmaka in Form antidepressiver Medikamente brauchen bei depressiven Patienten nicht in dem Ausmaß eingesetzt zu werden wie bei schizophrenen. Sie bleiben den schweren Fällen mit Nahrungsverweigerung und erheblicher Selbstmordgefahr vorbehalten, bei denen der Leidensdruck und die Unruhe so stark werden können, dass sie der Patient (und die Umgebung) nicht mehr aushält. In allen anderen Fällen kann der Kranke mithilfe der oben erwähnten Therapie durch seine Depression ohne Psychopharmaka hindurchbegleitet werden, wobei auch schon eine Abkürzung depressiver Phasen und eine vorbeugende Wirkung auf künftige Erkrankungen beobachtet werden konnte. Wird die Depression dagegen durch hohe Dosen von Psychopharmaka zugedeckt, kommt es nicht zu dem geschilderten Gewinn durch die Krankheit. Man kann zwar auf diese Weise auch Phasen abkürzen, doch kann die erträglich gemachte Depression dabei auch chronisch werden.

Bei der *künstlerischen Therapie* ist das *Plastizieren* so zu gestalten, dass die plastizierenden Kräfte des Lebersystems wieder in Fluss kommen. Oft ist hier das *Malen* besser, das unmittelbar auch die Gefühle wieder in Fluss bringt. Die *Musik* wirkt direkt auf die Umnachtung des Gemütes ein, wobei man im Allgemeinen mit Moll beginnt und langsam in Dur hinübermoduliert. (Bei Manie umgekehrt.) Nach *Sprachübungen* verlangt schon die leise, kraftlose Stimme des depressiven Kranken, deren Erkraftung eine Anregung seiner wollenden Ich-Tätigkeit mit sich bringt.

Auch bei der Behandlung der vorwiegend endogenen Depression ist jedoch das richtige *Verhalten* dem depressiven Kranken gegenüber, ist der Zuspruch, den man ihm angedeihen lässt, von großer Bedeutung. Hier werden aus Unkenntnis oder aus Ungeduld heraus manche Fehler gemacht. An den Kranken gerichtete Appelle, er müsse sich nur Mühe geben, er solle sich doch zusammennehmen, nützen nichts und verschlimmern meistens. Der Kranke macht sich danach noch mehr Vorwürfe, als er es vorher schon tat. Denn er kann, wenn er schwerer krank ist, ja wirklich das nicht tun, was er tun will. Sein Wille ist ebenso gelähmt, wie bei einer organischen schmerzhaften Nervenerkrankung ein Arm gelähmt ist. Wird man einem solchen Kranken sagen, er brauche sich nur Mühe zu geben, dann könne er seinen Arm bewegen? Man wird je nachdem den Arm sogar eine Zeit lang ruhig stellen, danach langsam mit Bewegungsübungen beginnen. So muss man einen schwer depressiven Kranken auch zunächst ruhig stellen, unter Umständen sogar ins Bett stecken, wo er dann behandelt wird. Geht es ihm besser, so wird man ihm kleine Handlungen, geeignete ernste, nicht heitere *Lektüre*, später therapeutischen Schlafentzug anbieten und sehen, wie er darauf reagiert. Anordnungen oder Befehle sind immer unangebracht, der Kranke muss ja gerade lernen, seinen *eigenen* Willen wieder in Gang zu bringen.

Bei schweren Fällen sollte immer der Arzt die Behandlung leiten. Unter Umständen ist, besonders wenn stärkere Selbstmordgefahr vorliegt, die *Einweisung* in die geschlossene Abteilung einer psychiatrischen Klinik notwendig, wo der

Kranke vor sich selbst geschützt und intensiver behandelt werden kann. (In dem Stadium, in dem sich unsere Patientin befand, war dies nicht nötig.) In leichteren Fällen ist die Behandlung in der Sprechstunde besser, wobei versucht werden sollte, den Kranken, wenn irgend möglich, bei seiner Arbeit zu halten.

Entscheidend ist hier wieder die liebevolle Autorität des Helfers. Die Verfassung des mehr oder weniger hilflos gewordenen, schwer depressiven Kranken wiederholt teilweise die Situation eines hilfebedürftigen Kindes im zweiten Jahrsiebt. Ein Kind in diesem Alter, in dem die Grundlage für die Bildung seiner Gemütsseele gelegt wird, sehnt sich in seinem Innersten ebenso nach einer liebevollen Autorität wie der gemütskranke Erwachsene.

Diese Art von Autorität bestimmt auch den *Zuspruch* dem schwerer Kranken gegenüber. Man kann einem solchen Kranken seine Selbstvorwürfe und Schuldgefühle ebenso wenig ausreden wie einem schizophrenen Kranken seine Wahnideen. Mehr hilft es, in liebevoll-autoritativer Art dem Kranken immer wieder zu versichern, dieser Zustand werde vorübergehen, ebenso sicher, wie dort die Sonne am Himmel stehe. In diesem Zusammenhang hat sich auch ein solches Bild bewährt, wie es aus Erkenntnisgründen schon entworfen wurde: Die Sonne, die von der Erde aus verfinstert, aber nie von der Verfinsterung erreicht wird. Überhaupt können Bilder, wie sie im pädagogischen Rahmen für das zweite Jahrsiebt angebracht sind, auch beim schwer kranken Depressiven wirksam werden.

Wenn es sich um eine *vorwiegend reaktive Depression* handelt, durch die der Kranke auf ein trauriges Erlebnis reagiert, so steht der seelische Zuspruch im Vordergrund. Man wird versuchen, dem Kranken bei der Verarbeitung seines leidvollen Erlebnisses zu helfen. Wichtig ist, dass man sich zunächst überhaupt die Zeit nimmt, ihm ruhig zuzuhören. Das Aussprechen, das Schildern des Erlebnisses bringt allein schon Befreiung und Besserung. Das gilt auch für das Aussprechen der Selbstmordgedanken, nach denen man in behutsamer Art bei schwerer Depressiven immer fragen sollte. Als therapeutische Autorität kann man sich, wenn die Selbstmordgefahr nicht zu groß ist, das Versprechen geben lassen, sich nichts anzutun. Bei unserer Patientin konnte man so verfahren, wobei man sie allerdings häufig in der Sprechstunde sehen musste. An ein solches Versprechen kann sich der Kranke bis zu einem gewissen Grad halten. Der Helfer muss jedoch wissen, dass die Selbstmordgefährdung dann am größten ist, wenn der Wille sich noch etwas regen kann oder wenn er am Anfang einer Besserung sich schon wieder etwas zu regen beginnt. Unter Umständen hilft da kein Versprechen mehr.

Manchmal ist es auch möglich, dass man, zusammen mit dem Kranken, nach dem persönlichen *Sinn* einer verständlich gewordenen Depression sucht. Die Frage taucht auf: Was kann ich aus dieser Depression für die Zukunft lernen? Wie kann ich einer neuen Depression vorbeugen durch eine andere Einstellung meinem Partner gegenüber – durch ein anderes Verhalten mir selbst gegenüber?

Zur *Vorbeugung* kann mit einer besseren Verarbeitung von Erlebnissen begonnen werden, wie etwa durch die schon geschilderte *Besinnungsrückschau* am Abend. Bei entsprechend veranlagten Menschen wird damit an das Bedürfnis angeknüpft, alles «verstehen» zu wollen. Bei einer schweren Depression dagegen, bei der noch nicht viel empfunden werden kann, wird man besser mit der abendlichen *Erlebnisrückschau* beginnen: Was hat mir am Tag am ehesten schon ein bisschen Freude gemacht?

Jede Depression ist nicht nur Aufgabe für den Kranken, sie ist zugleich Aufgabe für den helfen wollenden Mitmenschen. Und sie kann auch nicht nur für den Kranken selbst Sinn bekommen. Jeder Mensch, der versucht, einem depressiven Kranken zu helfen, kann erfahren, dass er selbst dabei lernt, innerlicher zu erleben und in seiner Entwicklung weiterzukommen, es darf dies nur nicht das Ziel seines Helferwillens sein. Versucht er beim Helfen bewusst zum Wesen des anderen Menschen vorzudringen, so empfängt er Impulse auch für die Entwicklung seiner Bewusstseinsseele. Indem er sich um des andern willen bemüht, behält oder gewinnt seine Bewusstseinsseele die Verbindung zum Herzen und erlebt sich im Zentrum eines größeren Heilungsgeschehens.

Zusammenfassung

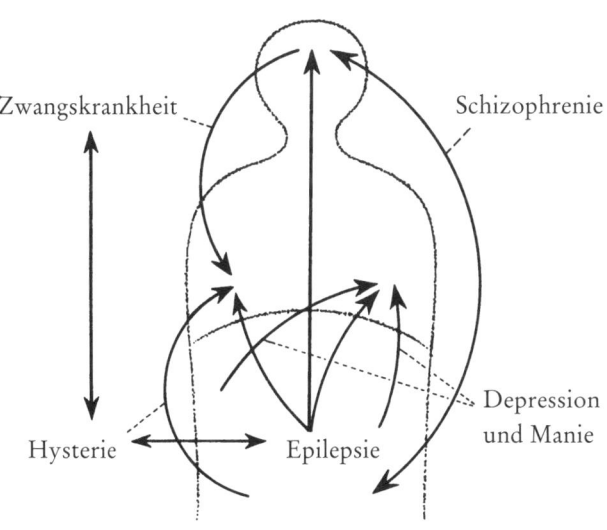

Erläuterung: Die *Zwangskrankheit* wurzelt im Vorstellungsprozess des Gehirns und spielt sich im Bereich der *Lunge* ab, wo dann das feste Element überwiegt. Die Schlüsselworte ihrer Dynamik sind: *Verhärtung* und *Verkrampfung*. Für die Beziehung zum Lebenslauf ist charakteristisch das Auftreten in den Jahrsiebten von 7 bis 28 und eine kindliche Form im ersten Jahrsiebt, wo auch die später auftretende Krankheit veranlagt werden kann.

Die *Hysterie* steigt aus der Triebhaftigkeit der *Fortpflanzungsorgane* in das Gebiet der *Lunge* auf, wo dann das luftige Element dominiert. Die Schlüsselworte ihrer Dynamik sind: *Auflösen* und *Verströmen*. Es ergibt sich eine *vertikale Polarität* zur Zwangskrankheit, eine Polarität zwischen unten und oben. Für die Beziehung zum Lebenslauf ist charakteristisch das Auftreten in den Jahrsiebten von 14 bis 28 und eine kindliche Form im zweiten Jahrsiebt, manchmal nach Veranlagung im ersten Jahrsiebt.

Die *Epilepsie* hat als Grundlage das *Nieren- und Lebersystem*, wo das luftige und das wässrige Element nicht durchdrungen werden. Andere Organsysteme können beteiligt sein. Immer wirkt das *Gehirn* mit (vgl. die Pfeile, die von dem Wort «Epilepsie» ausgehen). Die Schlüsselworte ihrer Dynamik sind: *Stagnation* und *Explosion*. Es ergibt sich, auf die Ebene projiziert, eine *horizontale Polarität* zur Hysterie, eine Polarität zwischen innen und außen. Für die Beziehung zum Lebenslauf ist charakteristisch das Auftreten im zweiten Jahrsiebt, nach Veranlagung im ersten Jahrsiebt neben kindlichen Formen in den ersten zwei Jahrsiebten bis in das dritte Jahrsiebt hinein.

Die *Schizophrenie* entwickelt sich aus dem *Nierensystem* in Polarität zum *Gehirn*, wobei das auflösende Luftelement in Gegensatz zum festen Element tritt. Aus den hier am stärksten auftretenden Polaritäten wird Chaos. Die Schlüsselworte ihrer Dynamik sind: *Spaltung* und *Durchdringung*. Für die Beziehung zum Lebenslauf ist charakteristisch das Auftreten in den Jahrsiebten von 14 bis 28, nach Veranlagung in den ersten beiden Jahrsiebten.

Depression und Manie beruhen auf dem Wasserorganismus des *Leber-Gallen-Systems*. Sein Schwanken zum festen Element hin wird Grundlage für die Depression, sein Schwanken zum Feuerelement Grundlage für die Manie. In Mitleidenschaft gezogen wird besonders das *Herz*, wo der Krankheitsprozess kulminiert. Die Schlüsselworte ihrer Dynamik sind: *Stauung* und *Entladung*. Sie weisen in dieselbe Richtung wie die Schlüsselworte der Epilepsie, deren stärkere Formulierung auf ein massiveres Geschehen hindeuten sollen. Für die Beziehung zum Lebenslauf ist charakteristisch das Auftreten in den Jahrsiebten vom 21. Jahr an bis ins Alter, nach Veranlagung und kindlichen Formen in den ersten beiden Jahrsiebten.

Die *Gruppierung* der psychiatrischen Krankheitsbilder nach ihrer Organbeziehung ist dynamisch gemeint. Das bedeutet: Die Krankheitsbilder sind keine fest umrissenen Einheiten. Die Organe mit ihren typischen seelischen Störungen stellen vielmehr Pole dar, von denen seelische Krankheitsprozesse ausstrahlen, sich durchdringen und vermischen. Um ihre verschiedenen Komponenten erkennen und behandeln zu können, ist es jedoch unerlässlich, die organnächsten Krankheitsformen in ihrem urbildhaften Wesen zu erfassen.

Auf den hier skizzierten vier Organsystemen, denen die anderen Organsysteme zugeordnet werden können, hat FRIEDRICH HUSEMANN sein Hauptwerk *Das Bild des Menschen als Grundlage der Heilkunst* aufgebaut. Ebenfalls als grundlegend erwiesen sich – nach den Hinweisen RUDOLF STEINERS – jene Organsysteme für eine erweiterte Psychiatrie (worauf im

Psychiatrie-Kapitel des genannten Werkes näher eingegangen wurde). Auf ihnen basiert eine *Psychologie der Organe*,[465] die auch W. HOLTZAPFEL bei seiner Zusammenschau in dem Buch *Im Kraftfeld der Organe* behandelt.[466] In der Neurosenforschung wurden da und dort vier Grundformen von Neurosen beschrieben: eine depressive, eine schizoide, eine zwanghafte und eine hysterische Form,[467] wobei an einen Zusammenhang mit den genannten Organsystemen gedacht werden kann.[468]

Schon vor einer seelischen Erkrankung dominiert bei jedem Menschen ein Organsystem. Es gibt, wie schon ausgeführt wurde, Lungenmenschen (S. 38 f. und 260), Nierenmenschen (S. 52), Lebermenschen (S. 87 und 351) und Herzmenschen (S. 67). Bei jedem von ihnen überwiegt eines der vier Elemente, ein Temperament, eine Form des Charakters, ein Wesensglied sowie die Tendenz zu einer bestimmten seelischen Erkrankung.

Bei den typischen psychologischen und psychiatrischen Bildern ist aber immer daran zu denken, dass das Ich als höhere Instanz über allem Typischen steht. Es ist das Ich, das die Krankheit entstehen ließ, ihr ein individuelles Gepräge gibt und sich in individueller Art mit ihr auseinandersetzt. Zum Wesen seelischer Erkrankungen gehört es jedoch, dass das Ich mehr oder weniger in ihnen untergeht. Auch um dem Ich bei seiner Auseinandersetzung mit der Krankheit helfen zu können, muss man sich mit dem Typischen der seelischen Krankheitsprozesse befassen.[469]

VI.
Künstlerische Therapie und Wesensglieder*

* Dieses VI. Kapitel ging aus einer Überarbeitung und Erweiterung eines Aufsatzes hervor, enthalten in der Festschrift, die zum 50-jährigen Jubiläum der Friedrich-Husemann-Klinik am 30. März 1980 herausgegeben wurde.

Wie schon der Name sagt, soll künstlerische Therapie Behandlung sein, die gezielt auf Krankheit ausgerichtet ist, nicht beliebige Beschäftigung mit Kunst, nicht Zeit ausfüllende «Beschäftigungstherapie». Jede wahre Therapie ist, wie wir sahen, schon in der Krankheit enthalten, jede Krankheit verlangt nach der für sie bestimmten Behandlung. Dies gilt auch für jede einzelne künstlerische Therapie. Wie die Krankheit, so ist auch sie im Menschen selbst veranlagt und wird aus dem ganzen Menschen geschöpft. Im Folgenden soll, anknüpfend an schon gegebene therapeutische Beispiele, eine Zusammenfassung der verschiedenen künstlerischen Therapien skizziert und auf ihre menschenkundlichen Grundlagen eingegangen werden.

Durch jede künstlerische Therapie fühlt man sich, hat man Anfangsschwierigkeiten überwunden, erfrischt und gestärkt. Dasselbe empfindet man nach einem erquickenden *Schlaf*. Die Welt erscheint am Morgen wieder plastischer, farbiger als am Abend zuvor. Manchmal erwacht man sogar mit einem Farbeindruck, oder eine Farbe in der Umgebung leuchtet anders auf als am Abend vorher. Man erwacht mit einer Melodie, einem Klang oder auch nur in einer Moll- oder einer Dur-Stimmung, wie man sie aus der Musik kennt. Ein bekannter Vers taucht am Morgen auf, der plötzlich in einem neuen Licht erscheint, der neu in einem erklingt.

Schöpferische Menschen bringen Anregungen und Inhalte für ihr künstlerisches Schaffen aus der Nacht mit. RAFFAEL z.B. hat von einem unvollendeten Madonnenbild berichtet, das er, aus dem Schlaf auftauchend, plötzlich vollendet vor sich sah. SCHUBERT verdankte dem Schlaf manche Melodie, BRUCKNER einige Symphoniethemen. GOETHE schöpfte Verse aus dem Schlaf und schrieb sie manchmal auch noch während der Nacht hin.

Woher wird dies alles mitgebracht? Bestimmte Empfindungen, die sich mit dem Schlaf verbinden, können erste Hinweise zur Beantwortung dieser Frage geben. Die Empfindung des Hinausschwimmens, Hinausschwebens beim Einschlafen, die Empfindung des Fliegens bei manchen Träumen deutet schon darauf hin, dass Seele und Ich während des Schlafes den Leib verlassen und dahin zurückkehren, von wo einst alles irdische Leben ausging: in den Schoß des Kosmos.[470]

Aus seiner Forschung schilderte RUDOLF STEINER, wie die Seelenglieder und das Ich des schlafenden Menschen in der Sternenwelt, in den Sphären des Kosmos weilen, über deren Harmonien, die «Sphärenharmonien», noch der Astronom KEPLER schrieb. Außer diesen Urklängen, so kann man anknüpfen, wirken Urformen, Urfarben, Urworte auf Seele und Ich ein. Am Morgen kann der Mensch etwas davon mitbringen, meist ohne es zu wissen, aber doch erfrischt und neu belebt auch vom Nachklang jener Erlebnisse. Zugleich bildet dieses Geschehen die Grundlage dafür, dass man am Tag einen Sinn für die einzelnen Künste entwickelt sowie die Fähigkeit, das Organ, sie auszuüben.[471] Die mythologische Schilderung der Musen, die aus Himmelshöhen zum Menschen niedersteigen und ihn mit ihrem Kuss beglücken, gibt etwas von jenem kosmischen Geschehen wieder.

Von da aus fällt auch ein Licht auf die Feststellung, dass eigentlich alle Menschen mehr oder weniger künstlerisch begabt seien, ja, künstlerisch kreativ sein könnten.[472] Jeder Mensch kann eben, der eine mehr, der andere weniger, künstlerische Erlebnisse aus dem Schlaf mitbringen, die dann aus seinem Innern aufsteigen und zu Fähigkeiten werden können. Am Morgen haben sich diese Erlebnisse zunächst mit jenem Bereich der Seele verbunden, in dem es bei jedem Menschen immer Nacht ist: mit seinem unterbewussten Seelenleben. Auch aus diesem Schlaf jedoch gibt es ein Erwachen, muss ein Erwachen stattfinden, wenn man Kunst aufnehmen oder hervorbringen will. Dieses Aufwachen aber vollzieht sich nicht von allein. Es ist ein langsames, stufenweises Aufwachen, das vom Menschen selbst herbeigeführt werden muss, indem er sich mit Kunst beschäftigt, künstlerisch tätig wird. Unterbleibt dieses Bemühen, so meint man, der betreffende Mensch sei künstlerisch nicht begabt.

Aus dieser Situation ergibt sich auch eine Antwort auf die naheliegende Frage: Warum künstlerische Therapie, wenn doch schon in der Nacht die Seele Kunst in sich aufnimmt? Zunächst ist heute schon dieses Aufnehmen gefährdet. Wenn der Mensch tagsüber vollständig in der irdischen Welt aufgeht, wird er nachts «blind und taub» für die künstlerischen Eindrücke aus dem Kosmos.[478] Schon für das Empfangen solcher Eindrücke, für die künstlerische Be-Gabung in der Nacht ist daher das künstlerische Üben am Tag von Bedeutung.

Jeder Mensch erhält während seines Lebens Geschenke angeboten, besonders in seinen Nächten. Um sie empfangen zu können, muss er sich ihrer würdig erweisen. Dann jedoch muss er auch noch etwas aus ihnen machen, muss er sie sich zu eigen machen, damit sie ihm nicht wieder verloren gehen. Das Goethe-Wort im *Faust:* «Was du ererbt von deinen Vätern hast, erwirb es, um es zu besitzen!» kann man im Hinblick auf die Künste zu der Forderung abwandeln: «Was du geschenkt von deinen Nächten hast, erwirb es, um es zu besitzen!»

Früher war diese Forderung noch nicht so aktuell. Es gab noch mehr geschenkte Genialität, die das ganze Leben hindurch erhalten blieb. Heute verblassen solche Erlebnisse leichter als früher, «geschenkte» Genialität geht spätestens Ende der zwanziger Jahre verloren. Am meisten anzutreffen ist eine solche Genialität noch während der Kindheit, in der mehr geschlafen, mehr die Verbindung mit dem Kosmos gepflegt wird als später. Das Kind darf noch von Geschenken leben, es malt, zeichnet «wie im Schlaf», manchmal in ausgesprochen genialer Art, die sich der Erwachsene erst wieder durch Übung erringen muss.

Die einzelnen künstlerischen Erlebnisse werden aus dem Schlaf von verschiedenen Bereichen des menschlichen Wesens empfangen, um dann am Tag wieder aus ihnen herausgeholt zu werden. Auf diese Bereiche wirken nach dem Aufsteigen die einzelnen künstlerischen Erlebnisse heilend zurück. Im Folgenden soll einiges von dieser Rückwirkung berichtet werden, wobei teilweise an Erfahrungen anthroposophisch orientierter Ärzte und Kliniken angeknüpft wird. An erster Stelle sind hier die Erfahrungen und richtunggebenden Ausführungen von M. HAUSCHKA zu nennen.[474] Andere Autoren werden zur ersten Orientierung im Literaturverzeichnis angeführt. Gesichtspunkte für die künstlerische Therapie seelischer Erkrankungen wurden von F. HUSEMANN im Sanatorium Wiesneck erarbeitet, von W. HUSEMANN speziell auf dem Gebiet der Eurythmie. Nach dem Tod beider wurden diese Gesichtspunkte in der Friedrich-Husemann-Klinik von Ärzten und künstlerischen Therapeuten weiterentwickelt und angewendet.[475] Dabei hat sich die am meisten differenzierende Zuordnung der verschiedenen Künste zu den Wesensgliedern und Seelengliedern besonders bewährt, wie sie STEINER in dem zitierten frühen Vortrag vorgenommen hat.[476]

Die einzelnen Künste

Architektur

Die erste Orientierung für die architektonischen Urformen ergibt sich durch die drei Raumesrichtungen: oben-unten, rechts-links, vorn-hinten. Beim Einschlafen hat man manchmal die Empfindung, dass man sich nach allen Richtungen des Raumes ausdehnt. Beim Aufwachen kann man dagegen erleben, dass man sich aus den verschiedenen Raumesrichtungen wieder in den Leib zusammenzieht, manchmal in den Leib hineinfällt. Unser physischer Leib ist in den Raum hinein gebildet, ist ein Raumesleib. Die Raumerlebnisse unserer Seele während der Nacht, von denen die einfachsten genannt wurden, werden daher in erster Linie von unserem physischen Leib empfangen.

Aus unserem physischen Leib, dem «Haus», das wir jeden Morgen neu beziehen, schöpfen wir den Sinn für Architektur. Architektur, tags angeschaut, wirkt zurück auf unseren ganzen physischen Leib und wird mit dem ganzen *physischen Leib* wahrgenommen.[477] Bei unbefriedigenden architektonischen Verhältnissen fühlen wir uns bis den Leib hinein unbehaglich. Man zieht unwillkürlich den Kopf ein, wenn ein Balkon so angebracht ist, dass man den Eindruck hat, er werde im nächsten Augenblick herunterfallen. Das kann man empfinden, auch wenn man nicht unter dem Balkon steht und genau weiß, dass die Konstruktion ein Herunterfallen verhindert. Erlebt man intensiv eine griechische Säule, so richtet man sich mit dem ganzen Leib zusammen mit ihr auf. Mit den Strebepfeilern des gotischen Domes zugleich kann man aus dem beengenden leiblichen Sein sich erheben.

Solche Eindrücke haben Folgen für den Leib – gesundende oder kränkende. Das intensive Erleben einer griechischen Säule kann die Aufrichtekraft des Leibes verstärken. Das gilt aber auch für die Aufrichtekraft der Seele, ihre «Aufrechtheit» kann auf diese Weise unterstützt werden. So wirken entsprechende architektonische Wahrnehmungen, verbunden mit anderen Maßnahmen, gesundend auf Haltungsschäden der Seele und des Leibes, besonders einfühlbar, wenn Letztere sich in der «Säule» unseres Leibes, in der Wirbelsäule, konzentrieren. Im Unterschied zum Säulenerlebnis des griechischen Tempels, das uns aufrecht auf die Erde stellt, verschafft das Erlebnis des gotischen Doms Befreiung von allzu Irdischem, wenn man mit seiner Seele zu tief im Leib, im Alltag stecken bleibt.

Aus diesen Andeutungen geht hervor, dass architektonische Eindrücke, Kunstvorträge und Kunstreisen nicht nur für unsere geistige Bildung, sondern auch für die Gesundheit unseres Leibes und unserer Seele von Bedeutung sind.

Plastik

In Tempeln und Domen stehen jedoch auch Statuen, denen Urformen der Plastik zugrunde liegen. Schon für PLATON kamen solche Urformen in den nach ihm benannten *platonischen Körpern* zum Ausdruck: im Würfel, im Tetraeder, im Oktaeder, im Ikosaeder und im Pentagondodekaeder. Neben diesen Körpern, mit denen im Allgemeinen beim Plastizieren in der Friedrich-Husemann-Klinik begonnen wird, steht die Kugel. Aus ihr kann man dann die Eiform, verschiedene Tierformen, zuletzt das menschliche Antlitz entstehen lassen; die Gestaltung nimmt dabei mehr Bewegung in sich auf. Das Plastizieren von einzelnen Formen des menschlichen Leibes (dem Ohr des Nebensitzers) verstärkt die Beziehung zum eigenen Leib, die schon durch die plastizierende Tätigkeit der Hände angeregt wird.

Aus jeder Nacht nimmt der Plastiker in uns, der *Ätherleib,* neue plastische Erlebnisse in sich auf. Aus ihnen bildet sich der Sinn für die plastische Kunst. Im Gegensatz zum Knochengerüst, zur «Architektur» unseres physischen Leibes, kommt der Ätherleib vor allem in den Muskeln zum Ausdruck, diese lassen ja auch um das Skelett herum erst die «Plastik» des Leibes entstehen. Eine schlecht geratene künstlerische Plastik, eine schiefe Vase kann daher dazu führen, dass sich die Muskeln des Betrachters verkrampfen. Beim Anblick einer gut geratenen Plastik fühlt man sich in der Plastik seines eigenen Leibes wohler.

Das Plastizieren unterstützt den Ätherleib bei seiner den Leib aufbauenden, ausbessernden Tätigkeit. Aber auch die Seele, deren Leben ja ebenso wie das Leben des Leibes im Ätherleib wurzelt, erhält neue Formimpulse durch diese Tätigkeit. Besonders angebracht ist das Plastizieren, wenn ein Mensch zu körperlich oder seelisch sich äußernden Auflösungsprozessen neigt. Erstere können z.B. zu Geschwürbildungen, Letztere zu seelischer Chaotisierung, zu einem krankhaften Ausfließen der Seele in die Umgebung, schließlich zur Psychose führen. Die strukturbildende Tätigkeit des Plastizierens wirkt dieser Tendenz vom Ätherleib aus entgegen, was besonders für die künstlerische Therapie der *Schizophrenie* und der *Hysterie* von Bedeutung ist. Bei der *Epilepsie* trägt das Fördern der Durchstrukturierung dazu bei, dass die Hindernisse im Organismus besser durchdrungen werden.

Hand in Hand mit dem Plastizieren geht das *Töpfern.* Hier ergibt sich eine besondere Beziehung zur Bildung der menschlichen Organe. Sind die Organe «undicht», in ihrer Feinstruktur geschädigt worden, so wirkt das Formen von

Gefäßen, von Vasen, Schalen oder Töpfen anregend auf den neuen Organaufbau. Durch das abschließende Brennen im Töpferofen wird eine Steigerung dieses Geschehens herbeigeführt, das sich wieder bis ins Seelenleben auswirkt.

Das *Schnitzen*, bei dem ständig weggenommen wird, was die Form verhüllt, ist eine härtere Tätigkeit, die den Arbeitenden bis in die Knochen hinein engagiert. Es ergibt sich eine menschenkundliche Beziehung zur Knochenbildung: Nach einem ersten «Entwurf» nehmen bei diesem Prozess bestimmte Zellen so lange Knochensubstanz weg, bis die endgültige Struktur und Gestalt des Knochens erreicht ist. So dürfte das Schnitzen fördernd bis in die Knochenbildung wirken, es hilft aber auch dabei mit, dass der Mensch seelisch «mehr Knochen» bekommt.

Beim *Flechten* verschlingen sich die einzelnen Elemente des Aufbaus, die bei der *Aufbaukeramik* eine Vase aufwachsen lassen, zu bestimmten Mustern. Ein zeichnerisches Element wird erkennbar. Auch hier ergibt sich eine Beziehung zum Aufbau des Leibes, bei dem sich ja auch viele Strukturen miteinander verflechten. In der Seele verflechten, stützen und korrigieren sich vor allem die Gedanken. An eine positive Wirkung der flechtenden Tätigkeit – auch innerhalb des Webens – kann gedacht werden, wenn sich die Gedanken verwirren oder wenn ein Gedanke in unberechtigter Weise vorherrscht und zur «fixen Idee» wird.

Beim *Weben* werden in das Fadengerüst Formen, Bilder hineingewebt. Menschenkundlich liegt eine Beziehung zum Fadengerüst des Nervensystems vor, das alle Organe, zuletzt alle Zellen umspinnt und an dem sich die bildenden Kräfte bei ihrer Tätigkeit orientieren. Durch das Weben ergibt sich so eine besondere Wirkung auf das Gestaltung vermittelnde Nervensystem des Leibes, die strukturbildend vom Leib auf die Seele übergeht.

Das *Zeichnen* leitet schon zum Malen über, betont dabei jedoch den Umriss und gehört infolge seiner Wirkung auf körperliches oder seelisches Ausfließen therapeutisch mehr zum Plastizieren. Das Schwarz-Weiß-Zeichnen in *Schraffurtechnik*, das der Pädagogik RUDOLF STEINERS entstammt, hält beim Schraffieren die Richtung von rechts oben nach links unten fest. Diese Richtung entspricht der eurythmischen *I*-Gebärde, wenn diese in ihrer klassischen Form mit dem rechten Arm nach oben, mit dem linken nach unten ausgeführt wird. Wie beim eurythmischen *I* wird durch ein solches Sich-Richten das Ich angesprochen, das innerlich und äußerlich die Kräfte des Menschen zusammenfasst und auf ein Ziel orientiert. Durch das Festhalten der Richtung beim Schraffieren wird dieser Vorgang betont. Hier ergibt sich im Rahmen der bildenden Künste besonders eine *Ich-Stärkung*.

Malerei

Gehen wir mit der fließenden Farbe um, schöpfen wir am unmittelbarsten aus den Farb- und Lichterlebnissen unserer Nächte und wirken auf alle Vorgänge in unserem Leib, die in lebendigem Fließen begriffen sind. Zu betonen ist hier die Wirkung auf das *Blut*, Träger unserer Empfindungen und Gefühle. Die Eindrücke, die wir durch unsere Augen erhalten, werden bis in das Blut hereingetragen. Dort werden sie voll vom Astralleib aufgenommen, der im Element der Luft innerhalb des flüssigen Elementes, d.h. in der inneren Atmung zwischen Blut und Körpersubstanz, sein empfindendes Leben entfaltet. Die Seele, die von da aus angesprochen wird, lebt ganz in der Farbe.[478]

Wie wir sahen, ist es für das Leben der Seele wichtig, dass möglichst viele Sinneseindrücke in lebendige Empfindungen umgesetzt werden; das gilt in erster Linie für Eindrücke durch das Auge, aber auch für andere Sinne. Solche Empfindungen bilden sich vor allem, wenn man die Eindrücke durch die Erinnerung wieder heraufholt. Indem wir farbige Erinnerungen in uns pflegen, sind wir alle innere Maler. Bei jeder Erinnerung «malt man sich etwas aus», auch wenn die Fantasie nichts Neues schafft, sondern nur Erinnerungsbilder farbig werden lässt.

Im körperlichen Bereich haben schmutzige Farben, schlechte Farbkompositionen und Bilder bis in die Absonderungen hinein eine üble Auswirkung und verursachen manchmal direkt Übelkeit.[479] Reine, gut komponierte Farben und Bilder wirken dagegen anregend auf die Bewegung der Säfte, des Blutes und auf die innere Atmung. Die Wirkung erstreckt sich von der Lösung von Verkrampfungen bis zur Impulsierung des Neuaufbaus aus dem Blut. Da unsere Organe ständig abgebaut werden und ständig neu aus dem Blut «gerinnen», arbeitet so das Malen dem Plastizieren in die Hände, das dann zur neuen Gestalt des Organs führt.

Seelisch wirkt ein solcher Umgang mit der fließenden Farbe vom Blut aus belebend auf die grau oder kalt gewordenen Empfindungen, wie sie bei manchen stagnierenden oder erstarrten seelischen Erkrankungen zu beobachten sind (vor allem bei *Depressionen* und bei *Epilepsie*). Durch die Belebung der Empfindungen erhalten jedoch auch unsere Vorstellungen neues Leben. Das wirkt ihrer Verhärtung zu *Zwangsvorstellungen* entgegen. Die bildschaffende Aktivität ist ein Gegenprozess zur Passivität, in der man seinen Zwangsvorstellungen ausgeliefert ist. So schafft das Malen zugleich auch die Vorbedingungen dafür, dass der Mensch wieder neue Eindrücke empfangen und verarbeiten kann. Das ist sowohl bei der «grauen» *Langeweile*, einer Hauptdomäne der Maltherapie, als auch bei der *Zwangskrankheit* erschwert.

In erster Linie kommt hier das Nass-in-Nass-Malen mit Wasserfarben in Betracht, aus dem zur Gestaltung einer Blume, einer Landschaft, einer menschlichen Gestalt geschritten wird. Dabei gliedert sich die therapeutische Bedeutung des Malens noch in die einzelnen Farben. *Rot* z.B. wirkt im anregenden Sinn direkt über das Blut, das beruhigende *Blau* wirkt vom Kopf aus dämpfend auf zu starke Blutprozesse, die sich seelisch in Erregung und Aggressivität ausleben.

Das *Schichtmalen*, bei dem eine Farbschicht über die andere gelegt und dazwischen gewartet werden muss, bis die vorhergehende Farbschicht trocken ist, lässt auch durch seine Technik ein Ruheelement erkennen. Der Malende wird – mehr als durch das Nass-in-Nass-Malen – angeregt, vom Bild zurückzutreten und zu betrachten, was er bisher gemalt hat. Das wahrnehmende, Bewusstsein vermittelnde Sinnes-Nerven-System wird hier im Rahmen des Malens stärker betont.

Im Bereich der drei Seelenglieder, die durch die Malerei und die folgenden Künste – im Gegensatz zu Architektur und Plastik – während des Schlafes direkt angesprochen werden, ist es die *Empfindungsseele*, die im Kosmos die malerischen Ureindrücke empfängt. Beim Erwachen teilt sie diese Eindrücke ihrem dunkleren Bruder, dem Empfindungsleib, mit, der im physischen Leib zurückgeblieben war und dort nun über die innere Atmung die geschilderten Wirkungen hervorruft.[480] Am Tag lässt das verinnerlichte Empfindungsleben der Empfindungsseele eine primäre Beziehung zur Malerei erkennen. Durch Maltherapie regeneriert sich das Lebensblut dieses Seelengliedes. Bei Entwicklungsstörungen der Empfindungsseele (und des Empfindungsleibes) steht daher neben Heileurythmie Maltherapie an erster Stelle.

Musik

Aus den Sphärenharmonien bringt der Mensch am Morgen jene musikalischen Erlebnisse mit, die in ihm den Sinn für Musik begründen. Alle Musik wirkt primär auf die *Atmung* der Lunge, das erfährt man, wenn man Musik aufnimmt und dabei auch einmal seine Atmung beobachtet. Dass die Atmung mit der Musik mitgeht, von ihr gelöst, beschwingt werden kann, ist aber nur der Anfang eines feineren Vorganges, der sich von der Atmung ins Innere des Organismus fortpflanzt. Hier handelt es sich jedoch nicht um die Verbindung der Atmung mit dem Blut. Die atmende Tätigkeit der Lunge teilt sich noch in anderer, d.h. in rhythmischer Gestalt der Rückenmarks- und Gehirnflüssigkeit mit; diese steigt beim Einatmen der Lunge mit dem in ihr schwimmenden Gehirn in die Höhe, beim Ausatmen sinkt sie wieder herab. Auch das Auf- und Abwogen dieser «Atmung» bis in ihre feineren Schwingungen hinein verändert sich durch musikalische Eindrücke.

Es ergibt sich dadurch nach oben eine Beziehung zum Vorstellen, dem das Gehirn dient und das, farbig geworden durch das Malen, nun durch Musik in Bewegung gerät. Der Gedankengang, den unser Wille vollzieht, kann auf diese Weise beschwingt werden, die begleitenden Gefühle, ohne die sich kein Denken vollzieht, werden von hier aus neu belebt. Hier setzt auch die therapeutische Wirkung hymnischer Musik bei der Zwangskrankheit ein. Nach unten entsteht eine formende Beziehung zum Willen selbst, körperlich zum Stoffwechsel-Gliedmaßen-System. Von der Mitte aus wird durch diese Atmung die Blutzirkulation harmonisiert.

Um die spezifische Wirkung auf das Fühlen beurteilen zu können, muss man sich klarmachen, dass die Musik im Vergleich mit allen anderen Künsten die stärkste Verinnerlichung mit sich bringt. Von den der Außen- und Innenwelt zugewandten Empfindungen, die durch das Malen erweckt werden, gelangen wir durch Musik zum in sich kreisenden Fühlen, das, wie geschildert, das *Gemüt* begründet. Musik lebt primär im menschlichen Gemüt, dessen Innerlichkeit außer durch das Lebersystem eine wesentliche körperliche Grundlage durch den inneren, in sich schwingenden Atemrhythmus der Rückenmarks- und Gehirnflüssigkeit erhält.

Zum In-Sich-Bewegen des Gemütes gehört immer das Besinnen, das Nachdenken. Im Gemüt lebt ein ordnendes Verstandeselement ebenso wie in der Musik. In der Musik kommt dieses Element durch die Mathematik zum Ausdruck, welche die ganze Musik durchzieht. Man denke nur an die Verhältniszahlen der harmonisch reinen Intervalle, an die Siebengliederung der Tonleitern. Aber schon der Takt hat eine ordnende Wirkung für das Fließen der Musik, für das Fließen der begleitenden Gefühle und Willensregungen.

Im Gemüt entsteht durch Musik Klärung und Lösung oder Klärung und Festigung, je nachdem, wie das Gemüt «verstimmt» ist. Ist der Mensch krankhaft traurig, hat sich bei ihm die Gemütskrankheit «*Depression*» entwickelt, so hilft ihm eine in Moll gehaltene Musik, die Trauer aus sich herauszusetzen. Das Modulieren zum Dur hinüber bewirkt dann die eigentliche Aufhellung. Ist der Mensch nicht schwermütig, sondern übermütig und nimmt der Übermut in der *Manie* krankhafte Ausmaße an, so hilft ihm Dur-Musik, diese Stimmung zu objektivieren. Das Überführen von Dur in Moll leitet ihn an, besser zu sich zu kommen. Das gilt auch für das Ausfließen bei der Hysterie. Die Zerrissenheit des Gemütes, am stärksten bei der *Schizophrenie*, wird durch Dissonanzen objektiviert. Wird eine Dissonanz zur Konsonanz geführt, so wirkt dies weiter heilend auf die seelische Zerrissenheit. Dissonanzreiche Musik jedoch, die nicht künstlerisch gestaltet wird, wie auch unreines Spielen erzeugt Störungen bis in den Kopf hinauf, bis zur Entstehung von Kopfschmerzen. Therapeutische Musik dagegen wirkt nicht nur gesundend auf die Atmung, sondern auch auf die Funktion des *Gehirns*, was aus der Fortpflanzung des Atemrhythmus in das Gehirn verständlich wird.

Eine besondere therapeutische Bedeutung erhält die Musik durch das Instrument der *Leier*. Der Klang der Leier, der mehr nach innen als nach außen schwingt, lebt am meisten von allen Klängen in der Atmung der Rückenmarksflüssigkeit. In jenem Bereich tragen wir alle eine Leier in uns: Die Nervenpaare, die vom Rückenmark aus nach beiden Seiten in den Organismus hineinverlaufen, ergeben nicht zufällig das Bild einer nach beiden Seiten sich entfaltenden Leier. Wenn die auf- und absteigende Rückenmarksflüssigkeit an ihnen entlangstreicht, wird «der Nerv in Vibration gebracht», ähnlich den Saiten einer Leier, wenn die Finger darüberstreichen.[481] Wenn wir beim Anhören von Musik unseren Leib wie durchrieselt fühlen, steigt etwas davon ins Bewusstsein.

Es wurde schon geschildert, dass die Nerven nicht nur eine wahrnehmende, sondern auch eine gestaltende Aufgabe haben. So wirkt Musik nicht nur beschwingend, über die Nerven ergibt sich auch eine gestaltende Wirkung, die vom Rückenmark auf den ganzen Leib übergeht. Entsprechende Musiktherapie ist daher auch bei den schon erwähnten körperlichen Störungen angebracht, bei denen die Gestaltung Not leidet. Von der Atmung der Rückenmarksflüssigkeit ausgehend, hat die Melodie, das gedankliche Element der Musik, mehr Beziehung zum Kopf, der Rhythmus der musikalischen Bewegung mehr Beziehung zum Gliedmaßensystem. Melodie und Rhythmus werden durch die Harmonie miteinander verbunden, was wieder eine Unterstützung für die Harmoniesuche des menschlichen Gemütes ergibt. Die harmonisierende Wirkung von Musik auf die Blutzirkulation kann auch von hier aus verständlich werden. Dabei handelt es sich also nicht um eine statische, sondern um eine dynamische Harmonie des Gemütes, die ständig neu entsteht. Dadurch hat die Musik auch eine Beziehung zum Herzen.

Auf die Vereinigung von Verstand und Gemüt deutet die Bezeichnung, die STEINER für das «musikalische» Seelenglied des Menschen wählte: *Verstandes- und Gemütsseele*. Ihr sinnendes In-Sich-Bewegen kann durch Musik gefördert werden. Zugleich bildet die Verstandes-Gemüts-Seele den Seelenraum, in dem die Musik erklingt und von dem aus sie ihre therapeutischen Wirkungen entfaltet.[482] Während des Schlafes im Kosmos weilend, nimmt dieses Seelenglied die Sphärenharmonien in sich auf, die tags in ihm nachklingen können.[483] Bei Entwicklungsstörungen der Verstandes-Gemüts-Seele ist neben Heileurythmie besonders Musiktherapie hilfreich. Die Musik bekommt so eine besondere Bedeutung für den Stillstand der seelischen Entwicklung, der, wie ausgeführt, zunächst die Verstandes-Gemüts-Seele betrifft.

Sprache und Dichtkunst

«Worte der geistigen Welt», Urworte, die der Mensch nachts empfangen kann, erwecken in ihm den Sinn für Sprache und Dichtkunst. Nach der stärksten Verinnerlichung durch die Musik führt der Weg wieder nach außen. Das Wort muss aus dem Inneren der Seele und des Leibes in das «Tagesbewusstsein», in die Welt «durchgebracht» werden.[484] Ein neues Bewusstsein entsteht an der Welt, ein neuer Wille wirkt in die Welt. Das erkennt man an den Vorstellungen, welche die Sprache vermittelt, und an der Willenstätigkeit, die das Sprechen impulsiert.

Erst das Gefühl jedoch schafft die unmittelbare Verbindung zum anderen Menschen, zur Welt. Am stärksten aus dem Zentrum des Menschen, aus seinem *Ich*, wirkt diese Verbindung, wenn die Sprache ihre Quelle im Herzen betont. Durch den Pulsrhythmus greift das Herz rhythmisch in jede Atmung ein. «Der Mensch ... durchdringt seine Worte und Sätze mit demjenigen, was aus dem Herzen quillt.»[485] Das kommt zentral in der körperlichen und seelischen *Wärme* des Sprechens zum Ausdruck.

Spricht der Mensch, so formt er in seiner Ausatmungsluft die Worte. Mit den Worten zugleich zieht jedoch auch die Wärme des Herzinnern in die Welt. Durch die Lunge wird ja nicht nur Kohlensäure ausgeatmet, sondern auch Wärme, die aus dem Herzen mit dem kohlensäurehaltigen Blut in die Lunge geflossen ist. Von dieser Wärme kann sich das Ich beim Sprechen tragen lassen, es kann sie vom Herzen aus in seelische Wärme verwandeln. Der Brustton der Überzeugung, der so eindrucksvoll beim Sprechen RUDOLF STEINERS war, hat in der Wärme des Herzens seine Quelle.

Eine solche Sprache, die aus dem Herzen kommt und zu Herzen geht, vermeidet das Überschießen des Willenspoles, wie es sich in der emotionalen Sprache kundtut. Sie vermeidet jedoch auch das einseitig intellektuelle Sprechen vom Kopf aus. Während beim emotionalen Sprechen die Sprache als zu dick empfunden werden kann, wird beim intellektuellen Sprechen die Sprache zu dünn. Das hohle Pathos kombiniert beide Einseitigkeiten, ohne einen Ausgleich herbeizuführen. Es wird dick aufgetragen, innerlich aber klingt es dünn; das gesunde Fühlen in der Mitte kommt nicht mehr mit und wird ausgehöhlt. Zwischen beiden Polen muss das künstlerische Sprechen seinen Weg finden, indem es das abstrakte Vorstellen mit Wärme erfüllt, indem es das triebhafte Wollen durch die Wärme beseelt und besänftigt.

Jedes Sprechen will eigentlich *Gespräch* werden, Gespräch mit dem anderen Ich, dem anderen Menschen, der auch als Lauschender schon stumme Antwort geben kann. Auch wenn Dichtung rezitiert wird, sollte dies immer zu einem stummen Gespräch mit den Hörern führen. Wenn man für sich Dichtung liest, sollte sich ein Gespräch mit dem Dichter ergeben. Schon im *Embryo* findet ein Gespräch, diesmal organischer Natur, statt. Nach neueren Forschungen hört das Kind im Mutterleib die Herztöne der Mutter und gibt eine Art Antwort darauf. Seine «Antwort» ist die Ausbildung der Sprachwerkzeuge, des Kehlkopfes, der dann später in der Ausatmungsluft die Sprache gestaltet. Dessen Muskulatur wird entsprechend dem inneren Bau des Herzmuskels (!) aufgebaut.[486] Die Verbindung von Sprache und Herz wird auch im Organbereich deutlich.

Die therapeutische Wirkung der Sprache, die in Form der von STEINER geschaffenen *Sprachgestaltung* auch in therapeutischer Richtung zur Anwendung kommt, geht aus der Mitte hervor und wirkt über den Atem auf die physische und seelische Mitte des Menschen.[487] Für die Therapie ist am zentralsten die Wirkung auf die Sphäre des *Herzens* und auf das dort tätige Ich. Vom Herzen aus, das auch in seiner physischen Funktion durch Sprachübungen günstig beeinflusst wird, wirkt die Sprachtherapie auf die Atmung zurück, in den Kopf hinauf und in den Stoffwechsel hinunter. Und vom Herzen aus wird dann der Weg in die Welt gesucht. Ein Denken, das zu sehr in sich kreist oder sich verliert, ein gehemmter oder überschießender Wille, ein ängstliches Fühlen, das vor der Welt zurückschreckt, oder ein Fühlen, das in die Welt hinein ausfließt, sie alle können durch Sprachübungen eine unmittelbare Hilfe erfahren. Außer *Gehirnkrankheiten*, die zu Sprachstörungen führen und auf Sprachtherapie reagieren, können sich alle *seelischen Erkrankungen* in Störungen der Sprache auswirken, die nach Sprachtherapie verlangen. Und auch wenn Erkrankungen der Seele die Sprache nicht gröber verändern – in feinerer Weise tun sie es wohl immer –, so wirkt doch die Sprache heilend aus der Mitte, aus dem Ich auf das erkrankte Seelenleben ein und ermöglicht ihm eine neue Verbindung zur Welt.

Durch das Anhören und Sprechen von *Dichtung* lernt der Kranke darüber hinaus, sein Ich wieder für geistige Inhalte zu öffnen. In künstlerischer Form kann er dabei wiederum dasjenige objektivieren, was ihm subjektiv zum Problem wurde. Die am meisten aus dem Inneren der Seele kommende Lyrik hilft ihm, sein Inneres zu offenbaren, wenn dieses sich zu sehr vor der Welt verschlossen hat. Die Bildhaftigkeit der Epik führt ihn weiter in die Welt hinaus und verbindet diese mit seinem Innern, indem sie die vom Ich vollzogene Tätigkeit des Erinnerns anregt und ordnen hilft. Durch die Dramatik wendet sich der Übende in übersetzter Form an andere Persönlichkeiten und lernt so, wieder das Wort an den anderen zu richten, wenn er dies verlernt hat. Er lernt im Rahmen seiner Rolle, sich selber auszusprechen.

Sprache und Dichtung wenden sich innerhalb der Künste am meisten von der Seele aus an das Ich, das aus dem Sprechenden spricht, und an das Bewusstsein, das in der ich-zentrierten Seele lebt. Die *Bewusstseinsseele* bildet das unmittelbare seelische Organ für Sprache und Dichtung, ihre Entwicklung wird auf künstlerischem Gebiet am unmittelbarsten durch Sprache und Dichtung gefördert. Bei Entwicklungsstörungen der Bewusstseinsseele ist daher außer Heileurythmie vor allem Sprachtherapie angebracht.

Gesangstherapie

Gesangstherapie hat ihren Wirkensbereich zwischen Sprache und Musik. Wird das Wort gesungen, so taucht das heilende Geschehen tiefer in das Gemüt ein, wird jedoch dann aus dem In-Sich-Kreisen des musikalischen Erlebens durch das Wort zur Welt entbunden. Dabei spielt wieder die körperliche und seelische Herzenswärme eine wesentliche Rolle. Der Gesang erleichtert es dem Menschen, auszusprechen, was sein Inneres, was sein Herz erfüllt. Für manche Kranke ist es daher eine Hilfe, wenn sie erst singen und dann künstlerisch sprechen lernen. Das Singen kann eine Überleitung von der Musiktherapie zur Sprachtherapie bilden.

Eurythmie

Fragen wir uns, was für nächtliche Erlebnisse in der Eurythmie wiedererstehen, so kommen wir zu folgenden Feststellungen: Zunächst beobachten wir ein architektonisches Element, das in der Raumorientiertheit der Eurythmie, z.B. in den verschiedenen Stellungen und Gruppen, zum Ausdruck kommt. Formen im plastischen Sinn entstehen durch die eurythmische Gebärde, die einen Sprachlaut oder einen Ton in der Luft plastiziert. RUDOLF STEINER nannte deshalb die von ihm geschaffene Eurythmie auch eine «bewegte Plastik». Die Farben der Malerei kehren wieder in den Farben der Gewänder, der Schleier, der Bühnenbeleuchtung; im Innern des Eurythmisierenden leben sie in den farbigen Empfindungen, die jede Übung begleiten sollten. Die Klänge der Musik werden sichtbar in der Toneurythmie, die Worte der Sprache in der Lauteurythmie. Jedem Klang, jedem Sprachlaut entspricht eine bestimmte Bewegung, in der sich das entfaltet, was sich angedeutet im Kehlkopf und den übrigen Sprachwerkzeugen beim Sprechen und Singen vollzieht. Durch die Eurythmie werden die unsichtbaren Gebärden des Gesangs und der Sprache, die hinter den angedeuteten Bewegungen der Sprachwerkzeuge wirken, sichtbar gemacht.

Aus den obigen Bemerkungen geht hervor, dass sich in der Eurythmie *alle Künste* zusammenfinden, was teilweise schon bei den anderen Künsten beginnt (z.B. bei den musikalischen Elementen der Malerei, den Klangfarben einer malenden Musik). Zugleich ist der menschliche Organismus, der schon beim Sprechen und Singen anfing, selbst Instrument der künstlerischen Tätigkeit zu werden, bei der Eurythmie ganz zu einem solchen Instrument geworden. Mit jeder Gebärde greift der Eurythmisierende nicht nur in den irdischen Raum, sondern in die Sphären aller Künste, um sich neu mit dem zu verbinden, was er schon im Schlaf als eurythmischen Zusammenklang der Künste erlebt hat.

Auch der Zuschauer einer eurythmischen Darbietung wird dadurch in einer besonderen Weise gefordert. Wer hier nur zuschaut, der versäumt das Wichtigste. Mit jeder eurythmischen Gebärde sollte man sich so aktiv verbinden, dass man in sie hineinschlüpft, dass man sie mitentstehen lässt. In gewissem Sinn gilt diese Forderung einer Identifizierung für jede Kunst, bei der Eurythmie ist sie jedoch besonders hervorzuheben. Versucht man beim Anschauen von Eurythmie, immer wieder dieser Forderung nachzukommen, so dringt man durch das Bild der Bewegung zu ihr selber vor und spürt etwas von dem, was sie aus dem Kosmos mitbringt.

Indem die Eurythmie alle Künste neu in sich aufleben lässt, wird an die Urkunst der Menschheit angeknüpft, wie sie im *Tempeltanz* zum Ausdruck kam. Auch im Tempeltanz waren alle

Künste miteinander vereinigt. Innerhalb der Tempelarchitektur mit ihren Statuen entfalteten sich die Gebärden der Tanzenden, die von farbigen Gewändern umhüllt, von Worten und Klängen begleitet wurden. Die Menschen erlebten damals jene Kunst als von Göttern geschaffen, von Priestern gestaltet und geleitet, das eigene Erleben, die eigene Gestaltung traten demgegenüber zurück. Durch die Eurythmie wird vom Menschen aus eine neue Verbindung zum Kosmos geschaffen, ebenso umfassend, wie sie einst vom Tempeltanz gebildet worden war. Aber nun erlebt und gestaltet das individuelle Wesen des Menschen, was es aus den Quellen der Künste in sich aufgenommen hat.

Die allgemein gesundende Wirkung der Eurythmie hängt mit ihrem alle Künste umfassenden Charakter zusammen.

Heileurythmie

Zur Therapie wird die Kunst der Eurythmie in der *Heileurythmie*.[488] Die Verwandlung von Kunst in Therapie ist hier ausgesprochener als bei den bisher geschilderten künstlerischen Therapien. Zwischen Kunsteurythmie und Heileurythmie muss nach STEINER streng unterschieden werden, beides darf man nicht miteinander vermengen. Heileurythmie gehört daher nicht zu den künstlerischen Therapien. Sie ist jedoch wie jene aus einer Kunst hervorgegangen und wird deshalb in diesem Kapitel behandelt.

Die heileurythmische Bewegung lebt zwischen künstlerischer Therapie und medikamentöser Therapie, da sie sich, spezieller als das künstlerische Üben, auf einen Krankheitsprozess, auf ein krankes Organ konzentriert. Damit wirkt sie ähnlich einem Medikament, nur eben nicht vom Stoffwechsel, sondern von den Gliedmaßen aus. Im Hinblick auf diese

Situation sollte deshalb jede heileurythmische Übung vom Arzt verordnet und überwacht werden. Der Mutterboden, in dem die Heileurythmie wurzelt, bleibt jedoch immer die Kunst der Eurythmie, weshalb auch jede Heileurythmistin vor ihrer speziellen heileurythmischen Ausbildung ein ganzes Eurythmiestudium absolviert haben muss.

Die gesundende Wirkung der Eurythmie wird bei der Heileurythmie durch bestimmte Laut- und Tongebärden, die dann selbst noch intensiviert werden, auf jene Organe und Organkrankheiten konzentriert, die, ähnlich wie die heilenden Natursubstanzen, in einem Wesenszusammenhang mit ihnen stehen. Die einzelne Lautgebärde spiegelt dabei etwas von dem Urbild des gesunden Organs wider, das einst durch das schöpferische Urwort, den Logos, wie er am Anfang des Johannes-Evangeliums genannt wird, geschaffen worden ist. Indem eine solche Lautgebärde von den Gliedmaßen aus auf das kranke Organ einwirkt, kann dieses sich an seinem eigenen Urbild orientieren und daran gesund werden. Sichtbar wird dies, abgesehen von der Besserung des Befindens, auch an der Gesundung der vom Organ aus krank gewordenen Gebärde, bei welcher die Heileurythmie ansetzt.

Urbild und Urbewegung des Organs drücken sich in seiner Form und in seiner Funktion aus. So lässt die um den Leib sich zusammenschließende Gebärde des *Konsonanten B* die Formtendenz der gesunden Niere erkennen und unterstützt sie, wenn sie geschwächt ist (wie bei der Senkniere z.B.). Die *B*-Gebärde greift jedoch zugleich die Bewegung der Ausscheidung auf, die aus der Peripherie des Leibes die aus dem Stoffwechsel ausgeschiedenen Substanzen zum Nierenorgan hin konzentriert, wo der Urin gebildet wird. Das *B* wirkt daher auch auf die Nierenfunktion und regt erkennbar Urinbildung und -ausscheidung an.

Seelisch kann der Mensch von der Niere her außer sich kommen, wenn er sich stark erregt. Die *B*-Gebärde trägt sowohl zur Konzentrierung des Urins als auch der Seele bei, neben der Ausscheidung wird die «Einscheidung» des Astralleibes verstärkt, d.h., der Astralleib wird dabei unterstützt, sich wieder in den Schutz des Leibes zu begeben, wenn er sich durch ein erregendes, schockierendes Erlebnis, das «an die Nieren» ging, aus diesem Schutz zu weit herausbegeben hat. Diese Wirkung erstreckt sich bis zum Außersichsein der *schizophrenen Psychose*.

Gegenüber solchen Konsonanten wird durch Vokale das seelische Erleben selbst angesprochen. Ein Mensch, der in der Erregung außer sich geraten ist, verliert nicht nur den Kontakt zu seinem Leib, sondern auch die seelische Verbindung zur Welt. Wenn dies länger dauert, kann er sich seelisch und leiblich in sich verkrampfen. In allen diesen und in anderen Fällen hilft der *Vokal A* der Seele, sich wieder für die Welt zu öffnen, indem sie in gesunder Weise den vermittelnden Leib durchdringt. Einen ersten Anfang davon erleben wir, wenn wir ein A hören oder sprechen. *A* ist nicht umsonst der Laut des Staunens, das am Anfang der seelischen Weltbeziehung steht. Durch die eurythmische *A*-Gebärde, bei der beide ausgestreckte Arme sich öffnen, wird dieses Erlebnis gesteigert und, in einer besonderen Form geübt, auf das Nierensystem und seine physischen und seelischen Probleme konzentriert. Allgemein bewirkt das mit dem *A* verbundene Erlebnis des Einstrahlens, dass es im Dunkel des Krankseins für die Seele wieder hell werden kann. – In ähnlicher Weise wirken andere Lautgebärden auf andere erkrankte Organsysteme und Organfunktionen ein, deren Störungen den seelischen Erkrankungen zugrunde liegen.

Eurythmie wird von der ich-durchdrungenen Seele aufgenommen und über den Ätherleib in den physischen Leib hineingetragen. Als bewegte Plastik entfaltet sie sich im Bereich des *Ätherleibes*, der, wie wir sahen, zu jeglichem Plastizieren in einem Wesenszusammenhang steht. In jenem Bereich, in dem der Quellort aller aufbauenden, zwischen Leib und Seele vermittelnden Kräfte liegt, vereinigen sich durch die Eurythmie die anderen Künste, die durch die künstlerischen Therapien einzeln angesprochen werden.

Gymnastik

Nach dem Bildekräfteleib kann nun auch der *physische Leib* in neuer Weise Grundlage für die Therapie werden. Auf die bewegte Plastik folgt die «bewegte Architektur» der Gymnastik, die in diesem Sinne auch künstlerische Therapie ist. Therapeutische Erfahrungen liegen mit der *Bothmer-Gymnastik* vor, die seinerzeit für die Waldorfpädagogik entwickelt wurde[489] und z.B. in der Friedrich Husemann-Klinik bei der Behandlung seelischer Erkrankungen angewendet wird. Die vom physischen Leib aufgenommene und auf den physischen Leib wirkende Architektur wird bei dieser Gymnastik vom Menschen selbst erzeugt. Die gymnastischen Bewegungen werden in die drei Raumesrichtungen eingegliedert und bringen diese und ihre Metamorphosen zum Erlebnis. Der seelisch Kranke, der – besonders durch Medikamente und Heileurythmie – wieder eine gesunde Verbindung zu seinem physischen Leib bekommen hat, erlebt zuletzt durch den physischen Leib hindurch eine neue Verbindung zum Raum, zur räumlichen Außenwelt.

Zur Verordnung künstlerischer Therapie

Die hier entwickelte, zur Verordnung führende *Zuordnung* der Künste zu den Wesensgliedern ist nicht die einzige, die von STEINER vorgenommen wurde, wohl aber die am meisten differenzierte. Sie darf jedoch nicht zu einer Fixierung der Künste an die Wesensglieder führen. Jede Kunst wirkt auf den ganzen Menschen, aber von einem bestimmten Bereich aus. Sie wirkt auch nicht nur auf das schon geborene Wesensglied oder Seelenglied. Gerade künstlerische Betätigung fördert neben den unterentwickelten Gliedern des menschlichen Wesens auch die noch ungeborenen. Sie hat daher, von der vorliegenden Zuordnung aus gesehen, auch bei Kindern und Jugendlichen ihre Bedeutung.

In Krankheitsfällen sollte künstlerische Therapie immer vom Arzt verordnet und begleitet werden. Da eine nicht angebrachte künstlerische Therapie nicht nur nutzlos ist, sondern auch schaden kann, ergibt sich die Notwendigkeit einer möglichst gezielten *Indikation*, wie sie aus der Zusammenschau leiblicher, seelischer und geistiger Phänomene dem Arzt möglich ist. Aus den oben gegebenen Schilderungen können Anhaltspunkte für solche Indikationen gewonnen werden, die dann durch die Zusammenarbeit von Arzt und Therapeut weiter vertieft und konkretisiert werden sollten.

Seelisch ausfließende Patienten z.B. müssen vor allem plastizieren, in sich erstarrte oder verkrampfte Patienten vor allem malen. Bei Kranken, die durch eine akute Psychose außer sich geraten sind, muss erst einigermaßen die neue Inkarnation veranlagt sein, ehe sie wieder eine gesunde Verbindung zur Welt durch Sprachtherapie gewinnen können. Dasselbe gilt sinngemäß für die Gymnastik, die *nach* der Anregung des Inkarnationsprozesses durch Heileurythmie diesen Prozess in Leib und Seele befestigt. Die Gesangstherapie ist – wie schon bemerkt – meist schon vor einer Sprachtherapie angebracht. – Diese wenigen Beispiele möchten eine weitere Differenzierung für die Indikationsstellung künstlerischer Therapie anregen.

Kann nur *eine* künstlerische Therapie verordnet werden, so kann man versuchen, diese in der Art ausführen zu lassen, wie es die Indikation bei diesem Patienten verlangt. Bei einem ausfließenden Kranken wird man dann das Malen möglichst plastisch gestalten, bei einem verkrampften Kranken das Fließen der Form beim Plastizieren betonen, Musik- und Sprachtherapie können in entsprechenden Fällen mehr eine plastische oder mehr eine malerische Komponente zur Geltung bringen, um nur diese beiden Richtungen zu nennen.

Rückblick und Ausblick

Wir sind am Ende einer Wanderung angelangt. Mit der Architektur begann die Wanderung in der räumlichen Welt, an der unser physischer Leib Anteil hat. Durch das Plastizieren und andere bildende Künste tauchten wir in den Organismus der Bildekräfte unseres Leibes ein, der mit der Natur verbunden wirkt. Lebten wir bei der Malerei noch von innen her mit der Außenwelt im Zusammenhang, so versenkten wir uns durch die Musik ganz in ein seelisches In-sich-Kreisen. Durch Sprache und Dichtung gewannen wir einen neuen Anschluss an die Außenwelt, der nun vom Ich aus geschaffen wurde. Mit diesem weltverbundenen Ich tauchten wir dann durch die Eurythmie wieder bis in den Bildekräfteorganismus zurück, um zuletzt durch die Gymnastik in neuer Form zum physischen Leib zurückzukehren.

Nach dieser Wanderung dürfen wir die anfangs geäußerte These bestätigt finden: Künstlerisches Üben ist nichts Fremdes, an den Menschen von außen Herangebrachtes, es entspricht vielmehr seinem eigenen Wesen, das sich durch dieses Üben zudem neu aus den Quellen seiner Existenz speist. Diese Quellen beginnen in unseren Nächten zu fließen. Sie ergießen sich in die unterbewussten Bereiche unseres Leibes, unserer Seele, aus denen sie in künstlerischer Form am Tag wieder aufsteigen können. Indem wir uns aufnehmend und übend mit ihnen verbinden, vereinigen wir uns zugleich mit unserem kosmischen Sein.

Damit ist jedoch nicht nur die Zeit unserer Nächte gemeint, sondern auch wieder jene Zeit, in der die Menschheit zusammen mit der Erde viel mehr ein Teil des ganzen Kosmos war, als sie es heute ist. Die Geschichte vom Paradies, vom Goldenen Zeitalter, gibt etwas davon wieder. In jener frühesten Kindheit der Menschheit, die auch heute noch andeutungsweise in der Kindheit jedes einzelnen Menschen wiederkehrt, gab es noch keine Krankheit, noch keine Schuld. Von dieser Zeit haben die Künste etwas für uns bewahrt.

Wenn wir uns in der Krankheit zu sehr vom Leben des Kosmos, der Natur, entfernt haben, bringt uns künstlerisches Tun einen Abglanz der paradiesischen Urgesundheit und Unschuld zurück. Wenn wir infolge von Krankheit uns seelisch nicht mehr vom Leib lösen können oder wenn wir, außer uns geraten, die Verbindung zum Leib zu verlieren drohen, dann hilft uns künstlerische Therapie, diese Verbindung in gesunder Weise wieder zu knüpfen. Durch die Therapie wiederholt sich in spezieller Form das gesundende Geschehen, das, aus den Quellen der Nacht, aus den Sphären der Künste fließend, sich jeden Morgen neu vollzieht. So wenden wir uns durch künstlerische Therapie an den gesunden Menschen im kranken und regen in ihm die Vorgänge der Selbstheilung an, die dann in Verbindung mit dem Kosmos die Heilung bewirken.

All dies wird aber nur möglich, wenn wir in geduldigem, regelmäßigem Üben aus den Quellen der künstlerischen Therapie schöpfen. Wie schon bemerkt, erhält der heutige erwachsene Mensch auf die Dauer nichts mehr geschenkt. Er ist von seinem Ich aufgerufen, sich immer neu mit dem Geist des Kosmos und seinen künstlerischen Sphären zu verbinden. Das gilt für den Kranken ebenso wie für den künstlerischen Therapeuten. Wer nicht immer wieder Kunst in sich aufnimmt oder gestaltet, der kann auf die Dauer auch nicht künstlerische Therapie vermitteln, dem entartet die Kunst zur Technik. Nach dem Schöpfen aus den Quellen der Kunst muss jedoch der therapeutisch tätig werdende Künstler innerhalb seiner Tätigkeit sein eigenes künstlerisches Schaffen zum Opfer bringen, um sich ganz auf den Kranken einstellen zu können und seiner Genesung zu dienen. Und diese therapeutische Tätigkeit sollte sich in möglichst enger Verbindung mit dem behandelnden Arzt vollziehen, um der Krankheit und ihrer Behandlung voll gerecht zu werden.

Das Ziel künstlerischer Therapie ist nicht das Schaffen eines Kunstwerkes. Im Vordergrund steht das heilsame künstlerische Üben, das möglichst in einem bestimmten Rhythmus stattfinden sollte. Durch jedes richtig ausgewählte und durchgeführte künstlerische Üben erschließt sich eine Quelle neuen Lebens für den kranken Menschen.

Und bald nach den ersten Versuchen kann noch etwas anderes von jedem Übenden erlebt werden: die *Schönheit* der Kunst. Durch jede Schönheit scheint etwas hindurch, von dem man empfindet: Das ist mehr als ich, das ist etwas Gesetzmäßiges und zugleich ganz Lebendiges, was hier zu einer Einheit geworden ist. Man erlebt einen Schimmer göttlichen Lebens, eine Spur vom lebendigen Geist. Das braucht nicht darin zu gipfeln, dass man von der Muse geküsst wird. Schon wenn der Hauch ihres Niederschwebens uns streift, können wir eine Andeutung davon empfinden. Und dieser Hauch wird jeder künstlerischen Übung zuteil. Jeder Mensch der Gegenwart kann dabei etwas von der Gnade erleben, die den Kranken vom künstlerischen Tun bis zum Gnadenerlebnis der Heilung begleitet.

VII.
Seelische Entwicklung und geistige Schulung

Wie schon gezeigt wurde, ist der menschliche Lebenslauf auf geistige Entwicklung hin orientiert. Diese Entwicklung wird jedoch nicht mehr von der Welt getragen wie anfangs die seelische Entwicklung. Schon im Verlauf der zwanziger Jahre erlebt der Mensch dann Gefährdungen seiner seelischen Entwicklung, schon in dieser Zeit braucht er, von der Welt vermittelt, geistige Impulse. Diese Impulse muss er jedoch selbstständig ergreifen, geistige Entwicklung wird durch eigene geistige Schulung im weiteren oder engeren Sinn vollzogen, wofür in den Kapiteln zur Therapie der Entwicklungsstörungen Beispiele angeführt wurden.

Aus dem Menschen, der ein vom Leben Lernender bleiben will, kann ein Schüler des Geistes werden. Indem sich der Geistesschüler für dasjenige zubereitet und öffnet, was sein höheres Ich aus der geistigen Welt hereinträgt, hilft er sich selbst und später der Welt. Wenn sich auch die geistige Entwicklung im Allgemeinen erst in den vierziger Jahren von der seelischen Entwicklung abhebt, so kann und sollte sie doch schon innerhalb der seelischen Entwicklung einsetzen.

Die von RUDOLF STEINER beschriebene geistige Schulung durch Anthroposophie, auf deren Beziehungen zur seelischen Entwicklung hier eingegangen werden soll, unterscheidet sich grundlegend von den heute verbreiteten östlichen Schulungen. Sie unterscheidet sich in erster Linie dadurch, dass sie von jener Stufe der Bewusstseinsentwicklung ausgeht, die bis heute von der an der Sinneswelt erwachten abendländischen

Menschheit erreicht worden ist. Dann führt die Schulung beim einzelnen Menschen zur Steigerung und Erweiterung dieses Bewusstseins. Sie vermittelt dabei im Wesentlichen nicht geisteswissenschaftliche Inhalte als Wissensstoff, sondern weist einen Weg des Erkennens, auf dem die Verarbeitung dieser Inhalte eine Verwandlung des Denkens und der anderen Seelenkräfte einleitet. Schon diese Verarbeitung ist daher geistige Schulung und bleibt es für manche, die auch dadurch schon eine große Hilfe für ihre Entwicklung erfahren. – Eine weitere Steigerung bringen die meditativen Übungen, durch die geistige Inhalte selbst gewonnen werden können.

Der Schulungsweg des Geistes wird zu einem *Lebenslauf der geistigen Schulung*, der Beziehungen zum irdischen Lebenslauf und zur seelischen Entwicklung erkennen lässt. Auf die eine Art jener Beziehungen wurde schon eingegangen, einige Entwicklungshilfen durch geistige Schulung oder durch ihre Früchte wurden geschildert. Im Unterschied zu diesem Aspekt soll im folgenden Kapitel auf die Hilfen hingewiesen werden, welche die geistige Schulung ihrerseits durch die sich entwickelnden Seelenglieder erhält, wobei wieder eine bestimmte Gesetzmäßigkeit zu beobachten ist.

Es ist charakteristisch, dass mit geistiger Schulung im anthroposophischen Sinn meistens erst nach der Ich-Geburt des 21. Jahres begonnen wird. Manchmal wird auch schon in den Jahren der Vorbereitung um das 18. Jahr damit angefangen, vorher ist dies selten.

Empfindungsseele und geistige Schulung

Nach dem ersten *Auffassen* der Inhalte durch den urteilenden Verstand wird durch die Empfindungsseele ihre lebendige Aufnahme eingeleitet. Die erste Empfindung, durch die sich schon der Empfindungsleib für die Welt aufschließt, ist, wie ausgeführt, das *Staunen*. Wird dieses Staunen nicht entwickelt, so werden geistige Mitteilungen nicht mit dem ganzen Seelenleben aufgenommen, sie können, zusammen mit Ich und Seele, im Kopf stecken bleiben. Aus der Empfindung der Größe einer geistigen Tatsache, über die man nachdenkt, entsteht ferner das Gefühl der *Ehrfurcht*. Durch dieses Gefühl ist man vor dem intellektuellen Hochmut geschützt: Nun weiß ich so viel, nun bin ich gescheiter als die anderen. Mit letzterer Überzeugung ist man wieder im Kopf stecken geblieben, wobei man sich aus dieser Situation heraus über die anderen zu erheben versucht – und sich selbst dabei die weitere Entwicklung abschneidet. STEINER, der diese Stufen des Staunens und der Ehrfurcht am Anfang geistiger Schulung schildert, bemerkt zu dem hier gemeinten Hochmut, dass man «dann nur noch den Scharfsinn entwickelt». Hier hilft nach dem Staunen die Pflege der Ehrfurcht weiter.[490]

Am Anfang geistiger Schulung steht also ein differenziertes Empfindungsleben, das durch die wahrgenommenen Inhalte angesprochen wird. Die Art dieses Erlebens weist sogar bis in die Kindheit zurück. «Der Mensch muss gewissermaßen die Frische und Munterkeit des Kindesalters für die übersinnliche Anschauung mitbringen.»[491] Und erlebt nicht das eben geborene Ich um das 20. Jahr eine zweite Kindheit schon bei seinen ersten Gehversuchen in der neu erschlossenen Welt?

Das Kind nimmt alle seine Eindrücke wie zum ersten Mal in sich auf. Es verarbeitet zwar spätere Eindrücke aufgrund von früheren, es hat vielleicht schon ein Organ für sie gebildet, aber die Aufnahme des Neuen ist doch jedes Mal ein neues, frisches Erlebnis. In derselben Haltung kann man versuchen, geisteswissenschaftliche Inhalte in sich aufzunehmen als etwas grundsätzlich Neues, das man jedes Mal neu verarbeiten sollte.

Die Frucht dieses Bemühens ist jene *«unbefangene Empfänglichkeit»*, deren Erlangung STEINER als eine Grundübung für den Geistesschüler schildert. Zunächst wird dabei von Eindrücken der Empfindungsseele ausgegangen. «Von jedem Luftzug, von jedem Baumblatt, von jedem Lallen eines Kindes» solle man sich Neues sagen lassen. Auf die andere Waagschale sollen dann die *«Erfahrungen der Vergangenheit»* gelegt werden,[492] nach denen das Erlebte beurteilt und eingeordnet werden kann. Hier spielt schon die weitere Seelenentwicklung mit herein, für die das Erinnerungsleben der Empfindungsseele die Basis bildet. Das Ich wird nun zur Erzeugung eines Gleichgewichtes zwischen Neuem und früherer Erfahrung aufgerufen, wohl auch ein Grund, weshalb die Übung in dieser Form erst als fünfte Übung unter den Vorübungen erscheint.

Bei der Aufnahme von geistigen Inhalten findet der Intellekt *Widersprüche*, die man auf diesem Weg gerade bei STEINER immer wieder feststellen kann. Das ist nichts Schlimmes, das man unterdrücken sollte. Man sollte nur, von der Empfindungsseele geleitet, trotz des Widerspruchs, den man zunächst nicht auflösen kann, immer auch das Neue erleben, das sich durch den Widerspruch ergibt. Man wird dann später gerade aus diesem Erleben heraus entdecken, dass man hier einen anderen Aspekt des Gegenstandes vor sich hat, der einem in der Tat etwas Neues sagen kann. Ist man am Widerspruch hängen geblieben, so bleibt man wieder in der an sich notwendigen Antipathiehaltung des Kopfes befangen. Erst durch ein zeitlich gegliedertes Zusammenarbeiten dieser unterscheidenden Antipathietätigkeit mit dem Sympathieprozess des neuen Erlebens werden erste Schritte eines lebendigen Erkennens möglich. Die Ergänzung zum wachen Wahrnehmen durch das Denken gibt das unmittelbare Erleben der Empfindungsseele, das zum Erkennen des neuen Aspektes überleitet.

Hier wirkt schon am Anfang der Verstand des nächsten Seelengliedes in die Schulung herein. Doch ist damit der geistige Inhalt verstanden? Bei jeder Aufnahme durch die Empfindungsseele hat man nicht nur zu lernen, einen Widerspruch stehen zu lassen, man muss überhaupt darauf verzichten lernen, alles *sofort* verstehen zu wollen. In pädagogischen Zusammenhängen hat STEINER auf die Bedeutung des Unverstandenen hingewiesen. Manches von dem, was dem Kind gelehrt wird, kann und soll es noch gar nicht verstehen, dafür wird es erst später reif werden.[493] Aber dieses Reifwerden betrifft nicht nur das Kind oder das kindhafte Ich der Empfindungsseele, das die neuen geistigen Mitteilungen empfängt. In den unterbewussten Tiefen einer lebendigen Empfindungsseele liegt das Unverstandene selbst wie ein Keim, der später zu einer ganzen Pflanze heranwächst und zu Früchten ausreift, die man in dem Keim nicht vermutet hat. Würde jeder Keim gleich «verstanden», verdaut, so würde manches nicht zum Erblühen und Fruchten innerhalb der Seelenentwicklung gelangen.[494]

Zwei Voraussetzungen dafür müssen allerdings vorliegen: Zum einen muss es sich bei dem Aufgenommenen, noch nicht Verstandenen tatsächlich um einen lebendigen Keim handeln und nicht um eine Imitation aus Stein, d.h. um einen abstrakt bleibenden Gedanken. Zum anderen muss der Boden für den Keim ein lebendiger Boden sein, der auch nach der Jugend weiter gepflegt wird. In diesem Sinn sprach STEINER oft von der

Empfindungsseele, auch da, wo er sie nicht nannte. So in seinen Briefen an die Mitglieder, wenn er z.B. schreibt: «Wer sich mit der Schönheit, Größe und Erhabenheit der Natur durchdringt, in dem werden diese zur Quelle der Geistempfindung.»[495] Durch die Bezeichnung «Geistempfindung» wird hier auf die Weiterentwicklung der Empfindungsseele in geistiger Richtung hingewiesen.

Eine sich spiritualisierende Empfindungsseele erfüllt sich mit Gefühlen, die vom Geist durchdrungen sind. Eines von ihnen ist das Gefühl der *Begeisterung*, bei dem jene Durchdringung dann unmittelbar empfunden werden kann. Voraussetzung dafür ist, dass die sprachliche Formulierung den Tatbestand wiedergibt, d.h., dass es wirklich der Geist ist, der das Gefühl erfüllt. Jedenfalls ist damit nicht jene schwärmerische Begeisterung gemeint, die den klaren Blick trübt und bei anderen Menschen leicht Antipathie erregt. Die Begeisterung durch das Geistempfinden der Empfindungsseele ist kein immer wieder aufflackerndes Strohfeuer, sondern mehr einer erleuchtenden und erwärmenden Flamme zu vergleichen, die dazu beiträgt, dass das Unverstandene im Innern wachsen und reifen kann.

Verstandes-Gemüts-Seele und geistige Schulung

Durch den nach-denkenden Verstand sollte von Anfang an in aller Klarheit die geistige Mitteilung so wahrgenommen werden, wie sie dasteht, um dann empfindend und denkend verarbeitet zu werden. STEINER wies in diesem Zusammenhang immer wieder auf den «gesunden Menschenverstand» hin, durch den jeder Mensch die Mitteilungen des Geistesforschers verstehen könne. «Man kann sagen, dass die Erkenntnis der geistigen Welt, wenn sie in Ideen mitgeteilt wird, von jedem verstanden werden kann.» Es sei dafür notwendig «der unbefangene, gesunde Menschenverstand, der nur tief genug in die Seele hineinschürfen muss».[496]

Schon bei «unbefangen» stockt man. Welcher Verstand ist heute noch unbefangen? Und «gesund»? Mit Recht weist G. KÜHLEWIND darauf hin, dass heute noch weniger als zu Lebzeiten STEINERS der Verstand gesund ist.[497] Er zitiert Ausführungen STEINERS, aus denen hervorgeht, dass auch damals schon Einschränkungen hinsichtlich des gesunden Menschenverstandes gemacht werden mussten. Diese gipfeln in der Feststellung: Das Denken, das an das Gehirn gebunden ist, kann die geisteswissenschaftlichen Mitteilungen nicht verstehen.[498] Das Fazit, von STEINER gezogen, ist: «Dieser Menschenverstand, der muss heute erst mit Mühe erworben werden.»[499] Das wird möglich durch die «neuen Begriffe», welche die Geisteswissenschaft vermittelt, doch müssen diese vom Aufnehmenden nachgebildet, meditativ angeeignet werden.[500]

Man kann das Problem des gesunden Menschenverstandes auch im Zusammenhang mit der menschheitlichen Krise Ende der zwanziger Jahre sehen, welche die Entwicklung der Verstandes-Gemüts-Seele in Frage stellt. Erst durch die neue Aktivität des Ich beginnt sich, wie wir sahen, die seelische Entwicklung von der zur Konsolidierung, später zum Abbau neigenden körperlichen Entwicklung zu lösen. Das betrifft auch das Denken, das, wenn es sich nicht ablöst, weiter als gehirngebundenes Denken tätig und dann nicht mehr gesund ist (vgl. das Kap. «Psychiatrische und Nerven-Krankheiten des Alters»). So wird heute auch der gesunde Menschenverstand dem Menschen nicht mehr geschenkt. Durch die klare, aber zugleich lebendige, von der Empfindungsseele unterstützte Aufnahme geisteswissenschaftlicher Mitteilungen wird die Vorbedingung auch für die Entwicklung des gesunden Menschenverstandes der Verstandesseele geschaffen, für dessen Unbefangenheit ebenfalls schon durch die Empfindungsseele der Grund gelegt wird.

Für die weitere Verarbeitung des Aufgenommenen durch die ausgebildete Verstandesseele ist dann der andere Aspekt dieses Seelengliedes, der Aspekt des *Gemütes,* von größter Bedeutung. Darauf weist auch die Formulierung STEINERS hin: Der Verstand muss «tief genug in die Seele hineinschürfen». Jenem Hineinschürfen antwortet von innen das Gemüt, das in vielen Fällen ebenfalls erst errungen oder mindestens vertieft werden muss. Immer wieder wird von STEINER das Gemüt im Zusammenhang mit der Anthroposophie beschworen. Im ersten Leitsatz heißt es: «Anerkennen kann Anthroposophie nur derjenige, der in ihr findet, was er aus seinem Gemüte heraus suchen muss.»[501] Auch mit ihrer Gemütskomponente klingt die Verstandes-Gemüts-Seele von Anfang an durch die aufnehmende Empfindungsseele hindurch.

Nach der Entwicklung von Staunen und Ehrfurcht charakterisiert STEINER als dritte Stufe der Vorbereitung, «sich in weisheitsvollem Einklang zu fühlen mit den Weltgesetzen». Aus dem Zusammenklingen von Gesetzmäßigem mit dem Fühlen lebt die Verstandes-Gemüts-Seele. Aus ihm führt sie zu jener Verinnerlichung und innerer Bewegung, die das meditative Verarbeiten der geistigen Mitteilungen, die das meditative Leben selbst erst ermöglichen. Jede Meditation ist zunächst «beschauliches Nachdenken»,[502] das sich in der Verstandes-Gemüts-Seele vollzieht. Der seelische Innenraum für die Meditation wird von der Gemütsseele errichtet, an der

Eingangspforte wacht ihr Verstand darüber (oder sollte wachen), dass kein ungesund-mystisches Element Einlass findet.

Tritt dies trotzdem ein, so kann man darin eine Fortsetzung der Gefahr erkennen, die von einem Verharren-Wollen in der Empfindungsseele bei der geistigen Schulung herrührt. Das berauschende *Schwärmen*, zu dem das Leben der festgehaltenen Empfindungsseele entartet, kann im Rahmen einer schwach entwickelten Verstandes-Gemüts-Seele einen mystisch sich abschließenden Charakter annehmen. Auch dabei können geistige Erlebnisse stattfinden, doch wirken diese ohne Verarbeitung durch das urteilende Denken und ohne gemüthafte Verinnerlichung verwirrend auf das Seelenleben; bei entsprechender Disposition können sie sogar eine Psychose auslösen. Eine andere Gefahr für die geistige Schulung besteht in dem schon besprochenen *Verdorren* des Empfindungs- und Gefühlslebens im Bewusstseinslicht der geistigen Schulung. Während die erste Gefahr dem Reich der Emotionen und Triebe entstammt, kommt die zweite Gefahr wieder vom Kopf her. Beide Gefahren weisen darauf hin, wie wichtig die Bildung eines schützenden und reifen-lassenden Innenraums, wie wichtig das Kelchstadium der Verstandes-Gemüts-Seele für die «Blütezeit» der geistigen Schulung ist.

Vor dem Erringen der Wesenserkenntnis durch die Bewusstseinsseele ergibt sich eine weitere Stufe auf der Ebene der Verstandes-Gemüts-Seele. Will man die Anschauung von einem Baum bekommen, so kann man nach STEINER diesen «von den verschiedensten Seiten fotografieren»; «je mehr Fotografien ich habe, desto eher werde ich der Wirklichkeit des Baumes nahekommen mit meiner Vorstellung». Man braucht die verschiedenen Ansichten des Baumes, aber man darf sie auch nicht auf einer Platte übereinander fotografieren. Man muss zugleich «die Aspekte auseinanderhalten»,[503] sonst verschwimmen die

Vorstellungen, und die Begriffe werden unscharf. Im Zurückblicken auf die Organbildung aus Vorstellungen, die sich durch das Vergessen im unterbewussten Seelenleben und im Ätherleib vollzieht, ergibt sich eine Steigerung: Aus den einzelnen Vorstellungen werden einzelne Aspekte, die aus einer weiteren denkerischen Verarbeitung hervorgegangen sind. Will auch aus ihnen ein neues Organ entstehen?

Das Auseinanderhalten der Aspekte besorgt der Verstand der Verstandes-Gemüts-Seele, der sie zugleich zusammenhält, miteinander vergleicht und so verbindet. Außerdem ist die Empfindungsseele gehalten, jeden Aspekt lebendig in sich aufzunehmen, damit ihn dann die Gemütsseele tiefer in sich empfangen kann. Das Ich, das in der Verstandes-Gemüts-Seele im atmenden Austausch zwischen Welt und Seeleninnerem lebt, kann die verschiedenen, von der Welt gewonnenen Aspekte nacheinander in der Seele bewegen, den einen, den anderen in den Mittelpunkt des Bewusstseins ziehen. Erst die Bewusstseinsseele jedoch kann ihn dort festhalten und verwandeln.

Bewusstseinsseele und geistige Schulung

Was bisher geschildert wurde, war Vorbereitung, Einleitung einer geistigen Schulung. Auch bei ihr kann man stehen bleiben und hat dann wieder das tragische Erlebnis, dass sich das einmal Errungene nicht einfach festhalten, sondern nur weiterentwickeln lässt. Wer nicht immer wieder versucht – auch bei seiner erlebten Lektüre –, sich zur Wirklichkeit des Geistes vorzutasten, der bleibt im Nachdenken geisteswissenschaftlicher Inhalte, in der gemüthaften Verbundenheit mit ihnen stecken und fühlt ihr Leben dahinschwinden. Wieder muss sich jeder rückblickend fragen: Wann gelang es mir, wirklich Geistes-Gegenwart im Denken zu entwickeln, wann waren geistige Gesichtspunkte für mein Handeln maßgebend? Wir stehen auch bei der geistigen Schulung erst am Anfang der Bewusstseinsseelenepoche.

Erst durch die Bewusstseinsseele vollzieht sich die geistige Schulung selbst, die dabei an die Wachheit dieses Seelengliedes anknüpft, sie steigert und erweitert. Während bisher Beziehungen zwischen dem jeweiligen Seelenglied und der geistigen Entwicklung sichtbar wurden, vereinigt sich jetzt die Entwicklung der Bewusstseinsseele mit dem Schulungsweg, ihre Entwicklung zum Geist *ist* Schulung. Die Verstandes-Gemüts-Seele schuf den Seelenraum für das meditative Leben, die tätige Andacht der Bewusstseinsseele erfüllt ihn. Indem diese bei der Meditation alle Seelenkräfte zum Gegenstand in ihrer Mitte heranzieht, lässt sie dann die Vorstellung des Gegenstandes durchsichtig, den Aspekt in der Seelenmitte zum Fenster werden, durch das ein Strahl des Ewigen bewusst von der Seele empfangen werden kann.

Denn für die neue geistige Weltbeziehung, die sich aus der Schulung ergibt, bleibt es nun nicht bei den verschiedenen Aspekten von einem Gegenstand. Inmitten der verschiedenen Ansichten, die man von einem Baum gewonnen hat, steht ja der wirkliche Baum, steht seine geistige Wirklichkeit, der man bisher nur nahegetreten war. Der Begriff des Baumes deutete auf sie, das lebendige Denken tastete nach ihr. Dann tritt eine Steigerung des bisherigen, mehr oder weniger schattenhaften Erkennens ein. Es gehört zu den *Evidenzerlebnissen* der Bewusstseinsseele, wenn nun im Zentrum dieser Seele, im Zentrum der verschiedenen, Organ gewordenen Aspekte etwas vom Wesen des Gegenstandes erscheint, wie ein Blitz einschlagend oder wie ein Licht, das langsam einleuchtet. Die Empfindung stellt sich ein: Das ist Wirklichkeit, die einzige Wirklichkeit, die es im Grunde gibt. Das *Vordenken*, das sich von solchem Lichte speist, kann nun den Gegenstand, kann den Baum noch einmal entstehen lassen, auch wenn dies zunächst nur in Andeutungen möglich wird.

Damit ist nicht ein mystisches, gefühlshaftes Erleben gemeint, das mit einem herabgedämpften Bewusstsein einhergeht. Es handelt sich vielmehr um ein Erleben durch das Denken, dessen Bewusstsein sich gesteigert hat. In seiner *Philosophie der Freiheit* bezeichnet STEINER die Form, in welcher «der Gedankeninhalt im Inneren» auftritt, als «*Intuition*». «Diese Intuition kann in demjenigen Erleben, das im Denken sich ausgestaltet, in tiefere oder weniger tiefe Untergründe der Wirklichkeit tauchen.»[504] Damit ist auf die Stufen der gedanklich-intuitiven Tätigkeit hingewiesen, die von der Bewusstseinsseele für die geistige Schulung errichtet werden. Durch diese intuitive Tätigkeit wird der Wille der Bewusstseinsseele im Denken schöpferisch und führt zum Erleben der Evidenz. Die «Charakteristik der Intuition ist zugleich eine solche der Evidenz, der Einsichtigkeit und Durchsichtigkeit» (H. WITZENMANN[505]).

Auch von diesem Licht der Bewusstseinsseele kann schon beim ersten Erarbeiten geisteswissenschaftlicher Inhalte ein Schimmer in der Seele aufleuchten.

Nach einer solchen ersten «*Berührung* der Seele mit der übersinnlichen Welt» steigen «aus den Fluten des Seelenlebens» *Bilder* auf, die «ganz von der Seele selbst gewoben» sind. Sie sind «wie ein Vorhang, welchen sich die Seele vor die übersinnliche Welt hinstellt, wenn sie sich von derselben berührt fühlt».[506] Solche Bilder, für deren Aufbau und deren Organe, wie schon erwähnt, die eigenen Bildekräfte «Substanz» liefern, können zugleich als Schutz vor der Überwältigung durch das geistige Erlebnis, als Versuch einer ersten Bewältigung empfunden werden.

Einen anderen Aspekt hebt P. E. SCHILLER hervor: «Das rein geistige Erlebnis ist in dem Schüler durchaus vorhanden, doch sind seine Fähigkeiten noch nicht so weit entwickelt, um es in seiner rein geistigen Form bewusst erleben zu können. Für ihn tritt zunächst das aus Vorstellungen des gewöhnlichen Seelenlebens bestehende, mit Farben, Formen, Bewegungen durchzogene Bild allein im Bewusstsein auf.»[507] Dahinter weiß man die geistige Wirklichkeit, von der durch die gedanklich-intuitive Tätigkeit schon etwas in der Seele aufgeleuchtet war. Reicher als damals drückt sie sich nun durch Bilder aus.

Auch auf dem Weg zum *imaginativen Hellsehen* ergeben sich so Stufen, die zum Schwellenübertritt in die geistige Welt führen, «erste Schritte zur imaginativen Erkenntnis». Das merkt der sich Schulende daran, dass die abstrakte Gedankenwelt «von einer innerlichen Lebendigkeit durchzogen wird».[508] Schon wenn man versucht, die Begriffe der Geisteswissenschaft zu Bildern werden zu lassen und die genannte «reale Fantasie» betätigt,[509] ist man auf diesem Weg. Dabei tröstet STEINER: «Wenn auch die Bilder zuerst falsch sind, so schadet das nichts. Sie werden berichtigt werden durch die, die uns leiten.» Das befreit natürlich nicht von der Verpflichtung, den Mut zum Bild mit dem Streben nach größtmöglicher Exaktheit und Wahrheit der Bilder zu verbinden. Weisheit aber, zum Bild verwandelt, wirkt heilend. Die Imagination «dringt bis in den Ätherleib hinein», der die Gesundung vermittelt.[510] Ist nicht der Bildhunger des modernen Menschen, der seine bequeme Befriedigung im Rausch sucht, im Grund Hunger nach Imagination, Ausdruck der Sehnsucht nach der geistigen Welt, die sich zunächst in dieser

Form dem Menschen offenbaren will? Schon durch die Bilder auf dem Weg zur Imagination kann jener Hunger gegenwartsgemäß und heilsam gestillt werden; allerdings ist dazu geistige Aktivität und Wachheit notwendig.

Geschaut wird durch die imaginative Erkenntnis anfangs die eigene «Innenwelt», später bekommt man «Bilder des Kosmos»,[511] von denen man nicht nur empfindet, da steigt etwas auf, sondern da kommt etwas herein. POPPELBAUM nannte, wie schon erwähnt, diese Bilder «ätherische *Wahrbilder*». In ihnen findet das Streben nach Wahrheit, das die Verstandes-Gemüts-Seele erzieht, eine erste bildhafte Erfüllung im Bereich der Bewusstseinsseele.

Durch dieses imaginative Erleben der Bewusstseinsseele stellt sich ein «ungeheuer starkes, subjektives Glücksgefühl ein», das sich zunächst durch die Steigerung der inneren Aktivität, durch das «aktive Erleben der eigenen Persönlichkeit» ergibt.[512] Sicher spielt auch das Lustgefühl mit hinein, das jedes mit dem Ätherleib zusammenhängende Erlebnis begleitet. Auf einer höheren Stufe kommt glückspendend das befreiende Erlebnis hinzu, das sich einstellt, wenn vom Zentrum, vom «Ich-Punkt» der Bewusstseinsseele «die Ausweitung in den Weltenäther», in die ätherische Welt erfolgt. Das bildhafte, zweidimensionale Erleben, das sich im ätherischen Bereich entfaltet, in dem man selber tätig wird, sich selber tastend bewegt, darf die dritte Dimension des irdischen Raumes hinter sich lassen.[513] Das dabei entstehende Glücksgefühl kommt nicht aus der Bewusstseinsseele, sondern strömt in diese ein. Eine Hilfe für den Geistesschüler, dem dieses Gefühl auch gefährlich werden kann, ist die Forderung der Bewusstseinsseele, jederzeit sich dessen bewusst zu sein, dass es sich bei den imaginativen Bildern noch nicht um die geistige Wirklichkeit, sondern eben nur um Bilder von ihr handelt.[514]

Vor dem Aufsteigen dieser Bilder jedoch muss, wie vor jeder neuen Entwicklungsstufe, ein *Verzicht* geleistet werden. Es ist hier der Verzicht auf die Sicherheit – nicht die Wachheit – der Vorstellungen und Begriffe, die sich auf die materielle Außenwelt stützen. Man muss jedoch im «Meer» des Ätherischen deshalb nicht ins passive Schwimmen geraten, man kann lernen, aktiv in ihm zu schwimmen. Statt der Sicherheit, die der Boden des Irdischen vermittelt, kann man durch geistige Aktivität und Selbstbewusstheit eine neue Sicherheit erringen, bei der man sich vom Umkreis, von umfassenden geistigen Zusammenhängen getragen weiß.

Verwandlung der Bewusstseinsseele

In ihrem erweiterten Leben wächst die Bewusstseinsseele über sich hinaus. Indem sie dem höheren Ich und der geistigen Welt entgegenstrebt, sucht sie zugleich nach einer neuen, geistigen Verbindung mit der irdischen Welt. Durch das ursprüngliche Wesen der Bewusstseinsseele ergeben sich dabei Probleme für das *soziale Leben*.

Es wurde schon geschildert, wie in der zweiten Lebenshälfte die vorwiegend nehmende Einstellung mehr und mehr zur rein gebenden werden kann, wie das Erblühen der Bewusstseinsseele zum Fruchten werden will. Das aber liegt nicht im Wesen der Bewusstseinsseele selbst. Denn diese Seele ist ihrem Wesen nach nicht sozial, sondern antisozial. STEINER spricht sogar von «*antisozialen Trieben*», die sich notwendigerweise mit der Epoche der Bewusstseinsseele einstellen mussten. Taghelle Wachheit ist an sich nicht menschenverbindend, nur im Schlaf sind wir eigentlich von Natur aus soziale Wesen.⁵¹⁵ Um zu seinem vollen Bewusstsein, um zur Entwicklung seines eigenen Wesens zu kommen, muss sich jedoch der Mensch zunächst von den anderen abgrenzen. Diese Notwendigkeit gilt auch für Gemeinschaften von Menschen, die außer dem gemeinschaftlichen Leben immer auch ein individuell abgeschlossenes Dasein gewährleisten sollten. Geschieht dies nicht oder zu wenig, so kann es dadurch schon zu den geschilderten Schwierigkeiten bei der Ausbildung der nach innen tendierenden Verstandes-Gemüts-Seele kommen. Noch mehr Schwierigkeiten ergeben sich für die Entwicklung der von innen schöpferisch werdenden Bewusstseinsseele. Besonders der junge Mensch erschöpft sich, wenn er zu wenig Innenleben bilden kann.

Wie aber wächst die Bewusstseinsseele in sozialer Richtung über sich hinaus und in eine neue Gemeinschaft hinein? Indem sie zunächst aus geistiger Erkenntnis eine «soziale Struktur» schafft, durch die eine «Bändigung der antisozialen Vorstellungsinstinkte» möglich wird.⁵¹⁶ Hier wird die geistgemäße Ordnung der menschlichen Gesellschaft, zuletzt die *«Dreigliederung des sozialen Organismus»*⁵¹⁷ auch von der Entwicklungsproblematik der einzelnen Bewusstseinsseele gefordert.

Wie wird eine solche Struktur vom einzelnen Menschen mit Leben erfüllt? Zunächst beherrschen antisoziale Triebe das soziale Leben. Man will sich abgrenzen, das kann zu Antipathie und Kritiksucht führen: Die Entwicklung fällt in die Verstandesseele, in die Empfindungsseele zurück. Von der Bewusstseinsseele aus übt man zugleich *Positivität*, eine der Grundübungen für den Geistesschüler. Ich will diesen Menschen positiv finden! Ein solcher Vorsatz kann abstrakt, kann im Kopf stecken bleiben. Wird er dann trotzdem in die Tat umgesetzt, so entsteht der Eindruck einer seelischen

Verkrampfung. Die Positivität, ja, schon die ihr vorangehende Toleranz, kommt nicht von Herzen und wirkt fassadenhaft.

STEINER weist hier auf eine Hilfe hin, die aus einer über sich hinauswachsenden Bewusstseinsseele kommt und daher weiterführt. Er rät, aus einer bewussten Steigerung des Interesses für den anderen Menschen heraus, sich *Bilder vom anderen Menschen* zu machen, durch die man von den Pauschalurteilen abkommt: Das ist ein böser, das ist ein guter Mensch! Man wird dadurch in erster Linie mit seinen antisozialen Antipathien besser fertig, aber auch mit seinen antisozial wirkenden Sympathien, welche die unsympathischen Menschen vom sozialen Kontakt ausschließen. Ohne die notwendigen Abgrenzungen aufgeben zu müssen, hat man durch das Bild etwas vom anderen in sich aufgenommen, das freilassend die Möglichkeit gibt, zu ihm in eine neue Beziehung zu treten.

Damit ist nicht eine abstrakte Bestandsaufnahme der Fehler und Vorzüge des anderen in Bildform gemeint. STEINER spricht von Bildern, die damit verbunden sind, dass man «aufsteigt in das imaginative Leben».[518] Es handelt sich um Wahrbilder, durch die man den positiven Kern des anderen zu erfassen versucht. Nun braucht man sich nicht mehr zur Positivität zu zwingen, weil man das Positive im anderen erlebt oder wenigstens erahnt hat. Man kann bei dieser Übung von dem äußeren Bild des anderen, von seiner Gestalt ausgehen, dann muss man jedoch seine Worte und Taten, seine Auswirkungen im sozialen Leben dazunehmen. Aus den verschiedenen Aspekten tastet man nach dem Wesensbild. Schon bei diesem Tasten erlebt man ein keimendes Gerechtigkeitsgefühl dem anderen Menschen gegenüber, das dann in das irdische Dasein ausstrahlen kann.

Indem die Bewusstseinsseele über sich hinauswächst, verwandelt sie sich selbst. «Was Betonung des Ich ist, tritt zurück; dafür erfüllt sich die Bewusstseinsseele, die früher vorzugsweise zur Kultur des Ich gedient hat, allmählich mit dem, was wir die Imagination nennen.»[519] Die Beziehung der Bewusstseinsseele zum *Gehirn* wird dabei eine freiere, doch besteht auch bei der Imagination – über den frei gewordenen Ätherleib des Gehirns – noch eine solche grundlegende Beziehung. «Die Natur selber stellt das hin als eine reale, als eine sinnlich reale Imagination im Gehirn, was man eigentlich in der imaginativen Erkenntnis auf einem höheren Gebiet erlangt.»[520] Das Gehirn ist das sinnliche, die Imagination das übersinnliche Abbild einer geistigen Realität; das Gemeinsame, das beide miteinander verbindet, ist die abbildende Tätigkeit.

Im weiteren Verlauf der seelischen Entwicklung, aus der sich die geistige Entwicklung erhebt, «verwandelt sich die Bewusstseinsseele in die *Imaginationsseele*».[521]

Verwandlung der Verstandes-Gemüts-Seele

Wie die Bewusstseinsseele zur Imaginationsseele, so kann die Verstandes-Gemüts-Seele zur *Inspirationsseele* werden.[522]

Durch die *Inspiration* offenbart sich die geistige Welt nicht mehr in Bildern; ihr Wesen, ihre Wesenheiten «sprechen» nun zum Menschen. Während sich bei der Imagination das Denken zu einem geistigen Schauen steigert, wandelt sich bei der Inspiration das *Fühlen* zu einem *geistigen Hören*. Das beginnt damit, dass der Geistesschüler das innere Bild, in das er sich versenkt hat, wieder aus dem Bewusstsein verschwinden lässt und ein leeres Bewusstsein herstellt. Er soll nun alles in sich *«fühlen»*, was er getan hat, um das Bild zu erzeugen.[523] Ähnlich wie bei der Imagination ist auch die Inspiration im Menschen veranlagt. Das inspirative Hellsehen, «das ist nur das zur Helligkeit, zum vollen Bewusstsein heraufgehobene Erleben desjenigen, was bei jedem Menschen unten im Gefühlsleben unbewusst an Inspirationen vorhanden ist».[524]

Im Gegensatz zum Glückserleben beim Imaginieren verursacht der Verzicht auf die lieb gewordenen Bilder, das Herstellen des leeren Bewusstseins einen «umfassenden seelischen Schmerz». Der Schüler lernt «die Wahrheit kennen, dass alles Dasein zuletzt aus dem Schmerz geboren sein muss». (Das bestätigten ihm schon die vielen Geburtswehen im Lebenslauf.) Zur *Leere* als Vorbedingung für die Inspiration tritt dann die *Stille*, die «stiller als still», «über den Nullpunkt hinweg» geführt werden soll. Erst in diese sich «potenzierende» Stille spricht die geistige Welt hinein.[525] Um diesen Vorgang auch von einer anderen Seite her zu verstehen, kann man an das *Potenzieren der Arzneisubstanz* denken. Auch durch die rhythmische Verdünnung des Stoffes, der dabei durch Nullpunkte seiner Wirkung geht, «potenzieren» sich Kräfte.[526]

Der Vorgang der Inspiration wird von STEINER mit der Einatmung verglichen, auf die ja auch das Wort «Inspiration» hinweist. Der menschliche Atmungsprozess kann dadurch verstanden werden, ja, es wird geradezu von STEINER «alles, was mit dem Atmen zusammenhängt», eine «realisierte, eine in die Sinnenwelt heruntergesetzte Inspiration» genannt.[527] P. E. SCHILLER fasst zusammen: «Wie in die durch Ausatmung leergemachte Lunge die Luft eindringt, so dringt bei der Inspiration in die willentlich leergemachte Seele das Wesenhafte ein ... Ausatmend tritt man wieder in das Erdenleben zurück.»[528]

Es ist die Atmosphäre einer sich spiritualisierenden Verstandes-Gemüts-Seele, in die wir durch die Inspiration eintauchen. Wir erleben wieder die Atmung zwischen dem Inneren der Seele und der Welt, nun aber ist es die geistige Welt, zu der die Seele in eine atmende Beziehung tritt. Wir erleben ein sich vergeistigendes Gefühlsleben, das still wird, sich leer macht, nun aber nicht mehr für das Wesen eines anderen Menschen, mit dem man durch das Gemüt verbunden ist, sondern für die Wesen der geistigen Welt. Der Verstand dieser Seele soll dabei auf das «Selbstdenken» verzichten, dann kann, nach einem weiteren Verzicht auf das «gewöhnliche Gemütsleben», die Inspiration einziehen.[529]

Damit ist nicht ein Verzicht auf eigenes Denken und eine gemüthafte Verarmung im irdischen Leben gemeint. Verstand und Gemüt werden vielmehr Instrumente für ein höheres Leben, das der Mensch in individueller Form verkörpert. Wendet sich der Geistesforscher aus dem höheren wieder dem irdischen Leben zu, so braucht er dort weiter sein eigenes (praktisches) Denken und sein warmes Gemüt, allerdings durchstrahlt von dem, was er sich geistig errungen hat. Das konnte man an der Persönlichkeit RUDOLF STEINERS erleben.

Nun steigern sich die sozialen Auswirkungen dessen, was durch das Imaginieren der Bewusstseinsseele begonnen hat. Es können sich *soziale Inspirationen* bilden, die Neues in das soziale Leben hereinströmen lassen. Und auch bei der Verwandlung der Verstandes-Gemüts-Seele gibt es Stufen, die erst in die Richtung des geschilderten inspirativen Hellsehens führen. So bemerkt STEINER: «Die inspirierten Werke der Kultur sind in die verwandelte Verstandesseele hereininspiriert worden.»[530] Im geistig-seelischen Austausch mit dem anderen Menschen kann man ebenfalls solche Vorstufen erleben, wobei der eine Mensch «inspirierend» auf den anderen wirkt.

Verwandlung der Empfindungsseele

Durch die *Intuition* erfolgt die unmittelbare Vereinigung des Ich mit dem anderen Wesen, das zuvor durch die Inspiration zu ihm «gesprochen» hat. Nun wird «das *Willenselement* zu einem Erkenntnisorgan».[531] Was im Willensakt auf einer irdischen Stufe vorgebildet ist, das vollständige Untertauchen des Geistig-Seelischen in das Stoffwechselsystem des eigenen Organismus, das wird zur höchsten Erkenntnisart in der geistigen Welt. Zu dieser Willensdynamik bemerkt dann STEINER: «Das ist das Wesen der intuitiven Erkenntnis.»[532]

Bevor diese Erkenntnis einsetzen kann, muss der Geistesschüler wieder auf Vorhergegangenes verzichten: Nach dem Verzicht auf die Bilder wird vom Schüler der Verzicht gefordert auf das «Leben in der eigenen Seelentätigkeit, in welche er sich für die Erwerbung der Inspiration versenkt hat».[533] Erst nachdem der letzte eigene Inhalt aus der Seele verschwunden ist, wird der Raum für die Vereinigung mit dem anderen Wesen frei. In der Radikalität dieses letzten Verzichtes klingt erneut die Dynamik des Willensaktes an: Beim Willensakt muss im Stoffwechselbereich der Stoff (durch die innere Verbrennung) vollständig vernichtet werden, damit sich das Geistig-Seelische in der Willenshandlung verwirklichen kann.

Während in der Intuition die Hingabe des Organ gewordenen Willens der Erkenntnis des anderen Wesens dient, ist es die vergeistigte Kraft der *Liebe*, welche der Vereinigung mit dem Wesen ihr Leben schenkt. Die Kraft der Liebe wird zur «Erkenntniskraft». In der Liebe fasst sich, wie wir sahen, das individuelle Wesen des Menschen zusammen und nimmt zugleich das andere Wesen in sich auf. Nun wird die Liebe zur reinen Ausstrahlung des höheren Ich, das sich ganz mit dem anderen Wesen vereinigt, auch dabei jedoch, wie bei jeder

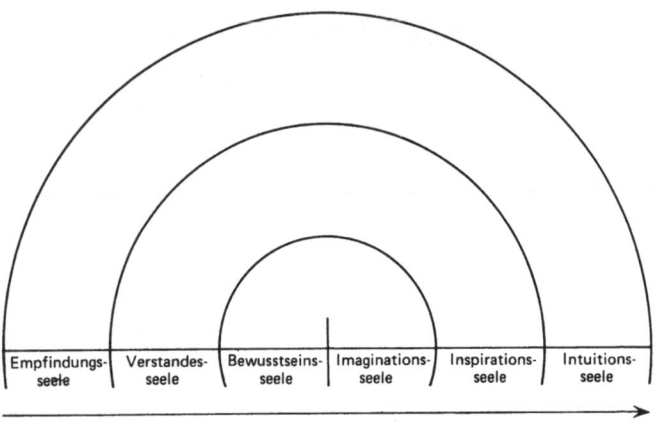

Liebe, das individuelle Wesen nicht verliert. Man gelangt zur Intuition, «indem man in aller Individualisiertheit, aber auch in aller Selbstlosigkeit, das Andere erleben lernt».[534]

Schon der Aspekt: «tiefstes Eintauchen des Geistig-Seelischen beim Willensakt – höchste Erkenntnisart» deutet auf eine große Spannweite des Geschehens. Das wiederholt sich durch den Hinweis STEINERS, dass das erste, das niederste Seelenglied, die *Empfindungsseele*, dem Werden der höchsten Erkenntnisart, der Intuition, dienen und sich selbst dabei zur *Intuitionsseele* verwandeln kann. Aber die Empfindungsseele ist eben nicht nur das niederste Seelenglied, sie ist auch «die reichste Seele». Die elementaren Kräfte ihrer «inneren Impulse, inneren Leidenschaften und Affekte», die als Willensantriebe wirken, können sich in Intuitionen verwandeln.[535] Die Unmittelbarkeit des empfindungshaften Erlebens der Welt wird bei der Intuition zur Unmittelbarkeit der Wesensvereinigung. Die Empfindungsseele schloss sich für die Welt auf. Ihre Verwandlung beginnt, indem der Mensch «Weltinteressen zu den seinigen macht und dadurch immer mehr und mehr über das persönliche Empfinden hinauskommt».[536] Das aber kann schon in den zwanziger Jahren vorbereitet werden.

Durch diese letzte Schilderung ist wieder auf Stufen der Intuition hingedeutet, die von STEINER besonders betont werden. Der Mensch hat «in der sittlichen Empfindung, im Inhalt des sittlichen Gewissens ein irdisches Abbild desjenigen, welches dann in der Intuition auftritt».[537] Oder: «Der einfachste Gedanke enthält schon Intuition.»[538] Durch diesen letzten Aspekt wird auf den erwähnten Intuitionsbegriff der *Philosophie der Freiheit* hingewiesen. Ein neuer weiter Bogen spannt sich von den intuitiven Erkenntnissen im wesenhaft werdenden Denken der Bewusstseinsseele, die noch vor der Imagination aufleuchten, bis zur Intuition auf der dritten Erkenntnisstufe.

Vom Lebenslauf der geistigen Schulung

Durch die oben wiedergegebene Zeichnung ist eine Übersicht über den Lebenslauf der geistigen Schulung skizziert, die ein Fortschreiten der Seelenentwicklung, aber auch eine Verwandlung der Seelenglieder bewirken kann. Da jedoch für den Lebenslauf der geistigen Schulung in gesteigerter Form das eigene Ich maßgebend ist, gestaltet er sich wesentlich individueller als der irdische Lebenslauf. Wie viel der sich Schulende erreicht und in welcher Zeit, das hängt in erhöhtem Maß von ihm selbst ab. So kann nach den Schilderungen STEINERS über die Dauer der einzelnen Phasen nichts Allgemeines ausgesagt werden. Und noch mehr als bei der seelischen Entwicklung handelt es sich bei den einzelnen Phasen um kein starres Nacheinander.

Wie dargestellt wurde, durchdringen sich bei der geistigen Schulung schon die unverwandelten Seelenglieder, wobei aber doch der Akzent jeweils auf einem Seelenglied liegt. Nach STEINER gibt es sogar Menschen, die «fast gleichzeitig mit der imaginativen Erkenntnis die inspirative und die intuitive» üben können. «Aber das darf durchaus nicht so verstanden werden, als ob es irgendjemand geben könnte, dem der Durchgang durch die Imagination zu ersparen wäre.»[539] «Der Weg in die übersinnlichen Welten» ist «für die abendländische Zivilisation» der Weg der Imagination.[540]

Wird dies nicht beachtet und schon vor der Ausbildung des Imaginierens Inspiration oder Intuition angestrebt, so kann nach STEINER «der Fall eintreten, dass ein Mensch nur bis zur Empfindungsseele entwickelt ist, d.h., dass er ganz und gar seinen persönlichen Begierden, Trieben usw. die Herrschaft lässt. Nehmen wir an, ein solcher Mensch würde hinaufgeschraubt durch okkulte Entwicklung. Die Folge wäre, dass er seine Empfindungsseele umgestaltet in seine Intuitionsseele und er gewisse Intuitionen hätte; aber diese Intuitionen stellten sich als nichts anderes dar denn als die Umgestaltungen seiner eigenen persönlichen Triebe, Begierden und Instinkte».[541] Die Entwicklung fällt hier noch weiter zurück als auf die Stufe der Empfindungsseele (s. S. 418).

STEINER fährt fort: «Ein Mensch, der mit seiner moralischen Entwicklung bis zur Verstandesseele gekommen ist, d.h., der reinliche Begriffe, allgemeinere Begriffe sich angeeignet hat, der in seinem Gemüte umfasst allgemeine Weltinteressen ..., der wird wenigstens seine Gemütsseele in die Inspirationsseele verwandeln, und er kann zu gewissen Inspirationen kommen, wenn auch noch immer seine hellsichtige Kraft nicht ganz reinlich ist. Erst wenn der Mensch wirklich mit seinem Ich bis zur Bewusstseinsseele vorgedrungen ist, dann entwickelt er zunächst die Umgestaltung seiner Bewusstseinsseele in die Imaginationsseele …» Dann können «ohne alle Gefahr» die anderen Verwandlungen vollzogen werden.[542] Denn nun wacht das Ich der Bewusstseinsseele über jeder Verwandlung.

Damit ist auf die Lebensmitte gedeutet, von der an die rechtmäßigen Verwandlungen der Seelenglieder möglich werden. Diese Zeit wird überhaupt von STEINER als «die günstigste Zeit» für die «Entfaltung spiritueller Anlagen» bezeichnet,[543] ein Prozess, der sich dann im weiteren Leben fortsetzen kann. Im Licht der Bewusstseinsseele, das über der ganzen Seelenentwicklung liegt, kann jedoch mit den Übungen zur Erlangung von Imagination, Inspiration und Intuition schon in den zwanziger Jahren begonnen werden. Imaginative Bilder können schon aus der keimenden Bewusstseinsseele aufsteigen.

Auch für die ersten Schritte geistiger Schulung, die der *anthroposophische* Arzt versuchen kann, ist die Reihenfolge dieser Schritte von Bedeutung. STEINER hat dem Arzt ans Herz gelegt, die innere Welt des Organismus, der erkrankten Organe sollte durch Imagination, die Naturreiche und die aus ihnen kommenden Heilmittel sollten durch Inspiration erforscht werden. Imagination und Inspiration fließen bei der Therapie durch Intuition zusammen.[544] Die Vorstufe der Imagination wird für die Erkenntnis der Naturreiche und der Heilmittel nicht besonders erwähnt, ist jedoch nach dem oben Ausgeführten auch hier gegeben.

Vom erkrankten Organ wie von der Heilpflanze, der heilenden Substanz, versucht der Arzt sich zunächst Bilder zu machen, Bilder auf dem Weg zur Imagination. Will er das Heilmittel in seiner lebendigen Wirksamkeit finden, ein vorhandenes neu in dieser Art entdecken, so muss er auf die Bilder verzichten und darauf lauschen, was ihm die Pflanze, die Substanz sagt. Ein subtiles Gefühlserlebnis kann sich einstellen den möglichen

Heilmitteln gegenüber, aus dem sich schon etwas vom Wesen des Heilmittels mitteilen kann. Eine Stimmung bildet sich, die STEINER bei der Inspiration mit einem musikalischen Erlebnis vergleicht.[545] Das Bild der Krankheit, neu heraufgeholt, kann als stumme Frage, das Heilmittel als innerlich «klingende» Antwort erlebt werden. Man erinnert sich an das auf die Heilung ausgerichtete Novalis-Wort: «Jede Krankheit ist ein musikalisches Problem, die Heilung eine musikalische Auflösung.»[546]

Erwacht aus dieser Stimmung der Heilerwille, so bringt dieser ein neues Element: Der Arzt erlebt sich einen Augenblick lang wie mit dem Kranken und seiner Heilung vereint. Er trifft die intuitive Willensentscheidung: Das ist *das* Heilmittel für *diesen* individuellen Kranken, in *dieser* Potenz, in *dieser* Form der Verabreichung. – Mögen solche Sternstunden selten, mögen sie auch nur Vorstadien künftiger Forschung und Therapie sein, so haben sie doch die Kraft, in den ärztlichen Alltag auszustrahlen und etwas von dem Erleben gegenwärtig sein zu lassen, das sie erfüllt hat.

Trotz der individuellen Gestaltung und teilweisen Durchdringung bleibt also eine gewisse *Gesetzmäßigkeit* auch im Lebenslauf der geistigen Schulung bestehen. Das für die geistige Entwicklung abträgliche Verharren-Wollen auf einer Stufe wurde schon erörtert. Es gibt jedoch auch bei der geistigen Schulung ein Überspringen-Wollen von Stufen. Auf die Gefahren, die sich für die Entwicklung zur Bewusstseinsseele dadurch ergaben, wurde ebenfalls schon hingewiesen (das Verdorren im Bewusstseinslicht). Nach dem oben Ausgeführten sind jedoch noch weitere Folgen möglich. Wird die Stufe der Empfindungsseele oder der Verstandes-Gemüts-Seele bei der geistigen Schulung vernachlässigt, so fehlen nicht nur die Grundlagen für die Entwicklung der Bewusstseinsseele, sondern auch für die Verwandlung der beiden anderen Seelenglieder in die Inspirations- und Intuitionsseele. Auch um diese beginnende Verwandlung zu ermöglichen, sollten Empfindungsseele und Verstandes-Gemüts-Seele des Geistesschülers während des ganzen Lebens immer neu belebt werden.

Die Gesetzmäßigkeit im Lebenslauf geistiger Schulung lässt zuletzt noch eine engere Beziehung zum *irdischen* Lebenslauf erkennen. «In einem gewissen Sinn» ist auch der Geistesschüler «von seinem Lebensalter abhängig». Für sein übersinnliches Erkennen werden seine «Lebensalter» zu «Auffassungsorganen», durch die Inspirationen möglich werden. Diese Inspirationen sind anders, unvollständiger, wenn er jünger, als wenn er älter ist. Er muss warten, bis er ein bestimmtes Lebensalter erreicht hat, um etwas Bestimmtes erforschen zu können.[547] Besonders am Anfang der vierziger Jahre kann die geistige Entwicklung des Menschen einen neuen Impuls erhalten. Außer der Verwandlung seiner Seelenglieder, die schon während seiner seelischen Entwicklung eingeleitet werden kann, eröffnet sich für ihn nunmehr die Möglichkeit, mit der Verwandlung der Glieder seiner leiblichen Entwicklung, zunächst seines Astralleibes, im geistigen Sinn zu beginnen.[548]

Damit ist zum Schluss ein Motiv angeschlagen, das den irdischen Lebenslauf ebenso durchzieht wie den Lebenslauf der geistigen Schulung. Man muss warten lernen, Geduld üben. Ungeduld behindert oder verunmöglicht das Fortschreiten auf jedem Weg menschlicher Entwicklung. Wie man auf eine physische Geburt warten muss, warten sollte, so muss man auf die Geburtsvorgänge der seelischen und geistigen Entwicklung warten können, nachdem man alles zu ihrer Vorbereitung getan hat. Dann kann man es auch als *Gnade* erleben, wenn sich aus der geistig-göttlichen Welt etwas Neues im Leben verkörpern will, das der Entwicklung neue Impulse und der Krankheit Heilung bringt.

Nachwort zur Neuausgabe

In Rudolf Treichler konnte man einem Menschen begegnen, der sich als Arzt in kraftvoller Weise für andere einsetzte. Unermüdlich suchte er nach therapeutischen Mitteln und Wegen, um Menschen in seelischer Not und seelischer Krankheit zu helfen. Bei einer gestellten Diagnose blieb er nicht stehen, sondern suchte immer einen praktischen Weg nach Heilung. Er war erfüllt von starkem Heilerwillen, dabei getragen von großem Ernst, manchmal von unerbittlicher Strenge, aber auch von erwärmender Begeisterung. Uns jüngeren lernenden Ärzten und Therapeuten legte er ans Herz, jede medizinische und menschenkundliche Darstellung immer in praktische Heilungsmöglichkeiten einmünden zu lassen.

Nach seiner Pensionierung als Leitender Arzt der Friedrich-Husemann-Klinik war es ihm möglich, jahrzehntelange Erfahrung und weit gefächertes Wissen zusammenzufassen und in Kursen, Seminaren, Vorträgen und in schriftlicher Form anderen weiterzugeben. Eine ganze Generation von Ärzten, Pflegenden und Therapeuten durfte bei ihm lernen und die Grundlagen der Psychiatrie und der anthroposophischen Menschenkunde in praktischer Art erfahren. So ist das vorliegende Werk *Die Entwicklung der Seele im Lebenslauf* eine Frucht dieser vielfältigen Lebenserfahrung und Lehrtätigkeit.

Rudolf Treichler hatte weitreichende Kenntnisse in der psychiatrischen Forschung und verfolgte mit großem Interesse den Stand der jeweilig neuesten Ergebnisse in den entsprechenden

Fachorganen. Ebenso gründlich erfasste er die anthroposophische Menschenkunde weit über das medizinische Feld hinaus. So vermochte er in eigener Weise psychiatrisches Fachwissen mit anthroposophischer Geisteswissenschaft zusammenzuschauen und in allgemein verständlicher Sprache darzustellen.

Die psychiatrische Forschung hat in den letzten 30 Jahren gelernt, einzelne Bereiche seelischer Erkrankungen genauer zu betrachten und zu verstehen. So wurde beispielsweise der Begriff der Hysterie aus guten Gründen fallen gelassen und durch neue Begriffe wie «histrionische Persönlichkeitsstörung», «dissoziative Störung», «Borderline-Störung», «posttraumatische Belastungsstörung» und andere mehr ersetzt. Eine Geschichte des Begriffes Hysterie wäre heute neu zu schreiben und dabei das Hysteriekonzept Steiners ideengeschichtlich einzuordnen. Damit sind die Ausführungen Treichlers über Hysterie nicht überholt, aber sie wären neu in die heutige Begrifflichkeit einzuordnen und inhaltlich zu ergänzen.

Auch die Aufarbeitung der anthroposophischen Menschenkunde ist in den letzten Jahrzehnten weitergeschritten. Rudolf Treichler hat mit besonderer Gründlichkeit den Steinerschen Entwurf der vier Organprozesse (Lunge, Leber, Niere, Herz) aufgegriffen und in eigener Weise vielfach dargestellt. Er hat vor allem versucht, ihn durch eine differenzierte Therapie mit pflanzlichen und mineralischen Heilmitteln und tierischen Organpräparaten, mit äußeren Anwendungen und einer gezielten heileurythmischen Behandlung in die Praxis umzusetzen. Darauf können wir heute aufbauen. Wir werden aber an einzelnen Stellen aufgrund neuer Erfahrungen eine weitergehende Differenzierung vornehmen müssen.

So erscheinen heute manche Einzelheiten in dem vor über 30 Jahren verfassten Werk ergänzungs- und veränderungsbedürftig, wenn man die Entwicklungen der letzten Jahrzehnte berücksichtigt. In seiner Grundkonzeption jedoch hat das Buch weiterhin Gültigkeit und stellt einen wertvollen Schlüssel zum Verständnis seelischer Krankheit in Verbindung mit menschlicher Biografie dar. Es wendet sich an Leser, die offen die Anregungen Rudolf Treichlers aufnehmen möchten, aber sie auch in selbstständiger und kritischer Weise mit neuen Erkenntnissen und Erfahrungen zu verbinden wissen.

Buchenbach, Juni 2012 *Dr. med. Wolfgang Rißmann,*
Friedrich-Husemann-Klinik

Literaturhinweise und Anmerkungen

1 E. Wulff in: *Psychiatrie, Psychosomatik, Psychotherapie*, Stuttgart 1991, S. 16.
2 F. Hiebel: *Biografik und Essayistik*, Bern / München 1970, S. 159.
3 Näheres vgl. H. Poppelbaum: *Mensch und Tier*, Basel 1928 (7. Aufl. Dornach 1975), S. 99.
4 R. Steiner: *Theosophie*, Gesamtausgabe (GA) 9, Dornach 1978, S. 50.
5 L. Klages: *Vom Wesen des Rhythmus*, Kampen/Sylt 1934.
6 R. Steiner: Der menschliche Charakter, in: *Metamorphosen des Seelenlebens*, GA 58, Dornach 1984.
7 W. Hoerner: *Zeit und Rhythmus*, Stuttgart 1978, S. 92.
8 Ebd., S. 112.
9 Ebd., S. 177.
10 Siehe R. Treichler: Lebensstufen und Seelenentwicklung. In: *Anthroposophisch-medizinisches Jahrbuch*, Bd. II, Dornach 1951.
11 W. Bühler: *Das bewegliche Osterfest*, Tübingen 1965, S. 22.
12 H. Thomae, der W. Hellpach referiert: Psychologische Probleme des Erwachsenenalters, in: *Universitas*, Juni 1957, S. 688 ff.
13 R. Steiner: *Die Erziehung des Kindes vom Gesichtspunkte der Geisteswissenschaft*, Einzelausgabe, Dornach 1992.
14 Ebd.
15 R. Guardini: *Die Lebensalter*, Würzburg 1959, S. 11.
16 Siehe B. Lievegoed: *Lebenskrisen – Lebenschancen*, München 1979 (7. Auflage 1988), S. 33 f.
17 Siehe H. Hessenbruch: *Von der Bedeutung des Siebenjahresrhythmus beim heranwachsenden Menschen*, Diss. 1938, S. 3.

18 M. Moers: *Die Entwicklungsphasen des menschlichen Lebens*, Ratingen 1953.
19 H. Künkel: *Die Lebensalter*, Braunschweig 1948, S. 28 ff.
20 G. Sheehy: *In der Mitte des Lebens*, Frankfurt/M. 1978, S. 33.
21 Ebd., S. 19.
22 Ebd., S. 381.
23 C. Bühler: *Der menschliche Lebenslauf*, Leipzig 1933, 2. Aufl. Göttingen 1959.
24 R. Oerter: *Moderne Entwicklungspsychologie*, Donauwörth 1976, S. 15.
25 W. Schraml: *Einführung in die moderne Entwicklungspsychologie*, Stuttgart 1972, S. 14.
26 A.a.O. (Anm. 16).
27 H. Hahn: *Der Lebenslauf als Kunstwerk*, Stuttgart 1966.
28 G. Burkhard: *Das Leben in die Hand nehmen*, Stuttgart, 9. Aufl. 2002.
29 A.a.O. (Anm. 13).
30 S. Leber: *Die Menschenkunde der Waldorfpädagogik*, Stuttgart 1993.
31 F. Seitelberger: *Handbuch der Kinderheilkunde*, VIII, 1, Berlin 1969, S. 48.
32 A.a.O. (Anm. 13).
33 F. Husemann/O. Wolff: *Das Bild des Menschen als Grundlage der Heilkunst*, Bd. II, Stuttgart 1986, S. 22.
34 A.a.O. (Anm. 4).
35 W. Bühler: *Der Leib als Instrument der Seele*, Stuttgart, 12. Aufl. 1993.
36 A.a.O. (Anm. 13).
37 R. Steiner: *Allgemeine Menschenkunde als Grundlage der Pädagogik*, 9. und 12. Vortrag, GA 293, Dornach 1992.
38 Ebd., 9. Vortrag. S. 133.
39 Ebd., 12. Vortrag. S. 173.
40 R. Treichler: Das Volksschulalter in ärztlicher Sicht, in: *Erziehungskunst*, Juli 1957, S. 213.

41 H. Driesch: *Philosophie des Organischen,* Stuttgart 1921, S. 139.
42 A.a.O. (Anm. 4), S. 38 f.
43 R. Steiner / I. Wegman: *Grundlegendes für eine Erweiterung der Heilkunst nach geisteswissenschaftlichen Erkenntnissen,* GA 27, Dornach, 7. Aufl. 1991, 1. Kap.
44 R. Steiner: *Geisteswissenschaft und Medizin,* 7. Vortrag, GA 312, Dornach 1999.
45 R. Steiner: *Vor dem Tore der Theosophie,* 8. Vortrag, GA 95, Dornach 1990.
46 L. Vogel: *Der dreigliedrige Mensch,* Dornach 1967, S. 215.
47 R. Steiner: *Anthroposophie, Psychosophie, Pneumatosophie,* GA 115, Dornach 1980, Vortrag vom 1.11.1910.
48 Ebd., Vortrag vom 2.11.1910.
49 R. Steiner: a.a.O. (Anm. 37), 7. Vortrag.
50 J. W. Goethe: Bedeutende Fördernis durch ein einziges geistreiches Wort, in: *Naturwissenschaftliche Schriften,* hrsg. von R. Steiner, Bd. II, GA 1b, S. 32.
51 R. Steiner: *Vom Lebenslauf des Menschen,* ausgew. und hrsg. von E. Fucke, 5. Aufl. Stuttgart 1996, S. 239.
52 A.a.O. (Anm. 13).
53 K. König: *Über die menschliche Seele,* 2. Aufl., Stuttgart 1992, S. 63 ff.
54 H. Matthiolius: Temperamente, in: Husemann/Wolff: a.a.O. (Anm. 33), S. 80.
55 W. Holtzapfel: *Krankheitsepochen der Kindheit,* 4. Auflage, Stuttgart 1984, S. 37.
56 R. Steiner: *Heilpädagogischer Kurs,* 4. Vortrag, GA 317, Dornach 1995.
57 A.a.O. (Anm. 55).
58 R. Steiner: *Die gesunde Entwickelung des Menschwesens,* 9. Vortrag, GA 303, Dornach 1987.
59 H. Müller-Wiedemann: *Mitte der Kindheit,* 4. Auflage, Stuttgart 1994, S. 104 ff. Zum neunten Jahr und zum zweiten Jahrsiebt vgl. ferner H. Koepke: *Das neunte Lebensjahr,* Dornach 1985

(3. Aufl.), und H. Koepke: *Das zwölfte Lebensjahr*, Dornach 1989.
60 R. Steiner: *Von Seelenrätseln*, Ausg. 1917, Kap. IVb, GA 21, S. 235.
61 Ausführlicher bei R. Treichler: Grundzüge einer geisteswissenschaftlich orientierten Psychiatrie, in: F. Husemann / O. Wolff: *Das Bild des Menschen als Grundlage der Heilkunst*, Bd. III. Überarbeitete u. erweiterte 4. Aufl. Stuttgart 1993.
62 A.a.O. (Anm. 56).
63 R. Steiner: *Geisteswissenschaftliche Gesichtspunkte zur Therapie*, 4. Vortrag, GA 313, Dornach 2001.
64 R. Treichler: a.a.O. (Anm. 40).
65 W. Holtzapfel: a.a.O. (Anm. 55), S. 43 ff.
66 Ebd.
67 H. Müller-Wiedemann: a.a.O. (Anm. 59).
68 Ebd.
69 C. G. Jung: *Seelenprobleme der Gegenwart*, Olten / Freiburg 1973, S. 180 f. Zum Jugendalter vgl. ferner E. Spranger: *Psychologie des Jugendalters*, Heidelberg 1966. Zur Pubertät vgl. die weiterführende Darstellung von Henning Köhler: *Jugend im Zwiespalt*, Stuttgart 1999.
70 R. Steiner: a.a.O. (Anm. 58), 13. Vortrag.
71 K. Thomas: *Abriss der Entwicklungspsychologie*, Freiburg 1978, S. 178 ff.
72 R. Steiner: a.a.O. (Anm. 44), 19. Vortrag.
73 S. Leber, W. Schad, A. Suchantke: *Die Geschlechtlichkeit des Menschen*, 2. Aufl. Stuttgart 1989. Und M. Treichler: *Sprechstunde Psychotherapie*, Stuttgart 1993, S. 268 ff. Den darin enthaltenen Ausführungen zum Lebenslauf und zu den psychiatrischen Krankheitsbildern liegen zum Teil jedoch andere Auffassungen zugrunde, als sie hier entwickelt werden.
74 R. Steiner: a.a.O. (Anm. 56), 1. Vortrag.
75 A.a.O. (Anm. 61). S. 45 ff.
76 K. Thomas: a.a.O. (Anm. 71).

77 R. Steiner: *Aus der Akasha-Chronik,* GA 11, Dornach 1986, S. 75 ff.
78 R. Steiner: a.a.O. (Anm. 58), 13. Vortrag.
79 A.a.O. (Anm. 61).
80 O. Wolff: Das Nierensystem, in: Husemann/Wolff, a.a.O. (Anm. 61).
81 R. Steiner: *Menschenerkenntnis und Unterrichtsgestaltung,* GA 302, Dornach 1951, S. 72.
82 R. Steiner: *Die Erkenntnis des Übersinnlichen in unserer Zeit und deren Bedeutung für das heutige Leben,* GA 55, Dornach 1983, Vortrag vom 31.1.1907.
83 R. Steiner: a.a.O. (Anm. 47), Vortrag vom 1.11.1910.
84 K. König: a.a.O. (Anm. 53), S. 42 ff.
85 R. Steiner: *Rhythmen im Kosmos und im Menschenwesen,* Vortrag vom 6.6.1923, GA 350, Dornach 1991.
86 R. Treichler: a.a.O. (Anm. 61).
87 Husemann/Wolff: a.a.O. (Anm. 61), S. 45 ff.
88 R. Treichler: a.a.O. (Anm. 61).
89 R. Steiner: *Menschenwesen, Menschenschicksal und Weltentwickelung,* Vortrag vom 20.5.1923, GA 226, Dornach 1988.
90 R. Steiner: a.a.O. (Anm. 37), 2. Vortrag. Vgl. ferner E. Fucke: *Die Bedeutung der Fantasie,* 2. Aufl. Stuttgart 1981.
91 K. Fina, zit. nach Müller-Wiedemann: a.a.O. (Anm. 59), S. 119.
92 R. Steiner: a.a.O. (Anm. 58), 13. Vortrag.
93 Müller-Wiedemann: a.a.O. (Anm. 59), S. 152.
94 S. Freud: *Vorlesungen zur Einführung in die Psychoanalyse I,* Ausg. 1969, Frankfurt/Main, S. 48 und S. 365 f.
95 R. Steiner: a.a.O. (Anm. 58), 13. Vortrag.
96 R. Steiner: *Geisteswissenschaftliche Behandlung sozialer und pädagogischer Fragen,* 9. Vortrag, GA 192, Dornach 1991.
97 R. Steiner: a.a.O. (Anm. 47), Vortrag vom 2.11.1910.
98 R. Steiner: a.a.O. (Anm. 37), 7. Vortrag.
99 S. Leber: a.a.O. (Anm. 30), S. 120.
100 R. Steiner: a.a.O. (Anm. 47), Vortrag vom 2.11.1910.

101 R. Steiner: *Die Philosophie der Freiheit,* Kap. IV und V, GA 4, Dornach 1995.
102 F. W. Zeylmans v. Emmichoven: *Die menschliche Seele,* Basel 1953, S. 107.
103 C. Lindenberg: Vorstellen, Begehren und Urteilen. In: *Die Drei* 9/1976, S. 434.
104 R. Steiner: a.a.O. (Anm. 47), Vortrag vom 3.11.1910.
105 C. Lindenberg: a.a.O. (Anm. 103), S. 439.
106 R. Steiner: a.a.O. (Anm. 47), Vortrag vom 1.11.1910.
107 R. Steiner: *Erziehung und Unterricht aus Menschenerkenntnis,* GA 302a, Dornach 1993, Vortrag vom 21.6.1922.
108 Zeylmans van Emmichoven: a.a.O. (Anm. 102), S. 64.
109 R. Steiner: a.a.O. (Anm. 4), S. 42.
110 Ebd.
111 R. Steiner: a.a.O. (Anm. 47), Vortrag vom 3.11.1910.
112 R. Steiner: *Die Geheimwissenschaft im Umriss,* GA 13, Dornach 1989.
113 R. Steiner: a.a.O. (Anm. 6).
114 Ebd.
115 Ebd.
116 C. Bühler: a.a.O. (Anm. 23), S. 206 ff.
117 N. Glas: *Das Antlitz offenbart den Menschen,* Stuttgart 1963, S. 16.
118 Zit. nach E. Kretschmer: *Medizinische Psychologie,* Stuttgart 1975, S. 8.
119 C. Bühler: *Psychologie im Leben unserer Zeit,* Stuttgart/Hamburg 1962, S. 215 u. 245.
120 C. G. Jung: *Die Beziehungen zwischen dem Ich und dem Unbewussten,* Darmstadt 1938, S. 98 u. 206.
121 R. Steiner: *Menschenwerden, Weltenseele und Weltengeist,* 21. Vortrag, GA 206, Dornach 1991; *Das Johannes-Evangelium,* 12. Vortrag, GA 103, Dornach 1997. *Die Geheimnisse der Schwelle,* 6. Vortrag, GA 147.
122 R. Steiner: *Wie erlangt man Erkenntnisse der höheren Welten?,* GA 10, Ausg. 1922, S. 166.

123 F. Husemann: *Der Mensch und sein Genius,* Vortragswerk 1, 1962.
124 Ausführlicher in R. Treichler: *Schlafen und Wachen,* Stuttgart 1985.
125 P. v. d. Heide: Das Wesen des Ichs, in: *Therapie seelischer Erkrankungen aus anthroposophischer Sicht,* Stuttgart 1979, S. 39 ff.
126 Vgl. auch E. Fromm: *Die Kunst des Liebens,* Frankfurt / Berlin / Wien 1956, S. 39 ff.
127 E. Erikson: *Identität und Lebenszyklen,* Frankfurt/Main 1979, S. 124 u. 107.
128 B. Lievegoed: a.a.O. (Anm. 16), S. 50 ff.
129 N. Glas: *Jugendzeit und mittleres Lebensalter,* Stuttgart 1960, S. 6 ff. – D. Lauenstein: *Der Lebenslauf und seine Gesetze,* Stuttgart 1974, S. 56 u. 66 ff.
130 W. Hoerner: a.a.O. (Anm. 7), S. 209 ff.
131 R. Steiner: *Esoterische Betrachtungen karmischer Zusammenhänge.* Bd. VI, 1. Vortrag, GA 240, Dornach 1992.
132 B. Lievegoed: a.a.O. (Anm. 16), S. 68 ff.
133 C. Bühler: a.a.O. (Anm. 119), S. 264.
134 N. Glas: a.a.O. (Anm. 129).
135 H. Hahn: a.a.O. (Anm. 27), S. 90.
136 F. A. Kipp: *Die Evolution des Menschen im Hinblick auf seine lange Jugendzeit,* Stuttgart 1980 (2. Aufl. 1991).
137 R. Steiner: a.a.O. (Anm. 6).
138 R. Steiner: *Das Johannes-Evangelium im Verhältnis zu den drei anderen Evangelien,* 2. Vortrag, GA 112, Dornach 1984.
139 R. Steiner: a.a.O. (Anm. 13).
140 R. Steiner: Die Mission des Zornes, in: a.a.O. (Anm. 6).
141 R. Steiner: a.a.O. (Anm. 112), S. 33.
142 R. Steiner: a.a.O. (Anm. 47), Vortrag vom 27.10.1910.
143 H. Künkel: a.a.O. (Anm. 19), S. 56.
144 R. Steiner: Die Mission des Zornes, in: a.a.O. (Anm. 6).
145 R. Steiner: *Physiologisch-Therapeutisches auf Grundlage der*

Geisteswissenschaft, GA 314, Dornach 1989, Vortrag vom 27.10.1922.
146 R. Treichler: a.a.O. (Anm. 61).
147 R. Steiner: a.a.O. (Anm. 6).
148 G. Sheehy: a.a.O. (Anm. 20), S. 143 ff.
149 Ebd.
150 B. Lievegoed: a.a.O. (Anm. 16), S. 68 ff.
151 Ebd.
152 R. Steiner: a.a.O. (Anm. 51), S. 241.
153 Zu den Jahrsiebten in Goethes Leben vgl. F. Hiebel: *Goethe,* 2. Aufl. Stuttgart 1991; R.Treichler: *Metamorphosen im Lebenslauf,* Dornach 1984.
154 H. Künkel: a.a.O. (Anm. 19), S. 67.
155 R. Steiner: a.a.O. (Anm. 4), S. 43, sowie R. Steiner: Die Mission der Wahrheit, in: a.a.O. (Anm. 6).
156 R. Steiner: Die Mission des Zornes, in: a.a.O. (Anm. 6).
157 Ebd.
158 R. Steiner: a.a.O. (Anm. 13).
159 R. Steiner: *Menschliche und menschheitliche Entwickelungswahrheiten,* 1. Vortrag, GA 176, Dornach 1982.
160 R. Treichler: a.a.O. (Anm. 61).
161 Ebd.
162 R. Steiner: a.a.O. (Anm. 6).
163 R. Steiner: a.a.O. (Anm. 51), S. 159.
164 Luk. 2,51.
165 M. Moers: a.a.O. (Anm. 18), S. 60 ff.
166 R. Steiner: a.a.O. (Anm. 85).
167 C. Bühler: a.a.O. (Anm. 23), S. 209.
168 G. Sheehy: a.a.O. (Anm. 20), S. 251.
169 A. L. Vischer: *Seelische Wandlungen beim alternden Menschen,* Basel 1944, S. 215.
170 R. Steiner: Die Mission des Zornes, in: a.a.O. (Anm. 6).
171 C. Bühler: a.a.O. (Anm. 119), S. 215.
172 R. Steiner: a.a.O. (Anm. 4), S. 46.

173 R. Steiner: Die Mission der Wahrheit, in: a.a.O. (Anm. 6).
174 R. Steiner: Das Wesen des Egoismus, in: a.a.O. (Anm. 6).
175 Zit. nach C. Bühler: a.a.O. (Anm. 23), S. 280.
176 Ebd., S. 301.
177 Zit. nach R. Steiner: *Goethes Weltanschauung,* Ausg. 1918, S. 37.
178 Zit. nach C. Bühler: a.a.O. (Anm. 23), S. 301.
179 Zit. nach R. Steiner: a.a.O. (Anm. 177), S. 96.
180 F. Schiller: *Über die ästhetische Erziehung des Menschen,* 12., 14. und 18. Brief.
181 Zu diesen Beispielen vgl. H. E. Lauer: *Vom richtigen Altwerden,* Freiburg 1972, S. 93 ff.
182 R. Steiner: *Der irdische und der kosmische Mensch,* 4. Vortrag, GA 133, Dornach 1989.
183 R. Steiner: Die Mission der Wahrheit, in: a.a.O. (Anm. 6).
184 R. Steiner: Die Mission des Zornes, in: a.a.O. (Anm. 6).
185 M. Bürger: *Pathologische Physiologie,* Leipzig 1956, S. 619.
186 O. Wolff, in: Husemann/Wolff, a.a.O. (Anm. 33), S. 131.
187 W. Holtzapfel: a.a.O. (Anm. 55), S. 13 ff.
188 Ebd.
189 R. Steiner: *Philosophie und Anthroposophie,* GA 35, Dornach 1984, S. 415.
190 J. C. Hampe: *Sterben ist doch ganz anders,* Stuttgart 1975, S. 12.
191 R. Steiner: a.a.O. (Anm. 6).
192 R. Steiner: Die Mission der Andacht, in: a.a.O. (Anm. 6).
193 Ebd.
194 Zur Lebensmitte vgl. ferner G. Wehr: *Lebensmitte,* München 1991.
195 R. Steiner: *Aus dem mitteleuropäischen Geistesleben,* Vortrag vom 13.4.1916, GA 65, Dornach 2000.
196 George u. Gisela O'Neil: *Der Lebenslauf,* 2. Auflage, Stuttgart 1995.
197 B. Lievegoed: a.a.O. (Anm. 16).
198 R. Treichler: a.a.O. (Anm. 153).
199 H. v. Schroetter: Die Persönlichkeit des Infantilen, in: *Infantilismus. Psychologische Praxis,* Heft 16, Basel 1955, S. 43.

200 K. Heymann, in: ebd., S. 9.
201 H. Thomae, in: ebd., S. 40.
202 E. Kretschmer: *Medizinische Psychologie*, Stuttgart 1975, S. 148 und 163.
203 W. T. Winkler, in: a.a.O. (Anm. 199), S. 83 ff.
204 R. Treichler: a.a.O. (Anm. 61).
205 H. v. Schroetter: a.a.O. (Anm. 199).
206 R. Steiner: a.a.O. (Anm. 47), Vortrag vom 2.11.1910.
207 R. Steiner: a.a.O. (Anm. 37), 4. Vortrag.
208 P. Strunk, in: *Lehrbuch der speziellen Kinder- und Jugendpsychiatrie*, Berlin, Heidelberg, New York 1971, S. 157 ff.
209 H. Sedlmayr: *Verlust der Mitte*, Salzburg 1955.
210 I. Lutz: *Kinderpsychiatrie*, Zürich 1972, S. 364 ff. Zur Drogensucht vgl. ferner P. Kielholz und D. Ladewig: *Die Drogenabhängigkeit des modernen Menschen*, München 1972.
211 P. Strunk: a.a.O. (Anm. 208).
212 Novalis: Fragment 623.
213 W. Schmidbauer u. J. v. Scheidt: *Handbuch der Rauschdrogen*, Frankfurt/Main 1986, S. 9.
214 P. Strunk: a.a.O. (Anm. 208).
215 R. Steiner: a.a.O. (Anm. 44), 20. Vortrag.
216 A. Suchantke, in: *Bewusstseinserweiterung durch Drogen?*, Basel 1970, S. 32 ff. Im Zusammenhang der Sucht mit der seelischen Entwicklung vgl. R. Treichler: *Seelische Entwicklung und Sucht*, Stuttgart 1988.
217 W. Bühler: *Meditation als Erkenntnisweg. Bewusstseinserweiterung mit der Droge*, 4. Auflage, Stuttgart 1980, S. 30 ff.
218 H. R. Niederhäuser, in: *Bewusstseinserweiterung durch Drogen?*, a.a.O. (Anm. 216), S. 27.
219 A. Suchantke: a.a.O. (Anm. 216).
220 W. Bühler: a.a.O. (Anm. 217).
221 A. Suchantke: a.a.O. (Anm. 216).
222 Ebd.
223 W. Bühler: Die Suche nach dem Bild, S. 29 ff., in: *Rauschgift – Krieg*

gegen das Ich, Stuttgart 1980. Die Mitautoren, L. F. C. Mees und W. Schimpeler, schildern andere Aspekte der Drogenproblematik. Vgl. ferner O. Koob: *Droge und Suchtentstehung*, Soziale Hygiene, Bad Liebenzell 1981, und O. Koob: *Drogensprechstunde. Ein pädagogisch-therapeutischer Ratgeber*, Stuttgart 1990.
224 Ebd.
225 R. Steiner: *Geistige Wirkenskräfte im Zusammenleben von alter und junger Generation*, GA 217, Dornach 1988, 6. Vortrag.
226 Vgl. hierzu und zu den betreffenden Pflanzen L. F. C. Mees: *Rauschmittel – warum?*, Stuttgart 1975.
227 W. Bühler: a.a.O. (Anm. 217).
228 R. Steiner: *Natur und Mensch in geisteswissenschaftlicher Betrachtung*, GA 352, Dornach 1981, 8. Vortrag.
229 K. Heymann, in: *Bewusstseinserweiterung durch Drogen?*, a.a.O. (Anm. 216), S. 17.
230 R. Steiner: a.a.O. (Anm. 228).
231 R. Steiner: a.a.O. (Anm. 112).
232 L. F. C. Mees: a.a.O. (Anm. 226).
233 I. Lutz: a.a.O. (Anm. 210).
234 R. Steiner: a.a.O. (Anm. 13).
235 B. de Rudder, in: *Das Kind und die Zivilisation*, Köln 1959.
236 K. Heymann, in: a.a.O. (Anm. 199), S. 21.
237 H. Baacke / T. Scheer, in: a.a.O. (Anm. 199), S. 94.
238 R. Steiner: *Menschengeschichte im Lichte der Geistesforschung*, GA 61, Dornach 1983, Vortrag 23.11.1911.
239 R. Treichler: a.a.O. (Anm. 61).
240 R. Steiner: a.a.O. (Anm. 44), 4. Vortrag. Grundlegendes zu diesem und anderen Problemen der anthroposophischen Medizin vgl. H. Sieweke: *Anthroposophische Medizin*, Dornach 1982.
241 B. Lievegoed: a.a. O. (Anm. 16), S. 125 ff.; und K. J. Fintelmann: *Die Hibernia-Schule als Modell einer Gesamtschule*, Stuttgart 1969.
242 Vgl. M. Glöckler: *Elternsprechstunde*, Stuttgart 1989.
243 R. Steiner: a.a.O. (Anm. 58), 12. Vortrag.

244 A. L. Vischer: a.a.O. (Anm. 169).
245 K. Horney: *Der neurotische Mensch unserer Zeit*, Stuttgart 1951, S. 33 ff.
246 K. König: a.a.O. (Anm. 84).
247 F. W. Zeylmans van Emmichoven: *Gespräche über die Hygiene der Seele*, Arlesheim 1957, S. 192.
248 K. Horney: a.a.O. (Anm. 245), S. 88.
249 H. Hessenbruch: *Angst und Furcht*, Ahrweiler 1952, S. 14.
250 R. Treichler: a.a.O. (Anm. 61).
251 Zit. nach K. König, a.a.O. (Anm. 84).
252 Weiteres zur Angst und ihren Stadien bei H. Köhler: *Vom Rätsel der Angst. Wo die Angst begründet liegt und wie wir mit ihr umgehen können*, Stuttgart 2000.
253 R. Steiner: *Weltenwunder, Seelenprüfungen und Geistesoffenbarungen*, GA 129, Dornach 1995, 10. Vortrag.
254 Vgl. P. v.d. Heide: a.a.O. (Anm. 125).
255 S. Freud: *Theoretische Schriften*, Wien 1931, S. 363.
256 R. Steiner: a.a.O. (Anm. 253).
257 G. Kühlewind: *Das Leben der Seele zwischen Überbewusstsein und Unterbewusstsein*, 2. Auflage, Stuttgart 1986.
258 R. Steiner: a.a.O. (Anm. 51), S. 17.
259 R. Steiner: Die Mission des Zornes, in: a.a.O. (Anm. 6).
260 K. Horney: a.a.O. (Anm. 245), S. 175.
261 R. Steiner: Das Wesen des Egoismus, in a.a.O. (Anm. 6).
262 V. E. Frankl: *Anthropologische Grundlagen der Psychotherapie*, Bern 1975, S. 13 ff.
263 V. E. Frankl: *Die Heimholung der Psychotherapie in der Medizin. Acta psychotherap.* 1962.
264 Ebd.
265 V. E. Frankl: a.a.O. (Anm. 262).
266 Ebd., S. 256.
267 Ebd. S. 364 ff.
268 R. Steiner: a.a.O. (Anm. 101).
269 R. Steiner: a.a.O. (Anm. 44), 16. Vortrag.

270 R. Steiner: a.a.O. (Anm. 47), Vortrag vom 4.11.1910.
271 R. Steiner: *Individuelle Geistwesen und ihr Wirken in der Seele des Menschen,* GA 178, Dornach 1992, Vortrag 10.11.1917.
272 R. Steiner: a.a.O. (Anm. 238).
273 Ebd.
274 R. Steiner: Das Wesen des Egoismus, in: a.a.O. (Anm. 6).
275 R. Steiner: Die Mission des Zornes, in: a.a.O. (Anm. 6).
276 R. Steiner: Der menschliche Charakter, in: a.a.O. (Anm. 6).
277 R. Steiner: a. a. O. (Anm. 112), S. 319 ff.; Praktische Ausbildung des Denkens, Einzelausgabe, Dornach 1993; Nervosität und Ichheit, Einzelausgabe, Dornach 1994. Zur Wirkung auf die einzelnen Seelenglieder vgl. O. Koob: *Erkennen und Heilen,* 2. Auflage, Stuttgart 1984.
278 R. Steiner: a.a.O. (Anm. 122), S. 99.
279 R. Steiner: Praktische Ausbildung des Denkens, a.a.O. (Anm. 277).
280 R. Steiner: a.a.O. (Anm. 101).
281 R. Steiner: a.a.O. (Anm. 47), Vortrag vom 3.11.1910.
282 Ebd.
283 Martin Luther King: *Das Haus der Welt,* zit. nach B. Nordmeyer: *Sternkalender,* Dornach 1980.
284 R. Steiner: a.a.O. (Anm. 225), 1. Vortrag.
285 N. Glas: a.a.O. (Anm. 129), S. 39 f.
286 G. Sheehy: a.a.O. (Anm. 20).
287 R. Steiner: a.a.O. (Anm. 159).
288 Unter Mitbenutzung eines Vortrags von N. Glas an der Tagung der Gesellschaft anthroposophischer Ärzte, Teinach 1977.
289 J. Lusseyran: Gegen die Verschmutzung des Ich, in: ders.: *Ein neues Sehen der Welt,* 2. Aufl. Stuttgart 1995.
290 G. Sheehy: a.a.o. (Anm. 20), S. 303.
291 J. Bodamer: *Der Mensch ohne Ich,* Freiburg 1958, S. 105.
292 R. Guardini: a.a.O. (Anm. 15), S. 40.
293 R. Steiner: Die Mission des Zornes, in: a.a.O. (Anm. 6).
294 R. Steiner: a.a.O. (Anm. 159).

295 H. E. Lauer: a.a.O. (Anm. 181), S. 44.
296 R. Steiner: a.a.O. (Anm. 159).
297 R. Steiner: a.a.O. (Anm. 51), S. 126.
298 R. Steiner: a.a.O. (Anm. 6).
299 Zu den Phänomenen und zur Häufigkeit vgl. H. Richter / D. Beckmann: *Herzneurose*, Stuttgart 1969, S. 19 ff.
300 H. Kleinsorge / W. Klumbies: *Psychotherapie in Klinik und Praxis*, München / Berlin 1959, S. 10 ff.
301 W. Bräutigam / P. Christians: *Psychosomatische Medizin*, Stuttgart 1975, S. 105ff.
302 H. Kleinsorge / W. Klumbies: a.a.O. (Anm. 300).
303 W. Bräutigam / P. Christians: , a.a.O. (Anm. 301), S. 138 ff.
304 H. Richter / D. Beckmann: a.a.O. (Anm. 299).
305 R. Steiner: *Die soziale Grundforderung unserer Zeit*, GA 186, Dornach 1990, 4. Vortrag.
306 R. Steiner: *Initiationserkenntnis*, GA 227, Dornach 2000, 6. Vortrag.
307 R. Steiner: a.a.O. (Anm. 305), 5. Vortrag.
308 R. Steiner: a.a.O. (Anm. 96).
309 Goethes Gespräche mit Eckermann aus dem Jahr 1828.
310 R. Steiner: a.a.O. (Anm. 96), 11. Vortrag.
311 K. Mayer: Zur Psychopathologie vorzeitiger Versagenszustände, in: *Zur Psychologie der Lebenskrisen*, Frankfurt am Main 1962, S. 167.
312 H. Schreiber: *Die Krise in der Mitte des Lebens*, München 1977, S. 141.
313 B. Lievegoed: a.a.O. (Anm. 16), S. 75.
314 C. Bühler: a.a.O. (Anm. 119), S. 294.
315 F. Dubitscher: *Lebensschwierigkeiten und Selbsttötung*, Stuttgart 1971, S. 12.
316 G. Sheehy: a.a.O. (Anm. 20), S. 267 f.
317 N. Glas: a.a.O. (Anm. 129), S. 131.
318 R. Steiner: *Friedrich Nietzsche*, Ausgabe Dornach 1926, GA 5, S. 178 ff.

319 Ausführlicher in R. Treichler: *Friedrich Hölderlin. Leben und Dichtung, Krankheit und Schicksal.* Stuttgart 1987. Dort auch die weitere Literatur.

320 W. Blankenburg in: *Schweizer Archiv für Neurologie und Psychiatrie,* 90/2, 1967.

321 R. Treichler: a.a.O. (Anm. 319).

322 R. Treichler: Friedrich Hölderlin – Krankheit und Dichtung. Zu dem Buch von P. Bertaux: Friedrich Hölderlin, in: *Die Drei* 7-8/1979.

323 R. Steiner: a.a.O. (Anm. 6).

324 F. Husemann / O. Wolff: a.a.O. (Anm. 33).

325 R. Steiner: a.a.O. (Anm. 112), Kap. Der Lebenslauf des Menschen.

326 R. Treichler: Vom Wesen der Neurasthenie, in: *Anthroposophie und Medizin,* Dornach 1963.

327 R. Steiner: a.a.O. (Anm. 112).

328 R. Steiner: a.a.O. (Anm. 122), S. 50.

329 R. Steiner: a.a.O. (Anm. 238).

330 R. Steiner: a.a.O. (Anm. 145).

331 R. Steiner: *Meditative Betrachtungen und Anleitungen zur Vertiefung der Heilkunst,* 2. Vortrag (3.1.1924), GA 316, Dornach 1987.

332 W. Bräutigam / P. Christians: a.a.O. (Anm. 301), S. 179; J. Rattner: *Psychosomatische Medizin heute,* Zürich / Stuttgart 1969, S. 81 ff.

333 R. Steiner, in A. G. Degenaar: *Krankheitsfälle,* Manuskriptdruck für Ärzte, S. 75.

334 R. Steiner: a.a.O. (Anm. 145), S. 236.

335 R. Steiner: a.a.O. (Anm. 331), Osterkurs, 5. Vortrag.

336 Zum genauen Wortlaut, der in eine Meditation für Ärzte ausklingt, vgl. ebd., Weihnachtskurs, 8. Vortrag.

337 R. Steiner: a.a.O. (Anm. 145), S. 204.

338 R. Steiner: a.a.O. (Anm. 145).

339 R. Steiner: *Die Ergänzung heutiger Wissenschaften durch Anthroposophie,* GA 73, Dornach 1987, S. 290 ff.

340 R. Steiner: a.a.O. (Anm. 56), 1. Vortrag.
341 Siehe z.B. ebd., 1. Vortrag («feiner Leber-Defekt»).
342 R. Steiner: *Wie kommt man zum Schauen in der geistigen Welt?*, Ausgabe Dornach 1949, GA 350, S. 5.
343 R. Steiner: a.a.O. (Anm. 145).
344 R. Steiner: a.a.O. (Anm. 44), 20. Vortrag.
345 Ebd., 13. Vortrag.
346 R. Steiner: a.a.O. (Anm. 145).
347 R. Steiner: *Die Erneuerung der pädagogisch-didaktischen Kunst durch Geisteswissenschaft* (Fragenbeantwortung), GA 301, Dornach 1991.
348 R. Steiner: a.a.O. (Anm. 145).
349 Ebd.
350 Vgl. auch R. Steiner / I. Wegman: a.a.O. (Anm. 43), S. 73f.
351 R. Steiner: a.a.O. (Anm. 60), Kap. IV, 6.
352 R. Steiner: a.a.O. (Anm. 44), 13. Vortrag.
353 R. Steiner: *Menschenwerden, Weltenseele und Weltengeist*, GA 205, Dornach 1987, Vortrag vom 2.7.1921.
354 Ebd.
355 R. Steiner: *Krankheit und Entwicklungsgeschehen*, Ausgabe Dornach 1947, GA 58/59, S. 58.
356 W. Bühler: a.a.O. (Anm. 35).
357 R. Treichler: Von einer Psychologie der Organe zu einer organischen Behandlung psychischer Störungen, in: *Anthroposophisch-medizinisches Jahrbuch*, Dornach 1952.
358 R. Steiner: a.a.O. (Anm. 347).
359 R. Steiner: a.a.O. (Anm. 331), Weihnachtskurs, 1. Vortrag.
360 R. Steiner: a.a.O. (Anm. 331), Weihnachtskurs, 8. Vortrag.
361 R. Steiner: a.a.O. (Anm. 44), 13. Vortrag.
362 K. Jaspers: *Strindberg und van Gogh*, München 1926, 2. Aufl. 1977.
363 R. Steiner: *Die Offenbarungen des Karma*, 5. Vortrag, GA 120, Dornach 1992.
364 P. v. d. Heide / W. Priever: *Das therapeutische Gespräch*, Stuttgart 1980.

365 M. Treichler: a.a.O. (Anm. 73).
366 F. Husemann / O. Wolff: a.a.O. (Anm. 61).
367 Weitere Ausführungen in: W. Bühler (Hrsg.): *Soziale Hygiene,* Stuttgart 1973, S. 13-46. Vgl. ferner H. Buddemeier: *Illusion und Manipulation. Die Wirkung von Film und Fernsehen auf Individuum und Gesellschaft,* Stuttgart 1987.
368 R. Treichler: a.a.O. (Anm. 61).
369 E. Kretschmer: a.a.O. (Anm. 202), S. 204.
370 G. Nissen, in: *Lehrbuch der speziellen Kinder- und Jugendpsychiatrie,* a.a.O. (Anm. 208), S. 60 ff.
371 R. Steiner: *Grenzen der Naturerkenntnis,* 5. Vortrag, GA 322, Dornach 1981.
372 W. Bräutigam / P. Christians: a.a.O. (Anm. 301), S. 160.
373 O. Wolff: Das Nierensystem, in: a.a.O. (Anm. 61).
374 R. Steiner: a.a.O. (Anm. 145), S. 203.
375 R. Treichler: a.a.O. (Anm. 61).
376 R. Steiner: a.a.O. (Anm. 44), 11. Vortrag.
377 R. Steiner: a.a.O. (Anm. 353).
378 E. Bleuler: *Lehrbuch der Psychiatrie,* neu bearbeitet von M. Bleuler, Berlin 1975, S. 527.
379 R. Steiner: a.a.O. (Anm. 44), 16. Vortrag.
380 R. Steiner: a.a.O. (Anm. 56), 5. Vortrag.
381 G. Nissen, in: *Lehrbuch der speziellen Kinder- und Jugendpsychiatrie,* a.a.O. (Anm. 208), S. 71.
382 H. Müller-Wiedemann: a.a.O. (Anm. 59), S. 20 ff.
383 R. Steiner: a.a.O. (Anm. 56), 4. Vortrag.
384 R. Steiner: Der Irrsinn vom Standpunkt der Geisteswissenschaft, in: a.a.O. (Anm. 82).
385 V. E. Frankl: *Das Menschenbild der Seelenheilkunde,* Stuttgart 1959, S. 38f.
386 R. Steiner: a.a.O. (Anm. 56), 4. Vortrag.
387 R. Steiner: a.a.O. (Anm. 353).
388 R. Steiner: a.a.O. (Anm. 331).
389 R. Steiner: a.a.O. (Anm. 271).

390 R. Steiner / I. Wegman: a.a.O. (Anm. 43), 2. Kap.
391 G. Nissen: a.a.O. (Anm. 208), S. 76.
392 E. Kretschmer: *Hysterie, Reflex und Instinkt*, Stuttgart 1958, S. 34 ff.
393 W. Holtzapfel: *Seelenpflegebedürftige Kinder I*, Dornach 1976. 3. Aufl. 1982, S. 79 ff.
394 G. Nissen: a.a.O. (Anm. 208), S. 276.
395 E. Kretschmer: a.a.O. (Anm. 392).
396 R. Steiner: a.a.O. (Anm. 44), 2. Vortrag.
397 R. Steiner: a.a.O. (Anm. 145), S. 35.
398 R. Steiner: a.a.O. (Anm. 63), 9. Vortrag.
399 E. Kretschmer: a.a.O. (Anm. 392).
400 S. Mentzos: Hysterie, in: *Psychologie des 20. Jahrhunderts. Psychiatrie Bd. 2*, Weinheim u. Basel 1983.
401 Weitere Ausführungen und Begründungen vgl. R. Treichler: *Vom Wesen der Hysterie*, Stuttgart 1964.
402 Zum folgenden Kapitel vgl. W. Bräutigam / P. Christians: a.a.O. (Anm. 301), S. 245 ff. In seinem Aufsatz: Behandlung der Pubertätsmagersucht (in: *Beiträge ...*, Heft 4/1980) geht J. Bockemühl besonders auf entwicklungspsychologische Gesichtspunkte, darunter vor allem auf die gestörte Atemreife, ein. Auch die Therapie wird dort ausführlicher dargestellt, als dies hier möglich ist. Die umfassendste Darstellung gibt H. Köhler: *Die stille Sehnsucht nach Heimkehr*, Stuttgart 1995.
403 Vgl. J. Bockemühl: a.a.O. (Anm. 402).
404 Zu den Stoffwechselstörungen bei Epilepsie vgl. H. Selbach: Die cerebralen Anfallsleiden, in: *Handbuch der inneren Medizin*, Berlin 1953.
405 Ebd.
406 Ebd.
407 R. Steiner: a.a.O. (Anm. 56), 3. Vortrag.
408 U. H. Peters: Die Epilepsie als psychisches Leiden, in: *Psychologie des 20. Jahrhunderts. Psychiatrie Bd. 1*, Weinheim u. Basel 1983.

409 H. Selbach: a.a.O. (Anm. 404).
410 W. Schulte: Epilepsie und ihre Randgebiete, in: *Klinik und Praxis*, München 1964, S. 155.
411 W. Holtzapfel: a.a.O. (Anm. 393), S. 61 ff.
412 H. J. Weitbrecht: *Psychiatrie im Umriss*, Berlin 1973, S. 282.
413 E. Kretschmer: *Körperbau und Charakter*, Berlin 1944, 2. und 13. Kap.
414 H. Selbach: a.a.O. (Anm. 404).
415 R. Steiner: a.a.O. (Anm. 56), 2. Vortrag.
416 G. Huber / H Penin, in: *Psychiatrie der Gegenwart*, Berlin 1973, S. 644.
417 Weitere Ausführungen, Begründungen und Literatur vgl. R. Treichler: *Vom Wesen der Epilepsie*, Stuttgart 1991.
418 E. Kretschmer: a.a.O. (Anm. 413).
419 E. Bleuler: a.a.O. (Anm. 378), S. 409.
420 R. Steiner: a.a.O. (Anm. 122), S. 183.
421 D. Richter: *Schizophrenie. Somatische Gesichtspunkte*, Stuttgart 1957, S. 55.
422 Zu den verschiedenen Möglichkeiten, die Entstehung eines Wahns zu verstehen, vgl. P. Berner: Zur Psychologie des Wahns, in: *Psychologie des 20. Jahrhunderts. Psychiatrie Bd. 1*, Weinheim u. Basel 1983, S. 515 f.
423 Vgl. M. Treichler, in: *Der krebskranke Mensch in der anthroposophischen Medizin. Eine Hilfe zum Verständnis und Umgang mit der Krankheit*, Stuttgart 1989, S. 93.
424 R. Steiner: a.a.O. (Anm. 353), 3.Vortrag.
425 R. Steiner: a.a.O. (Anm. 355).
426 *Psychiatrie der Gegenwart 4*, Berlin / New York 1987, S. 18 und 301.
427 R. Steiner: a.a.O. (Anm. 63), 6. Vortrag.
428 R. Steiner: a.a.O. (Anm. 44), 13. Vortrag.
429 R. Steiner: a.a.O. (Anm. 353).
430 Zit. nach *Fortschritte der Neurologie und Psychiatrie*, S. 475/9, 1962.

431 M. Bleuler: *Die schizophrenen Geistesstörungen*, Berlin 1972, S. 532.
432 E. Bleuler: a.a.O. (Anm. 378) S. 447.
433 E. Kretschmer: a.a.O. (Anm. 413), S. 332 ff.
434 R. Steiner: a.a.O. (Anm. 44), 16. Vortrag.
435 Ebd., 2. Vortrag.
436 E. Bleuler: *Lehrbuch der Psychiatrie*, Berlin 1930, S. 326.
437 R. Steiner: a.a.O. (Anm. 82).
438 R. Steiner: Der Mensch als Gedankenwesen, in: a.a.O. (Anm. 353).
439 R. Steiner: a.a.O. (Anm. 63), 9. Vortrag.
440 R. Steiner: a.a.O. (Anm. 342).
441 R. Laing: *Phänomenologie der Erfahrung*, Frankfurt/M. 1975, S. 122 ff.
442 R. Steiner: a.a.O. (Anm. 353), 3. Vortrag.
443 R. Steiner: *Die Stufen der höheren Erkenntnis*, GA 12, Dornach 1959, S. 25.
444 H. Poppelbaum: *Im Kampf um ein neues Bewusstsein*, Freiburg i. Br. 1948, S. 79.
445 R. Steiner: a.a.O. (Anm. 122), S. 112.
446 F. Husemann: Psychiatrische Fragen vom Gesichtspunkt der Anthroposophie, in: *Änigmatisches in Kunst und Wissenschaft*, Stuttgart 1922, S. 307 ff.
447 Weitere Ausführungen und Literatur zur Schizophrenie in R. Treichler: *Der schizophrene Prozess. Beiträge zu einer erweiterten Pathologie und Therapie*, 2. Aufl. Stuttgart 1981. Die letzten Abschnitte sind teilweise jenem Buch entnommen.
448 R. Steiner: a.a.O. (Anm. 363), 8. Vortrag.
449 W. Schulte: *Über das Wesen melancholischen Erlebens und die Möglichkeiten der Beeinflussung*, Stuttgart 1965, S. 83ff.
450 Zur Phänomenologie und zum Wesen der Manie vgl. W. Blankenburg: Manie, in: *Almanach f. Neurologie u. Psychiatrie* 1961. Zur Melancholie vgl. H. Tellenbach: *Melancholie*, 3. Aufl. Berlin 1983. In der Vorgeschichte wird zwar von Tellenbach, ne-

ben anderem, die Über-Gewissenhaftigkeit geschildert («Typus melancholicus»), das Schwernehmen jedoch – im Gegensatz zu anderen Autoren – nicht besonders vermerkt.

451 H. Kleinsorge / W. Klumbies: a.a.O. (Anm. 300), S. 108.
452 O. Wolff, in: Husemann / Wolff: a.a.O. (Anm. 61), S. 19 ff.
453 R. Steiner: a.a.O. (Anm. 342).
454 H. Kleinsorge / W. Klumbies: a.a.O. (Anm. 300), S. 108.
455 R. Steiner: a.a.O. (Anm. 44), 20. Vortrag.
456 R. Steiner: a.a.O. (Anm. 56), 4. Vortrag.
457 G. Wachsmuth: *Erde und Mensch,* Konstanz 1952, (4. Aufl. Dornach 1980), Kap. VIII. Zum Verhalten der Wesensglieder vgl. auch R. Treichler: a.a.O. (Anm. 124).
458 *Psychiatrie der Gegenwart,* S. 260.
459 Ebd., S. 262.
460 E. Bleuler: a.a.O. (Anm. 378), S. 471.
461 R. Steiner: a.a.O. (Anm. 353).
462 W. Schulte: a.a.O. (Anm. 449).
463 *Ärztliche Praxis,* 28.12.1976.
464 O. Koob: *Die dunkle Nacht der Seele,* 2. Aufl. Stuttgart 1995, S. 85 ff. In dem sonst reichhaltigen Literaturverzeichnis des Buches werden allerdings Quellenangaben zur anthroposophischen Psychiatrie vermisst.
465 R. Treichler: a.a.O. (Anm. 61); ders.: a.a.O. (Anm. 357).
466 W. Holtzapfel: *Im Kraftfeld der Organe,* Dornach 1989, (2. Aufl. 1990).
467 Ebd.
468 I. H. Schultz im *Handbuch der Neurosenlehre und Psychotherapie,* Der medizinisch-psychologische Gesichtspunkt, München / Berlin 1959, S. 247.
469 Zu den hier dargestellten Grundlagen vgl. ferner das psychiatrische Kapitel von H. Lauer in: *Anthroposophische Medizin,* Stuttgart 1993, S. 131. Das Kapitel ist insofern besonders lehrreich, als es erkennen lässt, wie weit bzw. wie wenig weit man kommt, wenn man, wie die Autorin, versucht, durch die

Dreigliederung allein seelisches Erkranken zu erklären, ohne die vier Organsysteme zu berücksichtigen.
470 R. Treichler: a.a.O. (Anm. 124).
471 R. Steiner: *Das Hereinwirken geistiger Wesenheiten in den Menschen*, GA 102, Dornach 2001, 11. Vortrag (11.6.1908).
472 J. Beuys: *Jeder Mensch ein Künstler*, Frankfurt/Main 1975.
473 R. Steiner: a.a.O. (Anm. 471).
474 M. Hauschka: *Zur künstlerischen Therapie*, Boll 1971; dies.: *Zur künstlerischen Therapie, Bd. II: Wesen und Aufgaben der Maltherapie*, Boll 1978. Grundlegendes ferner bei P. v. d. Heide: *Zur künstlerischen Therapie, Bd. III*, Boll 1978.
475 R. Treichler: a.a.O. (Anm. 61).
476 R. Steiner: a.a.O. (Anm. 471).
477 M. Hauschka: *Zur künstlerischen Therapie*, Boll 1971.
478 M. Hauschka: *Wesen und Aufgabe der Maltherapie*, Boll 1978.
479 Ebd.
480 R. Steiner: a.a.O. (Anm. 471).
481 Vgl. zum Folgenden auch E. Schwebsch: *Zur ästhetischen Erziehung des Menschen*, Stuttgart 1954.
482 Zu einer anthroposophisch orientierten Musiktherapie vgl. *Erziehen und Heilen durch Musik*, hrsg. von G. Beilharz, Stuttgart 1988; und das *Merkblatt zur Sozialen Hygiene* von R. Jacobs: *Musiktherapie*.
483 R. Steiner: a.a.O. (Anm. 471).
484 Ebd.
485 R. Steiner: *Die Entstehung und Entwicklung der Eurythmie*, Dornach 1965, S. 111.
486 G. Clauser: *Die vorgeburtliche Entstehung der Sprache als anthropologisches Phänomen*, Stuttgart 1971.
487 R. Steiner: *Sprachgestaltung und dramatische Kunst*, GA 282, Dornach 1981; K. König / G. von Arnim / U. Herberg: *Sprachverständnis und Sprachbehandlung*. Stuttgart 1986; A. Lorenz-Poschmann: *Therapie durch Sprachgestaltung*. Dornach 1981.
488 R. Steiner: *Heileurythmie*, GA 315, Dornach 1966; M. Kirchner-

Bockholt: *Grundelemente der Heileurythmie,* Dornach 1972; R. Treichler: Heileurythmie in der Psychiatrie, in: *Arzt und Heileurythmie,* 2. Aufl. Dornach 1984.
489 F. Graf v. Bothmer: *Gymnastische Erziehung,* Stuttgart 1989.
490 R. Steiner: *Die Welt der Sinne und die Welt des Geistes,* GA 134, Dornach 1990, 1. Vortrag.
491 R. Steiner: a.a.O. (Anm. 58), 4. Vortrag.
492 R. Steiner: a.a.O. (Anm. 112).
493 R. Steiner: *Die pädagogische Praxis vom Gesichtspunkte geisteswissenschaftlicher Menschenerkenntnis,* GA 306, Dornach 1989, Vortrag vom 16.4.1923.
494 R. Steiner: *Geisteswissenschaft und die Lebensforderungen der Gegenwart,* Dornach 1950, S. 40 ff.
495 R. Steiner: An die Mitglieder VII, 2. März 1924, in: *Die Konstitution der Allgemeinen Anthroposophischen Gesellschaft,* GA 260a, Dornach 1987.
496 R. Steiner: a.a.O. (Anm. 306), 3. Vortrag.
497 G. Kühlewind: *Die Wahrheit tun,* 2. Aufl. Stuttgart 1982, S. 68 ff.
498 R. Steiner: *Wie erwirbt man sich Verständnis für die geistige Welt?,* GA 154, Dornach 1985, S. 67.
499 R. Steiner: a.a.O. (Anm. 159), 4. Vortrag.
500 G. Kühlewind: a.a.O. (Anm. 497).
501 R. Steiner: *Anthroposophische Leitsätze,* 1. Leitsatz. GA 26, Dornach 1998.
502 R. Steiner: a.a.O. (Anm. 122), S. 26.
503 R. Steiner: a.a.O. (Anm. 145), Vortrag vom 26.10.1922.
504 R. Steiner: a.a.O. (Anm. 101), S. 97 u. 136.
505 H. Witzenmann: *Intuition und Beobachtung II,* Stuttgart 1978, S. 25.
506 R. Steiner: *Die Schwelle der geistigen Welt,* Ausg. 1935, GA 17, S. 23 f.
507 P. E. Schiller: *Der anthroposophische Schulungsweg,* Dornach 1979, S. 68 u. 113.
508 R. Steiner: a.a.O. (Anm. 306), 2. Vortrag.

509 R. Steiner: a.a.O. (Anm. 238).
510 R. Steiner: a.a.O. (Anm. 82), Vortrag vom 14.2.1907.
511 R. Steiner: a.a.O. (Anm. 306), 2. Vortrag.
512 Ebd., 1. Vortrag.
513 Ebd.
514 Ebd., 2. Vortrag.
515 R. Steiner: a.a.O. (Anm. 305), 4. Vortrag.
516 Ebd.
517 R. Steiner: *Die Kernpunkte der Sozialen Frage,* GA 23, Dornach 1976.
518 R. Steiner: a.a.O. (Anm. 305), 5. Vortrag.
519 R. Steiner: *Welche Bedeutung hat die okkulte Entwickelung des Menschen für seine Hüllen und sein Selbst?*, GA 145, Dornach 1986, 10. Vortrag.
520 R. Steiner: a.a.O. (Anm. 145), Vortrag vom 26.10.1922.
521 R. Steiner: a.a.O. (Anm. 519).
522 Ebd.
523 R. Steiner: a.a.O. (Anm. 112).
524 R. Steiner: a.a.O. (Anm. 37), 6. Vortrag.
525 R. Steiner: a.a.O. (Anm. 306), 2. Vortrag.
526 R. Steiner: a.a.O. (Anm. 44), 11. Vortrag.
527 R. Steiner: a.a.O. (Anm. 145), Vortrag vom 26.10.1922.
528 P. E. Schiller: a.a.O. (Anm. 507), S. 128.
529 R. Steiner: a.a.O. (Anm. 519).
530 Ebd.
531 R. Steiner: *Was wollte das Goetheanum und was soll die Anthroposophie?*, GA 84, Dornach 1986, S. 230 ff.
532 R. Steiner: a.a.O. (Anm. 145), Vortrag vom 26.10.1922.
533 R. Steiner: a.a.O. (Anm. 112).
534 R. Steiner: a.a.O. (Anm. 531).
535 R. Steiner: a.a.O. (Anm. 519).
536 Ebd.
537 R. Steiner: a.a.O. (Anm. 306), 2. Vortrag.
538 R. Steiner: a.a.O. (Anm. 4), S. 52.

539 R. Steiner: a.a.O. (Anm. 443), S. 39 ff.
540 R. Steiner: a.a.O. (Anm. 371), 8. Vortrag.
541 R. Steiner: a.a.O. (Anm. 519).
542 Ebd.
543 R. Steiner: Der Lebenslauf des Menschen vom geisteswissenschaftlichen Gesichtspunkt, in: a.a.O. (Anm. 82).
544 R. Steiner: a.a.O. (Anm. 371), 6. Vortrag.
545 Ebd.
546 Novalis, Fragment Nr. 1625. (Näher eingegangen wird auf den ärztlichen Aspekt in R. Treichler: Vom inneren Weg des Arztes, in: *Beiträge zu einer Erweiterung der Heilkunst*, 2/1983.)
547 R. Steiner: *Das Initiatenbewusstsein*, Ausgabe Dornach 1960, GA 243, S. 137 ff.
548 R. Steiner: a.a.O. (Anm. 112). R. Treichler: Lebenslauf, Seelenentwicklung und seelische Störungen III, in: *Das Goetheanum*, 5.12.1976. R. Treichler: Seelische Entwicklung und geistige Schulung, in: J. Smit, G. Kühlewind, R. Treichler, C. Lindenau: *Freiheit erüben*, Stuttgart 1988 (2. Aufl. 1991). Zum Schulungsweg und zur Entwicklung der Wesensglieder vgl. außerdem B. Lievegoed: *Der Mensch an der Schwelle*, 5. Aufl. Stuttgart 2002; und F. Carlgren: *Der anthroposophische Erkenntnisweg*, Stuttgart 1995.

Register

Abbau des Leibes,
überwiegender Abbau 29,
99 ff., 202 f., 211, 218
Aggression, Aggressivität 110,
113, 146, 179, 255
Alkoholismus 119 f., 167
Allergie, körperliche und
seelische 259
Alter 170, 186, 202 ff., 211
Altersweisheit 168, 186
Angst 37, 143 ff., 159, 175,
179 ff., 253 f., 257
Alzheimersche Krankheit 204
Anlage, angeborene 219, 272
Anthroposophie 11, 413, 420
Antipathie 37 f., 44, 56, 79, 85,
115, 147, 160, 182 f., 258, 416 f.
antisoziale Triebe der
Bewusstseinsseele 427
Archetypen (C. G. Jung) 65
asthenisch, asthenische Konstitution 112, 114, 262, 327
Asthma 259
Atheismus 171, 206
Atmung, äußere A., Atmung der
Lunge 258 f., 392, 431

Atmung, innere A., «Atmung»
des Ich 67, 217, 258 f., 393
Aufbau des Leibes, überwiegender Aufbau 20, 99 f., 204
Autismus 312

Beethoven, Ludwig van
(Lebensmitte) 96 f.
Begabungen im
Lebenslauf 163 f.
Begehren 49, 51, 53, 56 ff., 73,
77, 115 ff., 124, 152, 158, 163,
167, 276
Beruf, Berufswahl 70, 81
Besinnungsrückschau
(Übung) 183
Bestellungswahn (im Alter) 202,
205
Bewegungsstürme 44, 276
Bildhunger 123
Biografie, Biografik 17, 23, 69,
199
Blei 210
Blick (des Kranken) 239
Blutarmut, seelische 116
Blutkreislauf 217, 395

Bruckner, Anton
  (Schlaferlebnisse) 382

Cerebralsklerose 204
Chaos, seelisches 118, 239
Charakterentwicklung
  durch Gefühls- und
  Willensbildung 132
cholerisches Temperament 67,
  87, 355
cyclothym 350, 362

Dante (die Lebensmitte) 96
Deformation des Organs 218,
  221
degenerative Krankheiten,
  körperliche und seelische 204,
  210, 222, 226, 228
Dementia praecox 325
  epidemische 173
Denken 29, 36, 43, 47, 85 f.,
  103 f., 132, 152, 157 f., 174,
  181, 223, 423
Depression und Manie
– cholerisches Temperament
  (Entartung bei Manie) 355
– Formen der Depression
  endogene Depression 221,
  226, 237, 351, 356, 359
  Erschöpfungsdepression 368
  klimakterische
  Depression 368
  larvierte Depression 368
  neurotische Depression 367
  reaktive Depression 367, 373
– Gewissensnot 363
– hypomanische Schwankung,
  Übermut 350
– Lebenssucht (bei Manie) 354
– Leberstörungen 356 ff.
– Lebensangst 175, 353
– Lichtmangel 361
– Manie, manische Phase, mani-
  scher Zustand 354 f., 358 f.
– Phasen, depressive
  (manische) 354
– phlegmatisches Tempera-
  ment 351
– Schlafentzug in der
  Therapie 361
– Selbstmord, Selbstmord-
  gefahr 353
– Tagesschwankung 360
– Vorgeschichte 347
– Willenslähmung 151, 175,
  352 f.
– Zustände, depressive 151, 176
diätetische Gesichtspunkte der
  Therapie 138 f.
Diastole des Herzens (und der
  Seele) 62, 67, 179, 184
Disposition 225
Dreigliederung in Leib, Seele,
  Geist 21, 238 f.

Dreigliederung des menschlichen
 Organismus 231
Dreigliederung der Therapie 240
Drogen, Drogensucht,
 Drogenrausch 117 ff., 167
dysplastischer Körperbau, dysplast. Konstitution 279, 303

egozentrische Einstellung (in
 Kindheit und Jugend) 69
Ehrfurcht (im Schulungsweg) 415
Ekstase, seelische 120 f., 125
 vitale 125
Empfindung, Empfindungsleben 55 ff., 75 ff., 115 ff., 133,
 138 f., 152, 157 f., 193 f., 206 f.,
 325
Empfindungsleere 118 f., 150, 162
Enttäuschungen im
 Lebenslauf 286
Entwicklung 9 f., 18 ff., 66, 76 f.,
 100, 124, 161, 164, 166, 169 ff.
– geistige 21, 71, 106
– leibliche 21, 71, 174 f.
– der Seele, seelische E. 9 f.,
 18, 21, 66, 71 ff., 79, 106, 110,
 121, 124, 140, 169 ff., 178, 180,
 200 f., 413 ff.
– Stillstand der seelischen
 E. 164, 169 f., 172, 180 f., 204
– Vorwegnahme 263

Entwicklungsgeschehen,
 Neurose und Psychose als
 Entwicklungsgeschehen
 215 ff.
Entwicklungsgesetze im
 Lebenslauf 235
Entwicklungspsychologie 10, 22
Entwicklungsstörungen 9 f.,
 113 f., 116 f., 127 f., 135, 139,
 169, 176, 210, 228 ff.
– des Empfindungsleibes 109 ff.,
 152
– der Empfindungsseele 141 ff.
– des Seelenlebens, seelische 9,
 108, 118, 229
– der Verstandes-Gemüts-
 Seele 161 ff.
Entwicklungsstörungen der
 Bewusstseinsseele 187 ff.
Entwicklungsstufen des
 Seelenlebens 27 ff.
Entzündung, körperliche und
 seelische 204, 218, 222, 226,
 229, 237
Epilepsie
– Absencen 296
– Angelpunkt des 9. Jahres 302
– Antiepileptika 306
– athletische Konstitution 303
– Aura 296
– Dämmerzustände 297
– Demenz, hirnorganische 297

- Elektroenzephalogramm 300
- Fieberkrämpfe 293
- Gehirn, Gehirnsymptome 299 ff.
- genuine Epilepsie 300
- kindliche Epilepsie 301
- klonisches Stadium 294
- Krampfanfälle 294 ff., 306
  als Selbstheilungsversuch 297
  als zweite Krankheit 306
- Organaspekt 298
- Pyknolepsie 302
- Rekelsyndrom 303
- Residualepilepsie 300
- Sinn der Krankheit 304 f.
- Stagnation, körperlich und seelisch 294, 296 f.
- Therapie 305 ff.
- tonisches Stadium 294
- Wesensänderung 293, 298 f.

Erdenleben
- früheres 75, 199, 219, 221
- künftiges, nächstes 199, 317

Erkenntnistherapie 241

Erlebnisse, krank machende 217, 220 f., 228

Erziehung, Erziehungsprinzip 64, 128, 131 f., 142, 152, 175, 255

Exkarnation 103, 129, 197, 228 ff., 280, 331 ff.

Familie 111, 128 ff., 255

Fantasie 53 f., 280, 284

«Faust» Goethes (Lebensmitte) 164

Fehlverhalten, seel. 218, 229

Fernsehen, Kino und Radio 123, 163, 167, 246 f.

Fieber 219, 237, 273 f.

fixe Idee 273

Fortpflanzungsorgane 48, 54, 110, 281

Fühlen 42, 56, 78 f., 94, 152, 154, 163, 209, 223

funktionelle Erkrankungen 179, 221, 223

Funktionsstörungen 177, 210, 234

Galle, Gallensystem 356 ff. siehe auch Leber

Gebete
(u. Seelenentwicklung) 156

Gehirn 29, 34, 50, 103, 109, 204 f., 217, 227, 392, 429 f.

«Geisteskrankheiten» 221 ff., 227, 238 f.

geistige Einstellung bei der Therapie 240

geistige Therapie, Therapie aus dem Geist 155 ff., 240 ff., 307

Gemüt, Gemütsleben 82, 85 f. 162, 166, 174, 188, 393, 420

Geschlecht, männliches 45 ff., 117
– weibliches 45 ff., 117
Gespräch, Gesprächstherapie 137, 242, 290, 397
Gesundheit, seelische, leibliche 47, 51, 157, 203
Goethe, J. W. (Jahrsiebte) 74, 83 f. 95, 382
goetheanistische Naturanschauung in der Therapie 157
Gogh, Vincent van (Lebensmitte) 192
Gold 184, 210
Grundangst 143 f.,175
Gruppe 73, 117, 295
Gruppentherapie 242 f.

Halluzinationen, Halluzinieren 243, 296, 338 f.
Halluzinogene (Drogen) 120 ff.
Hebephrenie 318
Heileurythmie, heileurythmische Übung 140, 184, 210, 265, 283, 401 ff.
Heilung 230, 239
Herz 41, 62 f., 66 ff., 79, 88, 144 f., 177 ff., 210, 216, 362 f.
Herzangst 145, 177 f
Herzmensch 67, 378
Herzneurose, Herzneurotiker 177 f., 204, 216 f.

Herzphobie 177 f., 257
Hirnatrophie 204
Hölderlin, Friedrich 192 ff., 336
Hormonbehandlungen 167
Hypochondrie 189
Hysterie
– Ansatz zur Hysterie 264, 277
– Bettnässen 271, 278
– Dämmerzustände 277
– demonstratives Verhalten 276
– entzündliche Erkrankungen der Atemwege 273
– Frühgeburt des Astralleibes 279
– hysterische Inszenierungen 276
– hysterische Reaktion 277, 283
– kindliche Form, kindliche Hysterie 271, 278
– Lähmung, hysterische, organische 274 f., 284
– Lunge 38, 274 f., 282
– Pubertät, Vorwegnahme der P. 279
– Schock in der Therapie 287
– Sexualität 279 ff.
– Umweltsucht 272
– Vorgeschichte 270

Ich, niederes, höheres 16 f., 65 ff., 93, 144 ff.
– Gruppen-Ich 16, 75

Ich-Geburt 69 ff., 142, 145, 155
Ichgefühl 42
Ich-Schwäche 146, 246
Ideal, Idealbilder 62, 74, 78, 154, 165, 182, 193
Imagination 197, 338 f., 425, 436 f.
Individualität 18, 67
infantil, Infantilität 109 ff., 131
Inkarnation 101, 128 f., 133, 159, 197, 228 ff.
Inspiration 430, 436 f.
Intellektualität 130, 187
Interesse 59, 116, 121, 131, 137 ff., 152, 157, 181, 183
Intuition 424 f., 433, 436

Jahresrhythmus 18
Jahrsiebte (s.a. Inhaltsübersicht)
– 1. Jahrsiebt (3. Jahr) 29 ff., 40, 99, 109, 129, 176, 201, 204 f., 262 f., 327, 345
– 2. Jahrsiebt (7. Jahr, 9. Jahr) 33 ff., 51, 54, 77, 86, 109, 117, 131, 174 f., 263 f., 266, 278, 302, 327, 345, 373
– 3. Jahrsiebt (14. Jahr, 18. Jahr) 37, 43 ff., 69 ff., 117 f., 127, 132, 136, 140, 142, 147, 173, 181, 215, 345, 365
– 4. Jahrsiebt (21. Jahr, 27. Jahr) 64 ff., 117 f., 140, 142, 158, 181, 215
– 5. Jahrsiebt (28. Jahr) 81 ff., 174, 195, 215
– 6. Jahrsiebt (35. Jahr, 38. Jahr, 42. Jahr) 89 ff., 189, 200, 215
Jüngerwerden der Menschheit 171
Jugend, Jugendalter 64, 77, 115, 132 ff., 150, 163, 167 ff., 195
Jugendlicher 55 f., 77 f., 90, 109, 111, 122 ff., 132 ff., 139 f., 169

Katatonie 318
Kinderkrankheiten 29
Kindheit 45, 110, 193, 199, 219 f., 261
Kleist, Heinrich von (Lebensmitte) 192
Knochensystem 47
Knotenpunkte der Entwicklung des Lebenslaufs 19, 235, 365
körperliche Störungen 235
Konflikterlebnisse 153
Kontakt, seelischer 129 f., 165, 201, 247
Krampf 113, 293
Krankheit 51, 135, 169, 199, 222 f., 235 f., 240 f.
– als Entwicklungsstörung und Entwicklungshilfe 228 ff.

- körperliche 215 ff., 230, 236
- im Lebenslauf 242
- Prozess der K. 215

Krankheitsbild 252
Krise, Lebenskrise 180, 186, 189 ff., 199, 209
Kritiksucht 110, 130
künstlerische Therapie, Verordnung und Indikation 246 f., 266, 307, 371
Kummer 220
Kupfer 159

Lähmung, seelische 352
Läuterungszeit, nachtodliche, Fegefeuer 334
Langeweile 115, 118, 150 f., 390
Lebensangst 145, 175, 221
Leber, Lebersystem 41, 87 f., 99, 119, 121, 125, 140, 176, 185, 220 f., 231, 350, 356 ff.
Lebermensch 87 f., 351, 378
Leere, innere, seelische 115, 118 f., 123 f. 138, 146, 150 ff., 157, 246
Leib, als Instrument der Seele 30, 79, 211, 232
Leier als Instrument und im Organismus 394
Leistungsgipfel im Lebenslauf 89, 190

leptosome Konstitution, s. auch asthenische K. 326 f.
Lichtmangel 361
Logotherapie 151, 241
Luftorganismus 52, 217
Lunge, Lungenmensch 38, 63, 67, 79, 99, 160, 231, 260 f., 378, 392
Lust, Unlust 44, 79
Luther (Lebensmitte) 96

Machtstreben 146
Magen 216, 218, 220, 358
Materialismus (im Lebenslauf) 171, 206
Medikamente der anthroposophischen Medizin 244, 437
Meditation, meditative Übungen 156 f., 181, 209, 243, 423 ff.
melancholisches Temperament 260, 355 f.
Menschheitsentwicklung 18, 21, 127, 135, 170 ff., 244
Migräne, zwei Formen 113
Minderwertigkeitsgefühl 146
Modellleib 29
Mörike, E. (Lebensmitte) 191
Mondknoten 70, 189, 193
multiple Sklerose 204
Muskel, Muskelsystem 47
Mut, Lebensmut 37, 145, 174, 181
Mutter 20, 27, 31, 193, 255

Nachholen, Nachreifen 141,
  156, 207
Napoleon (Lebensmitte) 97
Nebenniere 52
Nerven, Nervenprozess,
  Nerven-Sinnes-System 31 f.,
  50, 101, 103, 203, 210, 231, 394
Nervenkrankheiten,
  degenerative 204
Nervosität 113
Nestwärme 129, 200, 272
neurasthenische Form des Erkrankens, neurasthenischer
  Krankheitstypus 204, 328
Neurose, Neurotiker 142 f., 150,
  175, 215, 220, 227
Niere, Nierensystem 49, 52, 63,
  79, 125, 159, 231, 276, 402 f.
Nierenmensch 52, 378
Nierenstrahlung, schwache,
  starke 112 ff., 151
Nietzsche, F. 192
noogene Neurose 150

Opposition der Jugend 130,
  138
Organeiweiß 262
«Organerschütterung» 235 f.
organische Krankheit 234 f.
Organneurose 215 ff., 221, 233,
  275
Organologie 227

Organsystem, die vier
Organsysteme 79, 140, 210,
  221, 227, 231, 377 f.
pädagogische Komponente der
  Therapie 137
«paradoxe Intention» 267
Peripherie der Seele, des
  Seelenlebens 166
phlegmatisches Temperament
  87, 351, 354 f.
Prophylaxe 136, 240
Psychoanalyse, psychoanalytische Methode 54, 153
Psychoneurose 220 f., 227,
  234
Psychopharmaka 240, 341, 355,
  371
Psychose, schizophrene
Psychose 125, 141, 215, 221,
  233, 261, 329 f., 336
psychosomatische Medizin 219
Psychotherapeut, Psychotherapie
  240 ff., 355
Pubertätsmagersucht 287 ff.
Pykniker, pyknische
  Konstitution 113

Quecksilber 160

Rachitisprophylaxe 201
Raffael (Schlaferlebnisse) 381 f.
Rausch, rauschhaftes Erleben,

Rauschsucht 118 ff., 126 f.,
134, 151, 168, 189
Reife, Reifezeit 92, 195
Revolte, emotionale und
organische 133 f.
rhythmisches System 37 f., 40,
46, 50, 131, 231
Rückenmarks- und
Gehirnflüssigkeit 394
Rückentwicklung 122, 169,
174, 176, 185, 198 f., 203, 229,
331 ff.

sanguinisches Temperament 52,
282, 355
Schiller, Friedrich
(Jahrsiebte) 73 ff., 83, 95 f.
Schizophrenie
– Akzeleration 327
– Ansatz zur schizophrenen
Psychose 126
– Autismus 312
– Chaotisierung des Seelenlebens
313, 316
– Demenz 317
– Eiweißstruktur der
Organe 323, 328 f.
– Niere, künstl. Niere 324, 329
– Nierensystem 324
– Organe der Halluzination
und des Wahns 320
– organischer Aspekt 318 ff.
– schizoid, schizoider
Charakter 312, 324
– Schübe 317
– Spaltungsphänomene 312 ff.
– Spaltungen der
Persönlichkeit 315 f.
– Stereotypien 196, 314
– Stoffwechselstörungen 323 f.
– Stresssituation 329
– Stuporzustände 313, 318
– Tobsucht 196, 312 f., 318, 330
– Verfolgungswahn 314, 320
– Verletzlichkeit 322
– Vorgeschichte 309 f.
– Wortneubildungen 196, 314
– Zerfahrenheit 314
Schlaf 60, 66, 125, 382, 427
Schlafentzug 361
Schlagwortdenken 162, 166
Schockerlebnisse 175, 255, 329
Schrumpfungsprozess,
seelischer 190
Schubert, Franz
(Schlaferlebnisse) 382
Schumann, Robert
(Lebensmitte) 192
Schwachsinn 109, 114
Schwärmen, schwärmerisch 54 f.,
111
Schwellenübertritt in die
geistige Welt 338
Schwermut, s. Depression

Seelenfieber 219, 229, 274
«Seelenkrankheiten» 222 f.
Seelenmitte,
  Seelenmittelpunkt 93 f., 209
seelische Störungen 9, 140, 142, 235
Seelsorger 138
Sehnsucht 123 f., 138, 148, 151, 163, 168,
– nach dem Geist 132 f., 155, 174
– nach Jugend, Verjüngung 168, 185
Selbsterkenntnis, Selbsterziehung 64, 149, 153 ff., 190, 240
Selbstheilung 154, 210, 240
Selbstmord 115, 191, 353, 374
Sexualität 52 ff., 59, 110 f., 122, 167, 279 f., 288
Siebenjahresrhythmus 17 ff., 70, 153, 235
Silber 160
Sinn der Krankheit 181, 229, 287, 344
Sinn des Lebens 90, 151
Sklerose 210
sozial, soziales Leben 205, 340, 427
«Sozialleib» 75, 242
Spaltung, Spaltungstendenzen 126, 167, 194, 196, 289, 311 f.
Staunen 415

Stoffwechselbereich 40 f., 47, 50, 113, 125 f., 237, 280, 294 f., 298
Stoffwechselstörungen bei Psychosen 227, 356 f.
Substanz, heilende 244 f.
Symbiose, seelische 178 f.
Sympathie 37 f., 44, 53 f., 56, 61 f., 73, 79, 85, 114, 160, 182 f., 274, 417
Systole des Herzens (und der Seele) 62, 67, 179, 184

Tablettensucht 120
Tagebuch in der Therapie 138
Therapeut 242 f., 344
Therapie 134 ff., 140 f., 152 ff., 181 ff., 206 ff., 227, 238 ff., 341 ff.
Therapie, heileurythmische 210, 305
– leibliche 243 ff.
– medikamentöse 113, 140, 184, 210, 239, 244, 305
– künstlerische 343 f., 381 ff.
– seelisch-geistige 134, 210, 241, 246, 265
– seelischer Erkrankungen 247
– durch das Wort 245
– geistige 155 ff., 241 ff., 344
Tod, Begegnung mit dem eigenen Tod 90, 99 f., 103, 145, 171 f., 190 f., 206

Todesangst 145, 177
Todessucht 134
Tollkühnheit 145 f.
Träume, Traumdeutung 182
Tüchtigkeit im Leben 189, 210
Tumor, körperlicher, seelischer 321
Überempfindlichkeit 37, 55, 254, 271
Überkompensation 147
Umgebung, Umwelt 27, 30, 38, 55, 64, 73, 129, 133, 142, 166, 188, 193, 205, 219, 227, 244, 262, 271, 281, 326
Unempfindlichkeit 37, 55
Unglücksfall im Lebenslauf 219
Unterbewusstsein, unterbewusstes Seelenleben 65, 148
Unterentwicklung
– des Empfindungsleibes 109 ff., 170, 187
– der Empfindungsseele 142, 170, 187
– der Verstandes-Gemüts-Seele 170, 187
– der Bewusstseinsseele 201, 205
Urangst 145 f.
Urogenitalsystem 52, 79, 112

Vakuumneurose 151, 215
Vasoneurose 113

vegetative Störungen, vegetative Neurose 113 ff., 215
Verarmungswahn (im Alter) 202
Verdrängung 147 f.
Vereinsamung 42, 86, 189, 200, 205
Vererbung 29, 75, 219, 293, 325 f.
Vergreisung und Verjüngung 167 f.
Verhaltenspsychologie 23
Verhaltensstörungen 219
Verinnerlichung, gemüthafte 86, 94, 161, 170, 174, 190, 206, 285, 366
Verjüngung durch den Geist 185 f.
Verkrampfung 113, 178 f.
Versagenszustände, vorzeitige 189
Verspießerung (im Lebenslauf) 163, 169, 188
Verstimmung, organische oder seelische 233
Verzichte im Leben 74
Vorgeschichte, seelische 117, 127, 177 f., 215, 219, 347
– seelischen Krankseins 127 f., 264, 291

Wachheit 99, 101
Wärmeorganismus 237

Wärme, seelische Wärme 87, 129, 209, 396
Wagner, R. (Lebensmitte) 97
Wahnbildung, Wahnideen 205, 237, 243, 256
Wandertrieb 44, 51
Wasserorganismus 88, 216 ff.
Wechselwirkungen zwischen Leib und Seele 216
Weltenleere 146
Wert des Lebens 90, 189
Werte 92 f., 151
Wesensglieder 21, 64, 76, 135, 160, 203, 384
– Lockerung der W. 197
Wettbewerb, Wettbewerbsangst 143
Widerstände im Leben 74
wiederholte Erdenleben 154
Wille 43, 47, 56 ff., 61 f., 73, 78, 88 f., 93, 109, 121, 131 f., 146, 152, 156, 167, 190, 208 f., 223, 257, 353 f., 396
Willensakt, Willenselement, Willenskraft 88, 174, 236, 434
Willensschwäche 133
Willensübung 156
Wilson, Woodrow (kurze Biografie) 165
Wolf, Hugo (Lebensmitte) 192
Wundsein, seelisches 37, 39, 264

Wunschvorstellung, Wunschbilder 53, 282

Zahnwechsel 18, 29
Zeitgestalt 15
Zerstörungsdrang, Zerstörungssucht 110, 122
Zinn 185
Zorn, edler Z. 113, 148, 155
Zwangshandlung 257
Zwangskrankheit
– Ansätze zur Z. 265
– und Bronchialasthma 259
– Formen der Z.
 Angstneurose 257
 Phobie 257
 Fragezwang 258, 267 f.
– Fremdkörpererlebnis im Gefühlsleben 256, 259
– Gegenvorstellungen in der Therapie 266
– Krankheitsbild 252 ff.
– Krankheitsprozess 254 ff.
– Lunge, Lungenorgan 260 f.
– melancholisches Temp. 260
– Pedanterie 263
– Platzangst 267
 als seelisches Asthma 259
– Umweltangst 257
– Vorgeschichte 252
– Wundsein 264
Zwangsvorstellung 254 ff., 390

Über den Autor

RUDOLF TREICHLER wurde 1909 in Schondorf am Ammersee geboren, war Schüler an der Stuttgarter Waldorfschule und studierte anschließend Medizin. Nach Abschluss des Studiums mit einer psychiatrisch-literarischen Dissertation über Friedrich Hölderlin eröffnete er 1945 eine psychiatrische Praxis in Stuttgart, 1959 wurde er leitender Arzt an der Friedrich-Husemann-Klinik in Buchenbach / Schwarzwald. Ab 1974 war er als Dozent, Schriftsteller und frei praktizierender Nervenarzt tätig. Rudolf Treichler starb 1994.